Christian Blees

Laurel & Hardy
Ihr Leben, Ihre Filme

Trescher Verlag

Trescher Verlag
Reinhardtstraße 9
10117 Berlin
Tel. (030) 283 24 96
Fax (030) 281 59 94
post@trescherverlag.de
www.trescherverlag.de

© Trescher Verlag
4., ergänzte und aktualisierte Auflage
Oktober 2002

ISBN 3-89794-022-1

Bildnachweis
Christian Blees (Berlin)
Siep Bousma (NL-Enkhuizen)
Bundesarchiv-Filmarchiv (Berlin)
Deutsches Institut für Filmkunde (Frankfurt/Main)
GEP-Archiv (Frankfurt/Main)
Laurel & Hardy-Archiv Harry Hoppe (Düsseldorf)

Umschlaggestaltung
Sonja Hennersdorf

Layout
Sybille Zerling
Ulrike Steglich

Reproduktionen
Die Tageszeitung
Ulrich A. Rödiger
Ulrike Steglich

Printed in Germany

Stan Laurel
(16.06.1890–23.02.1965)

Oliver Hardy
(18.01.1892–07.08.1957)

Inhalt

Vorwort	5
Ollie	8
Stan	15
Eine Menge Spaß	24
Nichts als Ärger	35
Die späten Jahre	39
Die Stummfilme	44
Die Tonfilme	104
Anhang	261

Vorwort zur 4., ergänzten und aktualisierten Auflage

Neun Jahre sind inzwischen vergangen, seit der Trescher Verlag mit »Laurel und Hardy – Ihr Leben, ihre Filme« das erste original deutschsprachige Werk über das wohl erfolgreichste Komikerduo der Filmgeschichte veröffentlicht hat. Und eigentlich sollte man annehmen, dass es an einem Buch über zwei Schauspieler, die bereits seit mehreren Jahrzehnten tot sind, kaum etwas zu aktualisieren oder ergänzen gäbe.

Doch weit gefehlt: Seit dem Erscheinen der (bereits überarbeiteten) dritten Auflage des vorliegenden Buches im Herbst 1996 haben sich erneut nicht nur einige Adressen geändert. Auch ist das Verzeichnis lieferbarer Videocassetten im Zeitalter der DVD kaum noch »up to date«, und darüber hinaus tummeln sich Stan und Ollie schon längst im Internet. Zudem habe ich die Gelegenheit genutzt, anlässlich der Neuauflage etwas näher auf die Aktivitäten des weltweiten Fanclubs »Sons of the desert« einzugehen. Was indes noch wichtiger erscheint: Inzwischen sind sogar neue Filmschnipsel aufgetaucht und für die Öffentlichkeit verfügbar gemacht worden, von denen Fans lange kaum zu träumen gewagt hatten und auf die ich daher an dieser prominenten Stelle ausdrücklich hinweisen möchte.

Dies bezieht sich in erster Linie auf den Film PARDON US von 1931. Dieser Streifen war bei seinem Verleihstart 56 Minuten lang. Nicht mehr enthalten war darin eine Szene beim Zahnarzt, die nach einer ersten Voraufführung neu gedreht und zusätzlich eingefügt worden war. Diese Sequenz wurde mittlerweile in einer erhalten gebliebenen Preview-Kopie gefunden und wurde in die im deutschsprachigen Raum veröffentlichte DVD-Version wieder eingefügt. Außerdem ist aus demselben Film eine längere Abschlusssequenz wieder aufgetaucht, in der Stan und Ollie die Tochter des Gefängnisdirektors vor den Flammen retten. Diese stammt aus der spanischsprachigen Fassung »De Bote En Bote«. Ergänzt wurden für die erwähnte DVD-Veröffentlichung zudem einige kurze Dialogszenen.

Als größte Sensation gilt jedoch das Auftauchen eines Fragments aus PARDON US, in dem Laurel und Hardy tatsächlich selbst Deutsch sprechen. Von den fremdsprachigen Fassungen einzelner Filme war bis vor wenigen Jahren lediglich die Existenz manch französischer und spanischer Version bekannt – bis sich am 18. Juni 1999 bei Peter Mikkelsen vom Dänischen Filmmuseum in Kopenhagen ein privater Filmsammler meldete. Er übergab diesem zwei kleine Rollen mit Nitratfilm und einen Spielzeug-Projektor in einer nicht beschrifteten Pappschachtel. Darin befand sich ein zweiminütiger Zusammenschnitt mit Szenen der deutschen phonetischen Fassung von PARDON US. So können Fans ihre beiden Lieblinge jetzt endlich Deutsch radebrechen hören! Nähere Angaben zu dieser DVD finden Interessenten im Anhang des vorliegenden Buches.

Nicht versäumen möchte ich auch in dieser Neuauflage den Hinweis auf eine Fleißarbeit zu den deutschen Laurel und Hardy-Synchronfassungen. In ihr hat Autor Norbert Aping aufgedeckt, dass es sich bei den in den 70er Jahren vom ZDF ausgestrahlten »Dick und Doof«-Folgen in der Regel um Kino-Synchronfassungen gehandelt hat. Entsprechende Kritik ist also nicht, wie zum Teil in meinem Manuskript geschehen, den Verantwortlichen des ZDF anzulasten. Aus technischen Gründen habe ich jedoch darauf verzichtet, dies an den entsprechenden Textstellen jeweils explizit zu erwähnen.

Ganz herzlich bedanken möchte ich mich an dieser Stelle vor allem bei Christiane Habich von der Firma Kinowelt Home Entertainment, Harry Hoppe vom Laurel und Hardy-Archiv Düsseldorf sowie Bram Reijnhoudt (Hilversum), die mich bei der Arbeit an der vorliegenden Neuauflage tatkräftig unterstützt haben.

Berlin, im September 2002,
C. B.

Vorwort zur 1. Auflage

Schon oft wurde unterstellt, "die Deutschen" seien ein humorloses Volk. Zieht man alleine die Zahl der Publikationen über das größte Komikerduo der Filmgeschichte als Gradmesser für den Wahrheitsgehalt dieser Aussage heran, trifft dies uneingeschränkt zu: Original deutschsprachige Titel über das Leben und Schaffen von Laurel und Hardy existierten bislang nicht. Für eine Lizenzausgabe des Buches "The films of Laurel and Hardy" von William K. Everson werden mittlerweile in Fankreisen über 100 DM verlangt (und auch bezahlt) - Anlaß genug, dem "humorlosen" Zustand in diesem Land schleunigst abzuhelfen.

Mit dem vorliegenden Werk möchte ich zunächst alle Filme auflisten und beschreiben, in denen Laurel und Hardy jemals gemeinsam mitgewirkt haben. Außerdem habe ich mich bemüht, den "Leidensweg" der einzelnen Streifen nachzuzeichnen, den diese in Deutschland erfahren mußten: angefangen von ihren Premieren in den 20er und 30er Jahren über Wiederaufführungen bis hin zur Ausstrahlung im Fernsehen Anfang der 70er Jahre. Sehr hilfreich waren dabei vor allem jene Zensurkarten, die vor dem Krieg von jedem Film angefertigt wurden, der zur Aufführung im Kino vorgesehen war. Auf diesen waren unter anderem sämtliche Texttafeln (bei Stummfilmen), Untertitel (bei ausländischen Originalfassungen) sowie Schnittauflagen erfaßt, die mit dem jeweiligen Film in Zusammenhang standen. Dies ermöglichte es mir, jegliche Eingriffe staatlicher Filmzensur in das Schaffen von Laurel und Hardy hierzulande bis in Einzelheiten nachzuvollziehen. Leider können die recherchierten Angaben dabei keinen Anspruch auf Vollständigkeit erheben, da ein Teil der Zensurkarten im Krieg vernichtet wurde. Ähnliches gilt für einzelne Produktions- und Aufführungsdaten mancher Filme (die in der Reihenfolge ihrer Entstehung, nicht nach dem Datum der Veröffentlichung aufgeführt sind) - Soweit diese fehlen, waren sie nicht mehr zu ermitteln. Die von mir in diesem Zusammenhang verwendete Filmlängen-Einheit "Akt" umschreibt übrigens jeweils eine Spieldauer von *etwa* zehn Minuten (ein "Zweiakter" kann bisweilen nur 17 oder 18 Minuten umfassen; dies hängt zum Beispiel bei Stummfilmen von der Anzahl der eingeblendeten Zwischentitel ab). Was schließlich die Qualität einiger, weniger Fotos betrifft, bitte ich von vornherein um Entschuldigung: In Einzelfällen mußten wir - aus Mangel an entsprechendem Bildmaterial - auf Videoprints zurückgreifen.

Wer nach der Lektüre des vorliegenden Buches Appetit auf "Mehr" über Laurel und Hardy verspürt, den verweise ich auf die Literatur- und Videoliste im Anhang oder an das Laurel und Hardy-Archiv von Harry Hoppe (Adresse: Oberkasseler Straße 84, 40454 Düsseldorf). Wer dagegen gleich dem ersten deutschen Laurel und Hardy-Fanclub beitreten möchte, der wendet sich an folgende Adresse: Two Tars Tent, Wolfgang Günther, Bismarckstraße 23, 42659 Solingen.

Die Herausgabe dieses Buches wäre ohne die Unterstützung zahlreicher helfender Hände nicht denkbar gewesen. Danken möchte ich vor allem den Mitarbeiterinnen des Bundesarchiv-Filmarchivs (Berlin), Cäcilia Windgätter vom ZDF (Mainz), den Angestellten des Deutschen Instituts für Filmkunde (Frankfurt am Main), den Bibliotheksmitarbeiterinnen der Deutschen Film- und Fernsehakademie (Berlin), Achim Vogtner (Duisburg), Wilhelm Roth vom GEP-Archiv (Frankfurt am Main), Ingrid Müller von der Degeto Film GmbH (Berlin), Hans-Joachim Müller vom Progress-Filmverleih (Berlin) sowie Siep Bousma (NL-Enkhuizen) und Harry Hoppe vom Laurel und Hardy-Archiv (Düsseldorf), ohne die das Buch in der vorliegenden Form niemals hätte erscheinen können. Last but not least: John McCabe und Randy Skretvedt, die mir mit ihren eigenen Recherchen einiges an Arbeit erspart haben.

Berlin, im September 1993

C. B.

Stan und Ollie – mehr als nur Dick und Doof

Ollie

Die Solokarriere

(Oliver) Norvell Hardy erblickte am 18. Januar 1892 in Harlem, Georgia, als Sohn von Emily (geborene Norvell) und Oliver Hardy das Licht der Welt. Während die Familie seines Vaters auf eine lange Tradition als treue Diener der britischen Krone zurückblicken konnte (ein direkter Vorfahre, Sir Thomas Hardy, agierte bei der Schlacht von Trafalgar als Admiral Nelsons Flaggenkapitän), waren die schottischen Vorfahren seiner Mutter im 18. Jahrhundert nach Amerika ausgewandert. Sowohl Emily (einmal) als auch Oliver senior (zweimal) waren zuvor bereits verheiratet gewesen und brachten noch vor der Geburt des kleinen Norvell in ihre gemeinsame Ehe insgesamt drei Söhne und vier Töchter ein. Die Freude an seinem zweiten eigenen Sohn sollte für Oliver Hardy jedoch nicht allzu lange währen. Denn obwohl er bereits bei seiner Vermählung mit Emily im März 1890 gesundheitlich angeschlagen gewesen war (und von seinem ursprünglichen Beruf als Vorarbeiter bei einer Eisenbahngesellschaft als Manager ins Hotelgewerbe gewechselt war), verstarb er am 22. November 1892 doch recht überraschend aus nicht näher erforschten Gründen.

Emily, die bereits seit ihrer Heirat den Gatten bei dessen Tätigkeit im Hotelfach kräftig unterstützt hatte, bereitete es in der Folgezeit bisweilen erhebliche Mühe, sich und die Kinder über

Wasser zu halten. Doch die Vermählung ihrer ältesten Tocher, Elisabeth, wendete das Schicksal der Familie im Jahre 1901 in eine glückliche Richtung: Elisabeths Schwiegervater entpuppte sich als Mann mit erheblichem Einfluß, und so siedelte Emily schon bald nach der Hochzeit ihrer Tochter über nach Milledgeville, Georgia. Dort übernahm sie die Führung des besten Hotels vor Ort.

Wie ihre übrigen Kinder ließ sich auch ihr Jüngster von der Atmosphäre im »Baldwin«-Hotel bald anstecken. Zahlreiche Hotelgäste stammten aus dem Theater- und Showgeschäft, und so begann Norvell bereits in jungen Jahren, die Manierismen dieser für ihn faszinierenden Persönlichkeiten zu imitieren. Da er neben seinem schauspielerischen Talent auch noch über einen recht ansprechenden Sopran verfügte, beeindruckte er sowohl die Familie wie auch die Hotelgäste des öfteren mit entsprechenden Gesangsdarbietungen. Seine eigene Begeisterung für das Bühnengewerbe ging gar so weit, daß er in dieser Zeit einmal für mehrere Wochen von zu Hause flüchtete, um sich als Sänger einer Wandertruppe anzuschließen. Und nachdem er schließlich reumütig in den Schoß der Familie zurückgekehrt war, spendierte diese ihm wiederholt das Fahrgeld in das über hundert Kilometer entfernte Atlanta, damit er wenigstens dem Treiben der dort gelegentlich stattfindenden Bühnenshows beiwohnen konnte. Eines Abends trat im Theater von Atlanta der weltbekannte Opernsänger Enrico Caruso auf – ein Ereignis, welches Ollie in späteren Jahren einmal als das größte musikalische Erlebnis seines Lebens bezeichnete.

Mit Norvells Begeisterung für die Bühne ging freilich auch ein rapider Leistungsabstieg in der Schule einher, so daß ihn die Mutter auf ein Internat schickte. Doch der damals 14jährige flehte Emily an, Musik studieren zu dürfen, um ein berühmter Sänger werden zu können. Tatsächlich gab

Die Solokarriere — Ollie

die verständnisvolle Mutter dem Wunsch ihres Sohnes nach und finanzierte diesem daraufhin Unterrichtsstunden am Musikkonservatorium von Atlanta. Eine Fehlinvestition, wie sich bald herausstellen sollte, denn ihr Sprößling vermochte den Unterrichtsmethoden seines Lehrers nicht allzu viel abzugewinnen und verlegte sich stattdessen bevorzugt darauf, in einem nahegelegenen Kino vor Publikum ursprünglich »geräuschlose« Diavorführungen singenderweise aufzuwerten. Um Norvell in Sachen Disziplin gewissermaßen die Flötentöne beizubringen, verfrachtete ihn die enttäuschte Mutter in der Folgezeit auf eine Militärschule. Doch auch dort fühlte sich dieser bald unwohl – vor allem aufgrund seiner Körperfülle, die sich für militärische Übungen nicht gerade als vorteilhaft herausstellte. Schuld daran war wiederum sein enormer Konsum an Lebensmitteln (vor allem Süßem), der dem jungen Oliver dabei helfen sollte, den frühen Verlust des Vaters zu überwinden. Hinzu kam, daß in dieser Zeit auch noch Norvells Bruder Sam vor seinen Augen in einem Fluß ertrank, so daß das Körpergewicht des seelisch gebeutelten Jungen im Alter von 15 Jahren bereits auf rund 120 Kilogramm angestiegen war. Seine Mutter zeigte schon bald erneut Verständnis und legte Ollie nun den Besuch eines Colleges im Norden des Bundesstaates Georgia ans Herz – nicht zuletzt, um ihn von ihren eigenen Gästen aus der Welt des Showbusiness fernzuhalten (die Militärschule lag in unmittelbarer Nähe zu ihrem Hotel). Wieder einmal hatte sie jedoch die Rechnung ohne ihren Sohn gemacht, denn der hielt es fern von zu Hause nicht allzu lange aus und konnte die Mutter schließlich dazu überreden, ihn wieder nach Milledgeville zurückkehren zu lassen.

Erster Kontakt zum Kino

Dort jobbte er zunächst im örtlichen Opernhaus (in dem jedoch weniger Opern, sondern vielmehr gewöhnliche Bühnenshows stattfanden), bevor er schließlich eine Anstellung im neueröffneten »Electric Theatre« erhielt, dem ersten Lichtspieltheater der Stadt. Als 18jähriger kam Norvell somit erstmals mit der Welt des Kinos in Kontakt. Dabei fungierte er nicht nur, wie ursprünglich vorgesehen, als Vorführer, sondern gleichzeitig auch als Kartenabreißer, Putzhilfe und stellvertretender Theaterleiter. Rasch reifte er somit zum Liebling des Publikums und zu einer stadtbekannten Persönlichkeit heran. Und schon damals wußte er: »Das, was manche dieser Komiker auf der Kinoleinwand so zeigen, kann ich eigentlich auch.« 1913 erhielt er den Besuch eines alten Freundes, der ihm vom Aufkommen der Filmindustrie im rund 300 Kilometer entfernten Jacksonville berichtete. Norvell, nachdem er zuvor drei Jahre lang täglich Filme vorgeführt und gesehen hatte, kündigte daraufhin kurzentschlossen den Job im »Electric Theatre« und machte sich auf in die »neue Welt«. Dort angekommen, nahm er zunächst eine Stellung als Darsteller in kleineren Bühnenshows an und begegnete dabei einer jungen Dame namens Madelyn Saloshin, die er zuvor bereits im Opernhaus seines Heimatortes Milledgeville kennengelernt hatte. Madelyn hatte sich inzwischen bereits über die Grenzen von Jacksonville hinaus einen Ruf als hervorragende Pianistin erarbeitet. Zusätzlich fasziniert von ihren wunderschönen Augen, suchte der junge Norvell fortan wiederholt die Nähe dieser reizenden Person. Und da auch die Umschwärmte den 21jährigen nicht gerade abstoßend fand, heirateten beide am 17. November 1913 (wobei Madelyn ihr Alter nicht verraten wollte; Freunde schätzten, daß sie mindestens zehn Jahre älter war als ihr frisch angetrauter Gatte).

In der Folgezeit teilte Norvell seinen Tagesablauf sorgfältig ein. Während er und die Ehefrau abends auf der Bühne standen, schaute er tagsüber bei den örtlichen Filmgesellschaften vorbei, da ihn die Welt des Kinos nach wie vor interessierte. Damals nahmen es die Verantwortlichen der einzelnen Companies noch nicht so genau, und so war es für Interessenten kein Pro-

Ollie

Die Solokarriere

blem, Dreharbeiten beizuwohnen und die Schauspieler bei ihrer Arbeit zu beobachten. Wie schon in seinen Jugendjahren im Hotel der Mutter, verfehlte die Gegenwart der Akteure auch hier nicht ihre Wirkung auf Norvell. Diesmal hatten es ihm vor allem die Komiker unter ihnen angetan, und schon bald nahm er einen Aushilfsjob bei einer Filmgesellschaft an, um noch intensiver am faszinierenden Geschehen teilnehmen zu können.

Der Anfang ist gemacht

Eines Tages erhielt er plötzlich seine Chance: Für eine der geplanten Kurzfilm-Komödien wurde ein dicker junger Mann benötigt. Die entsprechende Anfrage des Regisseurs, der sich seiner wohlproportionierten Aushilfskraft entsann, konnte Norvell natürlich nicht ablehnen, und so kam er in dem Film OUTWITTING DAD zur ersten Filmrolle seines Lebens. In dieser wilden Liebesgeschichte, die am 14. April 1914 von der Lubin-Filmgesellschaft veröffentlicht wurde, spielte er einen rauhen, furchteinflößenden Burschen, der mit einem Sombrero, einem riesigen Schnauzbart sowie einem großen Patronengurt um die Hüfte ausgestattet war. Dabei machte er seine Sache immerhin so gut, daß ihm die Filmbosse prompt einen regulären Schauspielervertrag anboten. Dieser garantierte ihm fortan (bei drei Arbeitstagen pro Woche) fünf Dollars Lohn pro Tag. Zum Zeichen des Gedenkens an seinen Vater legte er sich mit diesem Beginn seiner Filmkarriere als zweiten Vornamen den Namen Oliver zu, so daß er sich in der Folgezeit Fremden gegenüber stets als Oliver Norvell Hardy vorstellte - eine Angewohnheit, die er selbst in seinen späteren Filmen mit Stan Laurel beibehalten sollte. Fast zeitgleich erhielt er von einem italienischen Friseur, der in der Nähe des Lubin-Studios seinen Laden betrieb und Ollie des öfteren rasierte, zudem den Spitznamen "Babe" verpaßt. Dieser wurde von Ollies Schauspielkollegen sofort aufgegriffen und diente ihnen und Ollies privaten Freunden fortan als willkommene Kurzformel anstelle des "richtigen" Vornamens, Oliver Norvell. Obwohl er selbst nie so recht von diesem Spitznamen angetan war, firmierte er während der Anfänge seiner Filmkarriere im Vorspann der jeweiligen Streifen doch auf eigenen Wunsch hin immer unter dem Namen "Babe Hardy". Seine schauspielerischen Fähigkeiten stellten sich rasch als überdurchschnittlich heraus, und so avancierte Babe Hardy innerhalb recht kurzer Zeit vom Lückenfüller zu einem der Starakteure der Lubin-Truppe. Dabei schlüpfte er in die unterschiedlichsten Rollen - meist handelte es sich jedoch entweder um besonders komische oder äußerst erschreckend wirkende "Schwergewichte". Was ihn dabei von den meisten seiner Kollegen positiv abhob, war die Fähigkeit, bestimmte Gefühle nicht nur mit dem Gesicht, sondern unter Einsatz des gesamten Körpers auszudrücken. Wo andere nur ihre Visage per Großaufnahme in die Kamera hielten, setzte Babe jedes Pfund seiner Körperfülle ein, um den jeweils erforderlichen Ausdruck glaubwürdig zu vermitteln. Auf diese Weise drehte er bis August 1915 rund 50 Filme (alles Einakter) für die Firma Lubin, bevor diese sich aus dem Geschäft zurückzog und ihre Bestände an die Konkurrenz von Vitagraph übergingen.

Der Mollige und der Zwerg

So verdingte sich Babe vorübergehend in einem Rasthaus als singender Alleinunterhalter. Bei einem dieser Auftritte erweckte er eines Tages die Aufmerksamkeit eines gewissen Louis Burstein. Der Mitinhaber der Vim Comedy Company, die inzwischen die früheren Lubin-Studios von der Firma Vitagraph in Jacksonville übernommen hatte, zeigte sich von dem professionellen und ausdrucksstarken Auftritt des schwergewichtigen Tenors stark beeindruckt. Und da Burstein von einem Bekannten zuvor bereits erfahren hatte, daß es sich bei Babe Hardy um einen erfahrenen Filmkomiker handelte, engagierte er ihn

Die Solokarriere Ollie

quasi vom Fleck weg als Darsteller für seine eigene Company. Babe nutzte die Gelegenheit, zumal es ihm der Job beim Film ermöglichte, im Anschluß an die Dreharbeiten abends - musikalisch unterstützt von seiner Frau - in einem Nachtclub als Sänger auf der Bühne zu stehen.

Der erste Film, den er für die Vim Company drehte, hieß A SPECIAL DELIVERY und bildete den Auftakt einer ganzen Reihe von Streifen, in denen er gemeinsam mit einem Kollegen namens Billy Ruge agierte. Ähnlich wie Laurel und Hardy in späteren Jahren, bildeten auch diese beiden anno 1916 ein eingespieltes Paar, das innerhalb einer Filmserie mit dem Titel "Plump and Runt" (frei übersetzt etwa: "Der Mollige und der Zwerg") in insgesamt 35 Einaktern gemeinsam agierte. Für subtile Scherze und ausgefeilte Komik, wie sie 20 Jahre später in den Laurel und Hardy-Filmen zu sehen war, blieb angesichts der kurzen Laufzeit von zehn Minuten jedoch nicht allzuviel Raum. Insofern beschränkten sich die "Plump and Runt"-Filme in der Regel auf die seinerzeit üblichen, temporeichen Prügeleien und Verfolgungsjagden.

Doch eines Tages stellte sich heraus, daß hinter den Kulissen der Vim Company krumme Geschäfte liefen - einer oder gar beide Inhaber hatten ganz offensichtlich einen Teil der offiziell für die Schauspieler bestimmten Firmengelder in die eigene Tasche abgezweigt. Details ließen sich auch vor Gericht nicht völlig klären, die Vim Company wurde schließlich von einem Konkurrenten aufgekauft.

Immerhin gelang es Burstein recht schnell, eine neue Filmgesellschaft ins Leben zu rufen und gleichzeitig Babe sowie einige andere Kollegen aus der Vim-Ära mit an Bord des neuen Produktionsschiffes zu nehmen, das er auf den Namen King Bee Film Corporation taufte. Star der Truppe war Billy West, der seinerzeit als originalgetreue Charlie Chaplin-Kopie (zweifelhafte) Berühmtheit erlangte. Als Partner für Billy West setzte Burstein Babe Hardy ein, und durch entsprechendes Make up besaß die King Bee Film Corporation plötzlich ein nahezu identisches Double für das Komikerpaar der Konkurrenz, bei der in zahlreichen Filmen neben dem eher schmächtigen Charlie Chaplin mit Eric

Ein eingespieltes Paar: Chaplin-Imitator Billy West und Babe Hardy

Ollie

Eine historische Begegnung

Als sein Arbeitgeber den Firmensitz nach Kalifornien verlegte, entschlossen sich Ollie und Madelyn, die Herausforderung anzunehmen und ebenfalls in sonnigere Regionen umzusiedeln. Denn an der Westküste der USA, das hatte sich inzwischen abzuzeichnen begonnen, wuchs das Zentrum einer stetig wachsenden Filmindustrie heran. So blieb Babe selbst dann optimistisch, als die King Bee Corporation schon kurze Zeit nach der Übersiedelung ihren Geschäftsbetrieb einstellte - für ihn als talentierten Akteur schien es nicht allzu schwer, inmitten der blühenden Filmwirtschaft einen neuen Job zu finden. Zunächst verdingte er sich als freier Schauspieler, wobei ihn die unterschiedlichsten Firmen für Rollen in ihren jeweiligen Kurzfilmen engagierten. So wurde er eines Tages auch von dem Regisseur Jess Robbins angesprochen: Ob er Interesse habe, in einer Komödie des Produzenten Gilbert Anderson mitzuwirken. Dieser hatte sich unter dem Künstlernamen »Broncho Billy« ein paar Jahre zuvor zum ersten großen Cowboystar der amerikanischen Filmgeschichte gemausert, bevor er aufgrund seiner atemberaubenden Schauspielkarriere innerhalb kurzer Zeit zum Multimillionär aufgestiegen war, die Essanay Company gegründet hatte und sich fortan als Produzent einen Namen machte (wobei es eine seiner ersten Amtshandlungen war, Charlie Chaplin unter Vertrag zu nehmen). Im Laufe von nur drei bis vier Jahren war es dem ehrgeizigen Produzenten jedoch gelungen, seine junge Firma kräftig herabzuwirtschaften, und so mußte er sich in der Folge damit zufrieden geben, hin und wieder eine Kurzkomödie produzieren zu können. Für eine solche hatte er den Regisseur Jess Robbins verpflichtet, und der wiederum wandte sich also auf der Suche nach einem geeigneten Schurkendarsteller an Babe Hardy. Der Film, um den es ging, hieß THE LUCKY DOG. Er sollte den Auftakt zu einer ganzen Reihe von Kurzfilmen bilden, die Gilbert Anderson plante. Darin sollte jeweils ein Schauspieler die Hauptrolle übernehmen, den Anderson beim Besuch einer Theatervorstellung in Los Angeles entdeckt und spontan verpflichtet hatte: Stan Laurel. Natürlich ahnte damals, im September 1918, keiner der Beteiligten, welch historische Begegnung im Laufe der Arbeiten an THE LUCKY DOG vonstatten ging. So erinnerte sich Stan denn auch Jahre später daran, daß das erste Aufeinandertreffen der beiden Komikergenies äußerst unspektakulär verlief: »Wir sind uns während der Dreharbeiten kaum begegnet, da Babe eine viel kleinere Rolle spielte als ich. Unsere gemeinsamen Szenen wurden sehr schnell abgedreht, und keiner von uns dachte damals auch nur im entferntesten daran, daß wir uns danach jemals wieder begegnen, geschweige denn Partner werden würden.«

Knock out für Madelyn

Nach dieser ersten, flüchtigen Begegnung mit seinem späteren Standard-Partner drehte Babe für die Firma L-KO (Lehrmann-Knock Out) ein paar Zweiakter, bevor L-KO (nomen est omen) der eigene knock out ereilte und Ollie notgedrungen zu Vitagraph wechselte. Dort agierte er in den Jahren 1919 bis 1921 neben Vitagraphs Starkomiker, Jimmy Aubrey, in zahlreichen Kurzkomödien. Diese trugen ebenso einprägsame wie unoriginelle Titel wie FLIPS AND FLOPS, DAMES AND DENTISTS, PALS AND PUGS oder SWITCHES AND SWEETIES. Schnell erarbeitete er sich dabei den Ruf als beständiger Darsteller, der es verstand, aus seiner jeweiligen Rolle immer etwas besonderes zu machen. Dabei schien ihm das rasante Tempo, in denen die einzelnen Streifen jeweils abgedreht wurden (und das sich meist auf das Geschehen auf der Leinwand übertrug) überhaupt nichts auszumachen: »Damit hatte ich eigentlich gar keine Mühe, weil ich das Ganze eher als Spiel betrachtete – so, als befänden wir uns auf einem Football-Spielfeld. Ich liebte meine Arbeit, und ich glaube, das kam später im Film auch ganz gut 'rüber.« Doch sein Spaß beschränkte sich zu jener Zeit keineswegs nur auf die Arbeit – angesichts des relativ großen Altersunterschieds zu seiner Ehefrau, der sich zunehmend in Madelyns Äußerem bemerkbar machte, richtete sich Ollies Augenmerk vermehrt auch auf so manche junge Vitagraph-Schönheit. Ende 1919 zog seine Gattin gefrustet die Konsequenzen und läutete die Trennungszeremonie ein. Aufgrund diverser Meinungsverschiedenheiten zogen sich die Scheidungsformalitäten jedoch hin, so daß es erst im November 1920 zur endgültigen Trennung und gar erst 1936 (!) zu einer letzten finanziellen Einigung kommen sollte (zu diesem Zeitpunkt lebte Madelyn in New York und hatte sich zumindest vom Körperumfang her ihrem Ex-Gatten angepaßt).

Unter jenen Vitagraph-Darstellerinnen, die Babes Blicke Ende 1919 auf sich zogen, befand sich auch Myrtle Lee Reeves, die er schließlich am Thanksgiving Day des Jahres 1921 heiratete. Dies war auch etwa der Zeitpunkt, zu dem sich Babe entschloß, als festangestellter Akteur bei Vitagraph einzusteigen. Dort wurde er von den Verantwortlichen innerhalb kürzester Zeit zum Standard-Schurken neben Larry Semon auserkoren, der damals zu den absoluten Starkomikern der Branche zählte und von der Popularität her fast an Chaplin heranreichte. Dabei fielen dessen schauspielerische Fähigkeiten relativ bescheiden aus. Sein Talent beschränkte sich stattdessen darauf, zur rechten Zeit einen guten Gag parat zu haben und diesen einigermaßen routiniert vor der Kamera umsetzen zu können (so trug er stets ein ominöses schwarzes Büchlein mit sich, das er wie einen Schatz hütete und in welches er sofort jeden Gag eintrug, der ihm in den Sinn kam). Semon schien sich seiner begrenzten Fähigkeiten als Darsteller durchaus bewußt, und so scheute er sich nicht, seinen eigentlich talentierteren Kollegen des öfteren als Ratgeber für die eigene Arbeit hinzuzuziehen. Dies führte mitunter sogar dazu, daß Babe im Vorspann einzelner Semon-Komödien als »assistant director« aufgeführt wurde. Doch die eigentliche Bedeutung der guten Beziehung der beiden Schauspieler lag eher auf dem Gebiet der Freizeitgestaltung. Larry Semon, ein begnadeter Golfer, weihte Ollie im Laufe der Zeit in die Künste dieser exquisiten Sportart ein, so daß dieser schließlich selbst zum passionierten Golfspieler avancierte.

»Ich liebte diesen Sport schon an meinem ersten Tag auf dem Grün«, erzählte er einmal. »Ich war mehr oder weniger zu groß für Mannschaftssportarten, obwohl ich in den Tagen bei Lubin ein recht guter Footballspieler gewesen bin. Aber Golf war ganz einfach mein Spiel. Ich liebe es, weil man dabei immer mit anderen Menschen zusammen ist - es gibt kaum etwas Schöneres, als auf dem Rasen die Gesellschaft netter Kumpel zu genießen. Abgesehen davon, stellt Golf auch eine Herausforderung dar. Immerhin mußt du diesen kleinen weißen Ball an die richtige Stelle spielen, ohne dabei allzuviel Theater zu machen.« Diese Leidenschaft sollte er sich Zeit seines Lebens bewahren: Während Stan Laurel in späteren Jahren im Anschluß an die Dreharbeiten weiter »ackerte« wie ein Besessener, zog sich Ollie zum Feierabend pünktlich aufs Grün zurück, um dem Rasenhobby zu frönen. Im Laufe der Jahre reifte er somit zu einem der besten Golfer im Filmgeschäft heran.

Alkohol und Schulden

Doch dieses recht angenehme Leben fand ein abruptes Ende, als Larry Semon an Vitagraph immer höhere finanzielle Forderungen stellte und sich die beiden Parteien schließlich trennten – im Zuge von Semons Niedergang wurde auch Babe als dessen Standard-Nebendarsteller vorübergehend arbeitslos. Zum Glück währte dieser Zustand nicht allzu lange: Anfang 1924 erhielt er eine Filmrolle von einem jungen Produzenten mit Namen Hal Roach angeboten, der fünf Jahre zuvor in einem Vorort von Los Angeles ein völlig neues Filmstudio errichtet und sich auf die Genres Komödie und Western spezialisiert hatte. THE KING OF WILD HORSES hieß der erste (Western-)Streifen, den Babe für Roach drehte. Es folgten einige Komödien, in denen er meist seinen

Ollie

Die Solokarriere

Ollie als Polizist
im Kampf gegen die
"kleinen Strolche"

gewohnten Part als voluminöser Bösewicht gab. Da er jedoch bei Roach noch nicht fest unter Vertrag stand, spielte er zwischendurch zusätzlich in Filmen anderer Firmen mit, unter denen sich auch die Chadwick Pictures Company befand. Diese war von seinem Freund und Kollegen Larry Semon nach dessen Trennung von Vitagraph ins Leben gerufen worden und widmete sich vorwiegend dem Spielfilm-Geschäft. Zu den von Chadwick Pictures produzierten Streifen zählte unter anderem der 1925 entstandene THE WIZARD OF OZ (nicht zu verwechseln mit dem gleichnamigen MGM-Film aus dem Jahre 1939), in welchem Semon selbst mitwirkte und Babe den Liebhaber der Königin des Reiches Oz darstellte. Während sich Ollie somit in schauspielerischer Hinsicht wieder auf einem aufsteigenden Ast befand, gestaltete sich sein Privatleben erneut alles andere als rosig. Myrtle, die zweite Gattin, war stark alkoholabhängig und verbrachte einen nicht unerheblichen Teil ihres Ehelebens mit Entziehungskuren in diversen Sanatorien. Wohl nicht zuletzt, um dem äußerst traurigen Ehealltag zu entrinnen, suchte Babe Abwechslung beim Pferderennen. Sobald es ihm die Zeit erlaubte, setzte er einen beträchtlichen Teil seines Gehalts am Wettschalter um - und verlor in schöner Regelmäßigkeit. So kam es, daß Oliver Norvell Hardy Anfang 1926 nicht nur eine alkoholabhängige Ehefrau zu beklagen hatte (um die er sich seinerzeit rührend kümmerte), sondern auch den Verlust nahezu seines gesamten Vermögens. Just zu diesem Zeitpunkt bot ihm plötzlich Produzent Hal Roach, für den er bis dahin nur sporadisch tätig gewesen war, eine Festanstellung an - natürlich konnte und wollte Babe angesichts der verlockenden Offerte nicht "nein" sagen. Was ihm damals wohl eher wie eine letzte Möglichkeit erschienen sein mag, sich am eigenen Schopf aus dem finanziellen Sumpf zu ziehen, sollte sich später als einer der wohl glücklichsten Zufälle in der Geschichte der Filmkomödie entpuppen. Denn der Vertrag bei Roach, geschlossen am 6. Februar 1926, brachte Ollie schon bald darauf in wiederholten (und immer engeren) Kontakt mit einem Schauspiel-Kollegen, der ebenfalls bei Roach arbeitete und dem er acht Jahre zuvor schon einmal zufällig begegnet war: Stan Laurel.

Die Solokarriere

Stan

Stan Laurel wurde als Arthur Stanley Jefferson am 16. Juni 1890 in Ulverston, im Nordwesten von England, geboren. Seine spätere Profession wurde ihm gewissermaßen in die Wiege gelegt, denn Vater Arthur "Al" Jefferson war zu jener Zeit ein sehr bekannter Theatermanager, Regisseur und Produzent. Die Mutter, Madge Metcalfe, agierte als eine der führenden Schauspielerinnen der Jefferson-Theatertruppe. Doch während sich der Vater wünschte, Stan möge eines Tages in seine Fußstapfen treten und ebenfalls als Theatermanager hinter den Kulissen des Showbusiness aktiv werden, fühlte sich der Sohn viel stärker von dem Treiben der Schauspieler auf der Bühne angezogen. Bereits im zarten Alter von neun Jahren, so erinnerte sich Stans Vater in seinen (von Laurel und Hardy-Biograph John McCabe zitierten) Memoiren, habe sein Sohn auf dem heimischen Dachboden eigene Theateraufführungen veranstaltet. Das recht geräumige Dachgeschoß sei zuvor von professionellen Bühnenarbeitern in ein stilechtes Miniaturtheater mit Bühne, rund zwei Dutzend Sitzplätzen und Beleuchtung verwandelt worden. Und nachdem er einige Schulkameraden um sich geschart und hart mit ihnen geprobt hatte, konnte Stan als Regisseur, Manager, Autor, Produzent und Hauptdarsteller der versammelten Nachbarschaft schließlich die Premierenaufführung der "Stanley Jefferson

Amateur Dramatic Society" präsentieren. Um auch finanziell minderbemittelten Freunden den Besuch der Vorstellungen zu ermöglichen, erhob der clevere Theaterdirektor das Eintrittsgeld in Form von Sachspenden: Teppiche, Küchengeschirr, Decken - so ziemlich alles, was sich auf irgendeine Weise als Bühnenrequisite verwenden ließ, wurde von Stan akzeptiert. Kein Wunder also, daß zahlreiche, nichtsahnende Zuschauer im Verlauf der einzelnen Darbietungen plötzlich mit ihren persönlichen Haushalts- und Einrichtungsgegenständen konfrontiert wurden, die zuvor unter mysteriösen Umständen abhanden gekommen waren! Selbstverständlich ließ es sich Stan nicht nehmen, die Dramen stets eigenhändig zu verfassen und sich selbst die jeweiligen Hauptrollen auf den Leib zu schreiben - nicht selten handelte es sich dabei um Variationen von Sketchen und Stücken, die er zuvor im Theater des Vaters auf der Bühne gesehen hatte. Bestätigt in seinem Engagement wurde er wenig später auch während seines Internatsaufenthaltes in Bishop Auckland. Dort hatte ein Lehrer die schauspielerischen beziehungsweise komödiantischen Künste des jungen Zöglings rasch erkannt und bat diesen an manchen Abenden - während Stans Kameraden bereits in ihren Betten lagen -, die bei ein paar Flaschen Wein zusammensitzenden Lehrer in entspannter Atmosphäre mit Scherzen zu unterhalten.

Ein überraschter Vater

Im August 1901, Stan war gerade elf Jahre alt, zogen die Jeffersons um nach Glasgow. Dort hatte der Vater eine Anstellung als Manager des örtlichen Metropole Theatre erhalten - eine Tätigkeit, die er während der folgenden 23 Jahre ausüben sollte. Auch zu diesem Zeitpunkt war Al Jefferson noch fest davon überzeugt, daß er das Management des Schauspielbetriebes eines Tages an den Sohn weiterreichen würde. Daß er sich dar-

Stan

Die Solokarriere

in kräftig täuschte, wurde ihm jedoch erst rund vier Jahre später bewußt. Die ersten Erfolge im eigenen Dachboden-Theater und auf dem Internat hatten Stan nämlich soviel Mut gemacht, daß er als 15jähriger erneut daran ging, für sich ein kleines Bühnenprogramm zusammenzustellen. Dem Vater davon zu erzählen, traute er sich allerdings nicht - zu groß war seine Angst, mit seinem Berufswunsch Schauspieler bei diesem auf Ablehnung zu stoßen. So studierte Stan quasi im stillen Kämmerlein eine rund zehnminütige Abfolge verschiedener Witzchen und Gags ein, um sie eines Nachmittags in der Music Hall eines Freundes der Familie öffentlich vorzuführen. Ob nur der Zufall oder gar telepathische Kräfte im Spiel waren, mag dahingestellt bleiben: Just an diesem Nachmittag beschloß der Vater, einmal in der Music Hall des Bekannten vorbeizuschauen, den er bis dahin schon längere Zeit nicht mehr gesehen hatte. Dieser dachte natürlich, Stan habe seinen Vater eingeweiht, und begrüßte Al Jefferson am Eingang mit den Worten: "Du kommst gerade rechtzeitig - Stan fängt in fünf Minuten an!"

Nachdem der völlig überraschte Vater mit eigenen Augen gesehen hatte, auf welche Resonanz die kurze Darbietung des Sohnes beim begeisterten Publikum gestoßen war, wollte er dem Jungen den Weg in die Schauspielerei nicht länger verwehren. Als Stan im Anschluß an die Aufführung nach Hause zurückkehrte, empfing er ihn daher voller Stolz und mit offenen Armen. Nun war die Überraschung auf Seiten des Jungen, der natürlich nichts davon mitbekommen hatte, daß sein Vater unter den Besuchern weilte. Al Jefferson entschied sich, Stan eine richtige Ausbildung zum Schauspieler zukommen zu lassen, zumal ihm dieser für eine Solokarriere als noch zu unerfahren erschien.

Ersatzmann für Chaplin

So vermittelte er den Sohn mit Hilfe eines Freundes an eine Truppe junger Pantomimen, die sich "Levy and Cardwell's Juvenile Pantomimes" nannten und alle zwischen sechs und 18 Jahre alt waren. Zwei Spielzeiten lang spielte Stan als Mitglied der Truppe in zahlreichen komischen Rollen, bevor er anschließend als Alleinunterhalter solo durch die Gegend tingelte und in kleinen Varietes seinen Lebensunterhalt verdiente. Eines Tages wurde er sogar von seinem eigenen Vater engagiert, um in einem Bühnensketch mitzuspielen, den Al Jefferson persönlich geschrieben hatte. HOME FROM THE HONEYMOON hieß das Stück, das einige Jahre später von Laurel und Hardy sogar gleich zweimal verfilmt werden sollte (unter den Titeln DUCK SOUP und ANOTHER FINE MESS).

Nach diesem zwischenzeitlichen Engagement in der Truppe des Vaters zog Stan weiter als Solodarsteller umher, bis ihn eines Tages der berühmte Theaterproduzent Fred Karno entdeckte. Dieser unterhielt Anfang des 20. Jahrhunderts eine ganze Reihe von Darstellergruppen, die er auf Tourneen durch ganz Europa und sogar die USA schickte. Der führende Karno-Schauspieler zu jener Zeit war ein gewisser Charlie Chaplin. Nachdem Stan sich der Karno-Truppe angeschlossen hatte und die Wanderschauspieler bereits mehrere Monate unterwegs gewesen waren, plante Karno die Aufführung eines neuen Stückes in London. Doch das Werk mit dem Titel JIMMY THE FEARLESS konnte Karnos Starkomiker nicht begeistern: Chaplin lehnte kurzerhand ab, die Hauptrolle darin zu übernehmen. Unter Zeitdruck geraten (die Premiere stand unmittelbar bevor), übertrug der konsternierte Produzent den Part daraufhin notgedrungen auf Stan - und der nutzte diese einmalige Chance, indem er dem Stück zu einem gewaltigen Publikumserfolg verhalf. Doch bereits nach einer Woche wurde Chaplin die wachsende Popularität seines Ersatzmannes zu bunt, und so schlüpfte er kurzerhand selbst in die zuvor von ihm so ungeliebte Hauptrolle. In den Folgejahren blieb es bei dieser Konstellation - Stan agierte, wenn nötig, als Chaplins Ersatzmann (bisweilen teilten beide ein gemeinsa-

Die Solokarriere **Stan**

mes Hotelzimmer) und mauserte sich auch sonst im Laufe der Jahre zu einem äußerst begabten Darsteller. Nachdem die Karno-Truppe 1910 erstmals eine Tour durch die USA unternommen hatte, folgte zwei Jahre darauf eine Neuauflage, die nicht nur für Charlie Chaplin eine bedeutende Zwischenstation auf dem Weg zur späteren Weltkarriere bedeuten sollte, sondern auch für Stanley Jefferson fast zu einer solchen geworden wäre. Denn Chaplin wurde während dieser zweiten USA-Tournee von dem Filmproduzenten Mack Sennett entdeckt (und sofort für die Leinwand verpflichtet), so daß eigentlich Stan an der Reihe war, die Rolle des führenden Karno-Komikers einzunehmen. Doch Karno geriet plötzlich in Schwierigkeiten: Theaterbesitzer, mit denen er zuvor längerfristige Verträge abgeschlossen hatte, wollten ihrem Publikum als Hauptdarsteller unbedingt Charlie Chaplin präsentieren - und nicht etwa einen unbekannten Ersatzmann mit Namen Stanley Jefferson. Nachdem klar war, daß Chaplin auf keinen Fall auf die Bühne zurückkommen würde, engagierte Karno als neue "Nummer eins" kurzfristig einen anderen, bekannten Komiker, den er extra aus England einfliegen ließ. Doch alle Bemühungen nutzten nichts: Die Show wurde ein Flop, alle Verträge gekündigt, und die Karno-Akteure standen plötzlich auf der Straße. Der Produzent bot seinen Akteuren immerhin Tickets für die kostenlose Heimreise nach England an. Doch Stan entschied sich, in den USA sein Glück zu versuchen. Gemeinsam mit einem Ehepaar gründete er das "Stan Jefferson Trio". Seine neuen Mitstreiter, Alice Hamilton und Baldwin Cooke, waren zuvor bereits als Duo "Cooke and Hamilton" hin und wieder mit Stan in Kontakt gekommen. Im Juni 1916 mieteten sich die drei ein kleines Häuschen am Strand und probten ihr erstes gemeinsames, von Stan verfaßtes Programm: THE CRAZY CRACKSMAN. Das ziemlich wüste Stück, in dem Stan als eine Kopie Charlie Chaplins auftrat, wurde ein ansehnlicher Erfolg. Immerhin 175 Dolllars betrug die wöchentliche Gage, die die Akteure freundschaftlich untereinander teilten. Alice Hamilton-Cooke erzählte John McCabe Jahrzehnte später, daß das "Stanley Jefferson Trio" zu dieser Zeit quasi in den Tag hinein lebte: "Wir brauchten nur Spaß sowie ausreichend zu Essen und zu Trinken. Stan erzählte ständig lustige Geschichten aus seiner Karno-Zeit. Wohl niemand hatte damals ein schöneres und unbeschwerteres Leben als wir drei. Das Geld haben wir mit vollen Händen ausgegeben. Wir haben eigentlich nie an den nächsten Tag oder die nächste Woche gedacht."

Das unbeschwerte Leben des Trios fand jedoch ein Ende, als die australische Schauspielerin Mae Charlotte Dahlberg den Weg des ausgelassenen Trios kreuzte. Mae trat mit ihrer Kollegin Cissy Hayden als "The Hayden Sisters" 1918 in einem kleinen Städtchen in Pennsylvania auf, in dem zur gleichen Zeit auch das "Stanley Jefferson Trio" gastierte. Stan war von Mae auf Anhieb derart angetan, daß er seine beiden Partner spontan und schweren Herzens darum bat, ihr erfolgreiches Trio auflösen zu dürfen. Er wollte fortan mit Mae als Duo auf Tournee gehen. Seine Zuneigung zur neuen Partnerin ging sogar soweit, daß er sie geheiratet hätte - wäre da nicht ein anderer Mann auf dem 5. Kontinent gewesen, den Mae bereits zuvor geehelicht hatte und der sich standhaft weigerte, einer Scheidung zuzustimmen. Doch natürlich konnte solch eine Formalie Stan nicht davon abhalten, Mae nicht nur auf der Bühne, sondern auch im Privatleben als Partnerin zu akzeptieren.

Lorbeer und Zankapfel

Gewisse Probleme bereitete ihm insofern zunächst nur sein langer Nachname: Jefferson klang nicht gerade besonders spritzig, außerdem schienen (inklusive des Vornamens) 13 Buchstaben für die Werbeplakate ganz einfach zu lang. Ein Jahr vor ihrem Tod im Jahre 1969 verriet Mae dem Laurel und Hardy-Biographen John McCabe, wie der Komiker schließlich

Stan

Die Solokarriere

zu seinem Künstlernamen Laurel kam: "Eines Abends saß ich nach unserem Auftritt in der Garderobe hinter der Bühne. Irgendein Kollege aus der Show, die in dem entsprechenden Theater in der Vorwoche gelaufen war, hatte auf dem Tisch ein altes Geschichtsbuch liegen lassen. Ich blätterte ein bißchen darin herum und stieß dabei auf eine Radierung oder eine Zeichnung, die einen berühmten römischen General zeigte, Scipio Africanus Major. Den Namen werde ich nie vergessen. Um seinen Kopf hatte er einen Lorbeerkranz gewunden (Lorbeer = engl. Laurel, d. Verf.). Ich betrachtete den Lorbeerkranz, und das Wort ging mir nicht mehr aus dem Kopf. Ich sagte laut vor mich hin: 'Laurel, Laurel, Stan Laurel.' Stan, der mit irgend etwas anderem beschäftigt war, schaute auf und fragte: 'Was ist?' Ich sagte: 'Laurel, Stan Laurel. Wie findest du diesen Namen?' Daraufhin wiederholte auch er laut diese Kombination: 'Stan Laurel. Hört sich sehr gut an.' So kam er zu seinem Namen. Es war eigentlich ganz einfach."

Leider ging es hinter den Kulissen nicht immer derart harmonisch zu, wie es diese Episode im nachhinein vermuten läßt. Im Gegenteil: In der Garderobe der beiden, die fortan als Stan und Mae Laurel firmierten, flogen in schöner Regelmäßigkeit die Fetzen. George Burns, damals ein Kollege des Paares, erinnerte sich: "Immer, wenn ich mit ihnen innerhalb eines gemeinsamen Programms auf der Bühne stand, schienen die Laurels sich Tag und Nacht zu streiten. Da die Umkleideräume sehr dünne Wände hatten, konnte man ihre lautstarken Auseinandersetzungen im ganzen Theater hören. Wenn man aber mal die Tür zu ihrer Garderobe öffnete, saßen sie beide ganz ruhig da und lächelten sich an, als sei nichts geschehen. Sobald aber die Tür wieder geschlossen wurde, fingen sie erneut mit ihrem Krach an."

Der Weg zum Film

Als Stan und Mae eines Tages in Los Angeles auf der Bühne standen, bemerkte der Besitzer des Theaters, daß der junge Mann auf der Bühne durchaus genügend komisches Potential besaß, um auch auf der Kinoleinwand eine gute Figur abzugeben. Adolph Ramish, so sein Name, beauftragte daraufhin den Regisseur und Schauspieler Bobby Williamson, sich eine Geschichte für Stan auszudenken, um daraus einen Pilotfilm für eine geplante Reihe von Kurzkomödien zu drehen. Gemeinsam mit Stan entwickelte dieser daraufhin eine mäßig lustige Story. NUTS IN MAY hieß das Werk, und Stan spielt darin einen Irren, der - bekleidet mit Frack und Napoleonhut - aus einer psychiatrischen Anstalt entflieht. Als der Film in Ramishs Theater vorausgeführt wurde, saßen auch Charlie Chaplin und Carl Laemmle im Publikum, damals der Boß der Universal Studios. Dieser schloß mit Stan daraufhin einen Ein-Jahres-Vertrag ab. So entstanden zunächst ein paar Streifen, in denen Stan in der Rolle des "Hickory Hiram" auftrat. Dabei bestand Mae stets darauf, in den entsprechenden Filmen neben ihrem Gatten agieren zu dürfen - ein Umstand, der Stan eigentlich gar nicht paßte. Denn die ewigen Streitereien während ihrer gemeinsamen Bühnenauftritte hingen ihm allmählich zum Halse heraus, und in den Dreharbeiten an den "Hickory"-Filmen hatte er eine willkommene Chance gesehen, Maes Wutausbrüchen zu entkommen. Hinzu kam, daß seine Frau zwar eine recht ordentliche Tänzerin und Sängerin war, als Filmschauspielerin jedoch nicht allzuviel taugte. Doch Stan war ganz einfach zu weichherzig, um seiner Gattin diese bittere Wahrheit ins Gesicht zu sagen, und so willigte er schließlich ein, sie an seiner eigenen Filmkarriere mitwirken zu lassen. Obwohl die (nach Stans Meinung ziemlich schlechten) "Hickory Hiram"-Streifen sich recht ordentlich verkauften, sah sich Laemmle aufgrund organisatorischer Probleme schon bald darauf veranlaßt, den Vertrag mit dem Ehepaar Laurel (und auch mit anderen Schauspielern) zu kündigen. So war Stan letztlich gezwungen, mit seiner Mae abermals

Die Solokarriere   **Stan**

auf die Bühnenbretter zurückzukehren - die Filmkarriere schien, zumindest fürs erste, auf Eis gelegt. Nur hin und wieder engagierte man ihn für einzelne Kurzkomödien; so drehte er etwa für Hal Roach im Jahre 1918 insgesamt fünf Zehnminuten-Filmchen, die allesamt recht harmlos und unspektakulär ausfielen, sowie den in Laurel und Hardy-Fankreisen legendären Streifen THE LUCKY DOG, in welchem er erstmals seinem späteren, langjährigen Filmpartner Oliver Hardy begegnete. Der Produzent eben dieses Streifens war es dann auch, der Stan im Jahre 1922 - quasi als Abwechslung zu dessen ständigen Bühnenauftritten - erneut für eine Serie von Zweiaktern verpflichtete. "Broncho Billy" Anderson war es nämlich inzwischen endlich gelungen, mit Hilfe des vier Jahre zuvor als Pilotfilm entstandenen THE LUCKY DOG Geldgeber aufzutreiben, um ein paar Parodien bekannter und erfolgreicher Spielfilme zu finanzieren. So entstand mit Stan in der Hauptrolle beispielsweise MUD AND SAND ("Schlamm und Sand"), eine Verhohnepiepelung von Rudolf Valentinos BLOOD AND SAND ("Blut und Sand"), in der Stan als Rhubarb Vaselino (!) agierte. Doch auch die erneute Zusammenarbeit mit Anderson hielt nicht allzu lange an, da sich der finanzielle Erfolg der Kurzfilmparodien in Grenzen hielt. Fortsetzung fand seine Filmkarriere dann kurz darauf bei Hal Roach, der ihn ab 1923 für rund zwei Dutzend Einakter verpflichtete. All diese Streifen waren mit der für die damalige Zeit üblichen Menge an fulminanter Handlung vollgepackt, für Logik und sorgfältige Erzählstrukturen blieb nicht viel Raum. Es galt, in den zur Verfügung stehenden zehn Minuten so viel action unterzubringen, wie irgend möglich. Da Stan in einigen der Filme das Vergnügen hatte, neben manch attraktiven jungen Damen vor der Kamera zu stehen, wurde seine Ehefrau schon bald äußerst nervös und eifersüchtig. Sie bestand darauf, neben dem Gatten auf der Leinwand in Erscheinung zu treten - so, wie es früher auch gewesen war. Stan, der genau wußte, daß er seiner Frau in dieser Hinsicht kaum widersprechen durfte (andernfalls hätte er pausenlose Ehekräche riskiert), machte sich gegenüber den unterschiedlichsten Produzenten für seine aufdringliche Partnerin stark, doch verständlicherweise zeigte von diesen keiner so rechte Lust, mit der zänkischen Mae zusammenzuarbeiten.

Eine Katze namens Mae

Die Angebote wurden daher immer seltener, und allmählich begann die finanzielle Lage des Paares äußerst prekäre Formen anzunehmen. Doch Perce Pembroke, Regisseur und gleichzeitig ein guter Freund Stans, wollte den von ihm sehr geschätzten Komiker nicht länger am Hungertuch nagen sehen. Er begab sich zum Produzenten Joe Rock, der früher ebenfalls als Schauspieler gearbeitet hatte und tatsächlich Interesse an Stan zeigte - unter der Voraussetzung, daß Mae aus dem Spiel blieb. "Als Stan zu mir kam", erinnerte sich Rock später gegenüber John McCabe, "erklärte ich ihm den Sachverhalt. Ich war bereit, ihm einen Vorschuß zu geben, obwohl ich überhaupt nicht sicher war, eine Serie von Laurel-Kurzfilm-Komödien verkaufen zu können. Er sollte sich erst einmal neue Klamotten und einige andere zum Leben notwendige Dinge kaufen, während ich im Osten versuchen würde, die Verleiher zum Ankauf einer Laurel-Serie zu überreden. Ich erzählte Stan, daß ich mein Geld keinesfalls riskieren wolle, falls er darauf bestünde, Mae in seinen Filmen mitwirken zu lassen. Er stimmte mir zu und sagte, er könne mich verstehen. Das Hinterteil seiner Hose war mit Flicken übersät, und als er aufstand, zog er die Jacke herunter, um die Flicken zu verdecken. Er hatte die Löcher in seinen Schuhen mit Pappe gestopft und gestand mir, es sei ihm noch nie in seinem Leben derart dreckig gegangen. Ich gab ihm 1000 Dollars und fuhr dann nach New York."

Doch bei den Verleihern stieß Rock auf Ablehnung: Diese erinnerten sich

Stan

Die Solokarriere

Mit James Finlayson in NEAR DUBLIN (1924)

daran, daß Stan in der Vergangenheit (bedingt durch seinen Ehestreß) bisweilen etwas zu tief ins Glas geschaut hatte, und warnten den Produzenten, sich auf eine Zusammenarbeit mit ihm einzulassen. Doch der war fest davon überzeugt: Stan brauchte lediglich eine Arbeit, die er liebte - dann würde er auch "trocken" bleiben. So ignorierte er die düsteren Prophezeiungen seiner Gesprächspartner und beschloß kurzerhand, die zwölf geplanten Laurel-Filme auf eigenes Risiko hin zu produzieren. Der erste Streifen sollte DETAINED heißen, der Drehbeginn war für September 1924 vorgesehen. Stan half den Schreibern beim Verfassen des Drehbuchs, Rock verpflichtete die übrigen Darsteller und ließ in den Universal Studios die benötigten Kulissen errichten. Alles schien glatt zu gehen - bis einen Tag vor dem geplanten Drehbeginn, als Stan plötzlich in Rocks Büro auftauchte.

"Obwohl er neben der Tür stehen blieb, konnte ich drei oder vier ziemlich tiefe Kratzer in seinem Gesicht erkennen", berichtete Rock später. "Ich konnte es nicht fassen. Stan sagte: ›Du wirst es nicht glauben, aber ich habe mit unserer Katze gespielt, und sie ist ein bißchen zu nahe an mein Gesicht gekommen und hat mich gekratzt.‹ Ich schaute ihn eine Minute lang an und fragte dann: ›Wie heißt deine Katze – Mae?‹ Er versuchte mir klarzumachen, daß diese Geschichte stimmte, aber nach einigen Minuten gab er schließlich doch zu, daß ich mit meinem Verdacht richtig gelegen hatte. Dann wollte er wissen, welches Kostüm Mae in dem geplanten Film tragen würde. ›Von welchem Film redest du?‹, fragte ich. Stan antwortete: ›Mae hat mich nach einer nächtlichen Auseinandersetzung überredet, daß wir beide unbedingt weiter zusammenarbeiten müssen. Sie will heute herkommen, um ihr Kostüm anzuprobieren, damit wir morgen pünktlich mit dem Dreh beginnen können.‹ Daraufhin sagte ich ihm: ›Stan, du weißt genau, daß ich nicht so blöd bin, dir oder Mae zu erlauben, sich in meine Geschäfte einzumischen. Wir haben einen Vertrag geschlossen, mit dem ihr beide einverstanden gewesen seid, und wir haben seit drei Wochen am Drehbuch gearbeitet, Kulissen aufgebaut, Leute engagiert, und nie wurde bisher auch nur ein Gedanke daran verschwendet, Mae in dem Film mitspielen zu lassen. Und jetzt kommst du, einen Tag vor Drehbeginn, und willst alles umwerfen!‹ Stan sagte: ›Du kannst es dir doch gar nicht erlauben, einfach das ganze Geld abzuschreiben, das du bisher in das Projekt gesteckt hast. Wenn Mae nicht mitmachen darf, dann steige ich auch aus.‹ Ich sagte ihm klipp und klar, ich könnte an seiner Stelle innerhalb kürzester Zeit ein ganzes Dutzend Schauspieler auftreiben, die scharf darauf seien, an seiner Stelle die Rolle zu übernehmen – auch, wenn sich der Drehbeginn dadurch etwas verzögern würde.«

Der Mühlstein geht an Bord

Rocks unnachgiebige Haltung zeigte Wirkung: Stan wurde unsicher, und um ihn mit der plötzlich scheinbar ausweglos gewordenen Situation nicht völlig alleine zu lassen, zitierte der Produzent spontan per Telefon Mae zu sich – »um über dein Kostüm für morgen zu sprechen«, wie er vorgab. Doch in Wahrheit hielt er ihr eine Standpauke, die sich gewaschen hatte. Unmißverständlich machte Rock der arroganten Ehefrau klar, daß sie eigentlich schon immer ein Mühlstein im Nacken des Stan Laurel gewesen sei, und daß er bei ihrem Beharren auf einer Rolle im geplanten Film auch auf Stans Dienste verzichten werde. Mae brach angesichts dieser rabiaten Vorwürfe in Tränen aus, doch schließlich beruhigte sie sich und gab nach. »Beide verließen mich in besserer Stimmung, als ich erwartet hatte«, erzählte Rock, »und Stans Kratzer haben wir mit dünnem Pflaster und Make up überdeckt.«

Mae hielt ihr Versprechen (und sich von den Dreharbeiten fern), so daß Stan unter Joe Rock als Produzenten in unbeschwerter Atmosphäre eine Reihe gelungener Kurzfilme drehen konnte. Seine Begeisterung für die Arbeit ging sogar so weit, daß er niemals müde wurde, an neuen Gags zu feilen und sich im Anschluß an die Dreharbeiten die Szenen anzuschauen, die im Laufe des Tages entstanden waren. Darüberhinaus brachte er auch beim Schnitt der einzelnen Streifen seine Ideen ein – alles Tätigkeiten, die er auch später bei den Filmen mit Oliver Hardy mit ähnlicher Begeisterung ausüben sollte. Doch allzu lange währte Joe Rocks Freude an dem »Workaholic« Stan Laurel nicht – mitten während der Arbeiten an SOMEWHERE IN WRONG kam der Komiker plötzlich regelmäßig zu spät zur Arbeit und nörgelte an seinen Kollegen herum, wie es bis dahin niemand von ihm gekannt hatte. Standhaft weigerte er sich zudem, einzelne Szenen nachzudrehen, die nach Meinung des Produzenten nicht ganz so gelungen waren. Dieses merkwürdige Verhalten behielt er auch während der Arbeiten an den folgenden Filmen bei, so daß für Rock klar war: An Stans Wandlung hatte Mae sicherlich einen nicht unmaßgeblichen Anteil. Er stellte

Stan

Die Solokarriere

sein hoffnungsvolles Talent daher zur Rede, und tatsächlich gestand Stan, daß Mae sauer sei, nicht mit ihm gemeinsam vor der Kamera agieren zu dürfen. Nächtelang seien sie darüber wieder in Streit miteinander geraten. Mae habe ihn zuvor vergeblich dazu überreden wollen, auf die Bühnenbretter zurückzukehren, um ihre dort begonnene, gemeinsame Karriere fortzusetzen. Da Mae zu diesem Zeitpunkt von den USA die Nase ohnehin gestrichen voll hatte, sah der Produzent in diesem Moment eine einmalige Gelegenheit gekommen: Er wollte Mae die Rückkehr in ihre Heimat Australien bezahlen. Bedingung: Sie mußte versprechen, nie wieder zurückzukehren! Auch Stan zeigte sich von der Aussicht, künftig ohne die dauernden Streitigkeiten in Ruhe arbeiten zu können, sehr angetan, und willigte nur allzu gerne in Rocks Vorhaben ein. Tatsächlich gelang es dem engagierten Produzenten schließlich, Mae für immer auf die Heimreise zu schicken - immerhin 1000 Dollars "Bearbeitungsgebühr" (unter anderem für neue Kleidung) war ihm dieser Akt der Befreiung wert. Am Tag von Maes Abreise unternahm Rock zudem alles, um in Stan eine plötzliche Aufwallung der Gefühle zu unterdrücken. So hatte er bereits eine Woche vor Maes endgültigem Abschied seinen eigenen Bruder Murray damit beauftragt, Stan quasi rund um die Uhr abzulenken. Und am Tag, als Maes Schiff sich endlich auf die Reise machte, luden Murray und seine Frau Stan zu sich nach Hause zum Essen ein. Zweiter Gast an diesem Abend war eine blonde, attraktive Schauspielkollegin Stans: Lois Neilson - nicht nur vom Aussehen, sondern auch vom Charakter her so ziemlich das genaue Gegenteil zu Mae. In entspannter Atmosphäre saßen die vier beisammen, als plötzlich das Telefon klingelte. Am Apparat war Joe Rocks Ehefrau, die Stan mitteilte, Mae befinde sich in diesem Moment unweigerlich an Bord eines Schiffes nach Australien. "Stan stieß einen Freudenschrei aus", erzählte Rock später, "und vollführte einen Luftsprung. Er griff mich und Murray, umarmte uns und hatte Tränen in den Augen. Er sagte, wir seien die beiden besten Freunde, die er jemals gehabt habe, besser noch als sein Vater oder seine Brüder. Er versprach, für mich die besten Komödien zu machen, die jemals entstanden seien." (Der charmanten Lois versprach er ein wenig später, am 23. August 1926, sogar die Ehe.)

Nie wieder vor die Kamera

In der Folgezeit drehte Stan für Rock tatsächlich eine Reihe entzückender Kurzfilmkomödien, in denen er allmählich jenen Charakter entwickelte, der sich in ähnlicher Form später in den Laurel und Hardy-Filmen wiederfinden sollte: einen jungen Mann, hinter dessen freundlichem Äußeren sich ein geradezu kindhaftes Gemüt verbirgt. Dabei spielte er diesen Part jeweils mit einem speziellen Charme und einer Überzeugungskraft, die ähnliche Darbietungen anderer Schauspielkollegen deutlich verblassen ließ. Was eigentlich jeder Zuschauer von einem Akteur erwartet, traf bei Stan in ganz besonderem Maße zu: Seine kindliche Gutgläubigkeit wirkte rundum glaubwürdig. "Damals beabsichtigte ich, für ein paar der Laurel-Komödien Babe Hardy als Darsteller zu verpflichten", erinnerte sich Rock. "Aber Stan wollte das nicht. Das war auch ganz verständlich, denn seinerzeit verspürte eigentlich kein Top-Komiker allzu große Lust, neben einem gleichberechtigten, anderen Komiker aufzutreten - es sei denn, der andere hätte sich darauf beschränkt, lediglich als Stichwortgeber oder eine Art Abziehbild zu agieren. Die Vergangenheit hatte nämlich gezeigt, daß Paare mit gleichberechtigten Komikern aus Neid häufig auseinanderbrachen. Stan weigerte sich, mit Babe Filme zu drehen, weil er sich sagte: Jeder Schauspieler auf der Leinwand, der in seiner Rolle als Schurke beim Publikum auf Lacher aus ist (wie Babe es war, d.Verf.), wird letztlich zum Konkurrenten des eigentlichen Komödianten."

Doch auch ohne Babe Hardy als Partner entpuppten sich die Stan Laurel-

Die Solokarriere

Stan

Komödien als Renner, die landauf-landab in den Kinos gespielt wurden. Dieser Erfolg blieb natürlich auch einem von Rocks Konkurrenten, Hal Roach, nicht verborgen. Mit einem lukrativen Vertrag gelang es ihm, Stan von Rock "loszueisen" und ihn als Drehbuchschreiber und Regisseur zu verpflichten. Letzterer konnte seinem davonziehenden Star immerhin noch das Versprechen abringen, für Roach nie vor, sondern lediglich hinter der Kamera zu agieren. "Was hätte ich denn machen sollen?", rechtfertigte Rock seine damalige Bitte später, "ich sagte zu Stan: Hör zu, ich will dich nicht davon abhalten, dein Leben so zu gestalten, wie du es für richtig hälst. Aber wenn du als Schauspieler für Hal Roach Filme drehst, die den Verleihern später als Stan Laurel Comedies angeboten werden - was soll ich dann meinen eigenen Verleihern sagen, mit denen ich selbst auch einen Vertrag über die Lieferung von Stan Laurel Comedies abgeschlossen habe?"

So erstaunlich es sich angesichts Stans Erfolg als Komiker zunächst auch anhören mag: Er willigte in Rocks Bitte ein und beschloß, bei Hal Roach fortan nur noch als Drehbuchschreiber und Regisseur zu fungieren. Da ihn das "Drumherum" seiner eigenen Komödien schon immer interessiert hatte, fiel ihm dieser Schritt nicht allzu schwer. Daß er dieses Versprechen schon bald darauf brechen sollte und es somit überhaupt zu einer Filmpartnerschaft mit Oliver Hardy kommen konnte, war - wie sollte es auch anders sein - wieder einmal auf einen jener Zufälle zurückzuführen, die bekanntlich das Leben schreiben.

Eine Menge Spaß

Hal Roach

Harry Eugene "Hal" Roach, geboren am 14. Januar 1892 in Elmira, New York, war der Enkel irischer Einwanderer. Als 17jähriger hatte ihn sein Vater auf eine Weltreise geschickt, in deren Verlauf er mit den unterschiedlichsten Aushilfstätigkeiten seinen Lebensunterhalt verdiente. Nachdem er im Alter von 19 Jahren in Los Angeles gelandet war, verdingte er sich zunächst als Nebendarsteller in Westernfilmen - bei einem Dollar Honorar pro Tag sowie freier Unterkunft und Verpflegung. Eines Tages wurde er von einem Anwalt angesprochen, dessen Bekannter ins Filmgeschäft einsteigen wollte. Roach empfahl sich selbst als den "besten unentdeckten Regisseur" der ganzen Gegend - der Grundstein für eine unvergleichbare Karriere war gelegt. 1919 machte er sich als Produzent selbständig und erwarb Ackerland in Culver City, einem Vorort von Los Angeles. Dort errichtete er sein eigenes Filmstudio und begann mit der Produktion von Kurzfilmkomödien (unter anderem mit Stan Laurel). Zum bekanntesten Roach-Produkt avancierte Mitte der 20er Jahre eine Filmreihe, die unter dem Oberbegriff "All Star"- Serie in die Kinos gebracht wurde und in der eine Vielzahl komödiantischer Talente agierte, deren Popularität zum Teil bis heute ungebrochen ist. Zu ihnen zählten Charley Chase, James Finlayson, Our gang (In Deutschland bekannt als "Die kleinen Strolche") und, last but not least, Oliver Hardy sowie Stan Laurel. Dabei war letzterer, wie er es gegenüber Joe Rock versprochen hatte, zunächst jedoch ausschließlich hinter der Kamera aktiv. Zu diesem Zweck ließ sich Stan von Richard "Dick" Jones, der zuvor selbst bei einigen Mack Sennett-Komödien Regie geführt hatte und bei Roach für die Produktionsüberwachung zuständig war, ab Mai 1925 das Handwerk der Filmkomödienherstellung beibringen. Resultat waren ein paar Ein- und Zweiakter, von denen vor allem der Streifen WANDERING PAPAS Erwähnung verdient, da in diesem ein Darsteller mit Namen Babe Hardy mitwirkte.

Eine Pfanne mit heißem Fett

Nachdem Ollie als festangestellter Akteur bei Hal Roach eingestiegen und rasch zu einem seiner populärsten Schauspieler avanciert war, liefen im Juli 1926 die Vorbereitungen für einen Zweiakter mit dem Titel GET 'EM YOUNG auf Hochtouren. Während Stan abermals als Regisseur vorgesehen war, sollte Ollie eine Nebenrolle als Butler übernehmen. Doch da machte den Beteiligten eine Ladung heißes Bratfett einen Strich durch die Rechnung, wie eine Zeitungsmeldung vom 24. Juli 1926 dokumentiert: "Eine der schlimmsten Pechsträhnen in den Annalen Hollywoods schickte Oliver Hardy, Komiker bei Hal Roach, sowie dessen Ehefrau innerhalb einer Woche gemeinsam ins Krankenlager. Mrs. Hardy, die eine Freundin in Laurel Canyon besuchte, kletterte auf einem Pfad entlang, der sich etwa 300 Meter von der Hauptstraße entfernt befand, als sie auf eine zusammengerollte Klapperschlange trat. Sie drehte sofort um und flüchtete, fiel dabei jedoch zwei- oder dreimal hin, so daß sie sich eine Zerrung in ihrem rechten Bein zuzog, die sie für mehrere Wochen außer Gefecht setzen dürfte. Am nächsten Abend, als sie im Bett lag, begab sich Hardy in die Küche, während die Köchin kurzzeitig Krankenschwester spielte. Nachdem er eine Pfanne mit Bratfett erhitzt hatte, hob er die Pfanne an, wobei ihm das Küchengerät entglitt und das heiße Fett über seine rechte Hand und das Handgelenk spritzte. Die Verletzung war äußerst schmerzhaft, und so versuchte der Gepeinigte schnell durch die Hintertür aus der Küche zu rennen, da seine Frau von dem Zwischenfall nichts mitbekommen sollte. Dabei rutschte er jedoch aus und renkte sich ein Bein aus."

Nachdem Babe, derart gepeinigt, zwangsweise für die Dreharbeiten zu GET 'EM YOUNG ausfiel, wandte sich Dick Jones hilfesuchend an Stan. Ob dieser nicht kurzfristig an Ollies Stelle schlüpfen und den Part des Butlers übernehmen könne? Stan weigerte

Hal Roach Eine Menge Spaß

sich zunächst, hatte er doch Joe Rock bei seinem Abschied zugesagt, nie mehr vor der Kamera zu agieren. Daran wollte er sich eigentlich auch halten. Als Hal Roach aber plötzlich eine Lohnerhöhung um 100 Dollars pro Woche für den Fall in Aussicht stellte, daß Stan wieder als Komiker zur Verfügung stand, war dessen Widerstand gebrochen: GET 'EM YOUNG bedeutete seine Rückkehr in die Filmschauspielerei - dem Bratfett sei Dank. Nachdem Babe wieder genesen war, dauerte es freilich eine ganze Weile (genauer gesagt: bis Mitte 1927), bis sich die Verantwortlichen entschlossen, Laurel und Hardy ganz gezielt als gleichberechtigtes Duo nebeneinander einzusetzen. So blieb es (wie bereits in ihrem ersten gemeinsamen Streifen, THE LUCKY DOG) zunächst bei einigen mehr oder weniger zufälligen Begegnungen - je nachdem, wie die Besetzungslisten der einzelnen Filme eben aussahen. Auf diese Weise entstanden insgesamt zehn Filme, die alle in der erwähnten "All Star"-Serie veröffentlicht wurden und in denen Stan und Ollie zum größten Teil eher neben- denn miteinander auftraten. Lediglich in zweien von ihnen (DUCK SOUP und DO DETECTIVES THINK?) agieren beide Komiker bereits als eingespieltes Paar vor der Kamera - aus heutiger Sicht um so erstaunlicher, daß keiner der Beteiligten schon damals gemerkt haben will, welch geniales Komikerduo da heranreifte. Der erste, dem dies im Laufe der Zeit richtig bewußt wurde, war dann Leo McCarey, der seinerzeit als Gagschreiber und Regisseur für Hal Roach fungierte. Dessen Kollege, Frank Butler, berichtete John McCabe gegenüber, wie es zur "Entdeckung" von Laurel und Hardy als Duo kam: "Als die 'Comedie All Stars'-Filme gemacht wurden, fiel Leo als erstem auf, daß das Nebeneinanderstellen des Mageren und des dicken Typen nicht nur einen hübschen, sondern sogar einen recht witzigen Kontrast darstellte. Roach selbst hat Laurel und Hardy insofern gar nicht als Team zusammengebracht. Zu der Zeit, als Leo daran dachte, den beiden innerhalb der 'All Stars'-Reihe erstmals größere Rollen anzuvertrauen, befand sich Roach nämlich auf einer Weltreise. Als er von dieser zurückkehrte, war er mit Leos Idee schließlich einverstanden."

The "Lot of fun"

So bedeutend der Zwischenfall mit Ollies Bratpfanne im nachhinein auch erscheinen mag: Wesentlicher Faktor für den weltweiten Erfolg des Duos Laurel und Hardy war mit Sicherheit die Atmosphäre, die in den 20er und 30er Jahren in den Hal Roach-Studios herrschte. "The lot of fun" (frei übersetzt: "Eine Menge Spaß") wurde diese von Insidern ebenso respekt- wie liebevoll genannt - bei Roach ging es selbst während der Dreharbeiten sehr ungezwungen, bisweilen sogar ausgelassen zu. Im Gegensatz zu den Studios der großen Filmgesellschaften gab es hier keine strengen Regeln, und anders als manch kleinere Konkurrenten achteten die Roach-Aktiven sehr wohl darauf, Qualitäts-produkte abzuliefern (in denen jedoch nicht nur viel Arbeit, sondern gleichzeitig eine gehörige Portion Liebe und Enthusiasmus der Beteiligten steckte). Roy Seawright, der bei Roach als Bürobote angefangen hatte und es unter diesem später zum Studio-Tricktechniker brachte, beschrieb den Umgang seines damaligen Chefs mit den Mitarbeitern: "Wenn Roach morgens aufs Studiogelände kam, lief er erst einmal herum, grüßte jeden, und wurde von jedem zurückgegrüßt. Er strahlte derart viel Wärme und Liebe aus und erwies jedem seine Zuneigung, daß es geradezu ansteckend wirkte - sein Verhalten übertrug sich von ihm auf die übrigen Leute aus dem Studio. Dies setzte bei allen eine Menge Talente frei." Anita Garvin, die in zahlreichen Laurel und Hardy-Streifen überaus resolute Frauenrollen spielte, erinnerte sich an weitere wichtige Unterschiede zur Konkurrenz: "Wir standen nie unter Zeitdruck. Außerdem hielt man sich als Schauspieler bei den anderen Studios weitgehend an die Scripts. Bei Roach dagegen ging es sehr locker zu, jeder konnte seine Meinung sagen. Man

Eine Menge Spaß

Hal Roach

brauchte überhaupt keine Angst zu haben, gegenüber dem Regisseur oder sonst jemandem den Mund aufzumachen."

Gegenüber Randy Skretvedt beschrieb Hal Roach, was dies alles für die Dreharbeiten an den Laurel und Hardy-Filmen bedeutete: "Wir hatten insgesamt sechs oder acht Gagschreiber, die für Laurel und Hardy arbeiteten. Immer, wenn wir einen Film mit den beiden drehten, brachte ich ein paar Schreiberlinge mit und hatte selbst nur eine vage Vorstellung von dem, um was es eigentlich gehen sollte. Ich sagte: 'Also, paßt mal auf, diesmal spielen die beiden ein paar Seeleute', oder was auch immer. Nach zwei oder drei Stunden war es dann so weit, daß zumindest ein paar der Gagschreiber ungefähr wußten, worauf es hinauslaufen könnte. Zu denen sagte ich dann: 'Gut, ihr macht mir daraus jetzt bitte eine Geschichte. Gebt mir das Treatment (eine grobe Inhaltsbeschreibung, d. Verf.), sobald ihr es fertig habt.' Dann versuchten sie, ein Treatment zu verfassen, ohne jedoch bereits Gags hineinzuschreiben. Sie kümmerten sich zunächst nur um den Handlungsfaden. Erst danach kamen noch einmal alle Schreiber zusammen, um zu schauen, ob sie für die fertige Story ein paar Gags auf Lager hatten, die dazu paßten." Zuletzt habe man den fertigen Entwurf an den jeweils zuständigen Regisseur sowie

an Stan weitergereicht (Ollie hatte daran kein Interesse), und in Zusammenarbeit mit ein paar weiteren Gagschreibern sei das Ganze schließlich am Drehort ausprobiert worden. "Wenn es nicht hinhaute", so Roach, "setzten wir uns alle nochmal zusammen, wobei zuletzt unter Umständen eine völlig andere Story herauskommen konnte, als ursprünglich vorgesehen." Ging es dann endlich ans Drehen der einzelnen Szenen, konnte von ausführlichem Proben allerdings keine Rede sein. Der Schauspieler Henry Brandon (BABES IN TOYLAND) wartete in diesem Zusammenhang einmal mit einer netten Episode auf: "Stan wandte sich an Babe und die übrigen Schauspieler und sagte: 'Also, du sagst das, und Henry sagt das, und dann mache ich folgendes, und dann kommt Babe und macht jenes...' Das ging ungefähr zehn Minuten lang so, bevor Stan schließlich sagte: 'Also los, laßt uns das Ganze jetzt drehen!' Das war der Augenblick, in dem ich einen Fehler beging, den ich mein ganzes Leben lang nicht mehr vergessen werde. Ich fragte: 'Wollen wir denn die Szene nicht erst einmal proben?' Stan drehte sich zu mir um und meinte nur: 'Willst du etwa alles kaputtmachen?' Das einzige, was vorher geprobt wurde, waren gefährliche Stunt-Szenen. Der Dialog selbst wurde nie geübt. Sie sagten alles mögliche, was sie tun wollten, aber tatsächlich taten sie es erst dann, wenn die Kamera anfing zu

Hal Roach

Eine Menge Spaß

laufen. Sie wollten unbedingt den Zauber des ersten Mals einfangen."

Stan führt Regie

Bereits diese Anekdote verdeutlicht im übrigen, wer im Laufe der Dreharbeiten jeweils das Sagen hatte: Stan Laurel. Zu sehr war er nach wie vor von den einzelnen Tätigkeiten außerhalb der Kamera gefesselt, als daß er dieses Feld ganz alleine anderen Personen überlassen hätte (immerhin war er von Roach ja "nur" mit Hilfe einer Gehaltserhöhung überhaupt dazu gebracht worden, statt als Regisseur und Gagschreiber wieder als Schauspieler zu agieren). "Egal, mit welchem Regisseur die beiden auch immer zusammenarbeiteten - wenn Laurel sagte: 'Diese Idee gefällt mir nicht', dann sagte der Regisseur niemals: 'Das ist mir egal, wir machen es trotzdem so.' Das war völlig selbstverständlich", berichtete Hal Roach. Und Anita Garvin ergänzte: "Eine Menge Regisseure dachten, sie hätten das Sagen, aber glauben Sie mir: In Wahrheit war es Stan, der Regie führte. Nur bekam das der jeweilige Regisseur nie so richtig mit. Stan machte nämlich immer sehr geschickte Vorschläge, indem er zum Beispiel sagte: 'Sie wollten gerade etwas vorschlagen...' Und dadurch dachte der Regisseur immer, es sei seine eigene Idee gewesen." Letztlich dürfte dies wohl auch die Erklärung dafür sein, daß sich die insgesamt rund 80 Kurzfilme des Duos stilistisch kaum voneinander unterscheiden - obwohl etwa ein Dutzend verschiedener Regisseure daran beteiligt war.

So achtete Stan auch stets darauf, daß er und sein Filmpartner bevorzugt aus der Distanz aufgenommen wurden, denn Nahaufnahmen sollten lediglich dazu dienen, die Reaktionen der beiden Akteure nach einem Gag detailliert zu zeigen. Gleichzeitig gab man damit dem Publikum Gelegenheit, sich auszulachen, bevor die Handlung (wiederum in der Totalen oder Halbtotalen) ihre Fortsetzung fand (sobald sich bei der Vorauführung eines neuen Streifens herausstellen sollte, daß die Zuschauer an manchen Stellen überdurchschnittlich lange lachten, wurden die entsprechenden Großaufnahmen vor der endgültigen Freigabe des Films im Schneideraum noch rasch "verlängert"). Mit seinen detaillierten Vorstellungen, wie das fertige Produkt auszusehen hatte (so behielt er sich unter anderem das Recht vor, die endgültige Schnittfassung zu bestimmen), konnte Stan so manchen Mitarbeiter zum Verzweifeln bringen. Einer der Leidtragenden war Hal Roachs langjähriger Kameramann, Art Lloyd. Dessen Witwe erinnerte sich daran, daß Stans helles Make up ihrem Gatten seinerzeit schwer zu schaffen machte: "Art war ganz versessen darauf, einmal künstlerisch wertvolle Aufnahmen machen zu dürfen, aber die Chance dazu erhielt er nur sehr selten. Stan duldete nicht, daß Art durch Lichteffekte irgendwelche Konturen in sein Gesicht zauberte, er wollte absolut weiß erscheinen - und für solche Aufnahmen gewinnt ein Kameramann natürlich keinen Preis. Stan sagte: 'Keine Schatten, Art, ich will ein ganz glattes Gesicht haben, und so lange du dich daran hältst, wirst du mein Kameramann bleiben.' Trotzdem hatte Art Stan sehr gerne. 'Wenn ich so auch niemals einen Oscar gewinnen werde, tue ich doch zumindest Stan Laurel einen Gefallen', sagte er." Natürlich wußte Stan genau, warum er derart auf seinem hellen Gesicht beharrte: Es verstärkte beim Betrachter den Eindruck der kindlichen Unschuld und provozierte (im Zusammenspiel mit Stans Mimik) somit zusätzliche Lacher.

Letztlich war er es auch, der - zumindest in den Anfangsjahren der Laurel und Hardy-Ära - die Ideen der übrigen Mitarbeiter in brauchbare Gags umsetzte und entschied, welche Idee in den jeweiligen Film paßte und welche nicht. Unterstützung fand er dabei vor allem in der Person Charlie Rogers, der von Hal Roach ebenfalls als Gagschreiber angestellt worden war und später bei einigen Laurel und Hardy-Streifen die Co-Regie übernehmen sollte. Mit diesem traf sich Stan

Eine Menge Spaß

Hal Roach

bisweilen sogar in seinen eigenen vier Wänden, um an einzelnen Gags zu feilen oder neue Ideen zu entwickeln. Im Gegensatz dazu beschränkte sich Ollie meist darauf, während der eigentlichen Dreharbeiten hin und wieder einen Gag vorzuschlagen, der ihm spontan in den Sinn gekommen war - stundenlange Sitzungen, nur um einzelne, witzige Situationen zu erarbeiten, waren nicht seine Sache. Nachdem Stan und die übrigen Autoren in diversen, bisweilen nächtelangen Treffs nach ungefähr einer Woche ein halbwegs komplettes Skript verfaßt hatten (dieses skizzierte in der Regel einen groben Handlungsfaden und beinhaltete gegebenenfalls auch einzelne Dialogzeilen), erhielt Harley M. Walker das Papier ausgehändigt, der bis 1932 bei Roach eigentlich als Leiter der Filmschnitt-Abteilung fungierte. Dieser las das Treatment durch, gab dem "Kind" einen Namen und machte sich schließlich daran, auf Grundlage des ihm vorgelegten Kurzinhalts entsprechende Werbeschriften an die Filmverleiher zu verfassen, um den Distributoren die Roach-Komödien schmackhaft zu machen. Spätestens mit dem Wechsel von Stan und Ollie aus der Riege der "All Star"-Komiker hin zur separaten "Laurel and Hardy"-Serie hätte er sich diese Arbeit eigentlich sparen können. Denn die Filme der "Jungs" entpuppten sich schon bald als "Selbstläufer", die - zunächst in den USA, später weltweit - jedem

Der Dicke und der Magere: mit witzigem Kontrast zum Erfolg

Hal Roach   **Eine Menge Spaß**

Ein simples Rezept

Um den Laurel und Hardy-Filmen zum Erfolg zu verhelfen, hatten sich die Beteiligten ein aus heutiger Sicht äußerst simpel klingendes Rezept zurechtgelegt, das Leo McCarey in einem Interview wie folgt umschrieb: "Zu jener Zeit gab es unter Komikern die Tendenz, innerhalb der Filme zu viel zu machen. Mit Laurel und Hardy präsentierten wir das genaue Gegenteil. Wir versuchten, so Regie zu führen, daß praktisch kaum etwas richtiges passierte."

Für die tägliche Arbeit bedeutete dies ein Höchstmaß an Improvisation: Im Gegensatz zum sonst üblichen Vorgehen vertraute man bei den Laurel und Hardy-Komödien nämlich nicht etwa auf eine "fertige" Geschichte, die von den Schauspielern "nur" noch ansprechend umgesetzt werden mußte. Stattdessen entwickelten Stan und Ollie ihre Streifen in der Regel aus einzelnen Situationen heraus, die sie durch Improvisieren am Drehort nach und nach derart ausbauten, bis schließlich ein kompletter Film entstanden war. Dies konnte zuweilen sogar dazu führen, daß aus einer einzigen Idee weitaus mehr Material erwuchs, als es im voraus geplant war. So beschränkt sich beispielsweise der Streifen PERFECT DAY darauf, lediglich die Vorbereitungen für ein Picknick am Wochenende zu zeigen, während die Verantwortlichen ursprünglich beabsichtigt hatten, auch die Mahlzeit im Grünen als solche auf Zelluloid zu bannen - die Fülle der Gags, die sich bereits aus den Ausflugsvorbereitungen der Beteiligten ergab, reichte für die übliche Laufzeit einer Kurzkomödie von 20 Minuten dann allerdings völlig aus.

Daß in sämtlichen Kurzfilmen des Duos lediglich ein Mindestmaß an Handlung transportiert wird, hängt unweigerlich auch mit den Charakteren zusammen, die die beiden Komiker verkörpern und deren Ausgestaltung auf Stan zurückzuführen ist: eine gewisse Portion Dummheit, gepaart mit kindlicher Unschuld. Mit Stan und Ollies recht schwerfällig arbeitenden Gehirnwindungen ließen sich tempo- und actiongeladene Handlungsstränge (wie sie damals vorherrschten und die bis dahin den Erfolg jeder Kurzkomödie ausgemacht hatten) schlichtweg nicht vereinbaren. Der "slow burn" ("langsame Brenner") zählte folgerichtig zu den wichtigsten "Zutaten", mit denen die beiden ihre Szenen regelmäßig würzten. Dabei wird einer Person, der soeben irgendein Unheil wiederfahren ist, eine ausreichend lange Zeitspanne eingeräumt, um das Geschehen in Ruhe verarbeiten zu können, bevor die eigentliche Reaktion darauf erfolgt. Wenn Ollie zum Beispiel in FROM SOUP TO NUTS gleich mehrmals hintereinander ausrutscht und seinen Kopf in einer voluminösen Sahnetorte vergräbt, bleibt er zunächst ganz ruhig am Boden liegen. Erst dann, wenn die cremige Masse gemächlich in seinem Gesicht zu verlaufen beginnt, wendet er sich schließlich an das vor der Leinwand (oder dem Bildschirm) versammelte Publikum, um diesem per Großaufnahme einen seiner berühmten, mitleidsheischenden Blicke zuzuwerfen.

Ebenso klar festgelegt wie dieses tempoarme Reaktionsmuster war auch die Rollenverteilung der beiden Schauspieler untereinander. Ollie gab jeweils den um gesellschaftliche Anerkennung bemühten, einfältigen Spießbürger, dem der Erfolg seines Strebens nach Höherem in schöner Regelmäßigkeit versagt bleibt. "Es gibt niemand Dümmeren als einen Dummen, der denkt, er sei klug", hat der Schauspieler Oliver Hardy einmal gesagt, und so nutzt es ihm in seiner Filmrolle letztlich auch nie etwas, daß er allen weiblichen Wesen gegenüber stets als hochwohlerzogener Gentleman auftritt (wobei er so manche Verhaltensweise, wie etwa das Abspreizen des kleinen Fingers beim Heben der Teetasse, bereits in Jugendjahren den "feineren" Damen und Herren abgeschaut hatte, mit denen eine seiner

Eine Menge Spaß

Tanten den Umgang pflegte). Und wenn sich zu Ollies eigener Einfältigkeit auch noch Stan Laurels Tolpatschigkeit hinzugesellt, kommt wirklich jede Rettung zu spät. Dann entpuppt sich nämlich jegliche Kontaktaufnahme mit anderen Mitgliedern der Menschheit - egal, ob im Rahmen eines intimen Beisammenseins oder während eines pompösen Festbanketts - lediglich als Auslöser für ein Fiasko, das Ollie gemeinsam mit dem Partner einen weiteren Schritt in die Richtung gesellschaftlicher Isolation treibt. Dabei kann Ollie gegenüber Stan jedoch nur schwerlich Vorwürfe erheben, verkörpert dieser doch quasi wortwörtlich das "Kind im Manne". Die Kombination eines entwaffnenden Lächelns (das oft in Grinsen umschlug) mit der kindlichen Stimme sowie entsprechenden Gesten (wie dem unmotivierten Kratzen am Haarschopf oder den plötzlichen Weinkrämpfen) hinderten Ollie insofern manchmal daran, angesichts mancher Katastrophe ganz einfach auf den (zwar schuldigen, aber vermeintlich wehrlosen) Partner einzudreschen. In solchen Fällen beschränkte er sich meist darauf, seinen berühmten Blick in die Kamera zu schicken, mit dem er sich hilfesuchend ans versammelte Publikum wendet (besonders wirkungsvoll eingesetzt hat er diesen beispielsweise auch in LAUGHING GRAVY). Stan hingegen beläßt es angesichts der um ihn herum angehäuften Zerstörungen nicht selten bei der (mit der Miene eines Unschuldslamms vorgetragenen) Frage: "What happened?"

Spiegelbild des Lebens

Eine wesentliche Rolle in Zusammenhang mit dem Erfolg von Laurel und Hardys Komik spielt sicherlich auch die Glaubwürdigkeit, mit der Stan und Ollie ihr Treiben auf der Leinwand jeweils zu vermitteln vermögen - in nicht unerheblichem Maße handelt es sich dabei nämlich um Spiegelbilder ihrer eigenen, ganz persönlichen Lebenserfahrungen, die sie (zum Teil bereits vor dem Beginn der gemeinsamen Karriere) gemacht hatten, und die von ihnen nun - natürlich meist in überspitzter Form - in den Filmen verarbeitet wurden. Dies beginnt bereits mit der Dummheit, die beide auf der Leinwand quasi in persona und Vollendung repräsentieren. So haben weder Stan noch Ollie jemals einen Hehl daraus gemacht, unter ihrem jeweiligen Mangel an Schulbildung zu leiden, der sich mehr oder weniger zwangsläufig aus ihren einzelnen Lebensläufen ergeben hatte. Fasziniert von der Welt des Theaters und des Show Business, hielten sich beide in ihrer Jugend innerhalb eines Schulgebäudes eben nicht länger auf als nötig (oft sogar bedeutend kürzer). Wenn es Stan also in A CHUMP AT OXFORD Probleme bereitet, zwei und zwei zusammenzuzählen oder beide Partner in PARDON US beim Lösen einer ähnlich diffizilen Rechenaufgabe kläglich versagen, dann wirken die entsprechenden Szenen vor allem deshalb komisch, weil Stan und Ollie in ihrer Dummheit absolut glaubwürdig erscheinen - sie wissen (im übertragenen Sinne) gewissermaßen, wovon sie sprechen.

In ähnlichem Maße gilt dies wohl auch für das Bild, welches sie in ihren Streifen vom sogenannten schwachen Geschlecht zeichnen. Das nicht allzuweit gestreute Spektrum reicht hier von der geldgierigen "Hexe", die ihrem Gatten außer einem bescheidenen Taschengeld keinerlei Zuwendung zukommen läßt, über den stets gewaltbereiten "Hausdrachen" bis hin zum vergnügungssüchtigen "Flittchen", das die Männerwelt nach Strich und Faden auszunutzen versteht. Wer die Erfahrungen berücksichtigt, die Stan und Ollie vor allem in den 20er und 30er Jahren in ihrem privaten Umfeld mit Frauen machen mußten, ahnt, worin das in ihren Filmen zutage tretende Frauenbild begründet liegt (beide hatten seinerzeit mit zänkischen und alkoholkranken Gattinnen zu kämpfen). Eigentlich, so sollte man meinen, müßten jedoch zumindest emanzipierte Frauen Stan und Ollie dankbar dafür sein, daß die weiblichen Akteure in den Laurel und Hardy-Filmen meist alles andere verkörpern als hilflose Geschöpfe, die ohne männlichen Schutz an ihrer Seite rettungslos verloren wären. Doch scheint das genaue Gegenteil der Fall zu sein: Der überwiegende Teil der Laurel und Hardy-Fans zählt zum männlichen Geschlecht (wahrscheinlich, weil mit Stan und Ollie endlich einmal zwei Kerle geschaffen wurden, denen sich selbst der kümmerlichste Hänfling überlegen fühlen kann), während die Komik des Duos von vielen Frauen zumeist als "primitiv" abgestempelt wird.

Tit for tat

Eben jenes kindliche Verhalten ist es auch, aus dem heraus Stan und Ollie ein Standardschema entwickelt haben, das im Laufe der Jahre zu einem ihrer unverwechselbaren Markenzeichen heranreifte: das "tit for tat" ("Wie du mir, so ich dir"), wissenschaftlich-gestelzt auch als "reziproke Destruktion" bezeichnet. In ihrer Arbeit über die "amerikanische Filmfarce" hat Anneliese Nowak den Verlauf einer solchen Auseinandersetzung derart anschaulich beschrieben, daß ich mir an dieser Stelle die Mühe einer eigenen Formulierung ersparen und stattdessen die entsprechende Textstelle des erwähnten Buches zitieren möchte (wobei die Autorin zunächst jedoch eine kurze Einordnung des "tit for tat" in den theoretischen Kontext präsentiert): "In dieser Methode spiegelt sich Roachs Überzeugung, daß Farce nicht unbedingt schnell sein muß, um Chaos zu verursachen, sondern daß eine ruhig und langsam ausgespielte Situation genauso intensiv wirken kann und eventuell in ihrem Effekt auf den Zuschauer noch stärker ist, weil dieser weiß oder absehen kann, was passieren wird. Es macht Vergnügen, wenn die erwartete Handlung dann passiert, es macht aber auch Vergnügen, wenn diese erwartete Handlung anders als vermutet passiert. Hier kommt dann das Moment Überraschung zum Moment Antizipation hinzu und erhöht das Vergnügen. Diese Scharmützel mit Dritten fangen immer im kleinen an, indem den beiden - meist - versehentlich ein Unrecht angetan wird, welches sie als absichtlichen persönlichen Angriff interpretieren und für das sie sich rächen wollen. Sie greifen nun den Dritten an und verursachen diesem einen Schaden, der um ein weniges größer ist als der ihnen zugestoßene. Dieser Dritte wartet nun ab, bis die beiden ihre Handlung beendet haben und reagiert dann entsprechend, fügt Stan und Ollie also wieder einen etwas größeren Schaden zu. Dies geht nun so lange im Wechsel weiter, bis es nichts mehr zu zerstören gibt. Dieses tit for tat-Schema darf aber nicht zu einer untergeordneten Schlägerei werden, sondern es muß ruhig, geradezu behäbig, ablaufen. Der zugefügte Schaden darf immer nur ein klein wenig größer sein als der erlittene. Das Opfer muß sich ruhig verhalten, solange der Täter am Werke ist."

Wie viele andere Laurel und Hardy-Gags basiert übrigens auch das "tit for tat" auf einem Ereignis, das zuvor tatsächlich stattgefunden hatte, wie Leo McCarey in einem Interview verriet: "Eines Tages kam ich von einer Reise nach New York zurück, wo ich an einer Dinner Party teilgenommen hatte. Auf dieser hatten einige von uns - nur zum Spaß - damit begonnen, sich gegenseitig die Krawatten abzureißen, indem sie die Knoten öffneten. Eigentlich war das nur ein dummer Scherz. Aber als ich nach Los Angeles zurückkam, erinnerte ich mich daran und dachte, das könnte für die Jungs einen tollen Gag abgeben. Das war der Anfang des Laurel und Hardy-tit for tat."

An dieser Stelle sei noch angemerkt, daß beim "tit for tat", wie es in den Laurel und Hardy-Filmen praktiziert wird, zweierlei Abstufungen existieren. Auf der niedrigeren Ebene geraten Stan und Ollie ausschließlich selbst miteinander in Clinch (wie zum Beispiel in TOWED IN A HOLE), während in der "verschärften" (und zweifellos witzigeren) Version jener Dritte hinzugezogen wird, von dem in dem Zitat bereits die Rede war (wobei es mitunter keineswegs bei nur einem Dritten

Eine Menge Spaß

bleibt: In TWO TARS, THE BATTLE OF THE CENTURY oder SHOULD MARRIED MEN GO HOME? sind gleich ganze Gruppen beziehungsweise Straßenzüge von Menschen am Scharmützel beteiligt). Dabei verbünden sich Stan und Ollie, soeben noch erbitterte Gegner, spontan, um fortan gemeinsam gegen den (oder die) Hinzugekommenen anzugehen (zum Beispiel in YOU'RE DARN TOOTIN').

Die Gag-Recycler

Bei aller Kreativität im Entwickeln neuartiger Gags soll an dieser Stelle nicht verschwiegen werden, daß die an den Laurel und Hardy-Komödien beteiligten Autoren sich nicht zu schade waren, einmal aufgekommene Ideen bisweilen geradezu gnadenlos zu »melken« oder auch zu »recyceln«. So muß in manchen Streifen ein einziger Einfall dafür herhalten, die gesamte Handlung zu tragen. Da kann man sich als Betrachter im nachhinein nur darüber wundern, daß in den meisten der betreffenden Fälle dennoch eine insgesamt recht ansprechende Komödie herausgekommen ist (wobei nicht vergessen werden darf, daß Stan und Ollie in der Tat hervorragende Schauspieler waren, die selbst aus den simpelsten Ideen noch brillante Szenen zu zaubern wußten). Bisweilen ging diese Methode allerdings auch kräftig in die Hose - bestes Beispiel dafür ist der Film BE BIG, in dem die beiden Freunde fast eine halbe Stunde lang ausschließlich damit beschäftigt sind, Ollie ein Paar Stiefel anzuziehen.

Manche Gags wiederum gefielen den Beteiligten so gut, daß diese (in identischer Form) Jahre später erneut in einzelnen Streifen auftauchten, bisweilen drehte man der Einfachheit halber sogar gleich ein komplettes Remake des Vorbildes, wobei es sich bei der Neuauflage meist um die vertonte Version eines frühen Stummfilmes handelte. So stellt beispielsweise der Film ANOTHER FINE MESS fast eine 1:1-Kopie von DUCK SOUP dar, während CHICKENS COME HOME weitgehend identisch mit dem Frühwerk LOVE 'EM AND WEEP ist, in dem Stan und Ollie noch gar nicht als eingespieltes Team in Erscheinung getreten waren (diese Liste ließe sich fortsetzen, näheres dazu finden Interessenten im Filmteil dieses Buches).

Wie auch immer man selbst zu den oben erwähnten, bisweilen tiefenpsychologisch angehauchten Analysen stehen mag: Jene Theorie, die Laurel und Hardy-Biograph John McCabe einmal als mitentscheidend für Stans und Ollies Erfolg beim Publikum bezeichnete, dürfte in jedem Falle zutreffen: »Laurel und Hardy sind mehr als nur unbeholfen, denn alleine aus diesem Grund würden wir nicht über sie lachen. Sie gebärden sich ganz einfach wie kleine Kinder und versuchen dabei stets, sich wie Erwachsene zu verhalten - ohne jedoch jemals richtig erwachsen zu werden. Indem wir über Stan und Ollie lachen, lachen wir eigentlich über uns, denn in deren Tolpatschigkeit erkennen wir uns selbst wieder.«

Fremdsprachige Fassungen

Nachdem sein neues Starduo am Komikerhimmel weltweit auf große Resonanz gestoßen war und selbst den Sprung vom Stumm- zum Tonfilm mühelos überwunden hatte, entschloß sich Hal Roach, mit Laurel und Hardy neben den englischsprachigen Originalversionen einzelner Kurzfilme zusätzliche, fremdsprachige Fassungen anzufertigen. Damit wollte der Produzent die Popularität seiner Stars auf dem ausländischen Filmmarkt möglichst lange aufrecht erhalten. Was sich aus heutiger Sicht geradezu absurd ausnimmt, war seinerzeit eine weitverbreitete Strategie, da die Technik des Synchronisierens noch nicht erfunden war. Außerdem blieb den US-amerikanischen Produktionsfirmen gar nichts anderes übrig, glaubt man einer Meldung aus dem Fachblatt »Licht Bild Bühne« vom 27.10.30, der sich auf einen Beitrag im US-amerikanischen Magazin »Variety' bezog: »Nach der Meinung des Blattes ist die Situation des amerikanischen Produzenten augenblicklich so schwierig wie nie (...) Soll er fremdsprachige Fassungen herstellen oder nicht? Stellt

Hal Roach

Eine Menge Spaß

er welche her, so sei es sehr fraglich, ob er seine guten Dollars wiederbekommt, stellt er keine her, so sei er von vornherein aus dem internationalen Filmgeschäft ausgeschlossen." Immerhin, so hieß es weiter, koste das Anfertigen einer fremdsprachigen Version die Metro Goldwyn Meyer seinerzeit rund 125 000 Dollars (damals etwa 500 000 Mark).

So war NIGHT OWLS der erste Film, den Stan und Ollie in drei verschiedenen Sprachen drehten: Neben der Originalfassung entstanden eine spanische und eine italienische Version (bei einigen anderen Filmen wurden außerdem französische und deutsche Fassungen angefertigt). Die Vorgehensweise beim Erstellen derartiger Fremdfassungen erläuterte Stan in einem Interview, das Randy Skretvedt erstmals in seinem Buch "The magic behind the movies" veröffentlichte: "Wir drehten den Film zunächst komplett in Englisch, bevor er in Vorauführungen vor Publikum gezeigt wurde. Daraufhin schnitten wir ihn endgültig zurecht und machten ihn versandfertig. Wäre auf die Vorauführungen verzichtet worden, dann hätten wir (bei den fremdsprachigen Versionen, Anm. d. Verf.) eventuell eine ganze Menge Material gedreht, das später überhaupt nicht verwendet worden wäre. Anschließend kamen wir mit französischen, deutschen, italienischen und spanischen Dolmetschern zusammen, die die Dialoge in die verschiedenen Sprachen übersetzten (...) Dann bauten wir die Kamera für die erste Szene auf. Der Dolmetscher erklärte uns erst noch einmal auf Englisch, um was es in dem entsprechenden Dialog ging, bevor er das Ganze auf Französisch wiederholte. Das, was er sagte, schrieben wir in Lautsprache so auf, wie es sich für uns anhörte. Und da wir wußten, was das Geschriebene bedeutete, konnten wir es beim Drehen korrekt betonen, das war sehr hilfreich. Dann drehten wir die französische Fassung der ersten Szene. Anschließend hielten wir die Kamera an und drehten die deutsche Version. Jede Szene drehten wir viermal, bevor wir die Kamera für die nächste Einstellung bewegten.

... in Italien

Die Zuschauer in den entsprechenden Ländern hatten keinerlei Probleme damit, uns zu verstehen, und ich glaube, das machte uns in Übersee so populär. Als wir später dort hinfuhren, waren die Leute dann alle ganz überrascht, daß wir ihre Sprache gar nicht beherrschten." (Wie anstrengend das Anfertigen dieser fremdsprachigen Fassungen im Einzelfall sein konnte, läßt sich im Filmteil dieses Buches anhand der deutschen Fassung des Filmes BRATS nachlesen.)

Zwar verhalfen nicht zuletzt die deutschsprachigen Fassungen Stan und Ollie auch hierzulande zu einem erheblichen Popularitätsschub, doch wurde die Produktion dieser zusätzlichen Streifen im Laufe der Zeit auch für Hal Roach und die MGM schlichtweg zu teuer. So meldete das Fachblatt "Der Film" bereits im Juli 1931, daß die Firma RKO "dem Beispiel Metro-

So sahen sie
die Karikaturisten
in England ...

Eine Menge Spaß

Hal Roach

... in der Tschechoslowakei

Goldwyns, Universals und Warner Brothers" gefolgt sei und die weitere Produktion fremdsprachiger Versionen eingestellt habe, "wie es heißt - der unsicheren europäischen Wirtschaftslage wegen - und weil es beinahe unmöglich sei, auch nur die Negativkosten herauszubekommen." Doch bis es soweit war, hatten Stan und Ollie immerhin Gelegenheit gehabt, von insgesamt zehn ihrer Streifen ausländische Fassungen anzufertigen (in diesen wurde, bis auf Stan und Ollie natürlich, ein Großteil der übrigen Darsteller durch entsprechende "einheimische" Akteure ersetzt).

Von der Kurzkomödie zum Langfilm

Unter den Auslandsfassungen befand sich auch der Langfilm PARDON US - gleichzeitig der erste (nahezu) abendfüllende Laurel und Hardy-Streifen. Abermals aus finanziellen Erwägungen heraus hatte sich Hal Roach nämlich dazu entschlossen, seine beiden Komikerstars endlich einmal in einem "richtigen" Spielfilm mitwirken zu lassen. Obwohl bereits die Kurzfilme der beiden Ende der 20er und Anfang der 30er Jahre in den Kinos oftmals größer plakatiert wurden als die eigentlichen Hauptfilme (mit denen sie in einem gemeinsamen Programm aufgeführt wurden), erhoffte sich der Produzent von einem abendfüllenden Werk doch wesentlich höhere Einnahmen. Ohnehin begann sich damals (nicht nur für Laurel und Hardy) das Ende der Kurzfilmära abzuzeichnen: Der Trend ging allmählich weg vom bunt gemischten Lichtspieltheater-Programm (mit einer Mixtur aus Wochenschauberichten, Zeichentrickfilmen, Kurzkomödien und dem eigentlichen Hauptfilm), hin zu den "Doppelprogrammen" mit ihren zwei Spielfilmen ("A-" und "B-Pictures"). In dieser vermeintlich attraktiveren

... und in Holland

Lösung sahen die Kinobesitzer angesichts der wirtschaftlichen Depression nämlich eine letzte Chance, ihr finanziell gebeuteltes Publikum bei der Stange zu halten. So hatte auch Hal Roach praktisch keine andere Wahl, als sich dem Diktat der Nachfrage zu beugen: Entweder würde er selbst dazu übergehen, in verstärktem Maße abendfüllende Produktionen anzufertigen, oder er wäre beim Beharren auf zwanzigminütigen Kurzfilmen schon bald "weg vom Fenster" gewesen. Wie sich bald zeigen sollte, läuteten diese finanziellen Zwänge das allmähliche Ende der erfolgreichen Zusammenarbeit des Komikerduos mit ihrem Produzenten ein. Denn Stan, daraus machte dieser keinen Hehl, sah seine eigene Zukunft (und die des Partners) nach wie vor im Kurzfilm.

So lange Roach mit seinem Starduo parallel zu den Spielfilmen auch noch Kurzkomödien produzierte, hielt sich Stans Widerstand zunächst in Grenzen. Zu einem ersten deutlichen Bruch in der Beziehung kam es insofern erst während der Dreharbeiten an BABES IN TOYLAND, als Stan am Drehbuch der aufwendigen Produktion kräftig herumzunörgeln begann. Dies entpuppte sich gleich in zweifacher Hinsicht als Fehler: Zum einen fühlte sich Roach persönlich angegriffen, da er das Buch pikanterweise selbst verfaßt hatte; zum anderen legte der Produzent keinen gesteigerten Wert mehr

Nichts als Ärger

darauf, Stan quasi im Alleingang über inhaltliche Dinge entscheiden zu lassen (wie es bis dahin oft der Fall gewesen war). Denn es war etwas völlig anderes, ob ein starrköpfiger Schauspieler mit seinem Beharren auf Änderungen im Drehbuch "nur" auf einen (relativ billig herzustellenden) Kurzfilm Einfluß nahm oder auf eine unvergleichbar teurere, abendfüllende Spielfilmproduktion. Konfrontiert mit Stans andauernden Vorwürfen zu seinem eigenen Skript, gab Hal Roach schließlich doch entnervt nach. "Dabei hat er nur behauptet, es sei schlecht, weil ich es verfaßt habe", zeigte er sich noch Jahre später beleidigt, "Zum Schluß gab ich auf, und sie haben - meiner bescheidenen Meinung nach - einen ziemlich schlechten Film gemacht. Laurel konnte es einfach nicht verkraften, daß jemand außer ihm die Story schrieb, dabei hatte er vom Aufbau einer guten Geschichte keine Ahnung. Ein zehnjähriges Kind hätte etwas besseres abgeliefert als er." Ab diesem Zeitpunkt, so fügte er in einem 1981 gegebenen Interview hinzu, habe er keine Lust mehr verspürt, gemeinsam mit Laurel und Hardy Filme zu drehen. Kein Wunder also, daß sich die Lage in der Folgezeit noch verschlimmerte, und nur ein gutes halbes Jahr später sah es zunächst sogar ganz danach aus, als habe das Duo mit THE FIXER-UPPERS (veröffentlicht im Januar 1935) bereits seinen letzten gemeinsamen Streifen abgeliefert.

A lot of trouble

So meldete das Fachblatt "Variety" am 16.03.35: "Mit der Behauptung, von Hal Roach gefeuert worden zu sein, beendete Stan Laurel gestern sein Angestelltenverhältnis und löste damit das Team Laurel und Hardy auf. Studio und Schauspieler lieferten dabei unterschiedliche Gründe für die Trennung. Roachs offizielle Erklärung für die Beendigung des Vertragsverhältnisses sind bestehende Uneinigkeiten mit Laurel über Stories. Laurel sagte, er sei in Henry Ginsbergs (Roachs Geschäftsführer, Anm. d. Verf.) Büro gerufen worden, wo man ihn darauf aufmerksam gemacht habe, daß sein Vertrag mit dem gestrigen Tag gekündigt werde, obwohl dieser eigentlich noch bis zum 7. Mai läuft. Hinter der Auseinandersetzung soll sich die Weigerung Laurels verbergen, einen langfristigen Vertrag mit der Gesellschaft zu unterzeichnen, dessen Bedingungen vom Studio vorgegeben werden. Absicht des Studios sei es, die Laurel und Hardy-Komödien durch eine neue Serie mit dem Titel 'The Hardy Family' zu ersetzen, in der Hardy, Patsy Kelly und Spanky McFarland (einer der "kleinen Strolche", Anm. d. Verf.) mitwirken sollen." Indem Roach als ersten Produktionstag der neuen Serie den 25. März ankündigte, wollte er Stan unter Druck setzen. Hintergrund der ganzen Aktion waren jedoch keineswegs nur Konflikte um Filminhalte; vielmehr war dem Produzenten Stans Privatleben in zunehmendem Maße ein Dorn im Auge. Dieser hatte sich nämlich durch private Eskapaden wiederholt in die Negativ-Schlagzeilen der Presse gebracht. So etwa, als er - ohne von seiner damaligen Ehefrau Lois bereits geschieden worden zu sein - Anfang April 1934 nach Mexiko gereist war, um die 29jährige Virginia Ruth Rogers zu ehelichen. Während die Trauung in Mexiko problemlos über die Bühne ging, war diese Ehe nach kalifornischem Recht nämlich ungültig (ähnlich unerfreulich verlief seinerzeit übrigens auch das Eheleben von Stans Partner: Ollies Gattin Myrtle befand sich aufgrund erneuter Alkoholprobleme in einem Sanatorium).

Hal Roach bangte also mit dem Ruf seines Hauptdarstellers auch um das Ansehen seines eigenen Studios, und dennoch - das wußte er genau - konnte es sich eigentlich gar nicht leisten, auf eine Hälfte seines Top-Duos zu verzichten. So einigte er sich mit Stan schließlich auf einen neuen Vertrag. Dieser beinhaltete die Produktion von zunächst einem Kurz- sowie einem Spielfilm, im Jahr darauf sollten dann insgesamt sechs Filme in einer Länge von jeweils 40 Minuten entstehen. Doch nachdem der erste Teil des Vertrags (mit BONNIE SCOTLAND und THICKER THAN WATER) ordnungsgemäß erfüllt worden war, blieben die

Nichts als Ärger

Hal Roach

von Roach angekündigten Vierakter - ohnehin ein "fauler Kompromiß" zwischen den von Stan geliebten Kurzfilmen und den von Roach selbst bevorzugten, abendfüllenden Produktionen - ein leeres Versprechen. Stattdessen setzte Roach seine Schützlinge ausschließlich in Langfilmen ein, wobei er - um Stan milde zu stimmen - den Streifen OUR RELATIONS offiziell gar als eine "Stan Laurel Produktion" herausbrachte. Dies half Stan nicht nur, sein Gesicht zu wahren (denn eigentlich hätte er gegen diese Art des Vertragsbruchs aufbegehren können), sondern bestärkte den Komiker zusätzlich in seinem Vorhaben, endlich selbst als unabhängiger Produzent ins Filmgeschäft einzusteigen. Doch vorerst mußte er damit noch warten, denn weder verfügte er über die nötigen finanziellen Mittel, noch konnte er sich gemeinsam mit seinem Partner Oliver Hardy von Roach trennen - beide waren jeweils durch Solo-Verträge an den cleveren Produzenten gebunden. "Für mich war es natürlich viel besser, sie nie als Team unter Vertrag genommen zu haben", gestand dieser, "der Vorteil dabei war, daß sie mich niemals gemeinsam verlassen konnten, weil immer irgend einer von beiden bei mir noch unter Vertrag stand. Immer, wenn ich beispielsweise mit Stan einen neuen Vertrag schloß, befand ich mich im Vorteil, denn Ollies Vertrag war zu diesem Zeitpunkt noch nicht abgelaufen." So mußte sich Stan Roachs Bedingungen notgedrungen beugen, prozentuale Beteiligungen an den Einspielergebnissen seiner Filme beispielsweise blieben ihm völlig versagt. Stattdessen erhielt er ein Honorar von 75 000 Dollars pro Spielfilm (während Ollie sich seinen Lohn wöchentlich auszahlen ließ; Skretvedt beziffert Stans Jahreseinkommen 1936 auf 135 000 Dollars, Ollies auf knapp 90 000 Dollars).

Dem Ende entgegen

Nachdem anstelle der geplanten sechs Vierakter insgesamt drei Laurel und Hardy-Spielfilme gedreht worden waren (THE BOHEMIAN GIRL, OUR RELATIONS, WAY OUT WEST), versuchte sich Stan erneut am Aufbau einer eigenen Produktionsgesellschaft. So meldete der "Hollywood Reporter" am 2. März 1937: "Sein vom Studio angebotener, neuer Vertrag wartet darauf, unterschrieben zu werden, doch der Komiker hält sich nach wie vor in New York auf. Von dort aus schrieb er an Freunde, er werde nicht ins Studio zurückkehren. Diese Haltung erfuhr gestern weitergehende Bedeutung durch Zeitungsartikel, die Laurel über seine Anwälte in Sacramento veröffentlichen ließ. In diesen war von der Gründung seiner eigenen Kapitalgesellschaft die Rede, der 'Stan Laurel Productions', deren Kapital von 100 000 Dollars für 'allgemeine Unternehmungen im Bereich Kinounterhaltung' eingesetzt werden soll. Oliver Hardy, Laurel's Partner, steht bei Roach für zwei weitere Jahre unter Vertrag, und solange Laurel seine Einstellung nicht ändert, wird das berühmte Komikerteam getrennt bleiben. Hal Roach, der dies bestätigte, sagte, ihm komme das Ganze spanisch vor." Tatsächlich wurde die neugegründete Firma schon bald aktiv: Stan beauftragte den Produzenten Jed Buell, eine Reihe billiger Westernfilme herzustellen. Ursprünglich geplant war ein ganzes Dutzend solcher Streifen, doch realisiert wurden letztlich nur drei (KNIGHT OF THE PLAINS, THE RANGER'S ROUND UP und SONGS AND BULLETS). Ob Stan bereits nach diesem Ausflug auf den Produzentenstuhl merkte, daß er nicht zum Geschäftsmann geboren war, mag dahingestellt bleiben. Zumindest so viel war sicher: Die Laurel und Hardy-Western-Parodie WAY OUT WEST entpuppte sich im Frühjahr 1937 als derart erfolgreich, daß Hal Roach sich kurzerhand dazu durchrang, trotz aller Meinungsverschiedenheiten weiter auf das Duo Stan und Ollie zu setzen. So schloß er im Oktober desselben Jahres einen Vertrag mit der "Stan Laurel Productions", in welchem die gemeinsame Produktion von insgesamt vier Spielfilmen vereinbart wurde (bei einer Laufzeit von zwei Jahren). Dabei

Nichts als Ärger

wurde Stan gleichermaßen als Autor, Schauspieler und Regisseur verpflichtet, was ihm einen wöchentlichen Lohn von 2500 Dollars sowie eine Zusatzprämie von 25 000 Dollars pro Film garantierte (von denen ein nicht unerheblicher Teil für Steuern, Anwalts- und Vertreterkosten sowie Zahlungen an die Ex-Ehefrau draufgingen). So machten sich die Verantwortlichen zunächst an die Dreharbeiten zu SWISS MISS. Doch in deren Verlauf hatte Stan zum wiederholten Male mit beruflichen und privaten Problemen zu kämpfen. SWISS MISS geriet nämlich zur bis dahin teuersten Laurel und Hardy-Produktion überhaupt (nicht zuletzt aufgrund der Popularität seines Duos war es Hal Roach überhaupt erst möglich gewesen, die enorme Summe von 700 000 Dollars in das Projekt zu stecken), was für Roach vor allem hieß, Stans Einfluß auf das kostenintensive Projekt so gering wie möglich ausfallen zu lassen. Und im privaten Bereich besiegelte Stan am Silvestertag des Jahres 1937 zunächst die Scheidung von seiner Ehefrau Ruth, um sich mit der bereits am darauffolgenden Tag stattfindenden Heirat der russischen Sängerin Vera Illiana Shuvalova erneuten Querelen auszusetzen. Diese nutzte ihre plötzliche Popularität nämlich schon kurze Zeit später aus, um sich regelmäßig mit "Nervenzusammenbrüchen" ins Krankenhaus einliefern zu lassen und dort Pressefotografen zur "Audienz" zu empfangen. Und auch im Privathaus des frischgebackenen Paares ging es, vor allem während der Arbeiten am nächsten Film BLOCKHEADS, recht lebhaft zu, wie sich Hal Roach erinnerte: "Die Polizei von Beverly Hills erzählte mir hin und wieder, sie seien wegen irgendwelcher Kämpfe zum Hause der Laurels gerufen worden, oder weil sich Nachbarn über den Lärm beschwert hätten. Sie dachten, es sei besser, auch ich werde darüber informiert." Stan hatte unter den wiederholten Auseinandersetzungen mit der Gattin offenbar derart zu leiden, daß er im Laufe der Dreharbeiten an BLOCKHEADS eines Tages spurlos verschwand und für weitere Filmaufnahmen plötzlich nicht mehr zur Verfügung stand. Für Roach war das Faß damit übergelaufen: Am 12. August 1938 machte sein Studio die "Stan Laurel Productions"-Gesellschaft darauf aufmerksam, daß der bestehende Vertrag gekündigt sei (wie das Studio später in einem Schreiben zugab, waren es jedoch vor allem die privaten Negativ-Schlagzeilen des Komikers gewesen, die Roach zu diesem Schritt veranlaßt hatten). Der Presse gegenüber kündigte Roach an, statt Stan werde ab sofort der Komiker Harry Langdon an der Seite Oliver Hardys agieren. Die Hardy-Langdon Filmreihe "werde sich erheblich vom Slapstick der Laurel und Hardy-Komödien unterscheiden" und solle auf "bedeutenden Romanvorlagen basieren".

Den Auftakt machte der Film ZENOBIA, der eine Kurzgeschichte des Schriftstellers H.C. Bunner zur Grundlage hatte. Anders als zuvor angekündigt, handelte es sich dabei jedoch um alles andere als einen Hardy-Langdon-Film, da beide Akteure überhaupt nur in wenigen Szenen gemeinsam zu sehen waren. Als ähnliches Desaster wie dieser Streifen entpuppte sich wenig später nun auch endgültig Stans Ehe, so daß Stan am 17. Mai 1939 die Trennung von Illiana vollzog. Etwas freundlicher gestalteten sich dann zum Glück die Auseinandersetzungen mit Hal Roach (den er zwischenzeitlich sogar auf Schadensersatz verklagt hatte): Nach wiederholten juristischen Zänkereien fanden beide Parteien Anfang April 1939 wider Erwarten doch noch zu einer außergerichtlichen Einigung. Stan durfte als Mitglied des Laurel und Hardy-Teams zu Roach zurückkehren und konnte dabei gleichzeitig einen für ihn entscheidenden Teilerfolg verbuchen: Erstmals in ihrer gemeinsamen Laufbahn unterschrieben Stan und Ollie zwei parallele Verträge, die unter anderem jeweils die gleiche Laufzeit (ein Jahr) zum Inhalt hatten - fortan war es Hal Roach also nicht mehr möglich, die beiden Partner gegeneinander auszuspielen. Mit A CHUMP AT OXFORD entstand insofern nach relativ langer Zeit endlich wieder ein Laurel und Hardy-Streifen, dessen Dreharbeiten ohne größerer Zwischenfälle über die Bühne

Nichts als Ärger

Hal Roach

Desaster in jeder Hinsicht: ZENOBIA

gingen. Nachdem die beiden Komiker im Anschluß daran von Roach für den Streifen THE FLYING DEUCES an den Produzenten Boris Morros ausgeliehen worden waren, folgte mit SAPS AT SEA (veröffentlicht im Mai 1940) der endgültig letzte Film, den Stan und Ollie für Hal Roach fertigstellen sollten. Noch während der Arbeiten an diesem Werk riefen die beiden, gemeinsam mit dem Anwalt Ben Shipman, nämlich die "Laurel and Hardy Feature Productions" ins Leben, um Stans langgehegten Traum in Erfüllung gehen zu lassen: Als unabhängiger Produzent wollte er endlich die komplette künstlerische Kontrolle über seine Filme behalten sowie über die Rechte an diesen verfügen. Leider sollte es beim Traum bleiben, denn mit ihrer Trennung von Roach läuteten Stan und Ollie stattdessen den Anfang vom traurigen Ende ihrer glanzvollen Filmkarriere ein.

Die späten Jahre

Ein neues Image

Im April 1941 meldeten sich Vertreter der 20th Century Fox-Filmgesellschaft bei Ben Shipman, der bei der "Laurel and Hardy Features Productions" für die geschäftliche Abwicklung zuständig war. Ohne, daß Stan und Ollie enger in die Verhandlungen einbezogen worden waren, kam es zum Vertragsabschluß über die Anfertigung zunächst eines Spielfilms, bei dem es sich um eine Armeekomödie handeln sollte. Gleichzeitig beinhaltete das Schriftstück eine Option auf weitere neun abendfüllende Streifen, wobei Stan und Ollie das Recht eingeräumt wurde, jederzeit auch für andere Filmgesellschaften aktiv werden zu dürfen. Als Honorar wurden 50 000 Dollars pro Film vereinbart. Doch mit diesem Deal hatte Shipman seinen Geschäftspartnern einen Bärendienst erwiesen: Im Gegensatz zu Stans ausdrücklichem Wunsch konnte von einem Mitspracherecht der Komiker an ihrem Produkt keine Rede sein. Anders als es noch in früheren Jahren bei Hal Roach der Fall gewesen war, blieben die Rollen innerhalb der "Major Companies" nämlich streng verteilt. Jeder der Beteiligten machte genau das, wofür er zuständig war - und ein Schauspieler hatte nun einmal ausschließlich vor der Kamera zu agieren (und nicht etwa Einfluß auf das Skript, die Regie oder gar den Schnitt zu nehmen). Einher ging dies mit einem erheblichen Imagewandel, den die Fox-Verantwortlichen bei dem populären Komikerduo vollzogen und der in einer Fox-Pressemitteilung vom 22. September 1941 dokumentiert ist: "Anläßlich des ersten Films, den Stan Laurel und Oliver Hary mit GREAT GUNS für die 20th Century Fox drehen, vollzieht sich eine nur kleine, aber dennoch revolutionäre Veränderung hinsichtlich ihres Komödienstils. Sie bleiben, wie bisher, Slapstick-Pantomimen, doch wird die Komik der neuen Laurel und Hardy weitaus breiter angelegt sein als bisher. Um es in einem Wort auszudrücken: ihre Arbeit wurde stromlinienförmiger ausgerichtet. Zunächst wurde ihr Erscheinungsbild verändert. Stan Laurel trug bisher immer ein spezielles, helles Make up, das an das 'tote Weiß' eines Zirkusclowns erinnerte. Damit sollte, so glaubte man, die witzige Unfähigkeit seines Leinwandcharakters akzentuiert werden. In GREAT GUNS trägt er hingegen die für blonde Schauspieler übliche Schminke. Auch die Kleidung der beiden ist leicht verändert worden. In den Anfangsszenen des Films, in denen beide in Zivil auftreten, wird der leise Verdacht geweckt, als habe Ollie Probleme damit, seinen Körper zu bedecken, während die Schwierigkeit seines Partners sich als das genaue Gegenteil davon entpuppt... Diese Änderungen sind das Resultat langer und sehr ernst geführter Konferenzen zwischen Stan, Ollie, Regisseur Monty Banks sowie anderen Verantwortlichen der 20th Century Fox. Man merkte, daß sich der allgemeine Publikumsgeschmack inzwischen gewandelt hatte und daß die unglaublichen Mätzchen von Laurel und Hardy wesentlich amüsanter seien, wenn sie sich in zwei glaubwürdigere Charaktere verwandeln würden. Für GREAT GUNS bedeutet dies, daß sie zwar nach wie vor ein lustiges und seltsames Paar abgeben, das aber in dieser Form durchaus auch im realen Leben angetroffen werden könnte."

Abgesehen davon, daß die Leute der Fox ihren Hauptdarstellern praktisch keinerlei Mitspracherecht einräumten, mußten sich Stan und Ollie auch mit einem anderen, für sie völlig ungewohnten Sachverhalt abfinden: Vom Improvisieren am Drehort konnte keine Rede sein. Jede Szene wurde nach ausführlichen Text-, Licht- und Stellproben exakt so abgedreht, wie sie im Buch stand. Und obwohl der Frust für Stan aus den genannten Gründen erheblich gewesen sein muß, glaubte er wohl auch nach der Fertigstellung von GREAT GUNS daran, daß er eines Tages - womöglich bereits beim nächsten Film - ein gehöriges Wörtchen würde mitreden dürfen. Doch das Spiel wiederholte sich auch beim zweiten Fox-Film (A-HAUNTING WE WILL GO), und so entschieden sich die beiden Komiker erst einmal, ihr

Die späten Jahre　　　　　　　　　　　　　　　　　　　　　　Fox und MGM

"Wir wollten uns von Dir und Hollywood bei einem Gläschen verabschieden!"
(aus THE DEVIL'S BROTHER)

so daß Stan aufgrund der kurzen Frist lediglich Zeit blieb, etwa ein Viertel des gesamten Materials vorab durchzuarbeiten.

Eigentlich, so sollte man meinen, hätten Stan und Ollie ihre unglückliche Liason mit den Major Companies spätestens zu diesem Zeitpunkt beenden müssen. Doch beide Freunde hatten Anfang der 40er Jahre mit erheblichen finanziellen Problemen zu kämpfen und waren insofern dringend darauf angewiesen, durch die Produktion dieser unseligen Streifen das benötigte Geld einzuspielen. Während es sich bei Stan vor allem um Zahlungen an seine Ex-Ehefrau handelte, standen für Ollie erhebliche Nachzahlungen an die Steuerbehörden ins Haus (zurückzuführen auf einige formal-juristische Nachlässigkeiten, ebenfalls in Zusammenhang mit seiner Ehescheidung).

Glück bei einer anderen Company zu versuchen. Gemeinsam mit MGM produzierten sie daraufhin AIR RAID WARDENS, wobei die Erfahrungen allerdings ähnlich ernüchternd verliefen wie zuvor bei der Fox. "Es macht uns keinen Spaß, dort zu drehen. Wir fangen morgens an, machen das, was uns jeder sagt, und dann gehen wir wieder nach Hause. Denen ist es völlig egal, ob wir lustig sind oder nicht", beschwerte sich Stan damals bei einem Kollegen. Nach dieser bitteren Erkenntnis schlossen sich er und sein Partner daher abermals der Fox an, diesmal jedoch unter der Bedingung, daß Stan vor Beginn der Dreharbeiten zur nächsten Produktion (JITTERBUGS) das Drehbuch ausgehändigt bekam, damit er notfalls Korrekturen daran würde vornehmen können. In der Tat schickten ihm die Studiobosse das fertige Skript zu - allerdings erst drei Tage vor dem Start der Aufnahmen,

Abschied von Hollywood

Aus Mangel an anderen Angeboten ließen sich Stan und Ollie insofern notgedrungen auf zwei weitere derartige Abenteuer ein. Wie kaum anders zu erwarten, markierten die Filme THE DANCING MASTERS und THE BIG NOISE jedoch nur zwei weitere Tiefpunkte innerhalb ihrer Fox-Ära. Und auch ihr abermaliger Wechsel zu MGM wurde lediglich zu einem erschütternden

Abstecher nach Europa

Die späten Jahre

Beleg dafür, wie instinktlos die Verantwortlichen seinerzeit mit Laurel und Hardy umsprangen. So hatte sich beispielsweise keiner der beiden Drehbuchautoren von NOTHING BUT TROUBLE im Vorfeld der Arbeiten am Skript die "Mühe" gemacht, sich zumindest einen der vorherigen Streifen der beiden Hauptakteure anzuschauen. Am traurigen Ende von Stan und Ollies Hollywood-Karriere konnte letztlich auch die erneute Rückkehr in die Arme der 20th Century Fox nichts ändern: Der Ende 1944 fertiggestellte Streifen THE BULLFIGHTERS markierte den Schlußpunkt einer rasanten Talfahrt - die die beiden Starkomiker mit ihrer Trennung von Hal Roach allerdings selbst ausgelöst hatten.

Zwei Jahre nach ihrem Abschied von Hollywood erfuhren Stan und Ollie, daß ihre Popularität jenseits des Atlantiks nach wie vor ungebrochen war. Ende 1946 wurden sie für eine sechswöchige Bühnentournee in England verpflichtet, auf der sie einen Bühnensketch mit dem Titel THE DRIVER'S LICENCE zum besten gaben. Vom Publikum wurde diese Darbietung mit Ovationen aufgenommen, und so folgten im Oktober und November 1947 weitere Tourneen der beiden, die sie nach Schweden, Frankreich und Belgien führten. Mit ihren Liveauftritten waren Laurel und Hardy derart erfolgreich, daß sich die ursprünglich auf sechs Wochen angelegte Europareise letztlich ganz erheblich ausdehnte. So kehrten die beiden, gemeinsam mit ihren Ehefrauen - sowohl Stan als auch Ollie waren nach vorherigen Scheidungen inzwischen endlich glücklich verheiratet - erst im Januar 1948 in die USA zurück. In der Folgezeit stellte sich heraus, daß Stan an Diabetes litt, und so begab sich Ollie 1949 ohne seinen Partner auf eine weitere, kurze Bühnentournee, bei der er unter anderem gemeinsam mit John Wayne auftrat. Dieser fragte ihn daraufhin, ob er nicht in seinem nächsten Film, THE FIGHTING KENTUCKIAN (deutscher Titel: IN LETZTER SEKUNDE), mitwirken wolle. Babe holte sich Stans Erlaubnis, freute sich über die Abwechslung und trat wenig später auch noch in einer kurzen Szene des 1950 gedrehten Frank Capra-Streifens RIDING HIGH (LACH' UND WEIN' MIT MIR) auf. Im gleichen Jahr erholte sich Stan von seinem gesundheitlichen Rückschlag, und so schien ein seinerzeit aus Europa eintreffendes Angebot recht verlockend, das Stan und Ollie nach fünf Jahren Abstinenz von der Leinwand erstmals wieder die Mitarbeit an einem gemeinsamen Streifen ans Herz legte. Umgerechnet insgesamt zwei Millionen US-Dollars standen für eine französisch-italienisch-britische Coproduktion mit dem Titel ATOLL K zur Verfügung, und so machten sich Stan und Ollie im Juni 1950 auf nach Frankreich, wo die Dreharbeiten stattfinden sollten. Doch als sie dort ankamen, stellte sich schon rasch heraus, daß eine Truppe von Drehbuchautoren in dreimonatiger Arbeit ein äußerst dürftiges Machwerk zusammengeschustert hatte, so daß an den pünktlichen Beginn der Arbeiten nicht zu denken war. Überhaupt entpuppte sich das gesamte Drumherum im Laufe der Zeit als ein einziges Durcheinander - nicht zuletzt aufgrund der Tatsache, daß die Mitarbeiter (sowohl Schauspieler wie auch die technische Crew) aus drei unterschiedlichen Ländern stammten, was die Kommunikation untereinander erheblich erschwerte. Kurzum: Es klappte nichts. Hinzu kam, daß Stan und Ollie - je länger sich die Dreharbeiten hinzogen - zunehmend mit ihrer Gesundheit zu kämpfen hatten (Ollie mit dem Herzen, Stan mit der Prostata, später mit der Verdauung). So fiel letztlich wohl allen Beteiligten eine Zentnerlast von den Schultern, als ATOLL K im Frühjahr 1951 endlich fertiggestellt wurde. Stan und Ollie kehrten flugs nach Hause zurück, um diese Katastrophe möglichst rasch zu vergessen. Erinnert an diese unseligen Erfahrungen wurden beide erst wieder Ende 1954, als der Film - mit drei Jahren Verspätung - unter dem Titel UTOPIA auch in den USA seine Kinopremiere erlebte (und von der Kritik nahezu einhellig verrissen wurde, so daß er schon bald in der Versenkung verschwand und in Vergessenheit geriet).

Die späten Jahre

Abschied in Ehren

Ollie mit John Wayne in
THE FIGHTING KENTUCKIAN

Nachdem Stan zwischenzeitlich genesen war, begab er sich gemeinsam mit Ollie erneut auf Bühnentournee nach Großbritannien, wo sie von den Fans erneut enthusiastisch gefeiert wurden. Erst eine von Ollie erlittene Herzattacke, in Verbindung mit einer Lungenentzündung, setzte dem Gastspiel ein abruptes Ende. Nachdem beide so gezwungenermaßen in die USA zurückgekehrt waren, entwickelten dort unterschiedliche Produzenten (unter anderem Hal Roachs Sohn) unabhängig voneinander Pläne für neue Laurel und Hardy-Fernsehserien, da deren erfolgreichere Streifen im Zuge diverser TV-Ausstrahlungen inzwischen auch dem nachwachsenden Publikum nähergebracht worden waren. Doch daraus wurde nichts: Im September 1956 erlitt Ollie einen Schlaganfall, der ihn nicht nur bewegungsunfähig machte, sondern ihm auch das Sprechen und die Nahrungsaufnahme erheblich erschwerte. Glaubt man einem Bericht der "Norddeutschen Volkszeitung", erfolgte Anfang Januar 1957 die letzte persönliche Begegnung der beiden Komiker: "Stan Laurel, bekannt geworden unter dem Schauspieler-Pseudonym 'Doof', humpelte in ein Krankenzimmer in Hollywood, um seinen Freund und langjährigen Partner Oliver Hardy, mit dem Künstlernamen 'Dick', einen Besuch abzustatten. Er liegt mit bleichem, eingefallenem Gesicht in seinem Bett. Von seiner Korpulenz ist nichts mehr vorhanden. Er besteht nur noch aus Haut und Knochen. Beim Anblick seines in den Raum humpelnden Kollegen Stan Laurel versucht Oliver ein schwaches Lächeln. Er kann weder sprechen noch sich aufrichten. Als Laurel sich auf den Stuhl neben dem Bett des Kranken niedersinken läßt, muß er sich schwer auf den Arm der ihn begleitenden Gattin stützen. Etwa zehn Minuten sehen sich die beiden Komiker in die Augen und nicken sich verständnisvoll zu..." Knapp ein Jahr später ereilten Ollie zwei weitere schwere Schlaganfälle. Nach rund einer Woche im Koma verstarb er schließlich am 7. August 1957, morgens um 7 Uhr 25. Laut John McCabe senkte Stan betroffen den Kopf, als er vom Tod seines langjährigen Partners erfuhr - für mehrere Minuten unfähig, irgend etwas zu sagen. Sein Hausarzt untersagte ihm sogar, Ollies Beerdigung beizuwohnen. "Es war vielleicht besser so", meinte Stan daraufhin, "viel-

Die späten Jahre

leicht hätte ich dort nur etwa lustiges gesagt oder getan, um den Schmerz zu verbergen - und Babe hätte es verstanden. Aber ich glaube nicht, daß es die anderen auch kapiert hätten. Er war wie ein Bruder zu mir. Irgendwie war es schon komisch, daß wir uns erst so richtig kennengelernt haben, als wir zusammen auf Bühnentournee gingen. Denn immer, wenn wir Filme gedreht haben, drehte sich eigentlich alles ums Geschäft - obwohl wir auch eine Menge Spaß dabei hatten. Zwischen den einzelnen Filmen haben wir uns aber kaum gesehen. Sein Leben außerhalb des Studios bestand aus Sport, meines praktisch nur aus Arbeit, selbst wenn die Arbeit eigentlich schon vorbei war. Nie gab es irgendeinen Streit zwischen uns. Ich hoffe, daß er - wo immer er jetzt auch sein mag - weiß, wie sehr ihn die Leute geliebt haben."

Stan wohnte nach Ollies Tod die letzten, finanziell abgesicherten Jahre seines Lebens - gemeinsam mit Ehefrau Ida - in einem Appartement, in dem er unter anderem haufenweise Fanpost aus der ganzen Welt mit bewundernswerter Geduld eigenhändig beantwortete. Außerdem erhielt er dort des öfteren Besuch von prominenten Komikern dieser Zeit (unter ihnen Jerry Lewis und Peter Sellers). Ende 1961 wurde ihm dann noch eine späte Ehrung zuteil, als die "Academy of Motion Picture Arts and Sciences"

Zwei, die sich im wirklichen Leben nie miteinander gestritten haben

(30 Jahre nach dem Oscar für THE MUSIC BOX als beste Kurzfilm-Komödie) Stan Laurel einen "Ehren-Oscar" für dessen Lebenswerk verlieh - eine Auszeichnung, die der Komiker seinerzeit nur allzu gerne mit Ollie geteilt hätte.

Am 23. Februar 1965 schließlich hörte auch sein Herz auf zu schlagen, als ihn um 13 Uhr 45 ein Herzinfarkt ereilte. An der Beerdigung nahmen zahlreiche Größen des Film- und Bühnenbusiness teil, den am Memorial Drive in Hollywood gelegenen Grabstein ziert eine kurze, bewegende Inschrift:

STAN LAUREL

1890 - 1965

A master of comedy
His genious in the art of humour
brought gladness to the world
he loved

Die Stummfilme (1922–1929)

The lucky dog 44
45 minutes from Hollywood 45
Duck soup 46
Slipping wives 47
Love 'em and weep 48
Why girls love sailors 50
With love and hisses 51
Sailors, beware! 52
Now I'll tell one 54
Do detectives think? 55
Flying elephants 57
Sugar daddies 59
The second hundred years 61
Call of the cuckoos 63
Hats off 64
Putting pants on Philip 65
The battle of the century 67
Leave 'em laughing 69
The finishing touch 72
From soup to nuts 74
You're darn tootin' 76
Their purple moment 78
Should married men go home? 80
Early to bed 82
Two tars 84
Habeas corpus 86
We faw down 88
Liberty 90
Wrong again 92
That's my wife 94
Big business 96
Double whoopee 98
Bacon grabbers 100
Angora love 102

The lucky dog

Die Stummfilme

US-Veröffentlichung: circa 1922
Originallänge: Zwei Akte
Produzent: Gilbert M. Anderson/ MGM
Regie: Jess Robbins
Darsteller: Stan Laurel,
Florence Gillet,
Oliver Hardy
u.a.

Das erste Aufeinandertreffen – alles andere als herzlich

Stan, auf der Straße herumlungernd, findet in der Gestalt eines ebenfalls herumstreunenden Hundes einen neuen Weggefährten. Wegen diesem rempelt er kurz darauf aus Versehen den Taschendieb Oliver Hardy an, was zu einer kleinen Auseinandersetzung führt. Durch einen Trick kann er Ollie entkommen. Nach einer zwischenzeitlichen Episode in einer Hundeshow trifft er jedoch erneut auf den Taschendieb. Auch diesmal kommt es zum Streit, und wieder zieht Ollie den kürzeren, als er Opfer einer explodierenden Dynamitladung wird.

LUCKY DOG war der erste Film, in dem Laurel und Hardy gemeinsam auftraten - freilich, ohne bereits das geniale Komikerpaar zu verkörpern, als das wir sie heute kennen. So zufällig ihre erste Begegnung in einem Film ausfiel, so distanziert war seinerzeit das Verhältnis der beiden Schauspieler zueinander, wie Stan einmal seinem Biographen John McCabe verriet: "Babe und ich waren zwar freundlich zueinander, aber nichts während der Dreharbeiten oder innerhalb unserer damaligen persönlichen Beziehung deutete darauf hin, daß wir irgendwann einmal Partner werden würden. Er und ich waren ganz einfach arbeitende Komiker, die froh darüber waren, einen Job gefunden zu haben - irgendeinen Job." Obwohl bereits Ende 1919 gedreht, wurde LUCKY DOG übrigens erst etwa drei Jahre später veröffentlicht.

Kinogänger konnten Ausschnitte des Films in Robert Youngstons 1962 entstandener Kompilation THIRTY YEARS OF FUN begutachten, der am 31.05.63 unter dem Titel 30 JAHRE SPASS seine Deutschland-Kinopremiere feierte.

Die Stummfilme ## 45 minutes from Hollywood

US-Veröffentlichung: 26.12.26
Originallänge: Zwei Akte
Produzent: Hal Roach/Pathè
Buch: Hal Roach
Regie: Fred L. Guiol
Zwischentitel: H. M. Walker
Darsteller: Glenn Tryon,
Charlotte Mineau,
Rube Clifford,
Theda Bara,
Edna Murphy,
Stan Laurel,
Oliver Hardy
u.a.

45 Minuten bis Hollywood – und für Stan ein weiter Weg bis zu seinem späteren, typischen Outfit

Ein junger Mann wird von der Familie nach Hollywood geschickt, um eine Hypothek abzulösen. Dort nimmt er an einer Tour über das Studiogelände teil, wobei er Zeuge eines Bankraubs wird, den eine Gruppe als Schauspieler verkleideter Ganoven verübt. Durch einen Zufall hält die Polizei auch den jungen Mann für einen Halunken, zumal dieser angesichts der Uniformen mit einer tatsächlich am Bankraub beteiligten Dame die Flucht ergreift. Beide landen in einem Hotel, wo es zu einer Reihe turbulenter Verwicklungen kommt.

Sieben Jahre nach ihrem ersten Aufeinandertreffen fällt auch Laurel und Hardys zweiter gemeinsamer Streifen recht unspektakulär aus, zumal beide hier noch nicht einmal gleichzeitig zu sehen sind, sondern in zwei völlig unterschiedlichen Solorollen in seperaten Szenen agieren. Ollie spielt einen Hoteldetektiv, den das flüchtende Pärchen in der Badewanne überrascht, während Stan - mit einem riesigen Schnauzbart im Gesicht - als Hotelgast von den beiden während seiner Nachtruhe gestört wird. Im deutschen Fernsehen lief 45 MINUTES FROM HOLLYWOOD erstmals innerhalb der ZDF-Reihe "Väter der Klamotte". Der Sendetitel der am 14.04.78 ausgestrahlten, knapp dreizehnminütigen (also leicht gekürzten) Folge lautete DIESE DAME IST EIN KERL.

Duck soup

US-Veröffentlichung: 13.03.27
Originallänge: Zwei Akte
Produzent: Hal Roach / Pathé
Regie: Fred L. Guiol
Zwischentitel: H.M. Walker
Darsteller: Stan Laurel,
Oliver Hardy,
Madeleine Hurlock,
William Austin,
Bob Kortman
u.a.

Auf der Flucht vor dem Sheriff, der Freiwillige zur Bekämpfung eines Waldbrandes sucht, geraten Stan und Ollie in das leerstehende Haus eines Millionärs, der zu einer mehrmonatigen Safari nach Afrika aufgebrochen ist. Was beide nicht wissen: Der Hausbesitzer hat seine Villa per Zeitungsinserat als Mietobjekt ausgeschrieben. Da das Personal kurz nach der Abfahrt des Eigentümers ebenfalls in Urlaub gefahren ist, werden Stan und Ollie plötzlich mit einem reichen Ehepaar konfrontiert, das das Haus mieten möchte. Während sich Babe als Inhaber der Villa ausgibt, verkleidet sich Stan notgedrungen als Hausmädchen. Zunächst geht auch alles gut – bis der wirkliche Besitzer zurückkehrt, der seine Koffer vergessen hat. Derart zwischen die Fronten geraten, landen Stan und Ollie schließlich doch in den Klauen des Sheriffs.

Der Film basiert auf einem Bühnensketch, den Stans Vater 18 Jahre zuvor verfaßt hatte. Stan machte daraus eine filmreife Version und beschloß, selbst eine der beiden Hauptrollen zu übernehmen. Bis heute nicht näher geklärte Umstände sorgten dafür, daß Oliver Hardy als sein Partner eingesetzt wurde. Im dritten Anlauf bildeten sie also erstmals ein echtes Paar – angesichts des gelungenen Zusammenspiels kann man sich im nachhinein nur wundern, warum dieses brauchbare Doppel von Hal Roach nicht auf Anhieb für weitere, ähnliche Filmeinsätze verwendet wurde.

Ungewohnt wirkt lediglich Ollies ungepflegtes Äußeres. Während sich Stan bereits so präsentiert, wie wir ihn heute kennen, bietet Ollie mit seinem stoppeligen Kinn und dem mürrischen Blick das genaue Gegenteil des würdevollen Spießbürgers, den er später pefekt verkörpern sollte. Dennoch stellt DUCK SOUP eine durchweg kurzweilige Komödie dar, die einige amüsante Gags enthält. So zum Beispiel, als beide vom Sheriff angesprochen werden. Um diesem zu demonstrieren, daß er keineswegs zwei Landstreicher vor sich hat, denen ein Arbeitseinsatz im Waldbrandgebiet ganz gut täte, zücken sie als Symbol ihres persönlichen Wohlstandes rasch eine Zigarre. Als der Sheriff dennoch mißtrauisch wird, decken sie ihre überstürzte Flucht mit den Worten: »Wir müssen sowieso gehen, wir haben nämlich eine Verabredung mit Herrn Rockefeller!« Und anschließend türmen sie nicht etwa mit zwei herrenlosen Fahrrädern, die am Straßenrand auf sie zu warten scheinen, sondern radeln gemeinsam auf einem davon.

Nicht nur diese Szene sollte in abgewandelter Form drei Jahre später in ihrem Film ANOTHER FINE MESS wieder auftauchen, bei dem es sich um ein Remake von DUCK SOUP handelt.

Die Stummfilme | **Slipping wives**

US-Veröffentlichung: 03.04.27
Originallänge: Zwei Akte
Produzent: Hal Roach/Pathé
Buch: Hal Roach
Regie: Fred L. Guiol
Zwischentitel: H. M. Walker
Kamera: George Stevens
Schnitt: Richard Currier
Darsteller: Priscilla Dean,
Herbert Rawlinson,
Albert Conti,
Stan Laurel,
Oliver Hardy
u.a.

Butler Hardy (links) läßt Stan eine Abreibung zukommen, die sich gewaschen hat

Die Ehefrau eines Kunstmalers fühlt sich von ihrem Gatten vernachlässigt. Auf Anraten des besten Freundes ihres Mannes beschließt sie, ihren Angetrauten eifersüchtig zu machen. Der Lieferant Stan Laurel erklärt sich bereit, als vermeintlicher Liebhaber zu agieren und wird im Laufe des Abends gegenüber der Frau des Hauses tatsächlich aufdringlich. Was er nicht weiß: Gattin und Gatte haben sich bereits wieder versöhnt. Außerdem verwechselt er den Freund des Hauses mit dem Ehemann. Insofern endet die Geschichte mit einer Schießerei, in deren Zuge Stan jedoch entkommen kann. Ollie agiert als Butler des Paares.

Abgesehen von einer durch Stan pantomimisch dargebotenen "Samson und Deliah"-Version bleibt SLIPPING WIVES enttäuschend. Nach dem vielversprechenden Auftakt als Paar in DUCK SOUP spielen Stan und Ollie hier gegeneinander, was für ein paar turbulente Szenen sorgt, aber keinesfalls komisch wirkt. Ein wenig besser geriet das Remake unter dem Titel THE FIXER-UPPERS einige Jahre später.

Deutsche Fernsehzuschauer bekamen SLIPPING WIVES erstmals am 15.12.72 unter dem Titel VERLORENE LIEBE als Bestandteil der "Dick und Doof"-Reihe zu sehen. Gekoppelt war diese radikal verkürzte Version pikanterweise mit dem Remake THE FIXER UPPERS. Am 07.11.75 folgte eine erneute, diesmal jedoch nahezu ungekürzte Ausstrahlung unter dem Titel DER VERKLEMMTE VERFÜHRER in der Reihe "Zwei Herren dick und doof".

Love 'em and weep

Die Stummfilme

US-Veröffentlichung: 12.06.27
Originallänge: Zwei Akte
Produzent: Hal Roach/Pathé
Buch: Hal Roach
Regie: Fred L. Guiol
Zwischentitel: H. M. Walker
Darsteller: James Finlayson,
Mae Busch,
Stan Laurel,
Charlotte Mineau,
Vivien Oakland,
Charles Hall,
Oliver Hardy,
May Wallace,
Ed Brandenberg

Der verheiratete Geschäftsmann Titus Tillsbury (James Finlayson) erläutert seinem Assistenten Romaine Ricketts (Stan Laurel) soeben die Vorteile der Ehe, als im Büro plötzlich eine alte Bekannte (Mae Busch) auftaucht. Sie droht, ihre einstige Affäre mit Tillsbury auffliegen zu lassen, falls dieser die flüchtige Beziehung nicht aufzufrischen gedenkt. Als Beweismittel dient ihr ein kompromittierendes Foto, welches sie und Finlayson in Badekleidung zeigt. Der Bedrängte vertröstet sie auf den Abend; dann will er mit ihr eine gütliche Einigung erzielen. Doch seine Ehefrau macht ihm einen Strich durch die Rechnung: Sie hat zum Abendessen Gäste eingeladen und legt selbstverständlich Wert darauf, daß ihr Gatte anwesend ist. In seiner Not schickt Tillsbury seinen Assistenten zu der Erpresserin. Dieser soll sie in ein Restaurant ausführen, Finlayson selbst will so bald wie möglich nachkommen. Mae Busch allerdings will sich nicht damit abfinden und macht sich - begleitet vom hilflosen Stan - wutentbrannt auf zu Tillsburys Haus. Dort gelingt es Tillsbury und Ricketts trotz einiger brenzliger Situationen, die wahre Identität der ungebetenen Besucherin gegenüber der Ehefrau zu vertuschen. Erst, als auch noch Stans Gattin erscheint - sie ist von einer geschwätzigen Bekannten alarmiert worden, die Stan gemeinsam mit Mae Busch beobachtet hat -, fliegt der Schwindel auf.

Von der Handlung her hat LOVE 'EM AND WEEP kaum mehr zu bieten als die seinerzeit üblichen Roach-Komödien, in denen aushäusige Ehemänner und eifersüchtige Gattinen die Hauptrollen spielen. Auffällig ist lediglich, daß zahlreiche Witze ihre Wirkung weniger aus dem Bild denn aus dem Text beziehen. So erhält der Zuschauer alleine aus der von Mrs. Tillsbury geäußerten Dialogzeile "Ich muß mir mal die Hände waschen, ich habe soeben am Wagen ein Rad gewechselt" bereits zu Beginn des Films einen dezenten, aber dennoch deutlichen Hinweis darauf, daß es sich hier um eine äußerst emanzipierte (sprich: konfrontationsbereite) Person handeln muß. Ebenfalls nichts Gutes verheißt auch der Titel des Liedes, dessen Notenblatt Tillsbury am Abend von seiner Gattin vor die Nase gehalten bekommt, um den Gästen etwas vorzusingen: "You're mama is going to slow you down". Der Gast, der da im übrigen von Finlaysons Darbietung unterhalten werden soll, ist kein geringerer als Oliver Hardy. Er mimt nämlich den Richter, der zum Abendessen eingeladen worden ist. Da er nur am Rande in Erscheinung tritt, handelt es sich bei LOVE 'EM AND WEEP also keineswegs um einen "richtigen" Laurel und Hardy-Film.

Abgesehen von der Tatsache, daß erstmals Mae Busch, James Finlayson und Charlie Hall gemeinsam mit Laurel

Die Stummfilme | **Love 'em and weep**

Ich freu´mich auf´s Büro: Argwöhnisch beäugt Stan (rechts) Mae Buschs Annäherungsversuche

und Hardy vor der Kamera stehen, ist der Streifen insofern eher als Ideenlieferant für manch späteren Film des Duos interessant. So erfuhr ein zentraler Gag bereits ein rundes halbes Jahr später in SUGAR DADDIES eine Neuauflage. Er beschreibt die Bemühungen James Finlaysons, die ungeliebte Besucherin (Mae Busch) wieder aus dem eigenen Haus zu entfernen. Glücklicherweise ist diese beim Anblick einer Pistole, mit der sich der Erpreßte gedroht hat umzubringen, in Ohnmacht gefallen. So lädt er sich, während seine Frau die übrigen Gäste verabschiedet, die Bewußtlose per Huckepack auf den Rücken. Stan hüllt die dermaßen "erhöhte" Dame rasch in ihren Mantel und versucht, die wankende Kreatur möglichst unauffällig aus dem Haus zu lotsen. Doch natürlich wird das dreiteilige Duo dabei von Mrs. Tillsbury beobachtet, die beim Anblick des auffälligen Paares vorsichtshalber schon einmal zum Rohrstock greift.

Ebenfalls wieder aufgegriffen werden sollte schon kurze Zeit darauf die Figur der geschwätzigen Nachbarin, die im vorliegenden Film Stans Ehefrau von dessen Eskapaden mit einer fremden Dame berichtet. Abgesehen von der Physiognomie taucht sie als originalgetreue Kopie in THEIR PURPLE MOMENT erneut auf. Und sogar die Geschichte als solche findet sich nahezu identisch in einem späteren Laurel und Hardy-Werk wieder: in dem 1931 entstandenen Tonfilm CHICKENS COME HOME.

Seine deutsche Fernsehpremiere erlebte zumindest ein Teil des Films am 14.05.71 innerhalb der ZDF-Reihe "Dick und Doof". Um als Einleitung zum eigentlichen "Hauptfilm" (TIT FOR TAT) der Episode mit dem Titel DIE BESUDELTE EHRE dienen zu können, wurde LOVE 'EM AND WEEP zu einem vierminütigen Zelluloidschnipsel verstümmelt. Fast komplett war er schließlich erstmals am 17.10.75 unter dem etwas seltsam anmutenden Titel PEGGY PIMPERNELL in der Reihe "Zwei Herren dick und doof" zu sehen.

Why girls love sailors

US-Veröffentlichung: 17.07.27
Originallänge: Zwei Akte
Produzent: Hal Roach/Pathé
Buch: Hal Roach
Regie: Fred L. Guiol
Zwischentitel: H. M. Walker
Darsteller: Stan Laurel,
Oliver Hardy,
Viola Richard,
Malcolm Waite,
Anita Garvin
u.a.

Stan als Matrose Willie schaut während eines Landaufenthaltes bei seiner Braut vorbei. Doch die romantische Begegnung währt nicht lange: Der bärbeißige Kapitän eines anderen Schiffes hat sich ebenfalls in das Mädchen "verguckt" und entführt diese nach einem kurzen Ringkampf an Bord seines Ozeanriesen. Stan schmuggelt sich aufs Schiff und gelangt, als Frau verkleidet, am zweiten Steuermann Oliver Hardy vorbei in die Kapitänskajüte. Dort bändelt er in seiner Maskerade zunächst mit dem nichtsahnenden Kapitän an, um die Freundin letztlich aus ihrer Gefangenschaft zu befreien.

Abgesehen von Stans erneutem Auftritt in Frauenkleidern (vergleiche DUCK SOUP) hat WHY GIRLS LOVE SAILORS nicht viel Komisches zu bieten. Am ehesten gelungen ist noch jene Szene zu Beginn des Films, als Stan in der Wohnung seiner Geliebten dem Kapitän begegnet. Als dieser den dürren Kontrahenten höhnisch angrinst und nach dessen Boot fragt, hebt Stan selbstbewußt den Pullover und zeigt ihm die Tätowierung eines Segelschiffes. Um zu überprüfen, ob dieses überhaupt seetauglich ist, kippt ihm der Käpt'n daraufhin einen Kübel Wasser in den Ausschnitt. Anschließend hat der arme Matrose allerhand Probleme, das Wasser unter seinem Oberteil wieder loszuwerden, da sich dieses dort kurioserweise ballonartig angesammelt hat.

Insgesamt gesehen, zieht sich die Handlung jedoch recht schleppend dahin. Selbst Stans zunächst originell wirkende Bemühungen, sich an Bord des Schiffes an einer Gruppe Matrosen vorbeizustehlen, wirken auf Dauer ermüdend, da der gleiche Gag mehrfach wiederholt wird: Als Mädchen kostümiert, lockt er die Seeleute nacheinander zu sich, bevor er sie mit einem Knüppel k.o. schlägt. Noch eine Spur brutaler geht es übrigens in der Schlußszene zu, als die plötzlich als Gattin des Kapitäns auftauchende Anita Garvin zunächst mit dem Gewehr ihren Ehemann niederstreckt und dann auch noch Stan und seiner Freundin die Kleider vom Leibe schießt. Hier zum ersten mal gemeinsam mit Laurel und Hardy auf der Leinwand zu sehen, sollte Anita Garvin in späteren Filmen der beiden übrigens des öfteren ähnlich resolut auftreten. Erwähnenswert ist zu guter Letzt noch eine Einstellung, in der Stans Frauenkleid durch einen Luftstoß aufgewirbelt und der Blick auf ein paar lange, weiße Unterhosen freigegeben wird. In PUTTING PANTS ON PHILIP erfuhr dieser Gag kurz darauf eine Neuauflage, bevor er - ein paar Jahrzehnte später - von Marilyn Monroe (in einer zugegebenermaßen erotischeren Variante) in Billy Wilders THE SEVEN YEAR ITCH erneut kopiert werden sollte.

Die Stummfilme | **With love and hisses**

US-Veröffentlichung: 28.08.27
Originallänge: Zwei Akte
Produzent: Hal Roach/Pathé
Buch: Hal Roach
Regie: Fred L. Guiol
Zwischentitel: H.M. Walker
Darsteller: Stan Laurel,
Oliver Hardy,
James Finlayson,
Anita Garvin,
Frank Brownlee,
Chet Brandenberg,
Will Stanton,
Jerry Mandy
u.a.

Schicksal in Uniform:
Beim Militär hat's Laurel schwer

Stan als einfacher Rekrut, Ollie als Ausbilder und James Finlayson als Feldwebel begeben sich per Bahn mit einer Kompanie Soldaten in ein Militärlager. Dort kommt es zu einem unliebsamen Zwischenfall: Im Anschluß an einen Gewaltmarsch nimmt ein Teil der Truppe in einem See ein Bad, während am Ufer durch eine achtlos weggeworfene Zigarette sämtliche Uniformen verbrennen. Unter Mühen – und von einem Bienenschwarm verfolgt – gelingt es den Nackten, ins Lager zurückzukehren.

Der erste (und mit Sicherheit schwächste) Film, den Laurel und Hardy zum Thema Militär drehten. Einen roten Handlungsfaden sucht man vergeblich, mehr als eine Aneinanderreihung relativ zusammenhangloser Szenen hat WITH LOVE AND HISSES nicht zu bieten. Zudem ähnelt Stans affektiertes Gehabe beim morgendlichen Waffenappell auffällig den diskriminierenden, nur vermeintlich witzigen Darstellungen homosexueller Männer, wie sie hinlänglich aus »modernen« Comedy-Fernsehsendungen bekannt sind. So bleibt für Fans beim Betrachten nur zweierlei Erkenntnis: Ollie rückt beim Anblick weiblicher Gestalten sein Militärkäppi ebenso gentleman-like zurecht wie in späteren Filmen den Bowler, und die Idee mit dem Bienenschwarm gefiel den Verantwortlichen offenbar so gut, daß sie sie im Spielfilm BONNIE SCOTLAND einige Jahre später noch einmal aufgriffen.

Der deutsche (Fernseh-) Titel dieses Films lautete SCHICKSAL IN UNIFORM (Sendung am 02.04.71 innerhalb der Reihe »Dick und Doof«).

Sailors, beware!

US-Veröffentlichung: 25.09.27
Originallänge: Zwei Akte
Produzent: Hal Roach/Pathé
Buch: Hal Roach
Regie: Hal Yates
Zwischentitel: H. M. Walker
Darsteller: Stan Laurel,
Oliver Hardy,
Anita Garvin,
Frank Brownlee,
Lupe Velez,
Harry Earles,
Stanley Sandford
u.a.

Die "Mirimar" sticht in See - an Bord ausschließlich Millionäre. Madame Ritz und ihr kleinwüchsiger Ehemann Roger, ein gerissenes Gaunerpärchen, lassen sich von Taxifahrer Stan Laurel zum Hafen bringen, um rechtzeitig mit ihren potentiellen Opfern an Bord zu sein. Während Ollie, Purser der "Mirimar", mit der scheinbar wohlhabenden Betrügerin flirtet, wartet Stan vergeblich auf das Fahrtgeld. Durch ein Mißverständnis gerät er später mitsamt seiner Taxe an Bord des auslaufenden Luxusliners, wo er als vermeintlicher blinder Passagier vom Kapitän dazu genötigt wird, sich als Schiffssteward zu verdingen. Beim Bemühen, endlich an das ihm zustehende Taxigeld zu kommen, entlarvt Stan das Gaunerduo und kommt schließlich durch eine spontan an Bord durchgeführte Kollekte unter den Passagieren an die ihm zustehende Summe.

Die Personenkonstellation in SAILORS, BEWARE! ähnelt zunächst jener aus WITH LOVE AND HISSES: Stan als Taxifahrer (zuvor: Rekrut) muß sich gegen Purser Ollie (Ausbilder) behaupten und wird zudem auch noch vom Kapitän (Kompaniechef) drangsaliert. Und auch ein Gag findet sich hier in nur leicht veränderter Form wieder: Warfen sich Stan und James Finlayson als Kompaniechef in WITH LOVE AND HISSES gegenseitig immer ein Gewehr zu, albern diesmal Stan und Ollie auf gleiche Weise an Bord des Schiffes mit einem Ball herum. Daß SAILORS, BEWARE! trotz dieser Parallelen das "Vorbild" bei weitem übertrifft, ist im wesentlichen auf zwei Dinge zurückzuführen: zum einen können Stan und Ollie hier viel mehr von ihrem schauspielerischen Können zeigen, zum anderen ruft alleine der Anblick des kleinwüchsigen Harry Earles in seiner Verkleidung als Anita Garvins Baby beim Zuschauer Gelächter hervor. Doch auch die Schauspieler selbst hatten ganz offensichtlich während der Dreharbeiten ihren Spaß. So beginnen Anita Garvin und Lupe Velez in einer Einstellung beim Anblick des tränenerstickten Stewards Stan Laurel unmotiviert zu lachen und blicken daraufhin derart ratlos in die Kamera, daß man kaum glauben möchte, diese Reaktion sei im Drehbuch tatsächlich so vorgesehen gewesen.

Mit Sicherheit beabsichtigt und insofern auch besonders gelungen sind eine Szene, in der Earles dem armen Ollie - von diesem liebevoll in den Arm genommen - ständig im Gesicht herumgrapscht sowie eine Würfelpartie zwischen Stan und dem vermeintlichen Baby. Mit gezinkten Würfeln gelingt es dabei dem gerissenen Gauner, dem ahnungslosen Taxifahrer auch noch dessen letztes Geld aus der Tasche zu ziehen. Eine herrliche Parodie auf alle Al Capone- und

Die Stummfilme **Sailors, beware!**

Purser Oliver Hardy achtet darauf, daß sich vor allem die weiblichen Gäste an Bord wohl fühlen

andere düsteren Kriminalfilme, in denen üblicherweise hartgesottene Männer in verrauchten Hinterzimmern um das große Geld zocken. Außerdem hat Stan hier ausgiebig Gelegenheit, sein charakteristisches, kindliches Weinen zum besten zu geben - daß dies ausgerechnet in Gegenwart eines vermeintlichen Babys geschieht, erhöht die Komik nur noch.

Und auch Ollie hat bezüglich seiner Mimik in SAILORS, BEWARE! einen denkwürdigen Auftritt: Als er einen Kübel mit Wasser ins Gesicht geschüttet bekommt, setzt er erstmals in einem Laurel und Hardy-Streifen seinen später berühmt gewordenen, mitleidheischenden Blick in die Kamera ein. Der gleichzeitig erfolgende, verlegene Griff an das Revers seiner Uniform ist zudem Vorläufer einer weiteren Hardy'schen Spezialität der folgenden Jahre: dem hilflosen und peinlich berührten Winken mit der eigenen Krawatte ("tie twiddle").

Für die Ausstrahlung im deutschen Fernsehen wurde der Film kräftig zurechtgeschnitten: Ein fünfminütiger Ausschnitt wurde zunächst am 02.04.71 innerhalb der "Dick und Doof"-Serie quasi als Einleitung zu WITH LOVE AND HISSES präsentiert (SCHICKSAL IN UNIFORM). Am 09.02.73 verknüpften die ZDF-Verantwortlichen dann einzelne Szenen des Films unter der Überschrift DER LÜMMEL IM KINDERWAGEN gemeinsam mit Szenen der beiden Langfilme (!) PACK UP YOUR TROUBLES und A CHUMP AT OXFORD zu einer scheinbar zusammenhängenden Handlung. Fast komplett flimmerte der Film dann erstmals am 26.11.76 innerhalb der Serie "Zwei Herren dick und doof" über den Bildschirm. Der Sendetitel lautete: DIE DAME MIT DEN LANGEN FINGERN.

Now I'll tell one

US-Veröffentlichung: 05.10.27
Originallänge: Zwei Akte
Produzent: Hal Roach / Pathé
Regie: James Parrott
Darsteller: Charley Chase,
Edna Marion,
Lincoln Plumer,
Stan Laurel,
Oliver Hardy,
May Wallace,
Will R. Walling
u.a.

Charley Chase gerät mit seiner Ehefrau wegen einer falsch gespielten Klaviernote in Streit. Als beide deswegen schließlich vor dem Scheidungsrichter landen, präsentieren Gatte und Gattin jeweils ihre persönlichen Versionen der Auseinandersetzung. Diese werden in Form von Rückblenden erzählt. Ollie tritt dabei kurz als Polizist auf, der von der anscheinend bedrohten Ehefrau um Hilfe gerufen wird. Stan hingegen verkörpert in der Gerichtsszene Charley Chases Anwalt.

Anläßlich der ersten europäischen Convention der »Sons of the desert«, wie sich die Laurel und Hardy-Fans nennen, wurde die zweite Rolle des Films an Pfingsten 1993 zum ersten Male nach dem Krieg vor Publikum aufgeführt. Bis dahin hatte der Streifen als komplett verschollen gegolten. Neben der Tatsache, daß nach rund 65 Jahren überhaupt noch einmal zumindest ein Teil des Filmes auftauchte, war das eigentlich Überraschende an dieser Entdeckung die Tatsache, daß auch Ollie darin mitwirkt. Zuvor war die Fachwelt nämlich davon ausgegangen, daß es sich bei NOW I'LL TELL ONE um einen Stan Laurel-Solofilm handelt.

Da auch bis Mitte 1996 nach wie vor nur die Hälfte des Films vorliegt, fällt eine zusammenfassende Bewertung naturgemäß schwer. Erwähnenswert erscheint mir immerhin jene Szene, in der Ollie in seiner Rolle als Polizist von dem eingeschüchterten Charley Chase um Hilfe gerufen wird. »Meine Frau will mich umbringen«, erklärt der Ehemann dem Gesetzeshüter, woraufhin dieser die bereits gezückte Pistole offenbar beruhigt zurücksteckt und trocken erwidert: »Und ich hatte schon gedacht, es sei etwas Ernstes!«

Die Stummfilme **Do detectives think?**

US-Veröffentlichung: 20.11.27
Originallänge: Zwei Akte
Produzent: Hal Roach/Pathé
Buch: Hal Roach
Regie: Fred L. Guiol
Zwischentitel: H. M. Walker
Darsteller: Stan Laurel,
Oliver Hardy,
James Finlayson,
Viola Richard,
Noah Young,
Frank Brownlee,
Will Stanton
u.a.

Richter James Finlayson verurteilt einen Mörder zum Tode. Nach der Urteilsverkündung schwört der Verbrecher, alles daran zu setzen, Finlayson die Gurgel durchzuschneiden. Als er kurz darauf aus dem Gefängnis entkommen kann, erinnert sich der Richter an diese grausame Drohung und ordert bei einem Detektivbüro zwei Mitarbeiter zu seinem persönlichen Schutz: Laurel und Hardy. Noch bevor diese eintreffen, fängt der entflohene Mörder kurz vor Finlaysons Haustür dessen neuen Butler ab, der sich an diesem Abend erstmals bei dem Richter vorstellen möchte. Der Gauner schlüpft in dessen Kleidung und wird von dem nichtsahnenden Ehepaar Finlayson eingelassen. Nachdem sich wenig später auch die beiden Detektive einfinden, startet der Verbrecher in der Nacht zur Ausführung seiner grausamen Tat. Im Zuge einer wilden Verfolgungsjagd durch das gesamte Haus gelingt es zufälligerweise ausgerechnet dem ängstlichen Stan, den Ganoven einzusperren und der Polizei auszuliefern.

Obwohl sie hier noch unter "falschen" Namen auftreten (Stan als Ferdinant Finkleberry und Ollie als Sherlock Pinkham), begegnen uns Laurel und Hardy hier erstmals so, wie wir sie kennen und lieben gelernt haben: im Anzug und mit Bowler, nach außen hin würdevoll und selbstsicher. Und auch die Rollen untereinander sind bereits klar verteilt: Ollie führt das Kommando, Stan hat sich immer einen Schritt zurückzuhalten - außer in einer Episode, als beide an einem Friedhof vorbeikommen und ein Windstoß ihre Hüte durch das geöffnete Tor zwischen die Gräber weht. Da werden beide zu kleinen Kindern, denen es vor unheimlichen Schatten gruselt und die sich gegenseitig völlig verängstigt über den Haufen rennen.

So perfekt das Zusammenspiel der beiden als Paar hier bereits funktioniert, so bedauerlich ist es, daß DO DETECTIVES THINK? noch nicht dem ruhigen Stil ihrer späteren, erfolgreicheren Filme entspricht. Vor allem das letzte Drittel des Streifens artet mit seiner langanhaltenden Verfolgungsjagd im Hause des Richters in reine Action aus, bei der für humoristische Feinheiten kaum noch Platz bleibt. Wo in späteren Tonfilmen ein paar aus dem "Off" zu vernehmende Geräusche genügten, um manch dramatisches Geschehen auf sparsamste Art wirkungsvoll zu präsentieren, muß hier noch ein recht vordergründiger Klamauk (zielloses Herumgeballere sowie diverse Ringkämpfe) die "komischen" Akzente setzen. So bleiben an interessanten Gags - neben der Sequenz auf dem Friedhof zu Beginn des Films - nur ein witzig anzuschauender James Finlayson in der Badewanne sowie Laurel und Hardys

Do detectives think?   Die Stummfilme

Noah Young (rechts) kurz vor der Zubereitung eines James Finlayson-Steaks

in der Folgezeit zur Routine gewordenes Bowler-Austauschspiel übrig, bei dem beide jeweils mehrmals hintereinander den Hut des anderen aufsetzen. Unter dem Titel DIE RACHE DES RAUBMÖRDERS lief am 04.06.71 eine auf etwa die Hälfte gekürzte Version dieses Films in der ZDF-Serie "Dick und Doof". Nahezu komplett war hingegen DAS FLEISCHERMESSER AN DER GURGEL, das am 01.10.1976 als Bestandteil der Reihe "Zwei Herren Dick und Doof" ebenfalls vom ZDF ausgestrahlt wurde.

Die Stummfilme

Flying elephants

US-Veröffentlichung: 12.02.28
Originallänge: Zwei Akte
Produzent: Hal Roach/Pathé
Buch: Hal Roach
Regie: Frank Butler
Zwischentitel: H.M. Walker
Darsteller: Stan Laurel,
Oliver Hardy,
James Finlayson,
Viola Richard,
Dorothy Coburn
u.a.

Wir befinden uns etwa im Jahre 4000 vor Christi Geburt. Ein Gesetz König Ferdinands schreibt vor, daß jeder Mann zwischen 18 und 95 Jahren binnen 24 Stunden eine Frau zu ehelichen hat. Andernfalls droht die Todesstrafe. Sowohl Ollie (»Mighty Giant«) wie auch Stan (»Twinkle Star«) begeben sich daraufhin auf die Suche nach etwas Heiratswilligem. Dabei kommen beide nacheinander mit der Tochter James Finlaysons in Kontakt, um die in der Folge ein heftiger Streit entbrennt. Zwar gelingt es Stan, seinen Kontrahenten auszuschalten, doch endet die geplante Flucht mit der Braut unter einem umgekippten Kutschwagen. Dort findet sich nebst Brautpaar und -vater noch ein Braunbär ein.

Für Laurel und Hardy-Fans liegen zwischen FLYING ELEPHANTS und dem Vorgänger DO DETECTIVES THINK? nicht nur 5928, sondern eher ganze Lichtjahre. Anstatt das erfolgreich eingeführte Paar in seinen Anzügen zu belassen, kurven Stan und Ollie hier im Fell – und dann auch noch als direkte Kontrahenten – durch die Wüste. Ironischerweise freunden sich beide im vorliegenden Streifen ausgerechnet mit James Finlayson an, der in vielen ihrer späteren Filme ihren Erzrivalen darstellen sollte. Ollie und Fin Arm in Arm – derart vertraut hat man beide danach wohl nie wieder auf der Leinwand gesehen!

Außer dieser Tatsache sind eigentlich nur zwei weitere Szenen bemerkenswert. Zunächst der Flirt Ollies mit einer Urzeit-Schönen, als Babe in schönstem small talk darauf hinweist, daß die Elefanten »Richtung Süden fliegen« (und im nächsten Bild eine Tricksequenz diese absurde Äußerung belegt, indem sie uns tatsächlich fliegende Dickhäuter zeigt). Und dann Stans Bemühungen, Fische zu fangen. Nachdem ihm dies durch einfaches Herumstochern mit dem Speer im Fluß nicht gelungen ist, fängt er mit der Hand Fliegen aus der Luft und legt diese auf die Wasseroberfläche (!). Zweimal tauchen hungrige Fische auf, die er geschickt mit der Keule erledigt – beim dritten Mal ist's allerdings der Kopf eines recht kräftigen Urzeitmenschen.

Im Fernsehen wurden jene Szenen, in denen Stan sich dem Vater des Mädchens (James Finlayson) als Bräutigam präsentiert und in denen Ollie die Zahnschmerzen Finlaysons kuriert, in der »Dick und Doof«-Folge DER MANN IM WEIBERROCK dem Film PUTTING PANTS ON PHILIP vorangestellt (Sendung am 06.11.70). Fast komplett war dann die Fassung, die den Zuschauern am 04.04.75 als DER SCHMERZ LÄSST NACH in der Reihe »Zwei Herren dick und doof« präsentiert wurde. Hier fehl-

Flying elephants

Die Stummfilme

ten jedoch – neben ein paar Eröffnungsbildern, in denen das wilde Treiben der Urzeitmenschen gezeigt wird und ein paar anderen relativ unbedeutenden Einstellungen – ausgerechnet jene Bilder, aus denen der Film seinen Originaltitel bezieht: von fliegenden Elefanten war nichts zu sehen.

Bereits in der Steinzeit waren die Frauen sehr emanzipiert

Die Stummfilme

Sugar daddies

US-Veröffentlichung: 10.09.27
Originallänge: Zwei Akte
Produzent: Hal Roach/MGM
Regie: Fred L. Guiol
Zwischentitel: H. M. Walker
Kamera: George Stevens
Darsteller: Stan Laurel,
Oliver Hardy,
James Finlayson,
Noah Young,
Charlotte Mineau,
Edna Marian
u.a.

Millionär Cyrus Brittle (James Finlayson) wird nach einer durchzechten Nacht unsanft von seinem Butler (Oliver Hardy) mit einer unangenehmen Tatsache konfrontiert: Im Suff hat er einer zweifelhaften Dame die Ehe versprochen. Diese wartet bereits mit ihrer erwachsenen Tochter (!) und dem Bruder im Wohnzimmer, um 50 000 Dollars von ihm zu erpressen - dann werde die Braut in spe freundlicherweise auf die Ehe verzichten. Brittles telefoniert rasch seinen Anwalt (Stan Laurel) herbei, dem jedoch beim Anblick einer von Brittles Beinahe-Schwager gezückten Pistole auch nichts anderes einfällt, als gemeinsam mit seinem Auftraggeber und dessen Butler die Flucht zu ergreifen. Eine Woche später jedoch werden die drei Flüchtigen von dem Gaunertrio in einem Hotel aufgespürt. Mit Müh´ und Not können sie zunächst erneut entkommen, bevor die Jagd auf einem Rummelplatz ein abruptes Ende findet.

Nachdem sich Noah Young sich in DO DETECTIVES THINK? als furchteinflößender Gauner bewährt hatte, griff Hal Roach in diesem kurz darauf entstandenen Streifen erneut auf den bulligen Schauspieler zurück und besetzte die ähnlich angelegte Rolle des Bruders der Braut mit ihm. Und wieder heißt dessen Opfer James Finlayson. Im zweiten Anlauf fällt das Ergebnis jedoch äußerst mager aus, da die Geschichte ganz einfach zu dünn gestrickt ist. So kommt beispielsweise das Ende völlig überraschend und unmotiviert, ohne daß der zentrale Konflikt zuvor auch nur ansatzweise gelöst worden wäre.

Dies alles ist umso bedauerlicher, als der Hauptgag des Films auf einer durchaus gelungenen Neuauflage des Spieles "Stan im Huckepack und in Frauenkleidern" beruht, das zuvor bereits in LOVE`EM AND WEEP zu sehen gewesen war. Diesmal muß er dem armen James Finlayson auf den Rücken steigen, bevor er von Ollie eine Perücke aufgesetzt erhält und der Butler beide in einen weiten Mantel hüllt. Daß das Huckepack-Duo im folgenden größte Probleme hat, sich damengerecht auf den Beinen zu halten, versteht sich von selbst. Unbestreitbarer Höhepunkt des Films ist insofern der Tanz, den Ollie in einer Szene mit seiner hochgewachsenen Partnerin aufs Parkett legen muß und in dessen Verlauf Finlaysons Kopf - entgegen jeglicher anatomischer Gesetze - plötzlich zwischen den Beinen hervorlugt. Ähnlich gelungen ist auch jene Szene, in der Ollie sich mit den beiden als Frau verkleideten Komplizen im Hotelflur an dem skeptisch dreinblickenden Verfolger vorbeizumogeln versucht. "That's my little wife", flötet Ollie erklärend und tätschelt seiner "zweistöckigen" Partnerin liebevoll die Wange - völlig

Sugar daddies

Die Stummfilme

Der Rummelplatz als Tummelplatz: Ollie, James Finlayson und Stan (in Frauenkleidern) im Gewühl

ignorierend, daß "die Kleine" ihn um einen ganzen Kopf überragt.

(West-)Deutsche Fernsehzuschauer bekamen SUGAR DADDIES erstmals am 21.08.70 unter dem Titel ZWISCHEN BESTIEN UND BANDITEN unge-kürzt als "Dick und Doof"-Folge im ZDF zu sehen.

Fans in der DDR hatten zwischenzeitlich die Möglichkeit, den Film als Bestandteil der Kompilation LAUREL UND HARDY SUCHEN ANSCHLUSS auf der Kinoleinwand zu begutachten (Premiere: 14.04.72). Der Titel des Films innerhalb dieser Zusammenstellung lautete LUSTGREISE.

Die Stummfilme **The second hundred years**

US-Veröffentlichung:	08.10.27
Originallänge:	Zwei Akte
Produzent:	Hal Roach/MGM
Regie:	Fred L. Guiol
Zwischentitel:	H. M. Walker
Schnitt:	Richard Currier
Darsteller:	Stan Laurel, Oliver Hardy, James Finlayson, Stanley Sandford, Ellinor Van Der Veer, Eugene Pallette u.a.

Als Anstreicher getarnt, gelingt Stan und Ollie die Flucht aus dem Gefängnis. In Freiheit erregen sie jedoch sofort das Mißtrauen eines Polizisten, der sich an ihre Fersen heftet. Die beiden Entflohenen landen schließlich in einem Taxi, in dem sich ausgerechnet zwei französische Vollzugsbeamte befinden, die – auf Einladung des örtlichen Gefängnisdirektors – soeben in Richtung Knast unterwegs sind. Nichtsahnend werfen Stan und Ollie die beiden Herren aus dem Fahrzeug und ziehen deren Anzüge an. Am Ziel angekommen, lädt man sie als die vermeintlichen Ehrengäste zum Dinner ein, bevor ein Rundgang durch das Gefängnis auf dem Programm steht. Dabei werden sie von den (inzwischen irrtümlicherweise inhaftierten) echten Franzosen erkannt und landen erneut hinter Gittern.

Obwohl DO DETECTIVES THINK? etwa einen Monat früher fertiggestellt wurde, kam THE SECOND HUNDRED YEARS doch eher in die Kinos und war insofern die erste Komödie, in der die Zuschauer Laurel und Hardy als bewußt zusammengestelltes Leinwandpaar bewundern konnten. Vor allem in einer Hinsicht sollte dieser Film richtungsweisend für praktisch alle nachfolgenden werden: Er zeigte deutlich, daß wahre Komik keineswegs vornehmlich auf rasanten Verfolgungsjagden und ebensolchen Schnittfolgen basieren muß. So wird hier ausgerechnet die Auseinandersetzung der beiden mit einem Polizisten genüßlich und in aller Ruhe ausgewalzt. Statt beim Anblick des Gesetzeshüters panisch davonzurennen – wie es bis dahin in jedem Film üblich war –, bewahren Stan und Ollie die Ruhe und pinseln in ihren Malerkostümen voller Hingabe erst einmal einen ganz ordinären Stein an, der vor dem Gefängnistor auf der Erde liegt. Und auch der weitere Verlauf der Verfolgung durch den mißtrauischen Polizisten fällt völlig aus dem bis dahin gewohnten Rahmen US-amerikanischer Filmkomödien. Stur und völlig in sich versunken, versehen die beiden Flüchtlinge alles und jeden mit kräftigen Farbtupfern, das oder der ihnen in die Quere kommt: ein Treppengeländer, ein Auto (inklusive Motor), Schaufensterscheiben, das Gesicht eines Geschäftsmannes – und zu guter letzt auch noch das Hinterteil einer jungen Dame, die ausgerechnet vor jenem Laternenpfahl stehenbleibt, den Stan mit größtem Nachdruck »bearbeitet«.

Und auch in einer anderen Szene wird ein Gag bis zur Schmerzgrenze »gemolken«, ohne dabei an Witz zu verlieren: beim festlichen Abendessen, als Stan verzweifelt mit einer Cocktailkirsche kämpft, die ihm auf den Teller gefallen ist. Die Jagd mit Messer und Gabel zieht sich über den gesamten Tisch hin, bis das Objekt

The second hundred years   Die Stummfilme

Stan be(s)tätigt sich als Einfaltspinsel

der Begierde im Rückenausschnitt einer zutiefst schockierten Dame landet. Für Stan war dies innerhalb der Laurel und Hardy-Filme eine erste Gelegenheit, sein großartiges Schauspiel- und Improvisationsvermögen zu demonstrieren. In zahlreichen späteren Filmen präsentierte er ähnliche Soloeinlagen in den unterschiedlichsten Variationen (wobei der Gag mit der Kirsche schon kurz darauf in FROM SOUP TO NUTS von Anita Garvin wiederholt werden sollte).

Das deutsche Kinopublikum bekam den von der Filmprüfstelle Berlin am 12.10.27 mit einem Jugendverbot belegten Film unter dem Titel KAVALIERE FÜR 24 STUNDEN zu sehen. Interessanterweise veränderten die Verantwortlichen in Bezug auf die Zwischentitel ein winziges Detail: Während Stan und Ollie ihre Kleidung in der Originalversion mit zwei französischen Justizbeamten vertauschen, stellten die deutschen Schrifttafeln die beiden Ausländer als »mesampotanische« Polizisten vor. Dies dürfte wohl auf das seinerzeit äußerst angespannte Verhältnis zwischen Franzosen und Deutschen zurückzuführen sein. Allerdings vergaßen die Zensoren in ihrer Sorgfalt, konsequenterweise auch den recht französisch klingenden Namen der im Film auftretenden »Comtesse de Cognac« entsprechend zu »redigieren« – er tauchte als solcher auch auf den deutschen Schrifttafeln auf.

Wesentlich gravierender waren jedoch jene Eingriffe, die das ZDF anläßlich der ersten Ausstrahlung des Films am 07.08.70 unter dem Titel DEM HENKER ENTRONNEN in der Reihe »Dick und Doof« vornahm. Die erste Hälfte (inclusive jener Szene, in der Stan den Hintern der jungen Frau anpinselt) wurde weggelassen, stattdessen ein Teil des Streifens TWO TARS eingesetzt, in dem Stan und Ollie ebenfalls mit einem Polizisten in Konflikt geraten. Auf der Flucht vor eben jenem Gesetzeshüter, so versuchten die ZDF-Verantwortlichen es ihren Zuschauern einzureden, landen unsere Freunde in dem Taxi aus THE SECOND HUNDRED YEARS, das die beiden französischen Beamten soeben ins Gefängnis fahren soll. Glücklicherweise machte man diese Verstümmelung zumindest teilweise wieder gut, indem man die »Zwei Herren dick und doof« am 07.03.75 in der Episode MIT DEM PINSEL IN DER HAND ungekürzt agieren ließ.

Die Stummfilme # Call of the cuckoos

US-Veröffentlichung:	15.10.27
Originallänge:	Zwei Akte
Produzent:	Hal Roach/MGM
Regie:	Clyde A. Bruckman
Kamera:	Floyd Jackman
Schnitt:	Richard Currier
Zwischentitel:	H. M. Walker
Darsteller:	Max Davidson, Lillian Elliott, Spec O'Donnell, Charley Chase, James Finlayson, Stan Laurel, Oliver Hardy u.a.

Vier schräge Vögel: Stan, Ollie, Charley Chase und James Finlayson

Max Davidson und seine Familie bieten ihr Eigenheim per Inserat zum Kauf oder Tausch an. Anlaß sind vier geistig minderbemittelte Nachbarn, die den Davidsons mit ihren lautstarken Albernheiten den letzten Nerv rauben. Tatsächlich findet sich ein Interessent, der sein eigenes Haus ebenfalls zum Tausch zur Verfügung stellt. Ohne daß die Betroffenen sich zuvor über den Zustand beider Gebäude informiert hätten, wechseln die Häuser ihre Besitzer. Als die Davidsons in das neue Heim einziehen, erleben sie eine böse Überraschung: Die elektrischen und sanitären Installationen versagen ihren Dienst, der Fußboden ist uneben – und als Krönung des Ganzen sind nebenan inzwischen auch noch jene Irren eingezogen, denen die Familie eigentlich hatte entkommen wollen.

Der Gastauftritt von Stan und Ollie in diesem Max Davidson-Film sollte den beiden lediglich zu einem weiteren Popularitätssprung verhelfen. Sie hatten kurz zuvor ihre Dreharbeiten zu THE SECOND HUNDRED YEARS beendet, daher sind sie hier mit kahlgeschorenen Köpfen zu sehen. Insgesamt dauert ihr Auftritt knapp zwei Minuten, in denen sie eine bereits in DO DETECTIVES THINK? eingebaute Wilhelm Tell-Nummer variieren.

Die Filmprüfstelle Berlin genehmigte den Film am 22.10.27 unter dem Titel DAS HAUS DER TAUSEND FREUDEN. Die deutsche Fernseh-Erstaufführung fand am 30.3.79 in der ZDF-Reihe »Männer ohne Nerven« statt. Der Titel der auf elfeinhalb Minuten gekürzten Episode lautete WIR WOHNEN NEBENAN.

Hats off

Die Stummfilme

US-Veröffentlichung: 05.11.27
Originallänge: Zwei Akte
Produzent: Hal Roach/MGM
Regie: Hal Yates
Zwischentitel: H. M. Walker
Schnitt: Richard Currier
Darsteller: Stan Laurel,
Oliver Hardy,
James Finlayson,
Anita Garvin,
Dorothy Coburn
u.a.

Ein echter Treppenwitz: Stan und Ollie beim Waschmaschinentransport

Stan und Ollie lassen sich von James Finlayson als Waschmaschinenverkäufer anheuern. Beim Versuch, ein Gerät per Haustürgeschäft loszuwerden, stoßen sie auf Anita Garvin, die vom oberen Ende einer scheinbar endlosen Treppe zu ihnen hinunterwinkt. Als sie die monströse Maschine zu ihr hinaufgeschleppt haben, entpuppt sich die mühselige Aktion als Mißverständnis: Die Dame wollte unsere Freunde lediglich bitten, einen Brief zur Post zu bringen. Wieder unten angekommen, begegnet ihnen ein weiteres weibliches Wesen. Dieses zeigt sich durchaus interessiert an einer Vorführung der Waschmaschine - nur wohnt auch diese am oberen Ende der Treppe. Entnervt tritt Stan ihr daraufhin in den Hintern. Es entwickelt sich eine Auseinandersetzung, in deren Verlauf sich diverse herbeigeeilte Leute gegenseitig die Hüte von ihren Köpfen reißen.

Soweit die Inhaltsangabe, die Laurel und Hardy-Biograph John McCabe anhand ihm vorliegender schriftlicher Unterlagen erstellte. Denn leider handelt es sich bei HATS OFF um einen jener wenigen Filme des Duos, die bis heute als verschollen gelten. Für echte Fans ist es sicherlich kein Trost, daß beide die Idee mit den Stufen ein paar Jahre später noch einmal aufgriffen und an gleicher Stelle mit THE MUSIC BOX ein geniales Remake drehten.

Der Film wurde in Deutschland im Frühjahr 1928 unter dem Titel HUT AB zur Prüfung vorgelegt (am 02.04.28) und feierte seine Premiere hierzulande erst am 25. 02. 29.

Die Stummfilme

Putting pants on Philip

US-Veröffentlichung: 03.12.27
Originallänge: Zwei Akte
Produzent: Hal Roach/MGM
Regie: Clyde Bruckman
Zwischentitel: H. M. Walker
Kamera: George Stevens
Schnitt: Richard Currier
Darsteller: Stan Laurel,
Oliver Hardy,
Harvey Clark,
Dorothy Coburn,
Sam Lufkin
u.a.

Bei Stans Ankunft wird erstmal geschaut,
ob der Schotte noch richtig tickt

Piedmont Mumblethunder erwartet am Hafen seinen Neffen Philip, den ihm die Schwester zu Besuch geschickt hat. In seiner original schottischen Trachtenkleidung erregt der Ankömmling derartiges Aufsehen, daß sich sofort eine Menschenmenge um ihn schart. Da Ollie als stadtbekannte Persönlichkeit aufgrund seines "kostümierten" Begleiters um seinen eigenen Ruf bangt, möchte er dem Neffen ein Paar Hosen kaufen. Aufgrund Philips ausgeprägter Neigung zum schwachen Geschlecht kommt es (nicht nur) dabei jedoch zu erheblichen Problemen.

Kaum zu glauben, aber wahr: Nur kurze Zeit nach HATS OFF, von dessen hoher Qualität Hal Roach fest überzeugt gewesen schien, wurde das Duo für PUTTING PANTS ON PHILIP bereits zum wiederholten Male quasi um einen Schritt zurückgeworfen: Raus aus den "maßgeschneiderten" Anzügen, weg vom gemeinsam an einem Strang ziehenden Duo. Stattdessen wird Stan in einen - zugegebenermaßen komisch wirkenden - Schottenrock gesteckt, und von gemeinsamen Interessen der beiden kann hier auch keine Rede sein. Aber obwohl das Drehbuch auch diesmal nicht allzuviel hergibt, läßt sich über PUTTING PANTS ON PHILIP an manchen Stellen wenigstens ordentlich lachen. Besonders gelungen ist jene Szene, in der Stan niesenderweise sein kurzes Höschen verliert, das er unter dem Rock trägt. Ohne dies zu bemerken, läuft er weiter und gerät dabei - wie bereits ein paar Mal zuvor - über einen Lüftungsschacht. Eine Zehntelsekunde vor dem Heben des Rockes erfolgt der dezente Bildschnitt auf die Menschenmenge, die sich an Stan und Ollies Fersen geheftet hat. Was sie alle beim Anblick des gelüfte-

Putting pants on Philip

Die Stummfilme

Da geht´s lang –
Ollie weist Stan den Weg
zum Hosengeschäft

ten Kilts zu sehen bekommen, können wir nur ahnen - die Frauen unter ihnen jedenfalls fallen gleich reihenweise in Ohnmacht.

Ansonsten bezieht der Film seine Wirkung vor allem aus den gegensätzlichen Charakteren, die Stan und Ollie hier verkörpern: auf der einen Seite der überdrehte und ständig nach attraktiven Frauen Ausschau haltende Jüngling, auf der anderen der sichtlich um Contenance bemühte Onkel. Als umso wirkungsvoller entpuppt sich somit am Ende des Films Ollies Fehltritt in ein etwa 1,50 Meter tiefes Schlammloch (womit er auf einen Streich weitaus mehr Menschen anzulocken vermag, als Stan es zuvor in mehreren Versuchen alleine durch das Tragen seines exotischen Aufzuges gelungen ist). Dieses Prinzip, letztlich den "Erwachseneren" der beiden die Mißgeschicke des Partners ausbaden zu lassen, sollte später zu einem festen Bestandteil der Laurel und Hardy-Filme werden.

Trotz mancher (homo)sexueller Anspielungen - so zum Beispiel, als der Hosenverkäufer zum richtigen Maßnehmen Stan unter den Rock greift - versah die Filmprüfstelle Berlin den Film DER JÜNGLING AUS DER FREMDE am 07.03.28 mit dem Prädikat "jugendfrei". Lediglich Ollies Rollennamen wurde in Hyronimus McPherson umgeändert - wohl, um das bestehende Verwandtschaftsverhältnis zu seinem schottischen Neffen etwas deutlicher hervorzuheben. Seine Fernsehpremiere erlebte der Film am 06.11.70 als DER MANN IM WEIBERROCK ungekürzt im Rahmen der Serie "Dick und Doof".

Die Stummfilme

The battle of the century

US-Veröffentlichung: 31.12.27
Originallänge: Zwei Akte
Produzent: Hal Roach/MGM
Buch: Hal Roach
Regie: Clyde Bruckman
Zwischentitel: H. M. Walker
Kamera: George Stevens
Schnitt: Richard Currier
Darsteller: Stan Laurel,
Oliver Hardy,
Noah Young,
Sam Lufkin,
Eugene Pallette,
Charles Hall,
Anita Garvin
u.a.

Stan hat als Preisboxer gegen einen übermächtigen Gegner anzutreten, so daß ihm letztlich auch die Ratschläge seines Trainers Oliver Hardy nichts nützen. Nachdem durch einen raschen k.o. das erhoffte "große Geld" ausgeblieben ist, schließt Ollie eine auf den Namen seines Partners lautende Unfallversicherung ab. In der Folge versucht er vergeblich, Stan irgendwie zu Schaden kommen zu lassen, um die Versicherungssumme kassieren zu können. Der letzte Versuch mit einer vor die Füße des Freundes geworfenen Bananenschale entpuppt sich als verhängnisvoll: Anstelle von Stan rutscht ein Tortenlieferant darauf aus. Als dieser sieht, wem er das Mißgeschick zu verdanken hat, entbrennt eine gigantische Tortenschlacht, in die bereits kurz darauf die gesamte Straße verwickelt ist.

Die Idee zum Ausgangspunkt dieses Films lieferte die zum "Boxkampf des Jahrhunderts" hochstilisierte Auseinandersetzung zwischen Gene Tunney und Jack Dempsey, die am 22. September 1927 in Chikago stattfand. In der Parodie hat es Stan als "Canvasback Clump" - laut Zwischentitel besser bekannt als "Der menschliche Putzlappen" - mit Noah Young zu tun, der auch in seinem dritten Laurel und Hardy-Film kaum mehr vermag, als furchteinflößende Grimassen zu schneiden. Doch dieses sowie ein kräftiger Haken reichen erwartungsgemäß bereits aus, um Stan auf die Bretter zu schicken. Ähnlich uninspiriert wie das Schauspielvermögen seines Kontrahenten wirken leider auch die Regieeinfälle in bezug auf den gesamten Boxkampf. Selbst Stan vollzieht hier kaum mehr als ein paar alberne Luftsprünge, die er in derselben Form und im Schottenrock zuvor bereits in PUTTING PANTS ON PHILIP zum besten gegeben hatte. Durch ihren Symbolcharakter besticht immerhin die Szene, in der Stan von Young k.o. geschlagen wird: Beim Anblick des ausgeknockten Schützlings kippt auch Ollie ohne weitere Fremdeinwirkung spontan aus den Latschen, so tief fühlt er sich offenbar innerlich mit seinem Partner verbunden.

Der mittlere Teil des Films fällt leider unter die Rubrik "wahrscheinlich für immer verschollen". Von ihm existieren bis heute nur noch einzelne Standbilder, die den Verlauf der Geschichte bis zur finalen Tortenschlacht dokumentieren. Sie zeigen Ollie beim Ausfüllen der Versicherungspolice (was natürlich ohne Stans Wissen geschieht) sowie beim sich direkt daran anschließenden Kauf einer Banane auf dem Wochenmarkt. Zumindest teilweise erhalten geblieben ist hingegen der Schluß des Films, was wiederum mehr oder weniger auf einem Zufall beruht. So hatte Robert Youngston 1958 bei der Zusammenstellung seiner Kompilation THE GOLDEN AGE OF COMEDY auf ein 35 Millimeter-Negativ der zweiten Filmhälfte zurückgegriffen, das - chemikalisch betrachtet - bereits Auflösungserscheinungen zeigte. Indem er die letzten dreieinhalb Minuten, die noch gut erhalten waren, für seinen eigenen Film verwendete, rettete er sie ohne eigenes Wissen auch für spätere Generationen von Laurel und Hardy-Fans. Zu denen, die sich köstlich über die abschließende Sahnetortenschlacht amüsierten, zählte auch der Schriftsteller Henry Miller. Er sprach von einem "Meisterwerk aller Slapstickfilme" und dem "größten Groteskfilm, der je gedreht" worden

The battle of the century   Die Stummfilme

sei, da er die Tortenschlacht »zur Apotheose (Verklärung, d. Verf.) erweitert« habe: »Darin war nichts als die Tortenschlacht, nichts als Torten, Tausende und aber Tausende von Torten, und jeder wirft sie nach rechts und links. Es war das äußerste der Burleske.« Insgesamt 3000 Stück, eine ganze Tagesproduktion der Los Angeles Pie Company, hatten die Roach Studios zu diesem Zwecke geordert.

Nach allen Lachsalven, die der Anblick unablässig mit Cremetorten um sich werfender Menschen beim Betrachter auslöst, haben sich die Verantwortlichen den Hauptgag ihrer »Jahrhundertschlacht« bis zum Schluß des Films aufgehoben. Da sieht man Stan und Ollie, wie sie sich völlig vollgeschmiert davonschleichen wollen. Doch Stan hält noch eine jungfräuliche Torte in der Hand. Auf Geheiß seines Partners – man sollte meinen, 2999 Torten seien tatsächlich genug – wirft er sie achtlos ein paar Meter weiter auf den Bürgersteig. Just in diesem Moment biegt Anita Garvin um die Ecke und rutscht auf der Torte aus, wobei ihr Kleid das glitschige Etwas komplett unter sich begräbt. Ohne nachzuschauen, auf was für eine schreckliche Masse sie sich da soeben wohl gesetzt haben mag, steht Anita Garvin langsam auf und kehrt um, die Beine beim Laufen merkwürdig spreizend.

Aber bitte mit Sahne:
Die Tortenschlacht als Apotheose

Nach der Prüfung des Films am 12.04.28 fand die deutsche Erstaufführung unter dem Titel ALLES IN SCHLAGSAHNE am 14.08.28 statt. Nachdem, wie erwähnt, in späteren Jahren keine vollständigen Kopien mehr verfügbar waren, mußten sich sowohl Kinogänger als auch Fernsehzuschauer jeweils mit jenen dreieinhalb Minuten Tortenschlacht zufriedengeben, die gerettet werden konnten. Diese gelangten nach dem Krieg zunächst innerhalb Robert Youngstons Streifen THE GOLDEN AGE OF COMEDY (KINTOPPS LACHKABINETT, Deutschland-Premiere: 15.12.59) zur Aufführung. Im Zuge der TV-Ausstrahlung erkannten die ZDF-Verantwortlichen die Gunst der Stunde, für ihre »Dick und Doof«-Reihe endlich einmal auf einen bereits verstümmelten Streifen zurückgreifen zu können. So servierten sie die Torten in der Folge DIE BRAUT WIRD GEKLAUT am 09.10.70 als Vorspeise zu OUR WIFE (in welchem Ollie heiraten will und für den demzufolge eine Hochzeitstorte eingekauft werden muß).

Die Stummfilme   **Leave 'em laughing**

US-Veröffentlichung: 28.01.28
Originallänge: Zwei Akte
Produzent: Hal Roach/MGM
Buch: Hal Roach
Regie: Clyde Bruckman
Zwischentitel: Reed Heustis
Kamera: George Stevens
Schnitt: Richard Currier
Darsteller: Stan Laurel,
Oliver Hardy,
Charles Hall,
Edgar Kennedy,
Viola Richard,
Dorothy Coburn
u.a.

Stan wird nachts von heftigen Zahnschmerzen geplagt. Als alle Versuche scheitern, das Leid zu mindern, sucht er gemeinsam mit Ollie am nächsten Tag den Zahnarzt auf. Aufgrund eines Mißverständnisses wird jedoch Ollie narkotisiert und diesem anschließend ein Zahn gezogen. Als er sich daraufhin an seinem Freund rächen will, strömt der gesamte Inhalt einer Flasche Lachgas in das Behandlungszimmer und setzt beide Schachmatt. Nachdem sie erwacht sind, steigen sie - durch das Gas von Lachkrämpfen geschüttelt - in ihr Auto und versuchen, nach Hause zu fahren. Dabei geraten sie in Konflikt mit einem im Laufe der Zeit völlig entnervten Verkehrspolizisten.

Im Grunde besteht der Film aus drei kurzen, voneinander unabhängigen Episoden, die lediglich durch einen dünnen Handlungsfaden (Stans Zahnschmerzen) miteinander verbunden sind. Die erste spielt im Zimmer ihrer Pension, in dem beide untergebracht sind. Erstmals schlafen unsere Freunde dabei auf der Leinwand gemeinsam in einem Bett. Wie LEAVE 'EM LAUGHING beweist, lassen sich daraus zahlreiche komische Situationen entwickeln, so daß das Doppelbett als Nachtquartier fortan einen wichtigen Bestandteil zahlreicher weiterer Filme des Duos ausmachte. Und auch Charlie Hall kommt hier erstmals zu seinem Auftritt als leidgeplagter Pensionswirt,

den er in den Folgejahren des öfteren verkörpern durfte. Bis er bei dieser Premiere in Erscheinung tritt, gibt es jedoch erst einmal ein paar hübsche Gags mit Stan und Ollie zu belachen. Unnachahmlich ist beispielsweise Ollies Blick in die Kamera gelungen, als die von ihm für seinen Freund bereitete Wärmflasche ausläuft und langsam plätschernd das halbe Bett unter Wasser setzt. Statt sich ruckartig aufzurichten, bleibt Ollie erst einmal ruhig liegen und versucht, die Geräuschquelle durch konzentriertes Lauschen herauszufinden. Dabei fallen die gleichzeitig in seinem Gesicht abzulesenden Interpretationsversuche für Stan jedoch alles andere als schmeichelhaft aus...

Auch im zweiten Teil, der in der Zahnarztpraxis spielt, kann Ollie mit zwei herrlichen pantomimischen Einlagen glänzen. Zunächst, als er gelassen im Behandlungsstuhl Platz nimmt und seinem Freund mit beschwichtigenden Gesten klarzumachen versucht, daß es wahrlich Schlimmeres gibt, als einen Zahn gezogen zu bekommen. Als wolle er sich eine Serviette umbinden und an einem gedeckten Tisch Platz nehmen, legt er sich ein weißes Tuch um den Hals und redet väterlich auf Stan ein. Dabei merkt er nicht, daß sich mittlerweile der Zahnarzt von hinten nähert - in der Hand einen äthergetränkten Wattebausch und in festem Glauben,

Leave 'em laughing

Die Stummfilme

er habe den richtigen Patienten vor sich. Als Ollie schließlich aus der Narkose erwacht, reicht dem zu Unrecht Mißhandelten ein kurzes Abtasten der Mundhöhle mit seiner Zunge, um das ganze Ausmaß dieser tragischen Verwechslung zu begreifen. Da, wo vorher noch ein Zahn saß, so signalisiert es uns der Blick in die Kamera, klafft plötzlich und erwartet eine schmerzhafte Lücke (Nahezu identisch wurde diese Szene im ersten Langfilm des Duos, PARDON US, ein paar Jahre später wiederholt).

Das letzte Drittel schließlich zeigt das vergebliche Bemühen Laurel und Hardys, mit ihrem erstmals im Film erscheinenden Ford T in die Pension zurückzufahren. Dabei verursachen sie ein Verkehrschaos und treiben Edgar Kennedy zur Raserei, der hier sein Laurel und Hardy-Debut gibt (und als unnachgiebiger Gesetzeshüter fortan des öfteren mit den beiden zu tun haben sollte). Und auch das völlig hemmungslose und unkontrollierte Gelächter, das Stan und Ollie in LEAVE 'EM LAUGHING erstmals anstimmen, wurde in den folgenden Jahren immer wieder erfolgreich eingesetzt.

In diesem Zusammenhang erwähnt Laurel und Hardy-Autor Randy Skretvedt eine Anekdote, die Hal Roach erzählt haben soll. Sie bezieht sich auf jene Szene, in der Edgar Kennedy unter dem brüllenden Gelächter von

In der Ruhe liegt die Kraft: Ollie zeigt Stan die ordnungsgemäße Haltung im Zahnarzt-Sessel

Stan und Ollie seine Hose verliert. Roach, von deutschen Metro Goldwyn Mayer-Vertretern eingeladen, um die Begeisterung des deutschen Kinopublikums für das neue Komikerduo hautnah miterleben zu können, wunderte sich demzufolge über einen Zwischentitel, der an dieser Stelle speziell für die deutschen Zuschauer eingefügt worden sein soll. So habe Ollie beim Anblick des plötzlich in Unterhosen vor ihm stehenden Polizisten laut deutscher Texttafel zu Stan gesagt: "Schau mal, er sieht aus wie ein Waschweib." Roach wunderte sich, daß sich das Publikum beim Lesen dieser Zeile tatsächlich kaputtlachte: "Abgesehen davon, daß die Szene auch ohne Text lustig genug war, begriff ich überhaupt nicht, was an dem Ausdruck Waschweib so witzig sein sollte - bis mir jemand erklärte, es gäbe im Deutschen einen unanständigen Spruch mit einem sich bückenden Waschweib, an dem sich jemand von hinten vergreift."

Was für ein ominöser Spruch es auch immer gewesen sein soll, den Hal Roach sich da angeblich hat erklären

Die Stummfilme

Leave 'em laughing

"Stauberater" Edgar Kennedy findet das Ganze gar nicht zum Lachen

lassen - die vermeintliche Anekdote dürfte frei erfunden sein. Denn in den Unterlagen der Filmprüfstelle, die den Film NUR MIT LACHGAS am 29.02.28 "zur öffentlichen Vorführung im Deutschen Reiche" freigab, taucht der "Waschweib"-Zwischentitel überhaupt nicht auf. Stattdessen legt die Zensurkarte, auf der die Zensoren der Filmprüfstelle akribisch den Wortlaut jeder einzelnen Texttafel vermerkt haben, Ollie beim Anblick des unterbehosten Polizisten den Satz in den Mund: "Ei gucke da - der kleine Hosenmatz!"

Ähnlich grausam wie Ollie im Film vom Zahnarzt, wurde LEAVE 'EM LAUGHING rund vier Jahrzehnte später von den Verantwortlichen des ZDF behandelt. Völlig rücksichtslos verstümmelte man ihn für die Reihe "Dick und Doof" wie kaum einen anderen Laurel und Hardy-Zweiakter zuvor oder danach. In insgesamt drei Happen wurde er dem Fernsehpublikum verabreicht: Zunächst der Schluß des Films mit dem Chaos auf der Kreuzung, wobei das absonderliche Verhalten von Laurel und Hardy einem "hemmungslosen Alkoholmißbrauch"

(!) zugeschrieben wurde. Diese inhaltliche Verdrehung erlaubte es schließlich, die vermeintlichen Alkoholsünder wegen Trunkenheit am Steuer hinter Gitter zu schicken - eine logische Überleitung zum "Hauptfilm" LIBERTY war gefunden... (Sendetitel: DIE SACHE MIT DER HOSE, 02.10.70).

Weiter ging es im Rückwärtsschritt rund ein halbes Jahr später, als am 19.03.71 das Zwischenspiel beim Zahnarzt gesendet wurde. Um eine Verbindung zum sich daran anschließenden Streifen DOUBLE WHOOPEE zu schaffen, ließ man Stan und Ollie durch das Lachgas einfach in einen langen Schlaf fallen, in dem sie vom Waldorf Astoria-Hotel träumen (in welchem sich DOUBLE WHOOPEE tatsächlich abspielt). Der Sendetitel lautete diesmal DER PRINZ IM FAHRSTUHL-SCHACHT. Den eigentlichen Anfang von LEAVE 'EM LAUGHING bekam das Fernsehpublikum schließlich zuletzt zu sehen: Als "Vorspann" zu THE FINISHING TOUCH, in welchem Stan als "Facharbeiter mit Zahnschmerzen" präsentiert wird (DAS UNFERTIGE FERTIGHAUS, Erstsendung am 18. 06. 71).

Erst am 24.10.75 war es endlich soweit: Ungeschnitten und in der richtigen Reihenfolge liefen die drei Teile in der Reihe "Zwei Herren dick und doof" unter dem Titel DER HILFSBEREITE WACHTMEISTER über die Mattscheibe.

The finishing touch

Die Stummfilme

US-Veröffentlichung: 25.02.28
Originallänge: Zwei Akte
Produzent: Hal Roach/MGM
Regie: Clyde Bruckman
Zwischentitel: H. M. Walker
Kamera: George Stevens
Schnitt: Richard Currier
Darsteller: Stan Laurel,
Oliver Hardy,
Edgar Kennedy,
Dorothy Coburn,
Sam Lufkin

Handwerk hat klebrigen Boden

Für eine Prämie von 500 Dollars versprechen die beiden "Facharbeiter" Stan Laurel und Oliver Hardy einem Auftraggeber, dessen halbfertiges Holzhaus innerhalb kürzester Zeit bezugsfertig herzurichten. Nach diversen Konflikten mit ihrer eigenen Inkompetenz, einem Polizisten sowie einer Krankenschwester des benachbarten Sanatoriums, die zu "ruhigem Arbeiten" mahnt, bleibt von dem Bauwerk letztlich nur ein Haufen Bretter übrig.

Insgesamt erweckt THE FINISHING TOUCH den Eindruck, als könne man hier zwei Kinder beim Spielen beobachten. So gibt es gar keine richtige Handlung; Stan und Ollie hantieren ganz einfach ein bißchen mit Hammer und Nägeln, mit Brettern und Farbeimern - scheinbar völlig unsystematisch und gerade so, wie es gewöhnlicherweise Kleinkinder zu tun pflegen, sobald man ihnen derart abwechslungsreiche Spielzeuge zur Verfügung stellt. Verstärkt wird dieser Eindruck noch durch das Auftreten der Krankenschwester und des Polizisten, die die beiden "Kleinen" mehrmals wie strenge Eltern zur Ruhe ermahnen müssen. So wirkt der Film insgesamt ein wenig konfus und kaum strukturiert.

Die Ausnahme bilden lediglich ein paar "running gags", bei denen stets Ollie der Leidtragende ist. So versucht er beispielsweise wiederholt, einen Türrahmen über eine Planke ins Haus

Die Stummfilme — **The finishing touch**

Ollie am Rande des Abgrunds –
und gleich ist er einen Schritt weiter

zu tragen. Beim ersten mal zieht Stan das Brett weg, weil es ihm selbst im Wege ist, beim zweiten Versuch bricht es unter Ollies Gewicht zusammen, und im dritten Anlauf gibt gleich der gesamte Vorbau des Hauses nach, auf dem die Planke aufliegt. Ähnlich verhält es sich später mit einer Holzkiste, derer sich Ollie als "Treppenstufe" bedienen möchte. Und auch mit einer Handvoll Nägel hat der Arme so seine Probleme. All diesen "running gags" gemeinsam ist ihre "Dreifach-Struktur": Nach dem ersten Mißgeschick folgt zunächst ein ebenso erfolgloser zweiter Versuch, bevor - zum Teil in leicht abgewandelter Form - beim dritten Mal das jeweils endgültige Desaster erfolgt. Diese Art des Gagaufbaus ist hier erstmals zu finden und wurde danach von beiden in vielen weiteren Filmen bis zur Perfektion weiterentwickelt.

In Deutschland kam der Film unter dem Titel DAS IDEALE WOCHENENDHAUS erstmals im Herbst 1928 in die Kinos, nachdem er am 30.08.28 von der Filmprüfstelle Berlin ohne Auflagen genehmigt worden war. In diesem Film taucht auf den Texttafeln der Zwischentitel übrigens zum ersten Mal die Bezeichnung "Dick und Dof" (damals nur mit einem "o" geschrieben) auf. Im Fernsehen wurde er leicht gekürzt erstmals als "Dick und Doof"-Folge am 18.06.71 gezeigt (Sendetitel: DAS UNFERTIGE FERTIGHAUS).

From soup to nuts

US-Veröffentlichung: 24.03.28
Originallänge: Zwei Akte
Produzent: Hal Roach / MGM
Buch: Leo McCarey
Regie: Edgar Kennedy
Zwischentitel: H. M. Walker
Kamera: Len Powers
Schnitt: Richard Currier
Darsteller: Stan Laurel,
Oliver Hardy,
Anita Garvin,
Stanley Sandford,
Edna Marian,
Ellinor Van Der Veer
u.a.

Von einer Vermittlungsagentur werden Stan und Ollie beauftragt, bei einem vornehmen Bankett eines neureichen Ehepaares als Diener zu fungieren. »Leider«, warnt die Agentur die Gastgeber in ihrem »Empfehlungs«-Schreiben, »konnten wir in der Kürze der Zeit keine besseren Kräfte finden. Die beiden Herren haben bisher nur in Bahnhofsrestaurants gearbeitet.« Dementsprechend fällt dann auch der Service aus, den Stan und Ollie im Laufe des Abends den Anwesenden bieten. Mit ihrem chaotischen Tun treiben sie vor allem die Gastgeberin letztlich an den Rand eines Nervenzusammenbruchs.

Ein eher durchschnittlicher Laurel und Hardy-Film, bei dem jener Edgar Kennedy Regie führte, der normalerweise als Schauspieler vor der Kamera agierte (zum Beispiel in LEAVE 'EM LAUGHING und THE FINISHING TOUCH). Diesmal können in erster Linie Ollie und Anita Garvin einige Lacher für sich verbuchen. So hat man Mister Hardy in kaum einem anderen Streifen derart würdevoll auftreten sehen wie in FROM SOUP TO NUTS. Umso nachhaltiger ist demzufolge auch die Wirkung, die sein wiederholtes Ausgleiten auf einer Bananenschale (mit dem damit verbundenen Eintauchen des Kopfes in eine gewaltige Cremetorte) nach sich zieht. Zwei Details sind es, die diese Sequenzen jeweils über das übliche Niveau dieses normalerweise platten Gags hinausheben. Zum einen zeigt uns die Kamera erst einmal in aller Ausführlichkeit Ollies Gesicht, bevor dieser mit der Torte losmarschiert. Dadurch wird nicht nur das äußerste Bemühen eines Bahnhofskellners um einen würdevollen Auftritt unterstrichen, sondern der Zuschauer auch gezielt auf den bevorstehenden Ausrutscher vorbereitet. Durch das bewußte Hinauszögern dieses Moments fallen die anschließenden Lacher des Publikums um so heftiger aus. Das zweite ist Ollies Reaktion, sobald sich sein Gesicht in die Torte eingegraben hat. Indem er jeweils bedächtig sein Haupt aus der schmierigen Masse erhebt, einen resignierenden Blick in Richtung Zuschauer schickt und sich schließlich indigniert die Sahne von den Fingern streift, kostet der Komiker Hardy ganz bewußt die Reaktion der Zuschauer bis zur Neige aus.

Anita Garvin hingegen glänzt mit einer Neuauflage des Spieles »Wie esse ich eine Cocktailkirsche?«, das Stan zuvor bereits in einer kürzeren Version in THE SECOND HUNDRED YEARS gezeigt hatte. Da es sich bei Anita Garvin um eine »feine« Dame handelt, wirken ihre Versuche, die Kirsche zu erhaschen, natürlich noch wesentlich komischer. Als weit weniger lustig mußten zumindest deutsche Kinogänger indes einen Witz empfinden, der in der amerikanischen Originalversion auf einem kaum zu übersetzenden Wortspiel beruht. Darin wird Ollie von der Dame des Hauses gebeten, den Salat »without dressing« zu servieren – was eigentlich »ohne Dressing« heißen soll, aber (in einem anderen Zusammenhang) auch »ohne Kleidung« bedeutet. Natürlich wählt Ollie die zweite Interpretation und weist nun seinerseits Stan an, den Salat »undressed« (unbekleidet) zu servieren. Der, angesichts einer solch unsittlichen Aufforderung völlig in Tränen aufgelöst, erkundigt sich daraufhin bei der Küchenhilfe: »Was ist denn das für eine Party?« Aber als ihm das Mädchen bestätigt, auch sie serviere den Salat normaler-

Die Stummfilme **From soup to nuts**

Eine »runde, ruhige Sache«, die den Zensoren mißfiel

weise »undressed«, fügt er sich seinem Schicksal – und kehrt in Unterhosen in den Speisesaal zurück. In der Fassung, die die deutschen Kinobesucher zu sehen bekamen, blieb dieses Wortspiel völlig auf der Strecke. Dort fordert Anita Garvin ihre Aushilfsdiener allen Ernstes und ohne weitere Erklärung auf, sich vor dem Servieren des Grünzeugs »erst den Rock auszuziehen«. Demzufolge antwortet das Küchenmädchen auf Stans Nachfragen auch nur: »Wenn sie es so haben will ...«

Mehr Mühe hingegen verwandten die Zensoren der Filmprüfstelle bei einem anderen Zwischentitel, der sich an Stans anerkennenden Blick auf Anita Garvins wohlgeformtes Hinterteil anschließt. Ursprünglich war hier die Textzeile »Runde, ruhige Sache, was?« vorgesehen. Diese unanständige, chauvinistische Bemerkung mußte jedoch durch ein gemäßigtes »Als wennste schwebst!« ersetzt werden. Derart verändert, wurde der Film unter dem Titel PROMPTE BEDIENUNG am 02.04.28 schließlich auch für Jugendliche freigegeben. Mehr als 40 Jahre später war FROM SOUP TO NUTS, stark verstümmelt, im ZDF zu sehen. Zunächst nur die zweite Hälfte des Films, in der Anita Garvin mit der Kirsche kämpft und Stan den Salat in Unterhosen serviert (am 04.06.71, DIE RACHE DES RAUBMÖRDERS), drei Monate später dann (am 03.09.71, SCHIFF MIT KLEINEN LÖCHERN) der Anfang, in dem sich Stan und Ollie als neue Diener vorstellen. Dieser Ausschnitt währte jedoch nur rund drei Minuten und wurde dem Film TOWED IN A HOLE vorangestellt. Nach dem Krieg erstmals komplett bekamen (ost-)deutsche Fans den Film in DDR-Kinos zu sehen: als Bestandteil der Kompilation DICK UND DOOF AUF DER JAGD NACH DEM MAMMON (Kinostart: 02.03.73). Dreieinhalb Jahre später, am 29.10.76, folgte innerhalb der Reihe »Zwei Herren dick und doof« erstmals eine (nahezu) vollständige TV-Ausstrahlung (IMMER WENN ER TORTEN TRUG).

You're darn tootin'

Die Stummfilme

US-Veröffentlichung:	21.04.28
Originallänge:	Zwei Akte
Produzent:	Hal Roach/MGM
Regie:	E. Livingston Kennedy
Zwischentitel:	H. M. Walker
Kamera:	Floyd Jackman
Schnitt:	Richard Currier
Darsteller:	Stan Laurel,
	Oliver Hardy,
	Otto Lederer,
	Agnes Steele,
	Christian Frank,
	Chet Brandenberg
	u.a.

Nachdem Stan und Ollie ihre Jobs als Mitglieder eines Orchesters verloren haben, werden sie auch noch von ihrer Pensionswirtin auf die Straße gesetzt. Um ein wenig Geld zu verdienen, versuchen es beide als Straßenmusikanten. Doch auch dieses Vorhaben endet recht frustrierend. Daraufhin beginnen beide genervt miteinander zu streiten. Im Nu sind auch zahlreiche zunächst unbeteiligte Passanten in die Auseinandersetzung verwickelt. Alle Beteiligten reißen sich schließlich gegenseitig die Hosen vom Leib.

Wie bereits LEAVE 'EM LAUGHING, zerfällt auch YOU'RE DARN TOOTIN' in drei Teile. Die erste Episode spielt im Orchester, als der Dirigent sein Abschiedskonzert gibt (auf welches das Publikum laut Original-Zwischentext übrigens schon lange gewartet hat). Wenn Stan und Ollie nicht gerade ihren Einsatz verpassen, haben sie entweder mit ihren Notenblättern oder ihren Instrumenten zu kämpfen. Angesichts des Chaos, das sie während des Konzertes anrichten, bleibt übrigens völlig schleierhaft, wie es Stan zum ersten Klarinettisten gebracht haben soll (wie es der Aufdruck auf seinem Notenblatt suggeriert). So wenig Freude der Orchesterchef an seinen beiden Musikern hat, so langatmig wirkt jedoch leider auch das gesamte Geschehen auf der Bühne.

Wesentlich besser gelungen ist da schon der Mittelteil, als Stan und Ollie am gedeckten Tisch ihrer Wirtin Platz nehmen. Zwar finden sie zwischen ihren Tellern zunächst deren schriftliche Bitte, die noch ausstehende Miete zu zahlen, doch vermag dies ihren Appetit keinesfalls zu zügeln.

So macht sich Stan erst einmal an das Nachwürzen der offenbar ein wenig fad geratenen Suppe. Da der Salzstreuer verstopft scheint, schraubt er den Deckel ab und kippt aus dem offenen Gefäß eine Prise auf seinen Teller. Ohne den Deckel wieder zuzuschrauben, stellt er den Salzstreuer zurück. Der Leidtragende ist selbstverständlich Ollie, der schwungvoll den gesamten Inhalt (inklusive Deckel) in seine Suppe schüttet. Als er daraufhin mit Stan die Teller tauscht, scheint dies seinem Partner überhaupt nichts auszumachen. Völlig ungerührt würzt Stan die völlig versalzene Suppe auch noch mit Pfeffer nach – wiederum, nachdem er zuvor den Deckel abgeschraubt hat, und erneut mit für Ollie unangenehmen Folgen. Doch bevor beide in den zweifelhaften Genuß ihres Mahles kommen, hat die Gastgeberin durch ihren Sohn ohnehin schon von den Vorfällen im Orchester erfahren. Sie wirft beide hinaus, damit diese als Straßenmusikanten das Geld für die ausstehende Miete zusammenspielen.

Die Stummfilme | **You're darn tootin'**

Selbst für einen Betrunkenen sind Stans und Ollies musikalische Künste alles andere als ein audiophiler Genuß

Auf der Straße schließlich machen sie den Zuschauern zum ersten Mal so richtig klar, worin eigentlich die Existenzberechtigung der beiden Herren Laurel und Hardy besteht: dem jeweils anderen das Leben so schwer wie möglich zu machen. Sobald sich jedoch ein Dritter oder gar eine ganze Gruppe Außenstehender einmischt, auch dies wird deutlich, stehen beide wie ein Mann zusammen.

Interessanterweise wurden Stan und Ollie in der deutschen Fassung dieses Films, der etwa Ende 1928 in den Kinos lief, noch mit den Namen Fridolin und Adolar versehen. Die Bezeichnung »Dick und Dof« tauchte erstmals in THEIR FINISHING TOUCH auf (der ursprünglich zwar vor YOU'RE DARN TOOTIN' veröffentlicht worden war, in Deutschland jedoch später als dieser zur Aufführung gelangte). Die deutsche Übersetzung lautete IHR KÖNNT MIR MAL WAS BLASEN!, von der Prüfstelle am 06.07.28 ohne Auflagen freigegeben. Im Fernsehen lief er über 40 Jahre später als »Dreiteiler«. Am 13.11.70 wurde die Einleitung mit dem Orchester innerhalb der »Dick und Doof«-Folge UNTERSCHLAGENE NOTEN dem Film BELOW ZERO vorangestellt, in welchem beide passenderweise ebenfalls als Straßenmusiker auftreten. Eineinhalb Jahre später kam das Fernsehpublikum in den Genuß des letzten YOU'RE DARN TOOTIN'-Drittels mit der Massenkeilerei auf der Straße, welches am 13.04.73 gemeinsam mit BIG BUSINESS zur Folge VOM WAHNSINN UMZINGELT zusammengefaßt wurde. Zuvor hatte das ZDF jedoch noch die Sequenz mit der versalzenen Suppe präsentiert, diesmal als Bindeglied zwischen zwei Schnipseln aus BACON GRABBERS und EARLY TO BED. Dieses zweifelhafte Machwerk war als »Dick und Doof«-Episode am 20.08.71 unter der Überschrift SKLAVEN DES REICHTUMS zu sehen. Erst am 12.08.75 durften sich beide in der Reihe »Zwei Herren dick und doof« unter dem Titel DER BELEIDIGTE BLÄSER im deutschen Fernsehen erstmals ungeschnitten zeigen.

Their purple moment

US-Veröffentlichung: 19.05.28
Originallänge: Zwei Akte
Produzent: Hal Roach/MGM
Regie: James Parrott
Kamera: George Stevens
Schnitt: Richard Currier
Titel: H. M. Walker
Darsteller: Stan Laurel,
Oliver Hardy,
Anita Garvin,
Kay Deslys,
Jimmy Aubrey,
Fay Holderness,
Lyle Tyo,
Leo Willis
u.a.

Zum Monatsende kommt Stan wieder einmal mit einer vollen Lohntüte nach Hause, die er der Gattin überlassen muß. Mit Hilfe eines Verstecks ist es ihm dennoch gelungen, sich im Laufe der Zeit eine ordentliche Summe zur Seite zu legen. Diese möchte er eines Abends gemeinsam mit seinem Freund Ollie auf den Kopf hauen. Allerdings hat Stans mißtrauische Ehefrau inzwischen das Versteck entdeckt, dem dort deponierten Portemonnaie die Geldscheine entnommen und diese gegen wertlose Zigarrengutscheine ausgetauscht. Nichtsahnend begeben sich Stan und Ollie in einen exklusiven Nachtclub, wo sie zwei nette Damen zum Essen einladen. Erst, als es ans Bezahlen geht, bemerken sie, daß sie von Stans skrupelloser Gattin hereingelegt worden sind. Doch es kommt noch schlimmer: Eine Nachbarin, die die Freunde in Damenbegleitung beim Betreten des Clubs beobachtet hatte, hat inzwischen Stan und Ollies Ehefrauen alarmiert. Das unverhoffte Wiedersehen fällt alles andere als herzlich aus.

Wer wissen möchte, warum weltweit - relativ gesehen - nur wenige Frauen etwas mit der Komik von Laurel und Hardy anfangen können, sollte sich diesen Film ansehen. Drastisch wie in kaum einem späteren Werk führen uns die beiden hier nämlich vor, daß die Begriffe "Frauen" und "Frieden" in ihrem persönlichen Weltbild kaum mehr als jeweils ihre beiden Anfangs- und Endbuchstaben miteinander gemeinsam haben. Nicht nur, daß es sich bereits bei den Gattinen um wahre Hausdrachen handelt - selbst jene zunächst reizend wirkenden Frauenzimmer, denen sie großzügig ein Abendessen im Club bezahlen, entpuppen sich schon nach kurzer Zeit als offenbar zu allem bereite "Schreckschrauben" (wie sonst ließen sich die Waffen erklären, die sie in ihren Handtaschen mit sich tragen?). Das mit Abstand widerwärtigste "Weibsbild" begegnet uns jedoch in Form der klatschsüchtigen Nachbarin, die Laurel und Hardys Ehefrauen brühwarm vom Seitensprung ihrer Männer erzählt (wofür sie letztlich aber auch mit einem verdienten Fehltritt in ein Schlammloch bestraft wird).

Erstmals begegnet uns mit der leeren Geldbörse in THEIR PURPLE MOMENT zudem ein typisches Motiv für die unüberwindliche Kluft, welche Laurel und Hardy den Sprung von der bitteren Realität des Spießbürgertums hin zu gesellschaftlicher Anerkennung regelmäßig verwehrt. Das Portemonnaie kann noch so prall gefüllt sein - es wird den Jungens doch nie gelingen, gemeinsam einen gemütlichen Abend in (fremder) weiblicher Gesellschaft zu genießen und dabei ein schönes Steak zu verspeisen.

Der Film stellt in dieser Hinsicht nicht nur einen Wegbereiter für viele Nachzügler dar, sondern bietet über weite Strecken auch ausgesprochen amüsante Unterhaltung. Vor allem die Szene im Nachtclub ist durchweg witzig gelungen. Kaum zu überbieten ist dabei wieder einmal das Minenspiel unserer beiden Freunde, als sie nacheinander die Zigarrencoupons anstelle der Geldscheine entdecken. Stan, der als erster auf diesen verhängnisvollen Umstand aufmerksam wird, ist der Appetit am kredenzten Steak natürlich schlagartig vergangen. In sei-

Die Stummfilme **Their purple moment**

Zeigt her eure Füßchen – aber besser nicht vor den Augen der Nachbarin

ner Miene spiegelt sich die ganze Verzweiflung wider, die er angesichts der frevelhaften Tat seiner grausamen Gattin empfindet. Stan, das ist offensichtlich, hat den Glauben an das Gute im Menschen verloren und weint beim Anblick der leeren Geldbörse wie ein kleines Kind, dem man den Schnuller weggenommen hat.

Und während sein Freund sowie die beiden Frauen noch kräftig zulangen (Ollie: "Irre, so ein Riesensteak für nur 2 Dollar 60!"), taucht zu allem Überfluß auch noch ein Taxifahrer am Tisch auf, der die beiden Damen ursprünglich vor dem Lokal abgesetzt hatte und nach wie vor auf sein Geld wartet. Ollie lädt ihn spontan zum Mitessen ein, was Stan nur einen neuerlichen Weinkrampf entlockt. Als endlich auch er begreift, was es mit dem merkwürdigen Gebaren seines Partners auf sich hat, schluckt er kurz und schickt einen Blick in die Kamera, der mehr sagt als tausend Worte.

Im Gegensatz dazu wirkt das Ende des Films leider recht einfallslos. Die übliche Verfolgungsjagd der Frauen und Ehemänner endet in der Küche des Etablissements, wo sich die Partner sowie das Personal gegenseitig Torte ins Gesicht schmieren und mit Suppe bekleckern. Lediglich ein Detail hebt diese Auseinandersetzung über das übliche Maß an Komik hinweg: Nachdem Ollie im Beisein der Gattin nichts anderes mehr eingefallen ist, als Stan den Schwarzen Peter für das unerlaubte Entfernen von Zuhause zuzuschieben, will ihm sein Partner aus Rache eine Torte ins Gesicht drükken. Da Ollie jedoch ausweicht, wird Mrs. Hardy unfreiwillig mit einem "Sahnehäubchen" versehen. In einem Anflug ehelicher Solidarität greift nun auch Ollie zur Torte. Doch statt Stan als Verursacher damit zu bedenken, vergilt er Gleiches mit Gleichem – und hält sich seinerseits an der Ehefrau des Freundes schadlos.

Der Film, bei dem erstmals Charley Chases Bruder James Parrott Regie führte, wurde am 22.08.28 von der Filmprüfstelle Berlin als "nicht jugendfrei" eingestuft, sonst jedoch unter dem Titel DICK UND DOF IM SÜNDENPFUHL ohne weitere Einschränkungen zur Aufführung zugelassen. Im deutschen Fernsehen war er erstmals als DIE GELDGIERIGEN am 12.03.71 ungekürzt innerhalb der Reihe "Dick und Doof" zu sehen.

Should married men go home?

Die Stummfilme

US-Veröffentlichung: 08.09.28
Originallänge: Zwei Akte
Produzent: Hal Roach/MGM
Buch: Leo McCarey/
James Parrott
Regie: James Parrott
Zwischentitel: H. M. Walker
Kamera: George Stevens
Schnitt: Richard Currier
Darsteller: Stan Laurel,
Oliver Hardy,
Edgar Kennedy,
Kay Deslys,
Edna Marian,
Viola Richard,
John Aasen
u.a.

Ein Präsent in Ehren kann niemand verwehren

Das Ehepaar Hardy möchte einen geruhsamen Sonntag nachmittag verbringen. Doch Stan, der in kompletter Golfermontur vorbeischaut, läßt es nicht soweit kommen. Stattdessen entführt er seinen Freund auf einen Golfplatz. Dort laden sie zunächst einmal zwei Schönheiten zum Drink ein. Anschließend geht es auf den Parcours, wo sie und andere Golfer - nach einigen weniger gelungenen Schlägen - aufgrund eines Mißverständnisses in eine wüste Schlammschlacht verwickelt werden.

Der Golfplatz als ungewöhnlicher Drehort dient hier weitestgehend nur als optischer Aufhänger für Gags, die genauso gut an völlig anderer Stelle hätten eingesetzt werden können. So finden sich zwei der lustigsten Szenen dann auch in den Tonfilmen MEN 'O WAR und COME CLEAN wieder. In der ersten laden Stan und Ollie die Mädchen, die sie am Eingang des Golfplatzes kennenlernen, zu einem Drink ein. Wieder einmal taucht dabei das Problem auf, daß zwischen Schein und Sein eine erhebliche Lücke klafft: Im Gegensatz zu ihrem weltmännischen Outfit haben beide insgesamt nur 15 Cents in der Tasche. Ollie versucht seinem Freund daher klarzumachen, daß das Geld wohl nur für drei Getränke reichen werde - Stan solle insofern bitte so tun, als habe er keinen Durst. Tatsächlich kommt der Partner dieser Aufforderung auch nach, doch hat Ollie die Rechnung ohne die beiden Frauen gemacht. So bleibt ihm letztlich nichts anderes übrig, als in gespielter Bescheidenheit selbst auf eine Bestellung zu verzichten (was ihn allerdings

Die Stummfilme

Should married men go home?

Versuch's mal mit dem da!

nicht daran hindert, Stans Portion unbemerkt hinunterzukippen). In der (vertonten) Wiederholung fiel diese Szene wesentlich wirkungsvoller aus, zumal der Konflikt zwischen Stan und Ollie in MEN 'O WAR konsequenter ausgespielt wurde.

Die zweite "recycelte" Episode zeigt das Ehepaar Hardy, wie es sich vor dem an der Haustür klingelnden Stan verstecken möchte. Durch einen rechtzeitigen Blick aus dem Fenster gewarnt, verharren beide leise hinter der Tür. Als Stan auf sein Klingeln und Klopfen keine Antwort erhält, kritzelt er eine typisch Laurel'sche Botschaft auf einen Zettel, den er unter der Tür durchschiebt: "Falls du nicht da sein solltest, wenn ich wiederkomme, weiß ich, daß du weg bist." In seiner Neugierde nimmt der hinter der Tür stehende Ollie den Zettel etwas zu rasch an sich: Stan kann verfolgen, wie das Papier unter der Tür weggezogen wird. Er vermutet, daß da irgend etwas nicht stimmen kann und riskiert einen Blick durchs Wohnzimmerfenster - just in dem Moment, in dem sich Familie Hardy vergewissern will, ob der ungebetene Gast endlich verschwunden ist. Während Ollies Miene bei Stans Anblick innerhalb von drei Sekunden von Neugierde über Genervtheit hin zu gespielter Freude wechselt, grinst der Freund völlig unbekümmert durch die Scheibe. Er kommt nicht im entferntesten darauf, daß Ollie auch einmal einen Tag ohne ihn verbringen könnte.

Bei einem genauen Studium der abschließenden Schlammschlacht bemerkt man übrigens, daß zu Beginn dieser matschigen Auseinandersetzung eine der beteiligten Damen von einem Schlammklops lediglich in der rechten Gesichtshälte getroffen wird. Dieses neue "Make Up" muß ihr jedoch derart gut gefallen haben, daß sie es sogleich freiwillig im gesamten Gesicht verteilte - in der sich direkt daran anschließenden Einstellung zumindest befinden sich bereits beide Wangen in "getöntem" Zustand.

Dies hinderte die Zensoren der Filmprüfstelle natürlich nicht, den Streifen unter dem Titel DICK UND DOF SPIELEN GOLF am 15.10.28 zur Aufführung freizugeben. Am 26.09.75 war der Film dann als GOLFSPIELER IM MORAST innerhalb der ZDF-Reihe "Väter der Klamotte" ungekürzt erstmals auch im deutschen Fernsehen zu bewundern.

Early to bed

Die Stummfilme

US- Veröffentlichung: 06.10.28
Originallänge: Zwei Akte
Produzent: Hal Roach/MGM
Regie: Emmett J. Flynn
Zwischentitel: H. M. Walker
Kamera: George Stevens
Schnitt: Richard Currier
Darsteller: Stan Laurel, Oliver Hardy

Ollie erbt von seinem Onkel ein Vermögen sowie eine prächtige Villa. Um sich aufgrund der gewandelten Verhältnisse nicht von seinem Freund trennen zu müssen, stellt er Stan als Butler ein. Dies geht auch so lange gut, bis Ollie eines Abends stark alkoholisiert nach Hause kommt. Statt dem Rat seines Butlers zu folgen und sich sofort ins Bett zu begeben, albert er herum und stört seinerseits Stan bei der Nachtruhe. Dieser ist schließlich derart genervt, daß er Ollie bittet, ihn aus dem Dienstverhältnis zu entlassen. Als Mr. Hardy sich weigert, den Vertrag vorzeitig zu lösen, versucht Stan den Hausherrn durch Provokation zum Rausschmiß zu bewegen, indem er systematisch die gesamte Einrichtung in Trümmer legt. Zu guter Letzt dämmert es Ollie jedoch, daß er mit seinen Albernheiten wohl einen Schritt zu weit gegangen ist, und die beiden Freunde versöhnen sich wieder.

Ohne Zweifel ist EARLY TO BED einer der vordersten Anwärter auf den Titel "schwächster Stummfilm" des Duos. Für den Zuschauer bleibt völlig schleierhaft, was die Verantwortlichen dazu getrieben haben mag, ein derart abstruses Machwerk abzuliefern. Statt auf die gewohnte und bis dato äußerst erfolgreiche Paarkonstellation zu bauen, werden Stan und Ollie erneut auseinandergerissen und müssen gegeneinander antreten. Dabei wirkt vor allem Ollie in seiner permanenten Albernheit derart unglaubwürdig, daß er mit seinen kindlichen Scherzen (so zerzaust er ständig Stans Haare oder gießt ihm kaltes Wasser ins Bett) innerhalb kürzester Zeit nicht nur seinem Diener, sondern auch den meisten Zuschauern auf die Nerven gehen dürfte. Und auch sein Partner präsentiert sich in einer äußerst ungewöhnlichen Rolle: als besonnener, "erwachsener" Diener, dem zudem exakt jene Unannehmlichkeiten zustoßen, mit denen normalerweise Ollie konfrontiert wird.

Da kann dann auch die Schlußsequenz nicht versöhnen, in der beide an einem Springbrunnen ein - zugegebenermaßen recht witziges - Spielchen miteinander treiben. Kurioserweise strömt das Wasser dort aus mehreren im Kreis angeordneten Steinköpfen hervor, die alle dem Hausherrn sehr ähnlich sehen. Auf seiner Flucht vor dem gereizten Diener springt Ollie ins Brunnenbecken, stößt einen der Köpfe vom Sockel und postiert kurzerhand seinen eigenen an dessen Stelle. Von Stan unbemerkt, "tankt" er rasch einen Mund voll Wasser und spuckt unter den Augen des mißtrauischen Dieners ebenfalls ein paar kräftige Strahlen aus. "Wahrscheinlich hat der Film Bunuel, Dali und den anderen Surrealisten, die seinerzeit das Medium Film für sich entdeckten, prächtig

Die Stummfilme # Early to bed

Ollie schmiert seinem Partner in EARLY TO BED alles andere als Honig um's Maul

gefallen«, urteilte William K. Everson in seinem Laurel und Hardy-Buch voller Verständnis. Na, ja – die Realisten unter den Fans, so sollte man meinen, hätten eigentlich auch ganz gerne etwas zu lachen gehabt. Ob es insofern nur ein Zufall war, daß EARLY TO BED der einzige Laurel und Hardy-Film blieb, bei dem Emmett J. Flynn Regie führen durfte?

In Deutschland kam der Film unter dem Titel DICK UND DOOF – MARSCH INS BETT! in die Kinos, nachdem er am 15.03.29 von der Filmprüfstelle ohne Schnitte und Auflagen genehmigt worden war. Lediglich ein winziges Detail hatte man im Vergleich zur Originalfassung verändert. So berichtet Ollie seinem Diener von einer netten Dame, die er kennengelernt hat – »mit einer ganz entzückenden Haushälterin«, wie er sagt. Doch während diese in der amerikanischen Version laut Ollie das vermeintliche Handicap hatte, eine Chinesin zu sein, sprach der deutsche Zwischentitel von einer »Schwarzen«.

Das ZDF präsentierte EARLY TO BED erstmals am 20.08.71 innerhalb der »Dick und Doof«-Serie in einer ungeschnittenen Version (Sendetitel: SKLAVEN DES REICHTUMS). Fans in der DDR konnten ihn, ebenfalls in den 70er Jahren, im Kino begutachten: als Bestandteil der Kompilation DICK UND DOOF AUF DER JAGD NACH DEM MAMMON (DDR-Kinopremiere: 02.03.73).

Two tars

Die Stummfilme

US-Veröffentlichung: 03.11.28
Originallänge: Zwei Akte
Produzent: Hal Roach/MGM
Buch: Leo McCarey
Regie: James Parrott
Zwischentitel: H. M. Walker
Kamera: George Stevens
Schnitt: Richard Currier
Darsteller: Stan Laurel,
Oliver Hardy,
Ruby Blaine,
Thelma Hill,
Charles Hall,
Edgar Kennedy,
Edgar Dearing
u.a.

Auto um Auto, Zahn um Zahn

Die Matrosen Stan und Ollie haben Landurlaub und mieten sich ein Auto. Unterwegs gabeln sie zwei junge Damen auf, mit denen sie wenig später in einen Verkehrsstau geraten. Als sie sich an der Autoschlange vorbeimogeln und dabei mit einem anderen Fahrzeug kollidieren, kommt es zu einer Auseinandersetzung mit dem Fahrer des betroffenen Wagens. Innerhalb kürzester Zeit entwickelt sich eine wüste Keilerei, in die zum Schluß fast alle im Stau Stehenden verwickelt sind.

So ziemlich jeder Mitarbeiter der Hal Roach-Studios, der über einen eigenen Wagen verfügte, kreuzte Ende Juni 1928 mit seinem Auto am Centinela Boulevard auf. Dort entstand innerhalb von nur 14 Tagen wohl einer der denkwürdigsten Filme, die jemals zum Thema "Aggression im Straßenverkehr" gedreht wurden. TWO TARS markiert gleichzeitig den Beginn und einen Meilenstein innerhalb einer Reihe von Filmen, die sich einer ausführlichen Darstellung der sogenannten reziproken Destruktion widmen. Diese wurde auch unter der Bezeichnung "tit for tat" ("Wie du mir, so ich dir") bekannt und avancierte schnell zu einem Markenzeichen des Duos. Das neue an dieser Methode war natürlich nicht die Tatsache, daß da irgend jemand auf der Leinwand einen Haufen Autos zertrümmerte - das hatte es zuvor bereits in zahlreichen Mack Sennett-Komödien gegeben. Vielmehr sollte vor allem die Art und Weise, wie dies hier erstmals zelebriert wird, letztlich den Reiz (und damit auch den Erfolg) der Hal Roach-Filme

Die Stummfilme **Two tars**

Ein Publicity-Foto, das im Film nicht auftaucht

ausmachen. »Immer schön langsam« lautete die Devise: Erst einmal läßt man sich vom Gegner in Ruhe einen Schaden zufügen, bevor man völlig gelassen und äußerlich entspannt selbst zur Rache schreitet. Dabei achtet jede der beteiligten Parteien sorgsam darauf, daß die eigene Aktion die vorhergehende des Kontrahenten in ihrer Wirkung um eine Nuance übertrifft, um diesen zu einer wiederum etwas heftigeren Reaktion zu veranlassen. Dadurch wird garantiert, daß in TWO TARS ein anfänglich harmloser Schubser von Stan und Ollies Wagen an den des Hintermannes derart ausartet, daß zum Ende so gut wie gar nichts mehr zum Zerstören übrig bleibt. Daß der Streit quasi aus nichtigem Anlaß eskaliert – natürlich fällt Stan und Ollies Rempler an die Karosserie des hinter ihnen stehenden Wagens unbeabsichtigt und zudem derart harmlos aus, daß dort noch nicht einmal ein Kratzer zu sehen ist – erhöht dabei nicht nur die Komik, sondern verleiht dem Film gewissermaßen auch eine traurige Aktualität; man muß nur einmal in die Zeitung schauen, aus welchen Anlässen heutzutage (nicht nur) Autofahrer rabiat werden.

Als DICK UND DOF AUF HEIMATURLAUB war TWO TARS Anfang 1929 ungeschnitten auch in Deutschland zu sehen (Zensur: 13.12.28, Uraufführung: 02.02.29). Für die Fernseh-Erstausstrahlung (mehr als vier Jahrzehnte später) wurde er von den Machern des ZDF jedoch ähnlich zerlegt wie zuvor die Fahrzeuge von Laurel und Hardy auf der Leinwand. So war in der »Dick und Doof«-Folge mit dem Titel BLAUE JUNGS IN SCHWIERIGKEITEN nur jene Sequenz zu sehen, mit der der Film auch im Original beginnt. Darin begegnen Stan und Ollie den beiden Frauen, die sie später im Auto mitnehmen. Zunächst einmal gilt es jedoch, den Kampf mit einem widerspenstigen Kaugummiautomaten aufzunehmen. Dieser Fünf-Minuten-Schnipsel diente am 11.09.70 als Einleitung zum Film MEN 'O WAR. Der zweite Teil des Films mit der Schlacht der Autofahrer lief dagegen bereits vier Wochen zuvor (07.08.70) in einer stark gekürzten Fassung als Vorspann zu THE SECOND HUNDRED YEARS, auf den sich der Titel der Folge (DEM HENKER ENTRONNEN) bezog. Komplett zu sehen war TWO TARS dann erstmals am 28.11.75 als DAS ZERLEGEN VON KRAFTWAGEN, gesendet als Bestandteil der Reihe »Zwei Herren dick und doof«.

Habeas corpus

Die Stummfilme

US-Veröffentlichung: 01.12.28
Originallänge: Zwei Akte
Produzent: Hal Roach/MGM
Buch: Leo McCarey
Regie: James Parrott
Zwischentitel: H. M. Walker
Kamera: Len Powers
Schnitt: Richard Currier
Darsteller: Stan Laurel,
Oliver Hardy,
Richard Carle,
Charles Rogers,
Lon Puff

Der verrückte Professor Padilla beauftragt Stan und Ollie, ihm zu Experimentierzwecken vom nahegelegenen Friedhof einen Leichnam zu besorgen. Der Polizist Ledoux, der sich als Butler im Hause des Professors eingenistet hat, alarmiert seine Kollegen. Während Stan und Ollie auf dem Weg zum Friedhof sind, wird Padilla festgenommen. Ledoux ist bereits vorausgeeilt, um den Grabschändern den Spaß an der Arbeit zu verderben. In ein weißes Laken gehüllt, treibt er in deren Beisein auf dem Friedhof sein Unwesen. Obwohl dadurch völlig verängstigt, gelingt es Stan und Ollie schließlich doch, eine vermeintliche Leiche zu bergen, in einen Sack einzuschnüren und mitzunehmen. Was sie nicht wissen: Es handelt sich um den Polizisten, der zuvor versehentlich in ein offenes Grab gefallen ist. Als Stan und Ollie merken, daß ihre Leiche noch quicklebendig ist, ergreifen sie die Flucht.

HABEAS CORPUS wirkt in gewisser Weise wie ein etwas ausgewalztes Remake des ersten Teils von DO DETECTIVES THINK?. Der Friedhof scheint exakt derselbe zu sein, und auch einzelne Gags finden sich hier fast originalgetreu wieder. So zum Beispiel die Einstellung, in der Stan und Ollie nebeneinander an der Friedhofsmauer entlanglaufen. Stan, der sich zunächst näher an der Mauer befindet, wechselt hinter Ollies Rücken ängstlich auf die »Außenspur«, um den Abstand zum unheimlichen Friedhof zumindest um einen halben Meter zu verringern. Als sich sein Partner zu ihm umdrehen will und dorthin schaut, wo Stan gerade noch gelaufen ist, bekommt natürlich Ollie einen Riesenschreck. Erst recht, als ihm Stan daraufhin von hinten auf die Schulter tippt und sagt: »Hier bin ich!« Zweifellos ein Witz, dem im Laufe der Jahrzehnte im übertragenen Sinne ein solcher Bart gewachsen ist, daß heutzutage kaum noch jemand darüber lachen dürfte. Ähnlich verhält es sich eigentlich auch mit allen anderen »lustigen« Szenen, die sich durchweg darin erschöpfen, das durch die scheinbar unheimlichen Vorgänge auf dem Friedhof hervorgerufene Gruseln unserer Freunde zu zeigen.

Am ehesten in Erinnerung bleiben dürfte wahrscheinlich das Bild der einstürzenden Friedhofsmauer, die unter Ollies Gewicht (beziehungsweise unter dem seines Doubles, das hier – wie in allen anderen gefährlichen Szenen auch – für ihn einsprang) zusammenbricht. Diese Einstellung wurde nämlich von den Privatsendern Pro 7 und SAT 1 im Zuge ihrer Ausstrahlungen der »Dick und Doof«-Reihe jeweils an das Ende des Vorspanns geschnitten. In der ursprünglichen, vom ZDF

Die Stummfilme **Habeas corpus**

Der Wegweiser ist frisch gestrichen – Ollie dagegen angeschmiert

montierten Vorspann-Version aus den 70er Jahren war an dieser Stelle noch eine Szene aus THE MUSIC BOX zu sehen, in die das ZDF den Spruch »Im Auftrag des ZDF« hatte hineinkopieren lassen.

Erwähnenswert bleibt darüber hinaus wohl vor allem die Tatsache, daß HABEAS CORPUS der erste Laurel und Hardy-Film war, in dem Toneffekte zum Einsatz kamen. Gegen Ende des Jahres begann sich nämlich abzuzeichnen, daß die Bedeutung des Tonfilms zunehmen würde, und so hatte Hal Roach mit der »Victor Talking Machine Company« rasch einen Vertrag abgeschlossen, in welchem ihm die Synchronisation einzelner Filme sowie die Installation solcher Geräte zugesichert wurde, mit deren Hilfe sich Toneffekte zaubern ließen. Richard Currier, Chef-Cutter bei Roach, ließ sich von den »Victor«-Verantwortlichen später persönlich im Herstellen möglichst realistischer Soundeffekte für Stummfilme unterrichten.

Deutsche Fernsehzuschauer hatten am 21.05.71 das zweifelhafte Vergnügen, einen rund fünfminütigen Ausschnitt von HABEAS CORPUS innerhalb einer »Dick und Doof«-Folge sehen zu können (Sendetitel: DIE NACHT DES GRAUENS). Komplett flimmerte der Streifen erst am 12.11.76 in der Reihe »Zwei Herren dick und doof« über den Bildschirm, diesmal als DER BEAMTE IM SACK.

We faw down

US-Veröffentlichung: 29.12.28
Originallänge: Zwei Akte
Produzent: Hal Roach/MGM
Regie: Leo Mc Carey
Zwischentitel: H. M. Walker
Schnitt: Richard Currier
Darsteller: Stan Laurel,
Oliver Hardy,
Bess Flowers,
Vivian Oakland,
Kay Deslys
u.a.

Stan und Ollie werden von Freunden telefonisch zu einem Pokerabend bestellt. Den Ehefrauen gegenüber behaupten sie, ihr Chef habe sie ins Theater eingeladen. Doch der Plan mißlingt. Unterwegs versuchen sie nämlich, einen Hut zu bergen, den eine junge Dame verloren hat. Dabei fallen sie in eine Pfütze. Glücklicherweise erklärt sich die nette Frau bereit, die Anzüge der Kavaliere bei sich zu Hause zu reinigen und zu trocknen. Während dieses unfreiwilligen Aufenthaltes werden Stan und Ollie vom eifersüchtigen Freund der Gastgeberin ertappt. Als sie aus dem Fenster flüchten, laufen sie prompt ihren Ehefrauen über den Weg. Diese sind gerade unterwegs ins Theater, nachdem sie durch die Abendzeitung erfahren haben, daß das Etablissement niedergebrannt ist. Anstatt ihre Männer sofort zur Rede zu stellen, kehren sie - von Stan und Ollie unbemerkt - um und erwarten wutentbrannt die Heimkehr der beiden. Als die beiden nichtsahnend nach Hause zurückkommen, schwärmen sie den Gattinnen von der beeindruckenden Theateraufführung vor - bis sie selbst die entlarvende Schlagzeile in der Zeitung entdecken. Mrs. Hardy, die angesichts der Lügengeschichten ihres Mannes die Nase endgültig voll hat, greift zum Gewehr und jagt die beiden aus dem Haus.

Der Film beginnt etwas schwerfällig, steigert sich über einen durchschnittlichen Mittelteil letztlich jedoch hin zu einem prächtigen Höhepunkt, als Stan und Ollie ihren Ehefrauen von der angeblich grandiosen Show vorschwärmen, die sie gesehen haben wollen. Gespannt warten die Gattinnen darauf, was Ollie über den Verlauf des Abends zu berichten hat. Dieser nimmt voller gespielter Euphorie vor ihnen auf einem Schemel Platz und läßt sich bei seinen Darbietungen vom Partner soufflieren. Der, hinter dem Sofa verschanzt, hat nämlich in einer Zeitungsanzeige das Programm entdeckt, das ursprünglich für den Abend angekündigt war. So gibt er Ollie hinter dem Rücken der Frauenzimmer entsprechende Zeichen. Von einem Kunstradfahrer ist in der Anzeige beispielsweise die Rede. Also hält Stan einen Kartenstapel in die Höhe, auf dessen Rückseite ein Radfahrer abgebildet ist. Doch Ollie mißinterpretiert den Hinweis und schwindelt den Gattinen etwas von einem Kartenzauberer vor. Verzweifelt versucht es Stan daraufhin mit einer vermeintlich eindeutigeren Geste: Die Arme vor der Brust verschränkt, strampelt er "freihändig" auf einem imaginären Fahrrad herum. Diesmal glaubt Ollie einen russischen Tänzer zu erkennen. Eine Steigerung erfährt das Ganze schließlich, als Stan hinter dem Rücken der Frauen eine Hawaii-Tänzerin zu imitieren versucht. Sich um die eigene Achse drehend und mit dem Hinterteil wippend, animiert er Ollie, es ihm gleich zu tun. Dieser zögert nicht lange, klemmt sich einen Lampenschirm um die Hüfte und bewegt mit kreisenden Schwüngen sein kräftiges Becken - wahrlich eine zwerchfellerschütternde Imitation einer grazilen Hawaiianerin! Doch als Stan dann in der Zeitung liest, daß das Orpheum Theater abgebrannt ist, wissen beide, daß nichts mehr zu retten ist. Ungeachtet Ollies lauer Ausrede, man sei übrigens gar nicht im "Orpheum", sondern im "Palace" gewesen, greift die Gattin wortlos zu einem Teil der Standardausrüstung eines Hardy'schen Haushaltes. Wild

We faw down

Am warmen Ofen trocknen die Klamotten – aber gleich geht's noch wesentlich heißer her

um sich ballernd, treibt sie die beiden Lügner in der letzten Einstellung zwischen den Häuserfronten hindurch. Dabei wirken die Schüsse wie ein Signal für mehrere Dutzend anderer »Fremdgänger«, die wie auf ein Komando (und durchweg nur leicht bekleidet) aus diversen Fenstern springen. Dieser Gag erfuhr in dem Spielfilm BLOCKHEADS eine Neuauflage.

Interessanterweise hatten die Verantwortlichen aus WE FAW DOWN eine Reihe brillanter Szenen herausgeschnitten. Diese zeigen Stan und Ollie, wie sie bei der überstürzten Flucht vor dem eifersüchtigen Freund ihrer Gastgeberin ihre Hosen verwechseln. Dies führt in der Folge zu einigen turbulenten Verwicklungen, da es ihnen einfach nicht gelingen will, die Beinkleider ohne Erregung öffentlichen Ärgernisses miteinander zu vertauschen. Da der Film dadurch insgesamt jedoch rund zehn Minuten zu lang wurde und keine andere Schnittmöglichkeit blieb, fiel diese witzige Episode der Schere zum Opfer. Sie war allerdings so gut gelungen, daß sie als Grundgerüst für den nächsten Film, LIBERTY, Verwendung finden sollte.

In Deutschland konnten sich die Zensoren mit dieser »schlüpfrigen« Geschichte offenbar nicht so recht anfreunden. Ursprünglich hätte WE FAW DOWN unter dem Titel DICK UND DOF GEHEN FREMD in den Filmtheatern laufen sollen. Doch bereits diese Formulierung sowie einige Zwischentitel ließen in den Augen der strengen Prüfer einige Änderungen nötig erscheinen. Beispielsweise verboten sie einen Satz, der eigentlich zu Beginn des Films einer der beiden Ehefrauen in den Mund gelegt werden sollte: »Ich glaube, diese Verbrecher wollen fremd gehen.« Er wurde durch die harmlosere Formulierung »Paß auf – die haben was vor!« ersetzt. Ähnlich verhielt es sich mit einigen Kraftausdrücken, wie »Schweine« oder »Hundeschnauze«. Auch diese tauchten in der überarbeiteten Kinofassung nicht auf. Nachdem der Film aufgrund der erwähnten Stellen bei der ersten Prüfung am 23.03.29 noch in Ungnade gefallen war, wurde er am 04.12.30 – mit fast zweijähriger Verspätung! – doch noch zugelassen, diesmal unter dem Titel DICK UND DOF AUF ABWEGEN. Allerdings war selbst diese abgeschwächte Fassung immer noch mit einem Jugendverbot belegt. Im deutschen Fernsehen feierte WE FAW DOWN seine Premiere am 13.07.77 unter dem Titel IM STRUDEL DER GOSSE in der ZDF-Reihe »Zwei Herren dick und doof«.

Liberty

US-Veröffentlichung: 26.01.29
Originallänge: Zwei Akte
Produzent: Hal Roach / MGM
Buch: Leo McCarey
Regie: Leo McCarey
Zwischentitel: H. M. Walker
Kamera: George Stevens
Schnitt: Richard Currier / William Terhune
Darsteller: Stan Laurel,
Oliver Hardy,
James Finlayson,
Jean Harlow,
Jack Hill
u.a.

Stan und Ollie gelingt die Flucht aus dem Gefängnis. Draußen wartet bereits ein Fluchtwagen mit zwei Komplizen. Rasch vertauschen die Entflohenen die Anstaltskleidung mit ihren zivilen Anzügen. Als sie in voller Fahrt abspringen und so einem auf dem Motorrad folgenden Polizisten entkommen, bemerken sie ein kleines Mißgeschick: Stan trägt Ollies Hosen, Ollie trägt die von Stan. Doch der Versuch, die Beinkleider im Freien zu wechseln, scheitert entweder an vorbeieilenden Passanten oder an einem mißtrauischen Polizisten. Dieser verfolgt Laurel und Hardy dann auch zu der Baustelle eines Hochhauses. Dort klettern die beiden in einen Aufzug, der sie versehentlich in die oberste Etage des Baugerüsts befördert. In luftiger Höhe und unter erheblichen Mühen gelingt es ihnen schließlich doch noch, die Hosen miteinander zu tauschen und dem Polizisten zu entkommen.

Im »Melken«, dem langsamen Auskosten und Variieren eines Gags quasi bis zum Geht-nicht-mehr, waren Laurel und Hardy nahezu unschlagbar. So schaffen sie es auch in LIBERTY spielend, aus lediglich zwei Einfällen einen Zweiakter zu kreieren, der zu ihren besten und bekanntesten zählt. Der erste Einfall basiert auf den vertauschten Beinkleidern. Eigentlich, so sollte man meinen, dürfte es den beiden nicht allzu schwer fallen, dieses Problem in den Griff zu bekommen.

Doch egal, ob sie es hinter einem Stapel Kisten, in einer Seitenstraße oder gar im Fond eines Taxis versuchen – Stan und Ollie bleiben kaum mehr als einen Augenblick lang ungestört. Entweder verschwinden die Kisten per Lastenaufzug und in Gegenwart eines Wachtmeisters ausgerechnet dann im Boden, als sie in Unterhosen dastehen. Oder eine Nachbarin schaut im entsprechenden Moment aus ihrem Fenster. Oder, was noch peinlicher ist: sie machen sich unsittlicher Handlungen verdächtig, als sie von der ins Taxi steigenden Jean Harlow und deren männlichem Begleiter »unten ohne« ertappt werden.

Ähnlich ausgereizt wird schließlich auch die Idee, beide auf das Hochhausgerüst zu verfrachten. Abgesehen von der ohnehin schwindelerregenden Höhe garantiert ein Krebs, der zuvor (noch am Boden) in Ollies Hose geraten ist, zusätzliche Komik. So hat Ollie nicht nur mit dem panisch kreischenden Stan zu tun, der mehrmals kurz vor dem Absturz steht, sondern muß sich auch noch gegen das zwickende Tierchen an seinem Hinterteil zur Wehr setzen.

Neben dem eigentlichen Regisseur Leo McCarey waren im übrigen gleich zwei weitere Kollegen in gleicher Funktion an LIBERTY beteiligt: Lloyd French und James Horne. Sie zeichnen jeweils für einzelne Aufnahmen verant-

Die Stummfilme   **Liberty**

Akrobatik pur –
70 Meter über dem Teer(es)-Spiegel

wortlich, die nach Ende der eigentlichen Dreharbeiten nachgedreht wurden. Glücklicherweise verderben hier jedoch viele Köche einmal nicht den Brei, sondern vereinen ihre Künste zu einer durchweg gelungenen Komödie mit Horror-Einschlag. Denn ein gewisses Gruseln stellt sich wohl zwangsläufig bei jedem Zuschauer ein, der Stan und Ollie bei ihren akrobatischen Verrenkungen in luftiger Höhe beobachtet. Daß die Szenen derart echt und gefährlich wirken, ist dabei nicht etwa einer perfekten Tricktechnik zu verdanken - ein später beliebtes Hilfsmittel wie das der Rückprojektion befand sich zum damaligen Zeitpunkt nämlich erst in der Entwicklung. So blieb den Hauptdarstellern gar nichts anderes übrig, als tatsächlich und leibhaftig in rund 70 Metern Höhe über den Straßen von Los Angeles herumzuturnen. Dabei wäre es beinahe zu einem tragischen Zwischenfall gekommen, wie Regisseur McCarey einige Jahre später erzählte: "Eines Tages, als sie (gemeint sind Laurel und Hardy, d. Verf.) wieder oben auf dem Wolkenkratzer waren, schaute Stan hinunter und bekam es plötzlich mit der Angst zu tun. Babe versuchte ihn zu beruhigen. Er sagte: 'Du brauchst dich wirklich nicht zu fürchten.' Unter den beiden befand sich eine Plattform, und Babe sagte zu Stan: 'Ich werde dir jetzt zeigen, daß das Ding da unten absolut sicher ist', und sprang los. Na, ja - es war aber gar nicht sicher." Thomas Benton Roberts, mitverantwortlich für den Bau dieses "doppelten Bodens", ergänzte: "Das Studio hatte ein paar dünne Bretter geschickt, damit wir daraus eine Sicherheitsplattform anfertigen sollten. Ich beschwere mich darüber, aber ich hatte damals nicht viel zu sagen. Als Babe dann ´runtersprang, brach das Ding natürlich zusammen. Aber ich hatte zum Glück unter diesem Boden noch ein Netz angebracht - das hat ihn gerettet."

DICK UND DOF IN FREIHEIT DRESSIERT nannten die MGM-Verantwortlichen die deutsche Fassung des Films, der am 03.05.29 von der Filmprüfstelle Berlin genehmigt, jedoch mit einem Jugendverbot belegt wurde. Als DIE SACHE MIT DER HOSE bekamen ihn die deutschen Fernsehzuschauer am 02.10.70 erstmals innerhalb der "Dick und Doof"-Reihe zu sehen.

Wrong again

US-Veröffentlichung: 23.02.29
Originallänge: Zwei Akte
Produzent: Hal Roach/MGM
Buch: Leo McCarey
Regie: Leo McCarey
Zwischentitel: H. M. Walker
Kamera: George Stevens
Schnitt: Richard Currier
Darsteller: Stan Laurel,
Oliver Hardy,
Del Henderson,
Josephine Crowell,
Harry Bernard,
Sam Lufkin
u.a.

Stan und Ollie arbeiten als Stallburschen. Als sie hören, einem Millionär sei der berühmte "Blue Boy" gestohlen worden, unterliegen sie wieder einmal einem kleinen Irrtum: Sie glauben, bei "Blue Boy" handele es sich um das Pferd, welches bei ihnen im Stall steht. Dabei vermißt der gute Mann in Wirklichkeit das berühmte Gemälde gleichen Namens. In der Hoffnung auf eine ansprechende Belohnung bringen sie ihren "Blue Boy" sogleich zum Haus des vermeintlichen Eigentümers. Dieser wurde von der Polizei inzwischen informiert, daß das Gemälde schon wieder sichergestellt werden konnte und in Kürze vorbeigebracht werden soll. Als Stan und Ollie kurz darauf bei ihm klingeln, werden sie vom Millionär insofern schon freudig erwartet. Noch nicht angezogen, wirft er ihnen den Haustürschlüssel hinunter und bittet beide, "Blue Boy" schon einmal hineinzubringen. "Stellen Sie ihn auf das Klavier", sagt er, "ich komme gleich herunter." Gehorsam bemühen sich Stan und Ollie daraufhin, das Pferd wie gewünscht zu drapieren. Als ihnen dies unter Mühen tatsächlich gelungen ist, trifft die Polizei mit dem wahren "Blue Boy" ein. Sowohl Stan und Ollie als auch der hinzugeeilte Millionär beginnen plötzlich zu ahnen, daß da wohl ein Mißverständnis vorliegen muß. Unter den Gewehrsalven des Hausbewohners suchen die beiden Tierpfleger mit ihrem Pferd daraufhin das Weite.

Wie bei einigen anderen Filmen, ist auch die Grundidee zu WRONG AGAIN auf einen Zufall zurückzuführen. So befand sich Regisseur Leo McCarey gerade beim Zahnarzt, wo er an der Wand einen Druck des tatsächlich existierenden Bildes "Blue Boy" hängen sah. Den Schmerz, den er anläßlich dieser Konsultation womöglich am eigenen Leibe erfahren mußte, muß im fertigen Film letztlich der arme Ollie ausbaden. Als er das Pferd gemeinsam mit Stan endlich auf das Klavier gehievt hat, bricht nämlich ein Bein des Flügels ab, so daß er rasch niederkniet und die Last zunächst auf die eigenen Schultern nimmt. Währenddessen versucht Stan, das abgebrochene Holzstück wieder dort einzusetzen, wo es hingehört. Ganz perfekt will ihm dies jedoch nicht gelingen. Stattdessen klemmt nun Ollies Kopf zwischen dem Flügel und dem dazugehörigen Bein. Zweifellos ein äußerst unangenehmer Zustand, zumal Stan von dem auf dem Piano stehenden Pferd ständig den Bowler vom Kopf gestoßen bekommt und sich so stets daran gehindert fühlt, Ollie endlich aus der mißlichen Lage zu befreien.

Zweiter Höhepunkt des Films ist die Episode mit einer Venus-Statuette, die von Ollie schon kurz nach dem Betreten des Hauses umgeworfen wird. Der Verursacher bemüht sich daraufhin, die plötzlich dreigeteilte Figur

Die Stummfilme   **Wrong again**

Auf's falsche Pferd gesetzt:
Statt einer saftigen Belohnung
gibt's in Kürze Prügel

wieder korrekt zusammenzusetzen - dabei schamhaft seine Jacke um das Mittelstück legend, an welchem sich unter anderem auch die Geschlechtsteile der Figur befinden. Leider merkt er beim Zusammenbauen nicht, daß er ausgerechnet dieses Stück seitenverkehrt eingefügt hat. Dies gibt in einer späteren Szene Stan Gelegenheit für einen bemerkenswerten Auftritt, als er neben der Statuette verharrt, an der ganz offensichtlich etwas nicht stimmt. Nach einem Vergleich zwischen dem eigenen Körperbau und dem der Gipsfigur fühlt er sich in dem bestätigt, was ihm Ollie zuvor mit Hilfe einer einfachen Handbewegung bereits ausführlich zu erläutern versucht hat: Millionäre, die ein Pferd auf's Klavier stellen, sind eben auch hinsichtlich ihres künstlerischen Geschmackes im wahrsten Sinne des Wortes völlig "verdreht".

Die Schlußeinstellung des Films beinhaltet übrigens einen Einfall, der in einigen späteren Laurel und Hardy-Filmen erneut aufgegriffen werden sollte: Anstatt Stan und Ollie mit dem Gewehr zu treffen, ist die Salve des Hausherrn auf dem Hinterteil eines herbeigeholten Polizisten gelandet (was wir allerdings erst sehen, als dieser uns den Rücken zukehrt.)

Während die Originalfassung aufgrund der vornehmlich visuell ausgerichteten Gags mit relativ wenigen Zwischentiteln auskommt, mußten deutsche Zuschauer bei der Erstausstrahlung im Fernsehen eine äußerst dümmliche Synchronversion des Streifens über sich ergehen lassen. Gemeinsam mit einem Ausschnitt aus dem Laurel-Solofilm A MAN ABOUT TOWN von 1923 wurde WRONG AGAIN - derart verunstaltet, aber zumindest ungekürzt - am 25.06.71 als "Dick und Doof"-Folge unter dem Titel BLINDE WUT ausgestrahlt.

That's my wife

Die Stummfilme

US-Veröffentlichung: 23.03.29
Originallänge: Zwei Akte
Produzent: Hal Roach/MGM
Buch: Leo McCarey
Regie: Lloyd French
Zwischentitel: H. M. Walker
Schnitt: Richard Currier
Darsteller: Stan Laurel,
Oliver Hardy,
William Courtwright,
Vivian Oakland,
Charles Hall,
Jimmy Aubrey
u.a.

Angesichts des Untermieters
mit ihren Nerven am Ende: Vivian Oakland

Ollie erwartet den Besuch seines Onkels, der ihm eine größere Summe Bargeld zukommen lassen möchte. Einzige Bedingung: Der Neffe muß zeigen, daß er glücklich verheiratet ist. Natürlich hat Mrs. Hardy ausgerechnet eine halbe Stunde vor dem Eintreffen des Wohltäters die Koffer gepackt. Ihrer Meinung nach hat sich Stan Laurel im Hause zu sehr breitgemacht. Um doch noch an das erhoffte Geld zu kommen, nötigt Ollie seinen Freund, in Frauenkleider zu schlüpfen und sich als seine Ehefrau auszugeben. Tatsächlich können sie den skeptischen Onkel mit dieser Maskerade zunächst überzeugen. Doch dann lädt dieser das frischgebackene Ehepaar zur Feier des Tages in einen Nachtclub ein. Dort kommt es zu einigen peinlichen Zwischenfällen, so daß der Schwindel letztlich auffliegt und der Onkel beschließt, sein Vermögen lieber einem Tierheim zukommen zu lassen.

"Entweder er geht oder ich!" herrscht Mrs. Hardy ihren Gatten zu Beginn des durchweg witzigen Filmes an. Ollies Antwort fällt eindeutig aus: Stan, der sich statt der ursprünglich versprochenen fünf Minuten mittlerweile schon seit zwei Jahren bei ihnen eingenistet hat, darf natürlich bleiben. Erst, als kurz darauf Onkel Bernal auftaucht, beschleichen Ollie erste Zweifel, ob seine Entscheidung wirklich richtig war. "Natürlich!" möchte man ihm am liebsten zurufen, denn so können wir uns schon sehr früh darauf freuen, Stan endlich wieder in seiner Glanzrolle als Frau bewundern zu dürfen. Und tatsächlich: Mit einer Hantel als Busen und einer Perücke,

Die Stummfilme   **That's my wife**

Eine Suppe zum Dessert
macht Ollie hier das Leben schwer

die vom Kopf einer Spielzeugpuppe stammt, sieht Mrs. Laurel-Hardy einfach umwerfend aus. Und auch der sichtlich um Fassung bemühte Onkel Bernal zeigt sich bei der Vorstellung von Ollies Ehefrau zutiefst beeindruckt: Ein solches Weib hat er seinem Neffen offensichtlich wirklich nicht zugetraut. »Na ja«, bedeutet uns sein vieldeutiger Blick im James Finlayson-Stil, »Hauptsache, sie sind glücklich miteinander!« So nimmt er im Verlaufe des Abends zunächst auch billigend zur Kenntnis, daß Stan die ursprünglich für Ollie bestimmte Zigarre rauchen will und nach einem Ausrutscher der vermeintlichen Gattin eine eiserne Hantel am Boden liegt, wodurch die Gute plötzlich einen etwas schwachbrüstigen Eindruck macht.

Was ihm letztlich jedoch unangenehm aufstößt, ist der ungehemmte Sexualtrieb, dem das junge Paar offensichtlich erlegen ist. So fummelt Ollie ständig am Kleid seiner Partnerin herum, und auch auf der Tanzfläche geben sich die beiden eindeutig zweideutigen Verrenkungen hin. Was der gute Onkel nicht wissen kann: Ein Kellner hat zuvor einer anderen Dame eine Halskette gestohlen und diese notgedrungen in Stans Rückenausschnitt plumpsen lassen, als aufgrund des Diebstahls eine Durchsuchung sämtlicher Anwesenden angekündigt wird. Stan merkt nur, daß an seinem verlängerten Rücken irgend etwas stört, und so bittet er den Partner zu einem flotten Tänzchen auf's Parkett. Dabei wird er von Ollie derart durchgeschüttelt, als gelte es, den Rock'n'Roll bereits 30 Jahre vor seiner Zeit zu erfinden. Erst als der Oberkellner sie höflichst darum bittet, den »Ringkampf« doch bitte einzustellen, verlegen sie ihre an- beziehungsweise auszüglichen Aktivitäten an andere Stellen des Lokals (wo sie jedoch, ähnlich wie in LIBERTY, jedesmal gestört werden). Zum endgültigen Eklat kommt es schließlich, als ein Conferencier auf der Bühne des Etablissements »Garrick und Lucille in einem Spiel über die Liebe« ankündigt. Zu einem kräftigen Tusch des Orchesters teilt sich der Vorhang - um Stan und Ollie zu präsentieren, die, auf allen Vieren ineinander verkeilt, immer noch mit der Suche nach der Halskette beschäftigt sind.

Im deutschen Fernsehen lief THAT'S MY WIFE erstmals am 23.05.75 nahezu ungekürzt innerhalb der ZDF-Reihe »Väter der Klamotte«. Der Sendetitel der entsprechenden Folge lautete DER STURZ AUF DEN GATTEN.

Big business

US-Veröffentlichung: 20.04.29
Originallänge: Zwei Akte
Produzent: Hal Roach/MGM
Buch: Leo McCarey
Regie: James W. Horne
Zwischentitel: H. M. Walker
Kamera: George Stevens
Schnitt: Richard Currier
Darsteller: Stan Laurel,
Oliver Hardy,
James Finlayson,
Stanley Sandford,
Lyle Tayo
u.a.

Im sonnendurchfluteten Kalifornien fahren Stan und Ollie von Haustür zu Haustür, um Weihnachtsbäume zu verkaufen. Im Zuge ihrer Aktivitäten geraten sie auch an den Hausbesitzer James Finlayson, der kein Interesse an ihrem Produkt zeigt und ihnen die Tür vor der Nase zuknallt. Leider wird dabei die Spitze des offerierten Nadelwerks eingeklemmt, so daß Laurel und Hardy nochmals klingeln müssen. Das gleiche Spiel wiederholt sich anschließend mit Stans Mantel. Finlayson verliert die Geduld und greift zur Heckenschere, um dem Baum den Garaus zu bereiten. Durch mangelnde Absatzzahlen ohnehin gefrustet, wollen sich die Weihnachtsbaum-Vertreter diese Schmach natürlich nicht gefallen lassen. Sie starten mit Finlayson einen Kleinkrieg, in dessen Verlauf sowohl Finlaysons Haus wie auch ihr eigener Wagen nach und nach in Schutt und Asche gelegt werden.

In THE BATTLE OF THE CENTURY flogen Sahnetorten, in YOU'RE DARN' TOOTIN' rissen sich die Leute gegenseitig ihre Hosen vom Leib, in TWO TARS mußten diverse Automobile dran glauben - doch all diese Gewalttätigkeiten nehmen sich im Vergleich mit BIG BUSINESS aus wie ein ausgelassener Kindergeburtstag gegenüber dem Zweiten Weltkrieg. Sicherlich nicht völlig unzutreffend stellt denn auch William K. Everson diesen Streifen, filmhistorisch gesehen, auf eine Stufe mit BIRTH OF A NATION: der eine ein Meilenstein im Bereich der Komödie, der andere auf dem Feld historischer Monumentalfilme. Sichtlich mit größtem Vergnügen geben sich die drei Hauptdarsteller hier einer völlig hemmungslosen Zerstörungslust hin, die sämtliche vorherigen, vermeintlich actiongeladenen Lustspiele auf einen Schlag ad absurdum führt. Angesichts des atemberaubenden Tempos bleibt dem Zuschauer kaum Zeit zum Luftholen. Zu schnell folgt eine Attacke auf die nächste. Dabei beginnt es zunächst ganz harmlos mit dem von Finlayson malträtierten Weihnachtsbaum. Getreu dem Motto "Kleinvieh macht auch Mist" beschäftigt sich Stan daraufhin schnitzenderweise am hölzernen Türrahmen von Finlaysons Eigenheim. Und auch, als er von diesem dabei ertappt wird, spielt sich der Konflikt zunächst weiter auf einem recht niedrigen Level menschlicher Aggressionsbereitschaft ab. So müssen erst einmal Ollies Taschenuhr, sein Hemd und die Krawatte daran glauben, während auf der Gegenseite Finlaysons Haustürklingel sowie das Telefon in Mitleidenschaft gezogen werden. Erst als Stan und Ollie die Faxen eigentlich schon dicke haben und mit dem Wagen davonfahren wollen, gerät Finlayson plötzlich in einen Sog des Wahnsinns. Ein abgerissener Autoscheinwerfer, elegant durch die Windschutzscheibe geschleudert, leitet das endgültige Inferno ein. Am Ende des Films suhlt sich der aggressive Hausbesitzer geradezu in den Trümmern des Automobils wie die berühmte Sau in der Suhle.

Mit BIG BUSINESS verbunden ist eine nette Anekdote, die Produzent Hal Roach immer wieder gerne zum besten gab. Demnach hatte ein Mitarbeiter auf der Suche nach einem passenden Bungalow für die Dreharbeiten zunächst rund ein halbes Dutzend Häuser in der Gegend um Culver City fotografiert. "Einer dieser Bungalows gehörte einem Kollegen aus den Studios. Ich machte mit ihm aus, er solle

Die Stummfilme

Big business

In Kürze vom Wahnsinn umzingelt:
Oliver Hardy, James Finlayson
und Stan Laurel

während der Dreharbeiten einfach in Urlaub fahren. Wir ließen dann jeden Abend jemand im Haus Wache halten und versprachen dem Betroffenen, dessen ramponiertes Heim bis zu seiner Rückkehr wieder komplett herzurichten. Dafür erhielt er eine Stange Geld. Der Regisseur bekam ein Foto von dem Haus ausgehändigt, und alle anderen Mitarbeiter folgten ihm in diversen Wagen zum Drehort. Ein anderes Haus, das einen Block von dem eigentlich vorgesehenen Bungalow entfernt lag, glich diesem bis ins Detail. 'Hier ist es', rief der Regisseur und ließ die Kolonne anhalten. Und als die Schlüssel nicht paßten, sagte er: 'Scheißegal, die Tür wird sowieso aufgebrochen!' Beim Drehen machten sie dann eine Menge Dinge, die so gar nicht im Buch standen. Sie fällten zum Beispiel Bäume, die laut Skript eigentlich gar nicht vorhanden waren. Aber das war ihnen völlig egal, schließlich gehörte das Haus ja einem Kollegen aus den Studios - sie würden ihm schon einen neuen Baum kaufen. Am vorletzten Drehtag aber fuhr plötzlich ein Mann mit seiner Familie vor. Die Frau fiel fast in Ohnmacht. Wir hatten das falsche Haus erwischt. So mußten wir letztlich für zwei Häuser blechen - für das ruinierte genauso wie für jenes, das wir gar nicht verwendet hatten."

Der Ehrlichkeit halber sei an dieser Stelle angemerkt, daß Stan Laurel diese Anekdote später nachdrücklich als Schwindelei hinstellte: "Der Typ, dem das Haus gehörte, war wirklich bei den Studios angestellt und arbeitete sogar an dem Film mit." Schade, das hätten wir eigentlich gar nicht wissen wollen... Wer sich übrigens vergewissern möchte, daß der Bungalow tatsächlich wieder ordnungsgemäß hergerichtet wurde, findet das Bauwerk im Stadtteil Cheviot Hills von Los Angeles. Die genaue Adresse lautet: 10 281, Dunleer Drive.

Seine deutsche Fernseh-Uraufführung erlebte der Film am 13.04.73 als ungekürzte "Dick und Doof"-Folge mit dem Titel VOM WAHNSINN UMZINGELT. In der DDR wurde er erstmals im November 1976 im Kino gezeigt: als 20minütige Beigabe zu anderen abendfüllenden Spielfilmproduktionen (Titel: DAS GROSSE GESCHÄFT).

Double whoopee

US-Veröffentlichung: 18.05.29
Originallänge: Zwei Akte
Produzent: Hal Roach/MGM
Buch: Leo McCarey
Regie: Lewis R. Foster
Zwischentitel: H. M. Walker
Kamera: George Stevens
Schnitt: Richard Currier
Darsteller: Stan Laurel,
Oliver Hardy,
Jean Harlow,
Charles Rogers,
Stanley Sandford,
Rolfe Sedan
u.a.

In einem First Class-Hotel am Broadway wird ein Ehrengast erwartet: der Prinz eines imaginären Staates. Zufälligerweise treffen exakt in dem Moment, als die Limousine des Prinzen vorfährt, auch Laurel und Hardy in der Nobelherberge ein. Sie werden daher zunächst mit dem Prinzen und dem ihn begleitenden Premierminister verwechselt. Doch der Irrtum klärt sich schnell auf, und so treten beide kurz darauf ihre neuen Jobs als Türsteher in dem Hotel an. Im Zuge ihrer Tätigkeit kommt es zu einigen unangenehmen Zwischenfällen. Hauptleidtragender ist der Prinz, der in seiner schicken Uniform mehrmals in einen völlig verdreckten Fahrstuhlschacht fällt. Als auf Stan und Ollies Initiative hin dann auch noch eine Keilerei zwischen den Hotelangestellten, einem Polizisten und einigen Gästen ausbricht, sind die beiden ihren Job wieder los.

DOUBLE WHOOPEE wirkt eher wie die Aneinanderreihung einiger guter und witziger Ansätze und weniger wie eine durchgängig strukturierte Komödie. Bisweilen hat man den Eindruck, den Verantwortlichen seien mitten in der Entwicklung mancher Gags die Ideen ausgegangen, derart unvermittelt brechen diese zum Teil ab. Besonders unangenehm macht sich dies vor allem in der Schlußszene bemerkbar, als ein ursprünglich nur zwischen Stan und Ollie bestehender Streit plötzlich eskaliert und auf die gesamte Hotelhalle übergreift. Während sich die Anwesenden dabei ausschließlich darauf beschränken, ihrem jeweiligen Gegenüber einen Finger ins Auge zu stoßen, wird plötzlich und unvermittelt ein Teller mit Essen ins Spiel gebracht. Dieser landet im Gesicht des soeben in der Halle eintreffenden Prinzen, und - schwupp, steuert das Ganze, quasi gewaltsam zurechtgebogen, auf den abschließenden Höhepunkt zu, als der Prinz zum wiederholten Male in den Lift steigen möchte und dabei erneut im Fahrstuhlschacht landet. Da paßt es nur ins Bild, daß Stan und Ollie just in diesem Augenblick in Zivilkleidung das Hotel verlassen. Frei nach dem Motto "Wir haben das Chaos erfolgreich entfacht, jetzt können wir gehen" wirkt dies auf den ersten Blick zwar ganz originell, geschieht aber - bezogen auf die bisherige Handlung - völlig unmotiviert. Denn trotz des allgemeinen Durcheinanders hatte sich bis dahin eigentlich niemand - und schon gar nicht der Hotelmanager - über die beiden derart aufgeregt, daß eine fristlose Kündigung die logische Folge gewesen wäre.

Dieses unbefriedigende Ende ist umso bedauerlicher, als der Anfang des Films einiges erwarten läßt. So bietet die Ankunft von Stan und Ollie im Hotel ein paar amüsante Routinegags: Ollies

Double whoopee

Auch als Hotelmitarbeiter geraten Stan und Ollie problemlos mit dem Gesetz in Konflikt

theatralische Gesten beim Eintrag ins Gästebuch, Stans Bemühungen, es ihm gleichzutun (wobei er es nicht schafft, parallel dazu den Hut abzunehmen) sowie die von ihm anschließend verursachten Tintenkleckse, unter denen der zuvor in Schönschrift zu Papier gebrachte Namenszug "Oliver Hardy" förmlich ertrinkt.

Noch mehr fürs Auge bietet eine Episode, in der eine "rassige" Blondine vorfährt und von Ollie zuvorkommend am Eingang begrüßt wird. Nur allzu gerne gewährt er der attraktiven Dame Geleitschutz bis zur Rezeption. Doch leider ist zuvor deren Kleid in der Autotür steckengeblieben, so daß sie die Hotelhalle nur äußerst spärlich bekleidet durchschreitet. Eine Szene, deren geballte Erotik so manchem der anwesenden Schauspieler den Schweiß auf die Stirn trieb, wie sich Rolfe Sedan später erinnerte. Er spielte in DOUBLE WHOOPEE den Mann an der Rezeption und war offenbar nicht der einzige, den der Anblick der damals 17jährigen Jean Harlow in Unterwäsche aus der Fassung brachte. "Wir wußten nicht, daß sie praktisch nackt in die Halle kommen sollte", erinnerte er sich später, "keiner wußte es. Wir waren total geschockt. Als sie an die Rezeption trat, brachte ich zunächst kein Wort heraus. Obwohl ich vorher schon in einigen freizügigen Burlesken mitgespielt hatte, hatte ich so etwas doch noch nie erlebt. Es haut dich total vom Hocker, wenn du überhaupt nicht darauf vorbereitet bist. Wir hatten das Ganze vorher gar nicht geübt. Du standest hinter deiner Rezeption, wartetest - und plötzlich stand sie halbnackt vor dir." Manch einem mag diese Schilderung im nachhinein recht übertrieben vorkommen. Obwohl die junge Blondine auch für heutige Betrachter durchaus einen sexy Anblick bietet, "vom Hocker hauen" wird er kaum noch jemanden. Dies dürfte ganz einfach daran liegen, daß sich Sedans Schilderung ausdrücklich auf den Moment bezog, als Jean Harlow zum ersten Mal leichtgeschürzt vor ihm auftauchte - und da soll sie noch einen fast durchsichtigen Slip getragen haben (dieser wurde von da an durch ein dezenteres Modell ersetzt).

Als DER PRINZ IM FAHRSTUHLSCHACHT flimmerte DOUBLE WHOOPEE am 19.03.71 erstmals (im Rahmen der "Dick und Doof"-Serie) und ungekürzt über die deutschen Fernsehbildschirme.

Bacon grabbers

Die Stummfilme

US-Veröffentlichung: 19.10.29
Originallänge: Zwei Akte
Produzent: Hal Roach/MGM
Buch: Leo McCarey
Regie: Lewis R. Foster
Zwischentitel: H. M. Walker
Kamera: George Stevens/ Jack Roach
Schnitt: Richard Currier
Darsteller: Stan Laurel, Oliver Hardy, Edgar Kennedy, Jean Harlow, Charles Hall, Harry Bernard u.a.

Als Mitarbeiter des örtlichen Sheriffs werden Stan und Ollie beauftragt, dem Eigenheimbesitzer Edgar Kennedy eine Pfändungsurkunde zu überbringen sowie dessen Radioapparat zu beschlagnahmen (ein Zwischentitel informiert uns darüber, daß Kennedy mit der Zahlung des Gerätes seit 1921 in Rückstand liegt). Natürlich handelt es sich bei dem Betreffenden um einen äußerst widerborstigen Zeitgenossen, so daß Stan und Ollie zunächst einmal größte Probleme haben, diesem das entscheidende Papier persönlich auszuhändigen. Als es ihnen schließlich doch gelingt, tragen sie stolz das voluminöse Radio aus dem Haus. In einem Moment der Unachtsamkeit setzen sie es mitten auf der Straße ab - Zeit genug für eine herannahende Dampfwalze, dem Gerät den Garaus zu bereiten. Während sich Kennedy noch köstlich darüber amüsiert, kommt seine Gattin nach Hause und berichtet ihrem Ehemann stolz, sie habe soeben den Rundfunkempfänger abgezahlt. Nun dürfen sich Laurel und Hardy lachend auf die Schenkel klopfen - doch nur so lange, bis die Dampfwalze erneut auftaucht und über ihren vor dem Haus geparkten Ford T hinwegrollt.

Außer dem Umstand, daß es sich hier um den ersten jener wenigen Filme handelt, in denen Laurel und Hardy auf der Seite des Gesetzes agieren, hat BACON GRABBERS nicht allzuviel Bemerkenswertes an sich. Von einer anfänglichen "Wir haben unseren Hut vergessen"-Routine über die obligatorischen Probleme beim Starten des Autos bis hin zum aktionsgeladenen Schluß vor Kennedys Haus bietet der Film solide Unterhaltung - nicht mehr und nicht weniger. Gelungen ist vor allem das furiose Finale, in dem Stan - auf einer zu kurzen Leiter stehend, die daher von Ollie hochgehalten wird - versucht, durch ein in der ersten Etage gelegenes Fenster in Kennedys Haus einzudringen. Als sei es nicht ohnehin schon schwierig genug, auf dem schlingernden Sprossenwerk die Balance zu halten, taucht plötzlich auch noch der Hausbesitzer im Fensterrahmen auf und drangsaliert Stan mit einem Staubwedel, um diesen vom Einstieg abzuhalten. Nicht zuletzt aufgrund der gelungenen Stunteinlagen ist diese Szene nahezu perfekt gelungen - hätten die Verantwortlichen nicht ein winziges Detail übersehen. So fehlt während dieser Auseinandersetzung im Bild plötzlich ein Ziegelstein, den Stan noch kurz zuvor direkt am Haus auf den Rasen hatte fallen lassen (mit diesem hatte er ursprünglich eine Fensterscheibe einwerfen wollen, ehe Ollie ihn davon abhielt).

Für die Fernsehausstrahlung wurde BACON GRABBERS, wie viele andere Laurel und Hardy-Filme auch, zu-

Die Stummfilme

Bacon grabbers

Ende einer Dienstfahrt: Stan und Ollies Wagen ist unter die Räder einer Dampfwalze geraten

nächst einmal kräftig verstümmelt. Als erstes gezeigt wurde am 12.3.71 der zweite Teil des Films, besser gesagt: ein Schnipsel aus dem, was sich eigentlich alles vor Edgar Kennedys Eigenheim abspielt. Letztlich dienten diese knapp fünf Minuten nur als Überleitung zu THEIR PURPLE MOMENT, der den Hauptbestandteil dieser "Dick und Doof"-Folge unter dem Titel DIE GELDGIERIGEN ausmachte. Kaum besser bestellt war es um den Beginn des Films, der im Büro des Sheriffs spielt und der den anschließenden Versuch der beiden Assistenten zeigt, ihr Auto in Gang zu bringen (gesendet als SKLAVEN DES REICHTUMS in einer "Dick und Doof"-Folge vom 20.08.71). Vollständig ausgestrahlt wurde der Film dann erstmals am 14.03.75 unter dem Titel DIE RÄCHENDE DAMPFWALZE innerhalb der Reihe "Zwei Herren dick und doof". Dieser bezog sich auf das Schlußbild des Films, in dem (im Anschluß an Edgar Kennedys Radioapparat) auch Stan und Ollies Ford T von einer Dampfwalze überrollt worden ist.

Angora love

Die Stummfilme

US-Veröffentlichung: 14.12.29
Originallänge: Zwei Akte
Produzent: Hal Roach/MGM
Buch: Leo McCarey
Regie: Lewis R. Foster
Zwischentitel: H. M. Walker
Kamera: George Stevens
Schnitt: Richard Currier
Darsteller: Stan Laurel,
Oliver Hardy,
Edgar Kennedy,
Charles Hall,
Harry Bernard
u.a.

Eine Ziege, die vor einem Tierfachgeschäft angebunden war und sich losgerissen hat, läuft Stan und Ollie über den Weg. Den beiden gelingt es nicht, das Tier loszuwerden. So nehmen sie es notgedrungen - und vom Pensionswirt unbemerkt - mit in ihr Hotelzimmer. Beim Zubettgehen verursachen die drei Zimmergenossen mehrmals einen derartigen Lärm, daß der direkt unter ihnen schlafende Hotelbesitzer jeweils aufgeschreckt wird und sie nachdrücklich zur Ruhe mahnt.

Als der Nachtruhe scheinbar nichts mehr entgegensteht, fühlen sich Stan und Ollie plötzlich von dem durchdringenden Geruch der Ziege gestört. Rasch wird das arme Tier einer ausgiebigen Wäsche unterzogen. Vom herabtropfenden Wasser alarmiert, liefert sich der Pensionswirt daraufhin mit seinen Gästen eine feuchte Auseinandersetzung. Ein herbeigeeilter Polizist entdeckt die Ziege und erinnert sich, daß der Besitzer der Tierhandlung gegen Unbekannt eine Anzeige wegen "Ziegen-Napping" erstattet hat. Als vermeintlichen Entführer nimmt er Stan und Ollies entnervten Gastgeber mit auf die Wache. Doch auch die beiden Freunde können sich nicht über die wiedererlangte Ruhe freuen: Kaum ist der Wachtmeister mit der Ziege verschwunden, krabbeln unter dem Bett drei frisch geborene Zicklein hervor.

ANGORA LOVE ist einer jener Filme, dessen Handlungsbeschreibung einem als Laurel und Hardy-Laie mit am bekanntesten vorkommt. Aus gutem Grund: Das Motiv, ein Tier im Hotelzimmer zu verstecken, findet sich noch in zwei weiteren Streifen des Duos (LAUGHING GRAVY, THE CHIMP). Alles in allem ist die Handlung jeweils fast identisch, wobei ANGORA LOVE (hinter LAUGHING GRAVY) von der Qualität her den Mittelplatz einnimmt. Daß er an diesen nicht ganz heranreicht, ist im wesentlichen auf die nur spärlich vorhandenen Toneffekte zurückzuführen - um den Krach angemessen darstellen zu können, mit dem sie den Pensionswirt zur Raserei treiben, ist ein Tonfilm ganz einfach besser geeignet. Doch auch die Handlungsabfolge erschien in der Neuauflage wesentlich schlüssiger. So wirkt es doch etwas weit hergeholt, als Stan im vorliegenden Streifen völlig unmotiviert den Drang verspürt, etwas für seine körperliche Ertüchtigung zu tun. Obwohl er und Ollie eigentlich schon im obligatorischen Doppelbett Platz genommen haben, springt er plötzlich auf und macht sich ohne erkennbaren Anlaß an einer Art Heimtrainer zu schaffen.

Besser gelungen ist da schon der Hauptgag, als die beiden mit viel Mühen endlich die Ziege in die Waschwanne bugsiert haben. Während sie der eingeschäumten Penelope

Die Stummfilme   **Angora love**

Zieglein, Zieglein an der Wand –
wer sind die Dümmsten im ganzen Land?

inbrünstig das Fell schrubben, klopft es plötzlich an der Tür. In der Annahme, der Pensionswirt begehre um Einlaß, verstecken sie schnell die Ziege in der Küche. Im nächsten Augenblick tunkt Ollie den Kopf seines Freundes in die Wanne – eine nächtliche Haarwäsche simulierend, die dem Herannahenden gegenüber als Begründung für den ständigen Lärm sowie die Überschwemmung herhalten soll. Doch natürlich ist es nur ein Hotelgast, der sich in der Tür geirrt hat. So findet Penelopes Bad – nach einem von Stans heftigen Weinkrämpfen – seine Fortsetzung. Kurze Zeit später steht jedoch der Pensionswirt persönlich in der Tür. Als Stan ihn erblickt (Ollie ist vollauf mit der Reinigung der Ziege beschäftigt), erinnert er sich an den Trick seines Freundes: Er zerrt das Tier aus der Wanne und drückt Ollies Haupt panisch unter Wasser. gleichfalls eine intensive Kopfwäsche simulierend – obwohl Edgar Kennedy schon längst mitbekommen hat, was hier tatsächlich gespielt wird. Und noch eine Szene ist erwähnenswert, vor allem, da sie im Remake nicht mehr auftaucht: Der Pensionswirt, durch den Krach aus dem über ihm liegenden Stockwerk alarmiert, richtet eine eindringliche Warnung an seine unruhigen Gäste: »Hier hat Ruhe zu herrschen, dies ist ein ehrenwertes Haus!«, raunzt er die beiden Freunde an. Im selben Augenblick sieht man hinter seinem Rücken eine junge Dame über den Flur huschen – im Schlepptau einen offensichtlich in Vorfreude auf eine intensivere zwischenmenschliche Begegnung begriffenen Matrosen!

Für die Fernsehpremiere in Form einer »Dick und Doof«-Folge wurde ANGORA LOVE um einige Minuten gekürzt: In der Episode mit dem Titel DIE NACHT DES GRAUENS, die am 21.05.71 zur Aufführung gelangte, fehlten die Eingangsszenen, in denen Stan und Ollie erstmals der Ziege begegnen.

Die Tonfilme (1929–1951)

Unaccustomed as we are	104
Berth marks	106
Men 'o war	108
The Hollywood Revue of 1929	110
Perfect day	111
They go boom	113
The hoose-gow	115
Rogue song	117
Night owls	118
Blotto	120
Brats	123
Below zero	125
Hog wild	127
The Laurel and Hardy murder case	129
Pardon us	131
Another fine mess	135
Be big	138
Chickens come home	140
The stolen jools	142
Laughing gravy	143
Our wife	146
Come clean	148
One good turn	150
Beau hunks	152
On the loose	154
Helpmates	155
Any old port	158
The music box	160
The chimp	162
County hospital	164
Pack up your troubles	166
Scram	169
Their first mistake	171
Towed in a hole	173
Twice two	175

The devil's brother 177
Me and my pal 181
The midnight patrol 183
Busy bodies 185
Wild poses 187
Dirty work 188
Sons of the desert 190
Hollywood Party 194
The private life of Oliver VIII. 195
Going bye-bye 196
Them thar hills 198
Babes in toyland 200
The live ghost 203
Tit for tat 205
The fixer-uppers 208
Bonnie Scotland 210
Thicker than water 213
The bohemian girl 215
Our relations 218
On the wrong treck 221
Way out west 222
Pick a star 226
Swiss miss 227
Blockheads 230
A chump at Oxford 233
The flying deuces 236
Saps at sea 239

Die späten Filme

Great guns 241
A-haunting we will go 243
Air raid wardens 246
Jitterbugs 248
The tree in a test tube 250
The dancing masters 251
The big noise 253
Nothing but trouble 255
The bullfighters 257
Atoll K 259

Unaccustomed as we are

Die Tonfilme

US-Veröffentlichung: 04.05.29
Originallänge: Zwei Akte
Produzent: Hal Roach
Buch: Leo McCarey
Regie: Lewis R. Foster
Dialoge: H. M. Walker
Kamera: George Stevens/
Len Powers/
John McBurnie/
Jack Roach
Schnitt: Richard Currier
Darsteller: Stan Laurel,
Oliver Hardy,
Mae Busch,
Thelma Todd,
Edgar Kennedy

Ollie hat überraschend seinen Freund Stan nach Hause zum Essen eingeladen. Leider kann sich seine Frau mit dieser Idee überhaupt nicht anfreunden, so daß sie wutentbrannt ihre Koffer packt und die beiden alleine in der Wohnung zurückläßt. Zum Glück gibt es da noch eine nette Nachbarin, die sich gerne dazu bereit erklärt, den Jungs ein leckeres Mahl zuzubereiten. Doch leider wird ihr Kleid durch einen Küchenbrand derart ruiniert, daß sie plötzlich nur noch in Unterwäsche dasteht. Als sie sich nach nebenan begeben möchte, um sich umzuziehen, kommt ihr Ehemann nach Hause. Und um die prekäre Situation auf die Spitze zu treiben, kehrt im selben Moment auch die reumütige Mrs. Hardy zurück. Zwar gelingt es Stan und Ollie noch, die leichtgeschürzte Nachbarin in einer Truhe zu verstecken, doch das Unheil ist nicht mehr aufzuhalten.

Gleich in ihrem ersten Tonfilm schöpfen Laurel und Hardy die Möglichkeiten des für sie neuartigen Mediums in vollem Umfang aus. Es wimmelt geradezu von akustischen Gags, und auch die Dialoge sind über weite Strecken brillant (nebenbei bemerkt, dürfte in kaum einem späteren Zweiakter der beiden derart viel geredet worden sein wie in diesem). Eine erste Kostprobe erhalten wir gleich zu Beginn, als Ollie und Stan im Hausflur Mrs. Kennedy begegnen, die ihnen später soviel Ärger bescheren wird. Während des ausgiebigen small talks mit seiner freundlichen Nachbarin beendet Ollie fast jeden Satz mit einem höflich angehängten "Mrs. Kennedy". Nachdem der Plausch vorüber und die Gesprächspartnerin in ihrer Wohnung verschwunden ist, klärt er Stan auf: "Das war Mrs. Kennedy." Alleine diese überflüssige Erläuterung aktiviert bereits das Zwerchfell der Zuschauer, doch setzt Stan mit seiner Antwort noch einen drauf: "Und ich habe mich schon gefragt, wer das wohl sein mag", grinst er zufrieden.

Doch auch die übrigen Darsteller dürfen mit gelungenen akustischen Beiträgen glänzen. So zum Beispiel, als Mrs. Hardy beim Eintreffen der beiden hungrigen Männer völlig die Beherrschung verliert und hysterisch herumschreit. Zwar wirft Ollie rasch den Plattenspieler an, um das Gezeter der Gattin zumindest ansatzweise zu übertönen, doch paßt diese sich spontan dem Rhythmus der Musik an und läßt ihre Tiraden im folgenden synchron zum Takt der Platte ab. Und auch Edgar Kennedy demonstriert, daß sich durch die richtige Betonung einzelner Sätze beim Zuschauer mehr erreichen läßt als durch das Einblenden mancher randvoll beschriebenen Stummfilm-Texttafeln. "Ihr müßt vorsichtig sein, wenn Ihr Eure Frau hinters Licht führen wollt", mahnt er die beiden Freunde, nachdem er mitbekommen hat, daß diese in der großen Holzkiste ein fremdes Frauenzimmer versteckt halten (natürlich weiß er nicht, daß es sich dabei um seine eigene Gattin handelt). "Ihr solltet mal abends mit mir kommen und meine Technik kennenlernen, die eigene Frau zu betrügen!", lacht Kennedy - nicht ahnend, daß seine Frau jedes Wort versteht und ihm selbst in Kürze ihre eigene (Schlag-) Technik vorführen wird.

Die Tonfilme **Unaccustomed as we are**

Stan nach erfolgreicher Beendigung eines off screen-Geräusches

Neben den Dialogen brilliert der Film jedoch noch durch eine zweite Sorte akustischer Gags, die wegweisend für viele nachfolgende Komödien sein sollte und heute zum Standardrepertoire nahezu jedes humoristischen Films zählt. Gemeint sind die »off screen«-Geräusche, die dem Zuschauer auf akustische Weise das vermitteln, was sich außerhalb des eigentlichen Bildausschnitts abspielt. Beispielsweise, als Stan und Ollie gegen Ende des Films essenderweise am Tische sitzen. Ollies Gattin hat sich schließlich doch noch erweichen lassen und den beiden etwas Leckeres gekocht. Doch die Aufmerksamkeit der Männer richtet sich auf das Geschehen in der Wohnung gegenüber, wo Edgar Kennedy gerade erfährt, welch »süßer Vogel« da wirklich in der Truhe gesessen hat. Lautes Geschreie, die Geräusche von zerspringendem Geschirr – mehr ist nicht nötig, um zu erfahren, was da vor sich geht. Indem die Kamera auf den eingeschüchtert am Tisch sitzenden Jungs verweilt, steigert sich die Komik der Szene um ein Vielfaches.

Seine deutsche Fernseherstausstrahlung erlebte UNACCUSTOMED AS WE ARE am 13.07.77 in einer um fünf Minuten gekürzten Fassung unter dem Titel DIE BRENNENDE NACHBARIN im Rahmen der Sendereihe »Zwei Herren dick und doof«.

Berth marks

Die Tonfilme

US-Veröffentlichung: 01.06.29
Originallänge: Zwei Akte
Produzent: Hal Roach
Buch: Leo McCarey
Regie: Lewis R. Foster
Dialoge: H. M. Walker
Kamera: Len Powers
Schnitt: Richard Currier
Darsteller: Stan Laurel,
Oliver Hardy,
Harry Bernard,
Charles Hall,
Baldwin Cooke
u.a.

Die Musiker Laurel und Hardy befinden sich auf dem Weg zu einem Auftritt in Pottsville. Nachdem sie fast den Zug verpaßt haben, verbringen sie im folgenden nahezu die gesamte Reise damit, in ihr Schlafwagenabteil zu gelangen. Nebenbei entfachen sie unter den übrigen Fahrgästen ein erhebliches Durcheinander. Als sie sich endlich zur Ruhe betten wollen, sind sie bereits am Zielbahnhof angelangt. Hastig springen sie aus dem Zug. In diesem zurück bleibt Ollies Cello - der Auftritt in Pottsville ist damit hinfällig geworden.

Gegenüber ihrem ersten Tonfilm stellt BERTH MARKS einen bedauerlichen Rückschritt dar. Nicht nur, daß die Handlung insgesamt äußerst dürftig wirkt (die Szene im Schlafwagen macht rund drei Viertel des gesamten Streifens aus und zieht sich in die Länge wie Kaugummi) - auch die Dialoge kann man, gelinde ausgedrückt, nicht gerade als spritzig bezeichnen. Nur in einer einzigen Szene zu Beginn des Films gibt es in dieser Hinsicht einen ganz netten Gag. Da möchte Ollie vom Schaffner wissen, ob der eingelaufene Zug nach Pottsville fährt. Wie

Die Tonfilme **Berth marks**

Foto Seite 106:
Aus den Augen, aber nicht
aus dem Sinn –
Stan und Ollie am Bahnhof

"Zwei Erwachsene und ein Cello
bis Pottsville, bitte!"

ein Maschinengewehr rattert der Bahnangestellte daraufhin sämtliche Zielbahnhöfe hinunter, ohne daß auch nur ein Wort zu verstehen ist.

Zwar hatte das Medium Tonfilm zum Termin der BERTH MARKS-Veröffentlichung bereits seinen weltweiten Siegeszug angetreten, doch war Mitte 1929 noch lange nicht jedes kleine Kino mit entsprechenden Apparaturen ausgestattet, um vertonte Streifen auch vorführen zu können. Da Roach vor allem kleineren Filmtheatern entgegenkommen wollte, ließ er insofern für eine gewisse Übergangszeit von manchen Filmen zusätzlich stumme Versionen drehen. Zu ihnen zählte auch BERTH MARKS.

In Deutschland war der Film als solcher nie im Kino zu sehen. Vor dem Krieg wurden von BERTH MARKS für den europäischen Markt jedoch parallel zur englischsprachigen Originalversion einige fremdsprachige Kurzfassungen (in deutsch, französisch und spanisch) dieses Filmes gedreht, die in den betreffenden Ländern später jeweils mit THE LAUREL AND HARDY MURDER CASE gekoppelt wurden (nähere Informationen siehe dort). Sie alle zeigen ausschließlich die Szenen im Schlafwagen.

So erfolgte die Deutschlandpremiere des kompletten Films (dann jedoch in einer synchronisierten Version) erst am 08.10.76 im Fernsehen - innerhalb der ZDF-Reihe "Zwei Herren dick und doof". Der Sendetitel lautete IN EINEM BETT.

Men 'o war

US-Veröffentlichung: 29.06.29
Originallänge: Zwei Akte
Produzent: Hal Roach/MGM
Regie: Lewis R. Foster
Dialoge: H. M. Walker
Kamera: George Stevens/ Jack Roach
Schnitt: Richard Currier
Darsteller: Stan Laurel,
Oliver Hardy,
Anne Cornwall,
Gloria Greer,
James Finlayson,
Henry Bernard
u.a.

Bei einem Spaziergang im Park treffen die Matrosen auf Landurlaub Stan Laurel und Oliver Hardy zwei junge Frauen. Sie laden die beiden zu einem Drink ein und spendieren ihnen anschließend auch noch eine Partie im Ruderboot. Der Umgang mit diesem Gefährt erweist sich für die beiden Seeleute jedoch als äußerst schwierig. Nach einigen Zusammenstößen mit anderen Booten erleben alle Beteiligten im wahrsten Sinne des Wortes ihren Untergang.

Die ersten zwei Drittel des Films zählen zum besten, was Laurel und Hardy je abgeliefert haben. Wie in UNACCUSTOMED AS WE ARE dominieren auch hier die Dialoge, die zwar relativ simpel, in Verbindung mit dem Spiel der beiden Hauptakteure allerdings gleichermaßen genial geraten sind. Wie pubertierende Jugendliche gebärden sich Stan und Ollie beispielsweise in der Eingangsszene. Gerade noch haben wir beobachtet, wie aus dem Korb einer Waschfrau ein weißes Damenunterhöschen zu Boden gefallen ist. Dies geschieht direkt hinter dem Rücken der beiden jungen Frauen, die in eine angeregte Unterhaltung vertieft sind. Stan und Ollie entdecken die Unterhose und schließen messerscharf, daß diese nur einem der Fräuleins gehören kann. Ollie versteckt das aufreizende Kleidungsstück auf dem Rücken und nähert sich den beiden. Eine von ihnen hat zufälligerweise soeben tatsächlich etwas verloren – ihre Handschuhe. Siegesgewiß spricht der Matrose sie an: »Kann es sein, daß Sie etwas verloren haben?« Verlegen lächelnd kommt die Antwort: »Ja: etwas Weißes mit Knöpfen dran – und so leicht anzuziehen.« Unsere Helden werfen sich einen vielsagenden Blick zu und können sich kaum noch halten vor Lachen. Erst recht nicht, als die Suchende ergänzt: »Sie können sich gar nicht vorstellen, wie ich mich ohne sie fühle.« Doch Ollie zeigt vollstes Verständnis: »Wie gut, daß es heute so warm ist.« Erst als die Getröstete ergänzt, sie habe das vermißte Stück kürzlich mit Benzin gereinigt, wird er für einen Moment stutzig. Doch rasch hat er sich gefangen und will gerade das bewußte Kleidungsstück hervorholen, da taucht plötzlich ein Polizist auf, der die Handschuhe gefunden hat und diese der jungen Frau aushändigt. Einer peinlichen Konfrontation nur knapp entronnen, wirft Ollie das »heiße Höschen« daraufhin achtlos ins Gebüsch.

Als ähnlich diffizil entpuppt sich der anschließende Besuch in der Eisdiele. Ohne sich vorher genauer über die gemeinsame Barschaft zu informieren, hat Ollie die Frauen zum Drink eingeladen. Im letzten Moment weist Stan ihn darauf hin, daß sie lediglich über 15 Cents verfügen. Da hat Ollie eine glänzende Idee: Bei einem zu erwartenden Preis von fünf Cents pro Getränk soll Stan auf seinen Drink verzichten. »Wenn ich dich frage, was du trinken möchtest, sagst du ganz einfach, du hättest keinen Durst«, erläutert er ihm den Plan. Stan nickt verständnisvoll und folgt dem Freund an die Bar. Dort wissen die beiden Eingeladenen bereits, was sie gerne hätten: »Zwei Soda.« Ganz der Gentleman, schreitet Ollie die Reihen noch einmal nachdrücklich mit seinem Zeigefinger ab: »Soda, Soda, und ...« - auf sich selbst deutend - »... Soda.« Dann wendet er sich an Stan: »Und was möchtest du?« Dieser grinst freudig: »Soda!« Sichtlich gereizt, entschuldigt sich Ollie kurz bei den Frauen und bittet seinen Kollegen

Die Tonfilme — **Men 'o war**

Stan holt sich das nötige Geld aus dem Spielautomaten

nach draußen. Dort macht er Stan nochmals klar, daß dieser das Angebot nach einem Getränk gefälligst abzulehnen hat. Stan gelobt Besserung, und so startet Ollie hoffnungsvoll einen zweiten Versuch. Doch auch diesmal bestellt Stan ein Soda, womit er Ollie verständlicherweise an den Rand des Wahnsinns treibt. "Du hörst ja nicht auf, zu fragen", rechtfertigt sich der Beschuldigte. Beim dritten Mal schließlich hat er es dann aber ganz offensichtlich begriffen: "Danke, ich möchte nichts" sagt er und blickt Ollie angesichts seiner persönlichen Selbstkasteiung stolz an. Doch da mischt sich plötzlich eine der beiden Damen ein: "Seien Sie doch kein Spielverderber!" Na gut, denkt Stan, und läßt sich nicht zweimal bitten: "Dann hätte ich gerne einen Banana Split!" Dafür würde das Geld aber natürlich niemals reichen, und so kann Ollie den Freund noch schnell davon überzeugen, daß ein gemeinsam geteiltes Sodawasser sicherlich einen viel höheren Genuß bereiten wird. "Du darfst deinen Teil auch zuerst trinken", verspricht er Stan. Der greift daraufhin zufrieden zum Glas und leert es in einem Zug. Fassungslos blickt Ollie den Partner an. "Warum hast du das getan?" fragt er, immer noch um Fassung ringend. "Ich konnte nichts dafür", entschuldigt sich Stan und bricht in Tränen aus, "meine Hälfte war unten."

Bei der Aufnahme von MEN 'O WAR hatten die Verantwortlichen mit Problemen zu kämpfen, die sie aus der Stummfilmzeit überhaupt nicht gewohnt waren. Da nämlich nahezu der gesamte Film (abgesehen von der Episode in der Bar) in einem öffentlichen Park gedreht wurde, fingen die Mikrofone während der Arbeiten des öfteren auch die Lacher der herumstehenden, neugierigen Parkbesucher ein. Diese wollen sich das Spektakel, bei einem Laurel und Hardy-Film zuschauen zu können, selbstverständlich nicht entgehen lassen.

Nach dem Krieg war der Film in deutschen Kinos unter dem Titel DICK UND DOOF, DIE VOLLMATROSEN zu sehen. Als BLAUE JUNGS IN SCHWIERIGKEITEN wurde er am 11.09.70 innerhalb der Reihe "Dick und Doof" erstmals und ungeschnitten auch im deutschen Fernsehen gezeigt.

The Hollywood Revue of 1929

Die Tonfilme

US-Veröffentlichung: 23.11.29
Originallänge: Zwölf Akte (120 Min.)
Produzent: Harry Rapf / MGM
Regie: Charles F. Riesner
Dialoge: Al Boasberg /
Robert E. Hopkins
Kamera: Maximilian Fabian /
John M. Nickolaus /
John Arnold /
Irving G. Ries
Schnitt: William S. Gray /
Cameron K. Wood
Darsteller: Jack Benny,
Joan Crawford,
John Gilbert,
Cliff Edwards,
Stan Laurel,
Oliver Hardy,
Buster Keaton
u.a.

Hokus, Pokus, Fidibus – Stan und Ollie bau'n nur Stuß

Stan und Ollie geben in diesem Film eine Einlage als Zauberer. Dabei sorgt Stan dafür, daß sämtliche, von seinem Partner sorgfältig vorbereitete Kunststücke mißlingen. Zu guter Letzt landet Ollie auch noch in einer Torte.

Beim Aufkommen der Ton- und Farbfilmeuphorie wollten die großen Hollywood-Produktionsfirmen mit aufwendigen Revuen ihr jeweiliges Können unter Beweis stellen. MGM schickte THE HOLLYWOOD REVUE OF 1929 ins Rennen, ein insgesamt recht flaches Machwerk. Dabei treten Laurel und Hardy nur als Beigabe inmitten zahlreicher anderer bekannter Darsteller auf. Sie sollten dem Ganzen einen komischen Touch geben und wurden insofern quasi erst in letzter Sekunde in den Film »eingebaut« (wobei ihre Szenen, im Gegensatz zum übrigen Film, in schwarz/weiß gedreht wurden). Für den deutschen Markt wurde sogar eine deutschsprachige Version des Streifens mit dem Titel WIR SCHALTEN UM AUF HOLLYWOOD hergestellt, in der Laurel und Hardy allerdings nicht vertreten waren. Diese Fassung erregte sogar den Unmut der deutschen Zensoren, da eine im Himmel spielende Sequenz des Films angeblich »eine Verhöhnung des katholischen Jenseits-Glaubens« darstellte. Die entsprechenden Stellen mußten daraufhin für das deutsche Publikum bis zur Premiere am 10.06.31 herausgeschnitten werden.

Die Tonfilme # Perfect day

US-Veröffentlichung: 10.08.29
Originallänge: Zwei Akte
Produzent: Hal Roach/MGM
Buch: Hal Roach/
Leo McCarey
Regie: James Parrott
Schnitt: Richard Currier
Darsteller: Stan Laurel,
Oliver Hardy,
Kay Deslys,
Isabella Keith,
Edgar Kennedy,
Harry Bernard,
Clara Guiol,
Baldwin Cooke
u.a.

Gemeinsam mit ihren Frauen und dem gichtgeplagten Onkel wollen Stan und Ollie zum Picknick ins Grüne fahren. Durch einige unvorhergesehene Zwischenfälle verzögert sich die Abfahrt jedoch erheblich. Als sich das Auto mit seinen ungeduldigen Passagieren dann endlich doch in Bewegung setzt, endet der Ausflug bereits hinter der ersten Straßenecke in einem Schlammloch.

Wohl kaum ein zweiter Laurel und Hardy-Film mutet dem Zuschauer eine derartige Anhäufung von Frustrationen zu wie PERFECT DAY. Wirklich alles geht an diesem schönen Sonntagmorgen schief. Gleich zu Beginn landet ein Haufen leckerer Sandwiches auf dem Wohnzimmerfußboden, von Stan und Ollie zuvor liebevoll auf einem Tablett zurechtgestapelt. "Accidents will happen" ("Ein Unfall kann schon mal passieren") versucht Mrs. Hardy ihren Gatten zu beschwichtigen, der den am Debakel nicht ganz schuldlosen Stan wütend mit Sandwichresten attackiert. Zweifellos eine gelungene Variante, Katastrophen dezent zu umschreiben - und gleichzeitig ein eindrucksvolles Zeugnis ihrer (in anderen Filmen offenbar stark unterdrückten) weiblichen Fürsorge.

Nachdem die Toastscheiben und der dazugehörige Belag auf nicht gerade appetitanregende Weise wieder eingesammelt und neu zusammengefügt worden sind, kann es endlich losgehen. Könnte, sollte man besser sagen, denn im folgenden setzt es für alle Beteiligten eine Reihe schmerzlicher Rückschläge. Wörtlich gilt dies vor allem für Onkel Edgars bandagierten Fuß, der von Stan wiederholt einer harten Belastungsprobe unterzogen wird. Doch auch Mr. Laurel selbst kommt auf Dauer nicht ungeschoren davon. So fragt Ollie, aufgrund ständiger Pannen bereits am Rande eines Nervenzusammenbruchs stehend, seinen Freund einmal verzweifelt: "Warum unternimmst du denn nichts, um mir zu helfen?" (Ein geflügeltes Wort, welches hier von Stan erstmals als ultimative Aufforderung zum Begehen weiterer Mißgeschicke verstanden wird und das seitdem zu einem festen Bestandteil zahlreicher Laurel und Hardy-Filme avancierte). Leichtsinnigerweise fordert er seinen Freund im gleichen Atemzug dazu auf, die Kupplung "herauszunehmen", was dieser natürlich wörtlich nimmt. Völlig entgeistert greift sich Ollie daraufhin das herausgerissene Kupplungspedal und haut es Stan vehement auf den Kopf. Das dabei zu vernehmende Geräusch zählt zu den gelungensten Soundeffekten der gesamten Filmgeschichte: Stans offenbar hohler Schädel scheint mit einer derart kräftigen Metallegierung versehen zu sein, daß es klingt, als habe soeben ein Küchenchef mit dem Gong zum Essen gerufen.

Ebenfalls gut gelungen ist die zwischenzeitliche Konfrontation mit einem Nachbarn. Gerade noch hat man sich noch herzlich voneinander verabschiedet, da erfährt die gutnachbarschaftliche Beziehung auch schon einen herben Dämpfer. Voller Wut wirft Ollie nämlich den (eigentlich für Stan bestimmen) Wagenheber in die Scheibe des Nachbarhauses. Anstatt das kleine Mißgeschick gelassen zur Kenntnis zu nehmen und sich höflich nach Ollies persönlicher Haftpflichtversicherung zu erkundigen, besinnt sich der Herr von nebenan daraufhin

Perfect day

Zu Hause schmeckt's halt doch am besten

seiner niedersten Instinkte und holt zum Gegenschlag aus. Im Nu entwickelt sich ein munteres Scheibeneinwerfen, das jedoch durch den herannahenden Pfarrer ein ebenso abruptes Ende findet. Denn am heiligen Feiertag, zumindest darin sind sich die Kontrahenten einig, darf sich niemand öffentlich irgendwelchen Vergnügungen hingeben (und schon gar nicht einer kindischen Keilerei).

Geradezu Kultstatus erreicht haben in Fankreisen übrigens jene Szenen, in denen sich die Ausflügler wiederholt und in überschwenglichem Maße von ihren Nachbarn verabschieden. "Good bye" tönt es gleich dutzendfach über die Gartenzäune, sobald sich das Auto mit unseren Freunden auch nur annähernd in Bewegung setzt. Ebenso enthusiastisch fällt der Abschied der Fahrzeuginsassen aus, was durch ausgiebiges Winken und Hüteschwenken optisch eindrucksvoll unterstützt wird. Diese gelungene Persiflage gesellschaftlicher Rituale begegnet auch heute noch jedem, der an einem Treffen der "Sons of the desert" teilnimmt, wie sich die Laurel und Hardy-Fans weltweit bezeichnen. In Extremfällen werden sogar Personen, die sich nur kurz zur Toilette begeben möchten, mit einem donnernden "Good bye" verabschiedet, derart tief haben sich die entsprechenden Szenen aus PERFECT DAY in die Herzen der "Fachleute" eingegraben.

Als ausnahmsweise rundum gelungen muß in dieser Beziehung auch die deutsche Synchronfassung bezeichnet werden, die unter dem Titel DER SPORT AM SONNTAG innerhalb der Reihe "Dick und Doof" erstmals am 02.03.73 im Fernsehen zu sehen war (wobei sich der Sendetitel auf den Hardy-Solofilm GOLF aus dem Jahre 1922 bezog, aus dem ein fünfminütiger Ausschnitt zu sehen war). Die Wirkung, die die gedehnte Abschiedsformel "Auf Wiedersehen" beim Zuschauer hervorruft, steht der des Originals in nichts nach. Wer daran zweifelt, dem sei ein Experiment empfohlen: Verabschieden Sie sich im Anschluß an das nächste Treffen in Ihrem Freundes- oder Bekanntenkreis von den übrigen Gästen einmal mit einem überschwenglichen, dreifach wiederholten "Auf Wiedersehen". Dabei gilt es, die erste und dritte Silbe des Wortes "Wiedersehen" deutlich zu betonen. In Verbindung mit Ihrem fröhlichem, ausgelassenem Winken wird der herzliche Abschied bei den anderen garantiert zahlreiche Lacher provozieren.

Die Tonfilme

They go boom

US-Veröffentlichung: 21.09.29
Originallänge: Zwei Akte
Produzent: Hal Roach/MGM
Buch: Leo McCarey
Regie: James Parrott
Schnitt: Richard Currier
Musik: William Axt/ S. Williams
Darsteller: Stan Laurel, Oliver Hardy, Charles Hall, Sam Lufkin

Wieder einmal hat es Stan und Ollie in das Doppelbett eines Hotelzimmers verschlagen. Von einer angenehmen Nachtruhe kann jedoch keine Rede sein, da Ollie unter einer starken Erkältung leidet. Stan, statt dem Freund tatsächlich zu helfen, fügt Ollies Gesundheitszustand durch diverse ungeschickte Aktionen weiteren Schaden zu. Und als die beiden die (Luft-) Matratze ihres Bettes schließlich aus Versehen mit Gas auffüllen, kommt es nach einem von Ollies Niesanfällen sogar zur Demontage des gesamten Zimmers.

In Anbetracht der Tatsache, daß er gar keine richtige Handlung aufweist, bietet THEY GO BOOM durchgängig recht amüsante Unterhaltung. Neben Routinegags wie dem von der Wand fallenden Bild und einer tropfenden Wasserleitung sind vor allem zwei pantomimische Soloeinlagen der beiden Hauptakteure äußerst witzig gelungen. Zunächst hat Stan mit einem klebrigen Fetzen Papier zu kämpfen, das auf dem Küchenfußboden liegt und an seinem Strumpf hängen bleibt. Zwar kann er diesen mit Mühe von dort entfernen, doch bleibt ein schmieriger Belag zurück, der den Strumpf im wahrsten Sinne des Wortes untragbar macht. Clever wie er nun einmal ist, kehrt Stan die Innenseite das Strumpfes daraufhin nach außen und streift sich das Kleidungsstück entsprechend seitenverkehrt über die Zehen. Dadurch hat er auf seine ganz persönliche Art die Gefahr gebannt, eventuell auf den Fußbodenkacheln kleben zu bleiben (daß auf diese Weise sein Fuß später wahrscheinlich nie mehr vom Strumpf zu lösen sein wird, ist da völlig nebensächlich).

Wenig später hat auch Ollie ein kleines Problem textiler Art, als ein Pflaster an der Rückseite seines Pyjamas hängenbleibt. Der hilfsbereite Stan entfernt es mit einem kräftigen Ruck - etwas zu heftig freilich, denn außer dem Pflaster hält er plötzlich auch noch einen größeren Pyjamafetzen in der Hand. Nachdem der mit dem Rükken zum Fenster stehende Ollie den obligaten, indignierten Blick in die Kamera geschickt hat, zieht er geistesgegenwärtig erst einmal die Jalousie herunter, um möglichen Voyeuren keine Angriffsfläche zu bieten. Erst dann wird ihm bewußt, daß in dieser Beziehung vielleicht auch noch von anderer Seite Gefahr droht. Verlegen ins Publikum lächelnd, rutscht er daher mit seinem Hinterteil erst einmal an der Küchentür entlang, bevor er nebenan verschwindet und sich rasch einen Morgenmantel überzieht.

Beim Drehen der abschließenden Explosionsszene, in der das mit Gas gefüllte Bett in die Luft geht, war übrigens keiner der Schauspieler ernsthaft in Gefahr. Denn weder kamen hier die gewohnten Stan und Ollie-

They go boom

Die Tonfilme

Der sichtlich verschnupfte Ollie bittet Stan nachdrücklich, ihm ein Fußbad zuzubereiten

Doubles zum Einsatz (wer genau hinschaut, sieht, daß sich im entscheidenden Moment in Wirklichkeit niemand auf der aufgeblähten Matratze befindet), noch befand sich tatsächlich Gas in der Matratze. Das ließen die Feuervorschriften auch gar nicht zu. So füllten die Verantwortlichen die Ruhestatt mit ganz normaler Luft. Damit diese dennoch bühnenreif explodieren konnte, durften drei erfahrene Studiomitarbeiter mit ihren Gewehren Aufstellung nehmen. Auf das Kommando des Regisseurs bereiteten sie dem ungewöhnlichen Luftballon dann ein eindrucksvolles Ende. Zu sehen bekamen es deutsche Laurel und Hardy-Fans erstmals am 11.05.73 als ungekürzten Bestandteil der "Dick und Doof"-Folge mit dem Titel DAS FEUCHTE HOTELBETT.

Die Tonfilme

The hoose-gow

US-Veröffentlichung: 16.11.29
Originallänge: Zwei Akte
Produzent: Hal Roach/MGM
Buch: Leo McCarey
Regie: James Parrott
Kamera: George Stevens/
Len Powers/
Glenn Robert Kershner
Schnitt: Richard Currier
Ton: Elmer Raguse
Musik: William Axt/
S. Williams
Darsteller: Stan Laurel,
Oliver Hardy,
Stanley Sandford,
James Finlayson,
Ellinor Van Der Veer,
Retta Palmer,
Leo Willis,
Dick Sutherland
u.a.

Wieder einmal wandern Stan und Ollie hinter schwedische Gardinen. Nachdem ihnen ein Fluchtversuch mißlungen ist, werden sie zum Arbeitseinsatz auf einer Straßenbaustelle abkommandiert. Dort hat sich für den Nachmittag zu Inspektionszwecken eine Delegation unter Leitung des Gouverneurs (James Finlayson) angekündigt. Als Ollie aus Versehen mit einer Spitzhacke ein Leck in den Autokühler des Gouverneurs schlägt, schüttet er auf Anraten eines Mithäftlings zum Abdichten einige Kilo Reis in den Kühler. Als der Gouverneur kurz darauf zum Wagen zurückkehrt und der Motor angeworfen wird, ergießt sich eine riesige Reisfontäne auf die Straße. Ein Polizist entlarvt Stan und Ollie als die Übeltäter - der Anlaß für eine derbe Reisschlacht ist gefunden, an der sich alle Umstehenden beteiligen.

Der Film hinterläßt beim Betrachter einen zwiespältigen Eindruck. Zwar sind die einzelnen Szenen durchaus logisch miteinander verknüpft und gibt es auch einige nette Gags zu bewundern. Doch insgesamt wirken manche Stellen aus THE HOOSE-GOW wie ein etwas lau geratener Aufguß aus früheren Filmen des Duos. Bestes Beispiel ist die abschließende Reisbrei-Orgie, die wir mit Torten in THE BATTLE OF THE CENTURY oder mit Schlamm in SHOULD MARRIED MEN GO HOME? zuvor bereits in witzigerer Form gesehen haben. Im vorliegenden Streifen ist das alles etwas zu zäh inszeniert und außerdem zu dialoglastig geraten (was aber nicht heißen soll, daß es in dieser Szene nichts zu lachen gibt). Und auch eine andere Idee war etwa eineinhalb Jahre zuvor deutlich besser umgesetzt worden. So haben Stan und Ollie im vorliegenden Streifen während der Mittagspause am Tisch des Aufsehers Platz genommen, der soeben zum Telefon gerufen wurde und insofern nichts davon mitbekommt (an dem Tisch, an dem sie neben den übrigen Gefangenen hätten sitzen können, war nichts mehr frei). Als säßen sie im feinsten Speiselokal (ihr Tisch ist ja tatsächlich reichhaltig gedeckt und sogar mit einem Tischtuch versehen), lassen sich die beiden Ahnungslosen nieder. Stan würzt die Suppe mit etwas Pfeffer nach und vergißt dabei, den Deckel des Pfefferstreuers wieder zuzuschrauben. Als Ollie es ihm nachtun möchte, landet folglich der gesamte Inhalt des Behälters auf seinem eigenen Teller. In YOU'RE DARN TOOTIN' hatte das Spiel anschließend mit Salzstreuer und Ketchupflasche noch eine Fortsetzung erfahren, diesmal jedoch wird der Gag unverständlicherweise auf halber Strecke "abgewürgt".

Wesentlich besser geraten sind da schon jene Szenen, die mehr leisten, als lediglich alte Gags zu "recyceln".

The hoose-gow

Die Tonfilme

So etwa die Episode um den mißlungenen Ausbruchsversuch zu Beginn des Films. Er erinnert vom Aufbau her zwar ebenfalls an ein Laurel und Hardy-Frühwerk (THE SECOND HUNDRED YEARS, der in demselben Gefängnis spielt), ohne dieses allerdings "originalgetreu" zu kopieren. Während die beiden damals noch, als Anstreicher verkleidet, relativ problemlos das Weite suchen konnten, schlägt die Aktion diesmal fehl (der Logik eines Laurel und Hardy-Films entsprechend nicht etwa *obwohl*, sondern *weil* die Flucht zuvor von langer Hand geplant war). Dabei wäre die Flucht trotz allem fast noch gelungen - hätte Stan, von dem unachtsamen Wachtmeister gemeinsam mit Ollie für ein paar Sekunden ausgesperrt, nicht derart nachdrücklich von außen an das Anstaltstor geklopft und um erneuten Einlaß gebeten!

"Das nächste Mal nehmen Sie besser Reis im Beutel!"

Daß Stan ihm jedesmal ordentlich zusetzte, daran hatte sich Ollie im Laufe ihrer gemeinsamen Arbeit natürlich längst gewöhnt (zumal es im Drehbuch auch so vorgesehen war). Doch in THE HOOSE-GOW kamen für ihn zu den gespielten Schmerzen noch einige äußerst unangenehme, weil reale Blessuren hinzu. Dies geht zumindest aus dem Pressematerial hervor, welches zu dem Film veröffentlicht wurde. Demnach hinterließ eine Szene, in der Stan ihm mit der Spitzhacke ins Hinterteil piekst, bei dem armen Ollie eine stattliche Anzahl Narben. Denn nachdem eine Gummi-Hacke nicht den erwünschten, realistischen Effekt bewirkt hatte, mußte Stan zu einem richtigen Modell mit Eisenspitze greifen. Diese fuhr Ollie, der sein Hinterteil in der betreffenden Szene etwas zu tief senkte, dann tatsächlich ins Fleisch. Als der Gepeinigte daraufhin mit einem schmerzerfüllten Schrei aus dem Graben gesprungen sei, so die Presseveröffentlichung, hätten alle Umstehenden kräftig gelacht. Sie konnten schließlich nicht das ahnen, was in diesem Moment nur Stan und Ollie wußten: daß der Schmerz echt und keinesfalls gespielt war.

Gekoppelt mit einem Ausschnitt aus dem Laurel-Solowerk DETAINED aus dem Jahre 1924 war der Film im deutschen Fernsehen synchronisiert und ungekürzt erstmals innerhalb der "Dick und Doof"-Reihe des ZDF zu sehen. Die Sendung mit dem Titel UNSCHULDIG HINTER GITTERN wurde am 30.10.70 ausgestrahlt.

Die Tonfilme   **Rogue Song**

US-Veröffentlichung: 17.01.30
Originallänge: Zwölf Akte (115 Min.)
Produzent: Irving G. Thalberg/ MGM
Buch: Frances Marion/ John Colton
Regie: Lionel Barrymore
Kamera: Percy Hilburn/ C. Edgar Schoenbaum
Schnitt: Margaret Booth
Darsteller: Lawrence Tibbett, Catherine Dale Owen, Stan Laurel, Oliver Hardy u.a.

Ali-Bek und Murza-Bek in Schwierigkeiten

Der singende Bandit Yegor, der gegen die Kosaken kämpft, verliebt sich in Prinzessin Vera. Nachdem er ihren Bruder getötet hat, entführt er sie. Die Prinzessin kann entkommen und läßt Yegor verhaften. In der Gefangenschaft gelingt es ihm aber zu guter Letzt doch noch, die Prinzessin durch seinen betörenden Gesang für sich zu gewinnen.

ROGUE SONG war der erste MGM-Film für den damaligen Opernstar Lawrence Tibbett. Das Epos war bereits fertiggestellt, als Laurel und Hardy ins Spiel gebracht wurden. Erste Voraufführungen hatten nämlich ergeben, daß der Film beim Publikum nicht allzu gut ankam. Da Lawrence Tibbett zudem außerhalb Amerikas kaum bekannt war, engagierte man als gleichsam lustige wie populäre »Zugpferde« Laurel und Hardy, um mit diesen nachträglich ein paar zusätzliche Szenen zu drehen. Darin treten die beiden als Tibbetts Wegbegleiter Ali-Bek (Stan) und Murza-Bek (Ollie) auf. In Deutschland wurde ROGUE SONG, in der Originalfassung und mit deutschen Untertiteln versehen, unter dem Titel BANDITENLIED aufgeführt. Bis am 03.06.31 im Berliner »Capitol« die deutsche Premiere stattfinden konnte, mußte sich der Film allerdings gleich zwei Prüfungen der Zensoren unterziehen. Schließlich gelangte er in einer um rund fünf Minuten gekürzten Fassung in die Kinos. Das Fachblatt »Der Film« zeigte sich damals von Stan und Ollies Spiel sehr angetan: »Die beiden Komiker Dick und Dof bleiben schauspielerisch die Stars des Films. Man kann sich nicht sattsehen an ihrer gegensätzlichen Blödelei. Jede ihrer Episoden war ein Schlager für sich.« Leider bleibt heutigen Interessenten dieses Vergnügen verwehrt: ROGUE SONG gilt, bis auf wenige Ausschnitte, als verschollen.

Night owls

Die Tonfilme

US-Veröffentlichung: 04.01.30
Originallänge: Zwei Akte
Produzent: Hal Roach/MGM
Buch: Leo McCarey
Regie: James Parrott
Dialoge: H. M. Walker
Kamera: George Stevens
Schnitt: Richard Currier
Ton: Elmer Raguse
Darsteller: Stan Laurel,
Oliver Hardy,
Edgar Kennedy,
James Finlayson,
Anders Randolph
u.a.

Ein Polizist (Edgar Kennedy) kämpft um die Anerkennung des Polizeichefs. In seinem Revier, in dem auch der Vorgesetzte wohnt, wurden bereits mehrere Dutzend Einbrüche verübt, ohne daß er auch nur einen hat aufklären können. Um der drohenden Entlassung zu entgehen, engagiert er Stan und Ollie. Kennedy nötigt die beiden, in die Villa des Polizeichefs einzusteigen, um sie dort als Einbrecher auf frischer Tat verhaften zu können. Andernfalls, so droht er, werde er sie wegen Landstreicherei hinter Gitter bringen. Notgedrungen lassen sich Stan und Ollie auf diesen Handel ein, zumal der Polizist verspricht, daß sie im Falle des Gelingens ihrer Mission schon bald wieder frei sein werden. Natürlich geht der nächtliche Einbruch anders über die Bühne als erhofft: Während unsere beiden Freunde in letzter Sekunde entkommen können, wird an ihrer Stelle der Polizist als vermeintlicher Gauner verhaftet.

NIGHT OWLS lebt von Geräuscheffekten und erscheint insofern zunächst als ein gelungener Versuch, die Möglichkeiten des seinerzeit nach wie vor recht neuartigen Mediums Tonfilm auszunutzen. Die "optische Komponente" ist allerdings zu langatmig geraten, um den Streifen insgesamt über ein durchschnittliches Niveau (bezogen auf die Gesamtheit der Laurel und Hardy-Filme) anheben zu können. Wenn es auch in manch anderen Filmen gut gegangen sein mag, haben die beiden das "Melken" einer einzigen Situation hier doch ein wenig übertrieben - eine runde Viertelstunde, alleine um das Eindringen der zwei ungeübten Einbrecher in die Villa des Polizeichefs zu zeigen, ist ganz einfach zu viel des Guten.

Dennoch bietet NIGHT OWLS, vor allem in Verbindung mit den erwähnten Geräuscheffekten, einige amüsante Momente. Zum Beispiel, nachdem Stan und Ollie unter erheblichem Geräuschaufwand über eine hohe Mauer in den Garten ihres Opfers geklettert sind. James Finlayson, der den Butler des Polizeichefs mimt, öffnet mißtrauisch das Fenster und versucht, die Störenfriede zu identifizieren. Als hätten sie nie etwas anderes gelernt, bieten die Eindringlinge daraufhin ein lebensechtes Katzengejammer - und zwar derart originalgetreu, daß der Butler zum obligatorischen Pantoffel greift, um dem markerschütternden Gejaule ein Ende zu bereiten. Erwartungsgemäß landet das Geschoß an Ollies Schädel. So fühlt sich Stan spontan herausgefordert, den Hausschuh (nicht ganz katzengemäß) postwendend durchs Fenster zurückzuschicken.

NIGHT OWLS erlebte seine deutsche Fernsehpremiere fast auf den Tag genau 43 Jahre nach seiner erstmaligen Veröffentlichung, am 12.01.73. In-

Die Tonfilme   **Night owls**

Auf der Mauer, auf der Lauer:
Zwei "Nachteulen" in Zivil

nerhalb der ZDF-Reihe "Dick und Doof" wurde er ungekürzt gezeigt, wobei sich der Sendetitel GIB MIR DEN HAMMER in erster Linie auf einen Ausschnitt des Laurel-Solofilms WHITE WINGS bezieht. Dieser wurde in der betreffenden Folge NIGHT OWLS vorangestellt. Darin muß Stan vor einem Polizisten fliehen, den er durch kuriose Umstände auf einem Jahrmarkt mit einem Holzhammer narkotisiert und anschließend zahnärztlich behandelt. Da auch in NIGHT OWLS ein Hammer eine winzige Rolle spielt (er wird dort nur in einem Satz erwähnt), schien den ZDF-Verantwortlichen der recht merkwürdig anmutende Sendetitel offenbar gerechtfertigt.

Blotto

US-Veröffentlichung: 08.02.30
Originallänge: Drei Akte
Produzent: Hal Roach/MGM
Buch: Leo McCarey
Regie: James Parrott
Dialoge: H. M. Walker
Kamera: George Stevens
Schnitt: Richard Currier
Ton: Elmer Raguse
Musik: LeRoy Shield/ Marvin Hatley
Darsteller: Stan Laurel, Oliver Hardy, Anita Garvin, Stanley Sandford, Frank Holliday u.a.

Mit einem Trick kann Stan seiner Ehefrau entkommen, um mit Ollie einen Nachtclub zu besuchen. Dabei gelingt es ihm sogar, unbemerkt eine Flasche Schnaps in das Lokal einzuschleusen - angesichts der anhaltenden Prohibition eine scheinbar günstige Ausgangsbasis für einen gelungenen Abend. Nur eine hat doch etwas spitzgekriegt: Stans Gattin. Sie hat das hochprozentige Getränk rechtzeitig der Küchenspüle übereignet und die Flasche danach mit einer aus kaltem Tee und diversen Gewürzen bestehenden, brisanten Mischung aufgefüllt. Nichts dergleichen ahnend, machen sich Stan und Ollie im Lokal über das scharfe Zeugs her. In der festen Annahme, einen außergewöhnlich guten Schnaps zu genießen, steigern sie sich rasch in einen vermeintlichen Alkoholrausch. Erst Stans Ehefrau, inzwischen mit einer Flinte im Nachtclub aufgetaucht, klärt die beiden über den wahren Inhalt der Flasche auf. Als zusätzliches Aufputschmittel schickt sie noch eine Salve Schrotkörner hinterher.

Obwohl er mit fast 30 Minuten Laufzeit um rund die Hälfte länger ist als die meisten anderen Kurzfilme, zählt BLOTTO mit Abstand zu den kurzweiligsten und besten Werken, die Laurel und Hardy jemals produziert haben. Und obwohl sie eigentlich auch hier - wie im Vorgänger NIGHT OWLS - fast ausschließlich einen einzigen Gag "melken" bis zum Exzeß, ist die Umsetzung diesmal wesentlich besser gelungen. Eine sorgfältig entwickelte Geschichte, aufwendige Dekorationen, ein perfekter Schnitt und natürlich nicht zuletzt die hervorragenden Leistungen der Hauptdarsteller vereinen sich mit zahlreichen, meisterhaften Gags zu einer grandiosen Komödie.

So gibt es gleich zu Beginn die gelungene Variante einer Ausgangsposition zu sehen, die wir bereits aus THEIR PURPLE MOMENT und WE FAW DOWN kennen. Wie im Raubtierkäfig läuft Stan hier unruhig auf und ab, von den Blicken der sichtlich genervten Gattin argwöhnisch verfolgt. "Was rennst du hier dauernd herum?" faucht sie ihn an und drückt Stan energisch in den Sessel, als dieser ihr sein zaghaftes Begehren nach etwas Frischluft mitteilt. In Wirklichkeit wartet er natürlich auf einen Anruf seines besten Freundes, und tatsächlich klingelt auch sogleich das Telefon. Im folgenden demonstrieren Stan und Ollie, wie sich aus einer derart alltäglichen Situation ohne viel Aufwand ein Feuerwerk an Gags zaubern läßt. Am einen Ende der Leitung sehen wir Ollie in der Telefonzelle, wie er in wachsender Verzweiflung versucht, mit Stan mehr als nur die üblichen Grußformeln auszutauschen. Dies will jedoch nicht so recht gelingen, da sein Gesprächspartner ständig mit Anita Garvins

Die Tonfilme **Blotto**

Die Zeche zahlen in diesem Fall die Magensäfte

bohrenden Blicken zu kämpfen hat. So traut er sich auf Ollies vertrauliche Frage: "Bist du's?" nur mit einem kurzen "Ja" zu antworten, um den Hörer flugs wieder auf die Gabel zu legen. In leicht abgewandelter Form wiederholt sich dieses Spielchen mehrmals hintereinander, bis endlich Stans Gattin persönlich zum Hörer greift und das Theater auf eine Art und Weise beendet, die nicht nur die Zuschauer am allerwenigsten von ihr erwartet haben. "Guten Abend, Mr. Hardy", flötet sie zuckersüß in die Muschel - als gäbe es für sie keinen angenehmeren Gesprächspartner als jenen Scharlatan, der Stan laufend aus ihren Klauen zu befreien versucht.

Blotto

Absoluter Höhepunkt ist jedoch der zweite Teil des Films, als Stan und Ollie sich quasi in einem Akt der Selbsthypnose einbilden, betrunken zu sein. Zunächst einmal jedoch reagiert Ollie genau so, wie es der gesunde Menschenverstand erwarten läßt: Nachdem er das von Stans Ehefrau zusammengebraute Teufelszeug in einem Zug hinuntergekippt hat, schnappt er nach Luft, als handele es sich dabei um reinen Essig (was von der Geschmacksnote her ungefähr zutreffen dürfte). Doch wo andere Komiker mit ihrem Latein bereits am Ende sind, schickt Oliver Hardy die wahre Pointe erst hinterher. Vom ersten Gaumenschock erholt, winkt er seinen Freund näher zu sich heran und flüstert ihm mit Kennermiene zu: "Guten Schnaps erkennt man halt am Geschmack!" Stan nickt beifällig und leert nun seinerseits das bis zum Rand gefüllte Glas. Anders als Ollie, verharrt er nach dem zweifelhaften Genuß mehrere Sekunden in andächtiger Stille. Lediglich die heftig wackelnden Ohren deuten darauf hin, daß der Körper offenbar sämtliche Abwehrkräfte aufbieten muß, um das zu verkraften, was da soeben durch die Kehle in den Magen gelangt ist (für diese Einstellung wurden mit Klebeband an Stans Ohren Bindfäden befestigt. Mit reduzierter Geschwindigkeit aufgenommen, entstand durch das Ziehen an den Fäden der Eindruck, Stan könne perfekt mit den Ohren wackeln).

Was folgt, ist ein hemmungsloser, hysterischer Lachanfall, den beide in ähnlicher Form zuvor schon einmal in LEAVE 'EM LAUGHING dargeboten hatten. Allerdings kommt er hier aus zweifacher Hinsicht wesentlich besser zur Geltung: erstens, weil wir die beiden endlich lachen *hören* (und nicht nur sehen) können. Zweitens, weil für sie eigentlich gar kein Anlaß besteht, sich derart auf die Schenkel zu hauen. Denn während beim ersten Mal noch das Lachgas einen guten Grund für die Ausgelassenheit lieferte, basiert ihr Rausch diesmal auf reiner Einbildung. Umso mehr Wirkung erzielt diese Szene natürlich beim Zuschauer - erst recht, als Stans Gattin plötzlich mit der Flinte im Lokal auftaucht. Und wieder einmal gelingt es den beiden, aus dieser Standardsituation etwas ganz besonderes zu machen. Statt nämlich beim Anblick von Mrs. Laurel sofort voller Panik das Weite zu suchen, nimmt die Ausgelassenheit der ertappten Pseudo-Alkoholsünder jetzt erst recht geradezu orkanartige Ausmaße an. Erst, als die Kontrahentin ihnen die im wahrsten Sinne des Wortes bittere Wahrheit über die Zusammensetzung des "Schnapses" verrät und unter lautem Papierraschelnn die Schrotflinte auspackt, dämmert es unseren Freunden, daß sie wieder einmal am kürzeren Hebel sitzen. So wird in BLOTTO zur endgültigen Gewißheit, was zuvor bereits in einigen Stummfilmen angedeutet worden war: Der größte Feind des Mannes ist und bleibt die (Ehe-)Frau. Anita Garvin verkörpert das dämonische Weib tatsächlich derart eindrucksvoll, daß sich selbst manch weibliches Wesen nach Begutachtung des Films dieser These anschließen dürfte.

Von dem Film wurden auch eine französische sowie eine spanische Version gedreht, die beide von der Laufzeit her noch länger waren als das Original. Am Beispiel der französischen Version, die unter anderem Ende Mai 1993 auf einer europäischen Convention der "Sons of the desert" zu sehen war, läßt sich erkennen, daß dies die Anzahl der Lacher keinesfalls automatisch erhöhte. So hat man dort die abschließende Nachtclubsequenz erheblich ausgedehnt, was dem Tempo des Films stark abträglich ist. Stans Lachanfall beispielsweise wird durch die Einlage einer zusätzlichen Tanzdarbietung recht abrupt und unmotiviert unterbrochen, so daß die im Original exakt getimte Szene einen zweiten Anlauf benötigt, um auf das furiose Finale zusteuern zu können. Weniger wäre hier zweifellos mehr gewesen. Der Film erlebte unter dem etwas seltsam anmutenden Titel SKANDAL IM REGENBOGENCLUB am 04.12.70 innerhalb der "Dick und Doof"-Reihe seine Fernsehpremiere - zwar deutsch synchronisiert, aber immerhin in der ursprünglichen Länge von knapp 30 Minuten.

Die Tonfilme Brats

US-Veröffentlichung: 22.03.30
Originallänge: Zwei Akte
Produzent: Hal Roach / MGM
Buch: Leo McCarey
Regie: James Parrott
Dialoge: H.M. Walker
Kamera: George Stevens
Schnitt: Richard Currier
Musik: William Axt
Darsteller: Stan Laurel,
Oliver Hardy

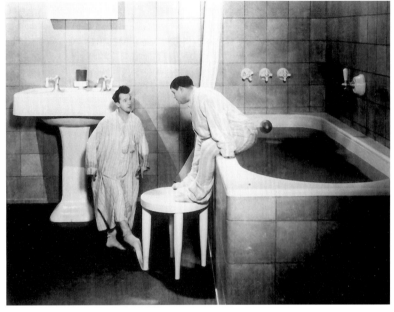

Ollie kurz vor dem Fall in die
dreifach vergrößerte Badewanne

Stan und Ollie verbringen gemeinsam mit ihren beiden Söhnen einen Abend zu Hause. Während die beiden Väter mit einer Partie Dame beschäftigt sind, haben die Kleinen im Wohnzimmer ihre Bauklötzchen ausgebreitet. Doch Klein-Stan und Klein-Ollie beginnen schon nach kurzer Zeit miteinander zu streiten, so daß sie zur Strafe ins Bett müssen. Dies kann sie jedoch nicht davon abhalten, ihre Auseinandersetzung im Kinderzimmer fortzusetzen. Im Eifer des Gefechts setzen sie das Badezimmer unter Wasser, so daß sich in der letzten Einstellung eine wahre Flutwelle über Ollie ergießt, der lediglich ein Glas Wasser holen wollte.

BRATS zeigt uns Stan und Ollie endlich einmal leibhaftig als das, was sie in ihren Filmen von der Mentalität her eigentlich immer geblieben sind: kleine Kinder. Dabei sorgen die sorgfältig gestalteten Kulissen dafür, daß die Größenverhältnisse der Vater zu ihren Söhnen absolut realistisch wirken: Alle Einstellungen, in denen die Söhne zu sehen sind, wurden mit dreifach vergrößerten Gegenständen gedreht. Auf diese Weise wirken Laurel und Hardy als ihre eigenen Sprößlinge geradezu niedlich.

Doch selbstverständlich sind es in diesem Streifen nicht nur die Kleinen, die die besinnliche Atmosphäre im gemütlichen Heim systematisch zunichte machen. Auch Stan und Ollie senior tragen auf gewohnte Weise ihren Teil dazu bei. Dabei sind die Anlässe, aus denen die beiden Pärchen jeweils miteinander in Konflikt geraten, geradezu nichtig: Die Kleinen streiten sich darum, wer beim Versteckspielen zuerst suchen muß, die Großen balgen sich um eine Billardkugel. Zwar verfügt der Film praktisch über keine Handlung und bezieht seine Wirkung im wesentlichen aus den nebeneinander gestellten Personenpaaren, doch bleibt auch so genügend Raum für komische Einlagen. So gelingt es beispielsweise Ollie in einer Szene mühelos, mit einer einzigen Bewegung dem kostbaren Filzbelag des Billardtisches im wahrsten Sinne des Wortes den "Todesstoß" zu versetzen. Und auch die Glasscheiben der Wohnzimmeranrichte sind durch zwei kurze Qeue-Hiebe im Nu hinüber. Stan dagegen brilliert vor allem mit gewohnt scharfsinnigen Wortbeiträgen. So fordert er die Kinder einmal nachdrücklich auf: "Wenn ihr schon laut sein müßt, dann seid es wenigstens leise!"- Ein Ratschlag, der in gleicher oder ähnlicher Form auch in anderen Laurel und Hardy-Filmen zu finden ist.

Aufmerksamen Betrachtern werden in der Billardszene übrigens einige Ungereimtheiten auffallen: Ohne, daß zuvor überhaupt ein Stoß ausgeführt wurde, verändert sich die Lage der einzelnen Billardkugeln wiederholt von einer Einstellung zur nächsten. So zum Beispiel, als Ollie resignierend zur Kenntnis nehmen muß, daß er anstelle einer leckeren Praline ein Stück Kreide verspeist hat. In dieser Einstellung, die beide in Großaufnahme am Billardtisch stehend zeigt, befindet sich die weiße Kugel direkt am oberen Rand des Tisches. Im nächsten Bild ist sie von dort plötzlich verschwunden - ohne, daß einer der Spieler sie auch nur berührt hätte. Ebenfalls bemerkenswert ist übrigens auch das Tempo, in welchem sich gegen Ende des Films die Badewanne mit Wasser füllt: Zwischen dem Moment, in dem Klein-Stan den Wasserhahn aufdreht und jenem, in dem Ollie junior seinen Hintern in die bis zum Rand gefüllte Wanne taucht, vergehen nicht einmal zehn Sekunden!

Von BRATS wurden auch Versionen in deutscher, spanischer und französischer Sprache gedreht. So kamen zumindest die Kinobesucher in den 30er Jahren hierzulande in den Genuß, die beiden Komiker einmal tatsächlich Deutsch sprechen zu hören. Der Kinotitel der deutschen Fassung lautete GLÜCKLICHE KINDHEIT (die Zensur fand am 27.01.31, die Premiere Mitte März 1931 statt). Damit es überhaupt soweit kommen konnte, war eigens ein Deutschlehrer engagiert worden, der den beiden Schauspielern die richtige Betonung ihrer Texte beibringen sollte. Denn weder Laurel noch Hardy waren auch nur einer Fremdsprache mächtig - sie lasen ihre Zeilen stets von großen Schultafeln ab, auf denen diese in Lautschrift mit Kreide aufgemalt waren.

Doch auch diese Methode verhalf nicht immer sofort zum Erfolg, wie sich Autor Homer Croy erinnert: "Der Deutschlehrer ließ sie ihre Worte immer und immer wieder auf deutsch wiederholen, und später stand er neben der Kamera und machte ihnen vor, wie sie ihre Lippen bewegen mußten, um die richtige Betonung hinzubekommen. Laurel mußte sagen: 'Ich möchte ein Glas Wasser', und der arme Hardy sollte antworten: 'Ich auch'. Das hört sich zwar nicht allzu schwierig an, aber haben Sie schon einmal versucht, das Ganze so auszusprechen, daß 40 Millionen Deutsche sagen: 'Na, der Junge kann ja tatsächlich das Wörtchen 'Ich' richtig aussprechen'?" Immer und immer wieder sei dieser kurze Dialog geprobt worden, und immer wieder habe Ollie geantwortet: "Ick auk". Nach zahlreichen Versuchen hätten sie ihren Text letztlich doch so ausgesprochen, daß selbst der kritische Deutschlehrer zufrieden gewesen sei. Nach der Premiere bemängelte ein deutscher Kritiker zwar den "stark amerikanischem Akzent", räumte aber gleichzeitig ein, daß dies die Komik des Films nur erhöhe. Leider gilt diese original deutschsprachige Version inzwischen als verschollen. Insofern werden sich heutige Fans, soweit sie des Englischen nicht mächtig sind, mit jener synchronisierten Fassung zufrieden geben müssen, die im deutschen Fernsehen erstmals unter dem Titel DAS KIND IN DER WANNE am 16.02.73 innerhalb der "Dick und Doof"-Reihe zur Ausstrahlung kam.

Die Tonfilme

Below zero

US-Veröffentlichung: 26.04.30
Originallänge: Zwei Akte
Produzent: Hal Roach/MGM
Regie: James Parrott
Dialoge: H. M. Walker
Kamera: George Stevens
Schnitt: Richard Currier
Ton: Elmer Raguse
Darsteller: Stan Laurel,
Oliver Hardy,
Stanley Sandford,
Frank Holliday,
Charles Hall
u.a.

Bewegung macht hungrig

Im Winter versuchen Stan und Ollie, als Straßenmusiker zu Geld zu kommen. Doch ihre Interpretation des Liedes "In the good old summertime" findet bei den Passanten wenig Anklang. Zufälligerweise entdecken sie dann aber im Schnee eine herrenlose, prall gefüllte Geldbörse. Da sie dabei von einer zwielichtigen Gestalt beobachtet werden, ergreifen sie die Flucht und laufen direkt in die Arme eines Polizisten. Dieser vertreibt den Verfolger, woraufhin er von Stan und Ollie aus Dankbarkeit spontan zum Essen eingeladen wird. Als es später im Lokal an das Bezahlen der Rechnung geht, stellt sich heraus, daß das gefundene Portemonnaie ausgerechnet dem Polizisten gehört. Während der erboste Gesetzeshüter daraufhin seinen Anteil aus eigener Tasche bezahlt, werden die vermeintlichen Taschendiebe vom Wirt äußerst unsanft vor die Tür gesetzt.

BELOW ZERO kommt fast wie ein Stummfilm daher: Die Dialoge und Toneffekte sind auf ein Mindestmaß reduziert, wodurch er auch im wörtlichen Sinne wie eine kleine, leise Studie über zwei gescheiterte Existenzen wirkt, deren einziges Besitztum sich zum Schluß wieder einmal auf ihre gegenseitige Freundschaft beschränkt. Dabei hat man nahezu durchweg den Eindruck, einem Stück absurden Theaters beizuwohnen. Dies beginnt bereits mit der Darbietung des Liedes "In the good old summertime" inmitten eines heftigen Schneeschauers und setzt sich fort in der Tatsache, daß sich Stan und Ollie mit ihren Instrumenten ausgerechnet vor einem Taubstummeninstitut aufgestellt haben. Doch damit noch nicht genug: Als endlich etwas in ihrer Geldbüchse klappert, ist es nicht etwa ein Cent- oder Dollarstück, sondern das Ei einer Taube, die sich über den beiden Musikern auf einem Fenstersims niedergelassen hat.

Below zero

Kugelrund ist ungesund: der Schlußgag

Die absoluten Höhepunkte des surrealen Humors dürfen wir schließlich gegen Ende des Films genießen. So erhält selbst ein Standardgag neuen Reiz, den der erfahrene Zuschauer zunächst aus zahlreichen anderen Filmen des Duos zu erkennen glaubt. Wie immer, wenn es ans Bezahlen geht, werden Stan und Ollie auch diesmal mit der bitteren Realität konfrontiert, daß sich ihre vermeintlicher Wohlstand als Luftblase entpuppt. Doch dann holt Stan aus den Tiefen seiner Jackentaschen plötzlich noch eine eigene Geldbörse, quasi als Strohhalm vor dem drohenden Fiasko. Wir alle wissen, daß sie leer ist, und dennoch schafft es Stan, diese Standardsituation zu einem übersteigerten, völlig absurden Schauspiel zu erhöhen: Statt einem oder zwei Geldfächern, wie es sich für ein ordentliches Portemonnaie gehört, zieht er die Börse auseinander, als halte er eine Ziehharmonika in Händen. Jedes einzelne der darin befindlichen, unzähligen Fächer wird von ihm daraufhin akribisch abgesucht, als gelte es, die berühmte Nadel im Heuhaufen zu finden.

Ähnlich »voluminös« ist das surreale Ende gestaltet. Nachdem auch das rekordverdächtige Portemonnaie keine beruhigenden pekunären Erkenntnisse zu Tage gebracht hat und unsere Freunde vom Wirt vor die Tür gesetzt worden sind, blickt Ollie suchend um sich. Stan ist nirgendwo zu sehen. Nur die Zuschauer wissen, daß er vom Lokalbesitzer in eine mit Eiswasser gefüllte Regentonne gesteckt wurde. Tatsächlich sind auch sogleich merkwürdige, blubbernde Geräusche zu vernehmen. Nachdem Ollie seinen Partner in dem mannshohen Faß entdeckt hat, kippt er es um, um Stan den Ausstieg zu erleichtern. Doch der rollt mehr, als daß er geht – in seiner Not hat er nämlich das gesamte Faß ausgetrunken, was sich in einem gewaltigen Bauchumfang ausdrückt, der nahezu fesselballonartige Ausmaße annimmt. Mit einem von Stan in das Ohr des Partners geflüsterten Geständnis, das auf ein äußerst dringendes menschliches Bedürnis schließen läßt, findet die absurde Komödie einen standesgemäßen Abschluß.

Für deutsche Fernsehzuschauer war BELOW ZERO erstmals und ungekürzt am 13.11.70 innerhalb der ZDF-Reihe »Dick und Doof« zu sehen, als er unter dem Sendetitel UNTERSCHLAGENE NOTEN zur Ausstrahlung gelangte.

Die Tonfilme

Hog wild

US-Veröffentlichung: 31.05.30
Originallänge: Zwei Akte
Produzent: Hal Roach/MGM
Regie: James Parrott
Dialoge: H. M. Walker
Kamera: George Stevens
Schnitt: Richard Currier
Ton: Elmer Raguse
Darsteller: Stan Laurel,
Oliver Hardy,
Fay Holderness,
Dorothy Granger
u.a.

Bevor Ollie von seiner Gattin die Genehmigung erhält, eine Verabredung mit Stan wahrzunehmen, wird er von ihr nachdrücklich gebeten, endlich die lang ersehnte Rundfunkantenne auf dem Dach anzubringen. Unglücklicherweise gesellt sich Stan just in dem Moment hinzu, als Ollie gerade ans Werk gehen möchte. Gemeinsam gelingt es den beiden innerhalb kürzester Zeit und ohne allzu großen Aufwand, den Wohnwert des Hardy´schen Eigenheimes erheblich herabzusetzen. Doch auch Stans Automobil muß, nachdem das Haus kaum noch Angriffsflächen bietet, zum Schluß dran glauben. Im Zuge einer rasanten Fahrt durch die Innenstadt bereiten Stan und Ollie das Gefährt schonungslos auf die Schrottpresse vor, als sie mit diesem zwischen zwei Straßenbahnwagen geraten.

Zahlreiche zertrümmerte Fensterscheiben, ein vom Dach gerissener Schornstein, ein völlig verdrecktes Wohnzimmer sowie ein mit Ziegelsteinen gefüllter Gartenteich - da verwundert es kaum, daß angesichts einer derartig erschütternden Bilanz kein Hausbesitzer in Culver City dazu bereit war, seine Immobilie für die Dreharbeiten an HOG WILD zur Verfügung zu stellen. So blieb den Verantwortlichen letztlich nichts anderes übrig, als auf einer extra angemieteten Freifläche an der dortigen Madison Avenue eigens ein Häuschen zu errichten, an dem sich Stan und Ollie in gewohnter Manier austoben durften.

Interessanterweise bewahrt ausgerechnet Ollies Ehefrau die Ruhe, als Stan und ihr Gatte sich, routiniert wie immer, an ihr zerstörerisches Werk machen. Selbst als Ollie bereits zum dritten Mal vom Dach gerutscht ist und dabei neben seinem Freund auch noch den Schornstein mit in die Tiefe gerissen hat, bleibt Mrs. Hardy äußerlich völlig gelassen. "Hört auf zu spielen" - das ist alles, was sie den im Gartenteich sitzenden und unter einem Haufen Ziegeln begrabenen Pechvögeln zu sagen hat. An dieser Stelle gerät das Weltbild eines jeden echten Laurel und Hardy-Fans bedenklich ins Wanken. Sollten Ehefrauen in ihrem tiefsten Inneren etwa doch einen Hauch Verständnis, einen Anflug geradezu mütterlicher Zuneigung in sich tragen, die uns von den Verantwortlichen in den bisherigen Filmen auf grob fahrlässige Weise vorenthalten worden ist? Die Beantwortung dieser gewissensbelastenden Frage erfolgt kurz vor Schluß des Films. Da fahren Stan und Ollie in rasantem Tempo durch die nicht gerade verkehrsberuhigte Innenstadt von Culver City. Handelt es sich dabei ohnehin schon um ein recht gefährliches Unterfangen, wird die Lage noch durch ein nicht unwesentliches Detail erheblich verschärft: Ollie befindet sich nämlich auf einer senkrecht im offenen Wagen stehenden Leiter. Ursprünglich nur als Untersatz für das etwas zu kurz geratene Sprossenwerk vorgesehen, hat sich das Fahrzeug nach einem von Stans gewohnten Mißtritten (diesmal aufs Gaspedal) geradezu raketenartig in Bewegung gesetzt. Nach Anfangs recht erfolgreichen Bemühungen, die Leiter auszubalancieren, schlägt Ollie zu guter Letzt doch äußerst unsanft auf das Straßenpflaster. Da nähert sich auch schon die Gattin, diesmal sichtlich um Fassung bemüht und mit

Hog wild

den Tränen ringend. "Es ist einfach schrecklich", schluchzt sie, die dem Wagen offensichtlich in rekordverdächtigem Tempo zu Fuß gefolgt ist. "Ist ja schon gut", nimmt sie der aufgrund der demonstrierten Anteilnahme sichtlich geschmeichelte Ehemann in den Arm, "mir ist ja nichts passiert." Was folgt, ist für Ollie ein Schock, für uns jedoch die beruhigende Erkenntnis, ein ins Wanken geratenes Weltbild trotz aller Bedenken fest verankert zu wissen. "Ich spreche ja gar nicht von dir", klärt Mrs. Hardy ihren Gatten nämlich mit tränenerstickter Stimme auf, "sondern von unserem Radioapparat. Den hat der Gerichtsvollzieher soeben mitgenommen." Was im Klartext nichts anderes bedeutet, als daß selbst im Erfolgsfall alle zuvor gezeigten Bemühungen, eine Rundfunkantenne auf dem Dach zu montieren, vergebens gewesen wären.

In HOG WILD machte Ollie erstmals die unangenehme Bekanntschaft mit einem Schornsteinschacht. Das rußige Ambiente muß zumindest den Gagschreibern derart gut gefallen haben, daß sie es später in die Skripts zweier weiterer Filme (LAUGHING GRAVY und DIRTY WORK) einarbeiteten und dort bis zur Perfektion weiterentwickelten. Unter dem Titel PANIK AUF DER LEITER erfuhr HOG WILD seine (ungekürzte) deutsche Fernsehpremiere am 23.02.73 innerhalb der Reihe "Dick und Doof".

Ollie in leiternder Position hat nicht nur mit seinen Untergebenen zu kämpfen

Die Tonfilme

The Laurel and Hardy murder case

US-Veröffentlichung: 06.09.30
Originallänge: Drei Akte
Produzent: Hal Roach/MGM
Regie: James Parrott
Kamera: George Stevens/ Walter Lundin
Ton: Elmer Raguse
Darsteller: Stan Laurel, Oliver Hardy, Fred Kelsey, Del Henderson, Dorothy Granger, Frank Austin, Stanley Sandford u.a.

Stan und Ollie lungern im Hafen herum und angeln. Plötzlich entdecken sie in der Zeitung einen Hinweis auf die Testamentseröffnung eines gewissen Ebeneezer Laurel. In der Hoffnung auf ein stattliches Vermögen melden sich beide in der Villa des Verstorbenen. Dort hat sich neben einem halben Dutzend Familienangehöriger inzwischen auch ein Kommissar eingefunden, denn der Verstorbene ist ermordet worden. Die Testamentseröffnung soll verschoben werden, bis der Täter gefunden ist. Da jeder potentielle Erbe als verdächtig gilt, darf niemand das Haus verlassen. Auch Stan und Ollie werden daher vom Kommissar genötigt, die Nacht im ungemütlichen Mordhaus zu verbringen. In deren Verlauf kommt es zwar zu einigen ebenso unheimlichen wie merkwürdigen Zwischenfällen, doch stellt sich die ganze Geschichte letztlich nur als Traum heraus, der dem im Hafen eingeschlummerten Ollie im wahrsten Sinne des Wortes im Kopf herumgespukt ist.

Wer nach einem Anwärter auf den Titel "schlechtester Laurel und Hardy-Kurzfilm" sucht, der kommt an THE LAUREL AND HARDY MURDER CASE nicht vorbei. Dabei dürfte es kaum an der äußerst dünnen Handlung liegen, daß der Streifen derart mißlungen ist. Denn zuvor haben die beiden Komiker ja schon mehrfach bewiesen, daß sie selbst einen einzigen Gag derart gekonnt zu "melken" verstehen, ohne daß deshalb beim Zuschauer automatisch Langeweile aufkommen muß. Vielleicht liegt es im vorliegenden Fall ganz einfach daran, daß die Verantwortlichen sich fast ausschließlich auf die vermeintlichen Gruseleffekte verlegt haben. Die ganze Zeit über wimmelt es nur so von knarrenden Türen, unheimlichen Schatten und ominösen Geräuschen, so daß sich Stan und Ollies Komik (oder zumindest das, was wohl als Komik gedacht war) darauf beschränkt, angstverzerrt die Gesichter zu verziehen und voller Panik im Haus herumzulaufen. So wirkt der Film lediglich wie ein bedauerlicher Rückschritt in Mack Sennett-Zeiten, als alleine ein derartiges Tohuwabohu bereits ausreichen sollte, um beim Publikum Lacherfolge zu erzielen. Besonders ärgerlich fällt auch der an den Haaren herbeigezogene Schluß aus, als das gesamte bisherige Geschehen plötzlich als Traum entlarvt wird und durch den sich letzten Endes selbst wohlwollende Betrachter betrogen fühlen dürften. Er ist gleichzeitig bestes Indiz dafür, daß den Initiatoren dieses Machwerks offenbar nichts mehr einfallen wollte, wie sie ihren Film zu einem halbwegs logischen Schluß hätten hinüberretten können. Bezeichnenderweise findet sich dieselbe unoriginelle Idee in einem weiteren Film, der ähnlich mißraten ist: THE PRIVATE LIFE OF OLIVER VIII.

The Laurel and Hardy murder case

Die Tonfilme

Mit Nachdruck werden Stan und Ollie aufgefordert, eine Nacht im Mordhaus zu verbringen

Neben der amerikanischen wurden von THE LAUREL AND HARDY MURDER CASE noch drei fremdsprachige Versionen veröffentlicht (in deutsch, französisch und spanisch), die jeweils um rund zehn Minuten länger waren als das Original. Eingefügt wurde ein verkürztes Remake von BERTH MARKS. Darin sind Stan und Ollie zu sehen, wie sie sich per Zug nach Chicago begeben, um der dortigen Testamentseröffnung beizuwohnen. Vor allem diese Passage kam beim deutschen Publikum offenbar besonders gut an, glaubt man den Kritikern, die anläßlich der Premiere von SPUK UM MITTERNACHT (so der deutsche Titel) am 21.05.31 erschienen. So sprach der Kritiker der Fachzeitschrift "Der Film" in diesem Zusammenhang gar von "geradezu gewalttätigen Attacken auf die Lachmuskeln". Und auch die Bemühungen der beiden Komiker, "richtiges" Deutsch zu sprechen, stießen in Fachkreisen zumindest auf Anerkennung: "Man sagt, die deutsche Sprache sei eine schwere Sprache", heißt es beispielsweise in der "Licht Bild Bühne" vom 22.05.31. Und weiter: "Dick und Dof werden dies gern bestätigen: Mühsam entringen sich ihnen unsere schönen Mutterlaute. Aber das macht diesmal nicht viel aus. Der Witz der beiden ist eben ganz auf Mimik und komische Gebärde gestellt, und - ja, sie sind eben so amüsante Burschen, daß man ihnen alles verzeiht."

Verzeihen kann man es angesichts der mangelhaften Qualität des Films sicherlich auch den Verantwortlichen des ZDF, daß sie THE LAUREL AND HARDY MURDER CASE für die Fernsehpremiere am 17.07.70 um rund fünf Minuten kürzten. Als DIE NACHT IM MORDHAUS flimmerte der Film innerhalb der Reihe "Dick und Doof" erstmals über die deutschen Fernsehbildschirme. Zuvor erlebte er jedoch, in einer synchronisierten Fassung, als DICK UND DOOF AUF GESPENSTERJAGD eine Kino-Wiederaufführung.

Die Tonfilme

Pardon us

US-Veröffentlichung: 15.08.31
Originallänge: Sechs Akte (56 Min.)
Produzent: Hal Roach/MGM
Regie: James Parrott
Dialoge: H. M. Walker
Kamera: George Stevens
Schnitt: Richard Currier
Ton: Elmer Raguse
Darsteller: Stan Laurel,
Oliver Hardy,
Walter Long,
James Finlayson,
Wilfried Lucas,
Stanley Sandford,
June Marlowe,
Charles Hall
u.a.

Szenenfoto aus der deutschsprachigen
Fassung mit Otto Fries als Gefängnisdirektor

Wegen illegalen Bierbrauens wandern Stan und Ollie ins Gefängnis. Dort lernen sie den "Tiger" kennen, der mit einigen Kumpanen gerade einen Ausbruch vorbereitet. Tatsächlich scheint das Vorhaben zu gelingen, doch bis auf die beiden "Neuen" werden alle anderen Beteiligten prompt wieder geschnappt. Als farbige Baumwollpflücker getarnt, genießen Stan und Ollie ihre neugewonnene Freiheit. Doch die währt nicht lange, denn eines Tages hält auf der naheliegenden Straße plötzlich das Auto des Gefängnisdirektors an. Ohne dies sofort zu bemerken, bieten die Flüchtigen ihre Hilfe an und bewahren selbst dann noch die Ruhe, als sie ihre prekäre Situation begreifen. Erst Stans Zahnlücke, die beim Sprechen ständig einen provozierenden Zischlaut verursacht und den Direktor bereits bei ihrer Ankunft im Gefängnis zur Weißglut getrieben hatte, verrät dem Justizbeamten ihre wahre Identität. Doch auch während ihres zweiten Aufent-

Pardon us

"Ich glaube, es warten noch mehr Leute darauf, daß das Klo endlich frei wird!"

haltes hinter Gittern planen der "Tiger" und seine Komplizen einen Aufstand. Dabei erhalten Stan und Ollie ein Maschinengewehr zugespielt, aus dem sich durch ihre Unsicherheit mehrere Salven von Schüssen lösen. So werden die Ganoven letztlich an der Flucht gehindert, Stan und Ollie dagegen werden wegen ihres scheinbar beherzten Eingreifens gegen die Revolution als Helden vorzeitig begnadigt.

Ursprünglich hätte auch PARDON US ein Zweiakter werden sollen, doch geriet er durch die aufwendige Ausgestaltung derart teuer, daß sich Roach schließlich für eine Langversion entschied (dadurch ließen sich von den Filmtheatern höhere Gebühren verlangen).

Wie bereits bei THE LAUREL AND HARDY MURDER CASE zeigte sich auch im vorliegenden Fall, daß ein Überschreiten der gewohnten Filmlänge von 20 Minuten der Komik von Laurel und Hardy nicht unbedingt entgegenkommt. Immerhin muß man konstatieren, daß PARDON US - obwohl doppelt so lang wie sein Vorgänger - qualitativ wesentlich besser als dieser geraten ist und (trotz eines mißlungenen, weil ebenso konfusen wie abrupten Endes) insgesamt noch eine durchaus ansehnliche Komödie darstellt. Wirklich originelle Einfälle darf allerdings niemand erwarten, ein Teil der Gags stellt nach bewährtem Muster eher ein "Recycling" von Einlagen dar, die bereits in früheren Werken der beiden zu sehen waren. So gibt es beispielsweise eine bis ins Detail kopierte Neuauflage des Zahnarztbesuches aus LEAVE 'EM LAUGHING. Lediglich der Anlaß der schmerzhaften Visite macht sich diesmal die Errungenschaft des Tonfilms zunutze, indem Stan im Anschluß an jede verbale Äußerung durch eine Zahnlücke einen (für seine Gesprächspartner jeweils provozierend klingenden) Zischlaut ausstößt. Etwas schwächer ausgefallen sind die Remakes zweier weiterer Episoden, in denen (in Anlehnung an BERTH MARKS) Stan und Ollie sich vergeblich in ein gemeinsames (Hoch-)Bett zu zwängen versuchen beziehungsweise darum bemüht sind, in der Gefängnis-Schulklasse nicht aus dem "Aufstehen/Hinsetzen"-Takt der Gruppe zu geraten (in ähnlicher Form zuvor bereits in YOU'RE DARN TOOTIN' zu sehen).

Mit am besten geraten ist der Mittelteil des Films, als Stan und Ollie per Zufall aus dem Gefängnis entkommen sind und sich zur Tarnung als farbige Baumwollpflücker verdingen. Wie in vielen "richtigen" Gangsterfilmen schickt die Gefängnisaufsicht auch hier ein Rudel wilder Bluthunde los, das die Entflohenen schnappen soll. Tatsächlich wird zumindest einer von ihnen Stan und Ollie Probleme bereiten – allerdings auf eine völlig andere Art und Weise, als man es von einem scharf abgerichteten Gefängnishund eigentlich erwarten sollte. Kurz darauf sehen wir Stan und Ollie vor einem Fahndungsplakat stehen, das immerhin 500 Dollars Belohnung für ihre Ergreifung ausweist. Und siehe an: Da kommen auch schon zwei der scheinbar blutrünstigen Vierbeiner angedackelt. Doch statt sich zähnefletschend auf Stan und Ollie zu stürzen, lassen sie sich wie sanfte Lämmer streicheln und folgen den beiden als Schoßhunde ins Lager der Baumwollpflücker. Ihre Zuneigung zu den neuen Herrchen geht gar soweit, daß einer von ihnen Ollie zärtlich das Gesicht ableckt, als dieser in der nächsten Szene reparierenderweise unter den Wagen des Gefängnisdirektors gekrochen ist. Ärgerlich nur, daß sich dabei die schwarze Farbe von der Wange löst, mit der sich Ollie zuvor sorfältig eingeschmiert hat!

Von PARDON US wurden neben der amerikanischen noch vier weitere Fassungen gedreht: auf deutsch, italienisch, spanisch und französisch (in letzterer wurde »Tiger« Walter Long durch Boris Karloff ersetzt). Diese fremdsprachigen Versionen enthielten durchweg einige Szenen, die den

Zeitungsanzeige
aus den 50ern

amerikanischen Zuschauern vorenthalten blieben (sie waren für den dortigen Markt nach Voraufführungen herausgeschnitten worden, sind inzwischen aber wieder auf Video erhältlich). So geriet im Zuge der Gefängnisrevolte gegen Ende des Films die Wohnung des Direktors in Brand. Stan und Ollie gelingt es, die Tochter aus den Flammen zu retten, wofür sie mit der Freiheit belohnt werden. Abgesehen von dieser und weiteren zusätzlichen Szenen unterschieden sich die fremdsprachigen Versionen alle in einem wesentlichen Detail vom Original: Da die Tätigkeit des Bierbrauens zwar dem prohibitionserfahrenen, amerikanischen Publikum als Delikt präsent war, keinesfalls jedoch den europäischen Zuschauern, mußten sich die Verantwortlichen für ihre Auslandsfassungen einen anderen Grund einfallen lassen, um Stan und Ollie hinter Gitter zu bringen. Schließlich verfiel man auf die recht simple Idee, die beiden Hauptdarsteller wegen eines Diebstahls »einzubuchten«.

Derart »frisiert«, wurde PARDON US am 01.06.31 den Zensurbehörden vorgelegt, die ihn mit einem Jugendverbot belegten und in einer Länge von sieben Akten freigaben. Die Uraufführung fand im Rahmen einer Vorabaufführung (für Kinobesitzer, aber auch für »normales« Publikum) unter dem Titel HINTER SCHLOSS UND RIEGEL am 26.11.31 im »Mozartsaal« am Berliner Nollendorfplatz statt. Regulär und deutschlandweit startete der Film jedoch erst am 23.04.32. Bei der Presse stieß HINTER SCHLOSS UND RIEGEL auf heftigen Widerspruch, wie Zeitungskritiken vom April 1932 belegen. So wertete nicht nur die »Berliner Morgenpost« den parodistischen Ansatz des Films äußerst negativ: »Vor etwa einem Jahre wurde in Berlin der Film ›Menschen hinter Gittern‹ (...) aufgeführt. Man mochte zu dem Film stehen, wie man wollte. Jedenfalls konnte man ihm weder Aktualität – damals häuften sich die mit Maschinengewehren niedergekämpften

Pardon us

Plakat für deutsche Litfaßsäulen
(im Original siebenfarbig)

Revolten in den amerikanischen Zuchthäusern – noch künstlerisches Wollen und ernste Arbeit absprechen. Die Not der Zuchthäusler war eine starke Warnung. Nun läßt sich über vieles streiten, aber nicht über den guten Geschmack, und an dem hat es gänzlich gefehlt, als man an die Parodierung eines so ernsten Stoffes ging. Die grauen Mauern, die man aus ›Menschen hinter Gittern‹ übernommen hat, der ganze harte Apparat, passen sehr schlecht zu den Clownerien von Dick und Dof, deren Humor übrigens schlicht einfältig ist. Es ist ein übler Scherz, der hier getrieben wurde.«

Das Fachblatt »Der Film« urteilte ähnlich und fügte hinzu: »Derartige Dinge zu parodieren, ist höchst gefährlich und liegt wohl der primitiveren Mentalität der Amerikaner eher als der des Europäers.«

Gemischt fiel das Urteil der Fachleute hingegen anläßlich der Wiederaufführung des Films nach dem Krieg aus. Am 24.05.50 hatte der Prisma-Filmverleih PARDON US (erneut unter dem Titel HINTER SCHLOSS UND RIEGEL) in die Kinos gebracht, diesmal jedoch in der deutsch synchronisierten Originalfassung. Als deutsche Sprecher fungierten Walter Bluhm (Stan), Arnold Paulsen (Ollie) und Hermann Pfeiffer (James Finlayson). Um das Werk auf abendfüllendes Format aufzublähen, koppelte man ihn mit ANY OLD PORT. Dabei diente der erste Akt des Kurzfilms quasi als Einleitung für den eigentlichen Hauptfilm, während der zweite Teil von ANY OLD PORT (in dem Stan einen Boxkampf zu überstehen hat) dem bekannten Ende von PARDON US als »Zugabe« angefügt wurde. »Eine häßliche Fabel«, schrieb der »Evangelische Filmbeobachter« seinerzeit, »die mit ihrer überstürzten Häufung von Situationskomik primitivster Art unerträglich ist. Sieht und hört man die urteilsunfähige, halbwüchsige Jugend zu diesem erschreckenden Unfug lachen, fragt man sich in ernster Besorgnis: Wo bleiben die verantwortlichen Stellen, die gegen Synchronisierung und Vorführung solcher schlechter Auslandsfilme schärfstens protestieren?«

Ganz anderer Meinung war da jedoch unter anderem der Kritiker des Bremer »Weser-Kurier«, der über Laurel und Hardy urteilte: »Ihre ausgezeichnete Pantomime ist an Komik nicht mehr zu überbieten, und das Kino gleicht einem Lachkabinett.« Ein Kollege konstatierte, »daß 1931 wohl kaum mehr gelacht wurde als jetzt in den deutschen Premieren- und Nachspieltheatern« und bekannte abschliessend: »Der Rezensent mußte beim Nachhausekommen zu Kopfwehtabletten greifen. Er hatte sich buchstäblich krankgelacht.«

Um PARDON US für die Erstausstrahlung im deutschen Fernsehen auf passendes Maß zurechtzuschneiden, teilten die ZDF-Verantwortlichen den Film für ihre »Dick und Doof«-Reihe in zwei Teile. Unter dem Titel MEUTEREI HINTER GITTERN gelangte die erste Hälfte am 28.07.72 zur Aufführung, Teil 2 folgte am 04.08.72. Ebenfalls nicht ganz komplett, aber immerhin »am Stück« auf der Mattscheibe zu sehen war der Streifen dann erstmals am 21.01.76 in der Reihe »Lachen Sie mit Stan und Ollie«. Der Sendetitel der neu synchronisierten Fassung (mit Walter Bluhm und Michael Habeck als Sprecher für Stan und Ollie) lautete diesmal WIR BITTEN UM GNADE.

Die Tonfilme

Another fine mess

US-Veröffentlichung: 29.11.30
Originallänge: Drei Akte
Produzent: Hal Roach/MGM
Regie: James Parrott
Dialoge: H. M. Walker
Kamera: George Stevens
Schnitt: Richard Currier
Ton: Elmer Raguse
Darsteller: Stan Laurel,
Oliver Hardy,
James Finlayson,
Thelma Todd,
Charles Gerrard
u.a.

Auf der Flucht vor der Polizei geraten Stan und Ollie in eine luxuriöse Villa. Das Haus gehört Colonel Buckshot (James Finlayson), der sich soeben auf eine sechsmonatige Safari begeben hat. Um die Immobilie nicht leerstehen zu lassen, hat er eine Annonce in die Zeitung gesetzt. Sein Butlerehepaar erhält die Anweisung, etwaige Mietinteressenten zu empfangen. Doch kurz, nachdem der Colonel aufgebrochen ist, macht sich verbotenerweise auch das Personal auf ins verlängerte Wochenende. Nur Stan und Ollie gelingt es nicht, das Haus zu verlassen, da draußen die Polizei nach ihnen sucht. Als dann auch noch ein vermögendes Ehepaar an der Tür klingelt, das die Villa mieten will, geben sich die beiden Partner notgedrungen als Colonel Buckshot und sein Butler aus. Im Zuge der Hausbesichtigung und Mietverhandlungen bleibt Stan sogar keine andere Wahl, als zusätzlich in das Kostüm des Hausmädchens zu schlüpfen. Tatsächlich gelingt es Stan und Ollie daraufhin, die Gäste zu überlisten - bis der wahre Colonel Buckshot zurückkehrt, der auf dem Weg nach Afrika Pfeil und Bogen vergessen hat. Als er an seiner eigenen Tür klingelt und ihm von "Agnes" (Stan) geöffnet wird, überstürzen sich die Ereignisse. Mit Mühe und Not können unsere Freunde dem aufgebrachten Hausherrn sowie der eilends herbeigerufenen Polizei - in einem Tierkostüm (!) - entkommen.

Der Film stellt ein bis auf wenige Details originalgetreues Remake des Frühwerkes DUCK SOUP dar. Daß er sein gelungenes "Vorbild" dabei noch um einiges übertrifft, ist nicht zuletzt auf Stans grandiose Darbietungen zurückzuführen. In keinem anderen Film fällt sein Auftritt in Frauenkleidern derart zwerchfellerschütternd aus wie in ANOTHER FINE MESS, zumal er des öfteren die Rolle des Dienstmädchens mit der des Butlers tauschen muß. Dies verleiht dem Film nicht nur das bei einer Laufzeit von 30 Minuten nötige Tempo, sondern bietet auch die Möglichkeit zu einigen zusätzlichen Gags (wenn Stan beispielsweise als Butler noch die Perücke aufhält, die er soeben noch in der Rolle der Agnes auf dem Kopf tragen mußte). Vor allem sind es aber auch die von H. M. Walker verfaßten Dialoge, die den Streifen zu einem vom Anfang bis zum Ende köstlichen Spaß werden lassen.

Hervorzuheben ist hier in erster Linie eine Szene, in der Stan, als Agnes verkleidet, von der Frau des Mietinteressenten in ein Gespräch verwickelt wird. Zunächst etwas schüchtern, nimmt die männliche Dienstmaid neben der vornehmen Dame auf dem Sofa Platz, sich gedankenverloren mit dem Staubwedel die Fingernägel (!) reinigend. "Wie lange sind Sie schon hier, Agnes?" will Mrs. Plumtree freundlich wissen, um das Gespräch

Another fine mess

Die Tonfilme

In den Drehpausen verweilen Agnes
und der Colonel bei anregender Lektüre

in Gang zu bringen. "Ungefähr seit einer halben Stunde", antwortet Stan wahr-heitsgemäß, um sogleich in ein albernes Gekichere auszubrechen. "Nein, natürlich meine ich: ungefähr seit einem halben Jahr. Um genau zu sein: seit drei Monaten." In der Folge entspinnt sich ein überaus witziger Dialog, in dessen Verlauf die beiden Frauen immer vertrauter miteinander werden, so daß Stan seine Hemmungen nahezu gänzlich abstreift und die Sitznachbarin ein paarmal voller Übermut fast von der Couch schubst. Gleichzeitig ficht Ollie, als Colonel Buckshot verkleidet, auf den Fluren der weiträumigen Villa einen verzweifelten Kampf mit der Raumaufteilung. Leichtsinnigerweise hat er sich nämlich gegenüber den nichtsahnenden Mietinteressenten zu der Behauptung verstiegen, das Haus verfüge über einen eigenen Billardraum. So bleibt ihm nichts anderes übrig, als sich gemeinsam mit Lord Plumtree auf die Suche nach demselben zu machen - selbstverständlich ohne dabei erkennen zu lassen, daß auch er sich hier auf ihm gänzlich unbekanntem Terrain bewegt. So zieht er, den Gast im Schlepptau, quer durch das Gebäude. Während er Lord Plumtrees Aufmerksamkeit auf einige "kostbare Gemälde" an den Wänden lenkt, gelingt es ihm, unbemerkt diverse Türen zu öffnen und jeweils einen unauffälligen Blick ins Zimmer zu werfen. Gleichzeitig teilt er dem Kunstinteressenten einige äußerst interessante Details über die erwähnten Gemälde mit. "Dieses hier", erläutert Ollie und öffnet hinter Plumtrees Rücken rasch eine Tür, "zeigt eine Gondel auf dem Weg nach Venedig - durch den Panamakanal!" Als dann auch noch "Agnes" plötzlich vor ihnen steht und der erstaunte Lord wissen möchte, ob aufgrund der verblüffenden Ähnlichkeit eine verwandtschaftliche Beziehung zwischen ihr und dem Butler bestehe, driften Ollies Erläuterungen vollends ins Abstruse ab: Es handele sich um Zwillinge, die an zwei verschiedenen Orten zur Welt gekommen seien. "Das verstehe ich nicht", gesteht Lord Plumtree kopfschüttelnd. Doch Ollie beruhigt ihn: "Das macht nichts - die beiden haben es auch nicht ganz begriffen!"

Leider haben weder die deutschen Kinobesucher in den 30er Jahren noch die Fernsehzuschauer nach dem Krieg den Film bis heute in einer kompletten Fassung bewundern können. So war ANOTHER FINE MESS zwar am 12.11.32 von der Filmprüfstelle (auch für Jugendliche) unter dem merkwürdigen Titel ZWEI KUCKUCKSEIER zur Aufführung freigegeben worden, doch hatten die Verantwortlichen der deutschen MGM-Niederlassung offensichtlich von vornherein ein paar Szenen herausgeschnitten. Diesen Schluß läßt zumindest die entsprechende Zensurkarte des Films zu, auf der sämtliche Untertitel aufgeführt sind, mit denen die amerikanische Originalfassung für die Aufführung in deutschen Kinos versehen worden war. Für die Szene mit Stan und Mrs. Plumtree auf dem Sofa sowie für eine andere Sequenz, die ihren Witz in noch stärkerem Maße aus einem nicht übersetzbaren englischen Wortspiel bezieht, sind keinerlei "einkopierte deutsche Titel" (so die offizielle Bezeichnung) aufgeführt. Wahrscheinlich, so ist zu vermuten, sahen die MGM-Mitarbeiter keine Chance, die äußerst feinsinnigen Originaldialoge mit adäquaten Untertiteln zu versehen, so daß sie die entsprechenden Szenen dem deutschen Publikum aus eigenem Antrieb vorenthielten (hätte nämlich die Zensurstelle derartige Schnitte vorgenommen, wäre dies aus der Zensurkarte zweifelsfrei hervorgegangen). Interessanterweise fielen exakt diese beiden Stellen knapp 40 Jahre später auch der Schere des ZDF zum Opfer! Angesichts des Problems, den 30minütigen Streifen auf die durch das Programmschema vorgegebene Länge von 25 Minuten zurechtstutzen zu müssen, mag dies für manch einen zumindest ansatzweise verständlich erscheinen - wer aber weiß, daß den Zuschauern dadurch einer der absoluten Höhepunkte des Films überhaupt vorenthalten wurde, wird sicherlich anderer Meinung sein. So bleibt die "Dick und Doof"-Folge mit dem Titel ENDSTATION VILLA BOCKSCHUSS, erstmals ausgestrahlt am 27.11.70, für echte Fans ein nur eingeschränktes Vergnügen.

All jenen, die einigermaßen der englischen Sprache mächtig sind, sei an dieser Stelle daher ausdrücklich die (auf Video erhältliche) Originalfassung empfohlen. Dort gibt es, nebenbei bemerkt, eine kleine Kuriosität zu entdecken: Während Mrs. Plumtree ihren Gatten mit "Ambrose" anspricht, stellt sich der Lord selbst Ollie gegenüber wiederholt als Lord Leopold Plumtree vor - ein Fehler, der darauf zurückzuführen ist, daß in den Originalmanuskripten durch ein Versehen beide Vornamen auftauchen (ursprünglich geplant war Leopold, später sollte er in Ambrose geändert werden - im fertigen Film ging es dann quer durcheinander).

Be big

US-Veröffentlichung: 07.02.31
Originallänge: Drei Akte
Produzent: Hal Roach/MGM
Regie: James Parrott
Kamera: Art Lloyd
Schnitt: Richard Currier
Ton: Elmer Raguse
Darsteller: Stan Laurel,
Oliver Hardy,
Anita Garvin,
Isabelle Keith,
Baldwin Cooke,
Charles Hall
u.a.

Gemeinsam mit ihren Ehefrauen wollen Stan und Ollie über das Wochenende verreisen. Doch kurz vor der Abfahrt erhält Ollie telefonisch die Mitteilung, daß ihm und Stan zu Ehren am Abend im Herrenclub ein geselliges Beisammensein geplant ist. Um die Kameraden nicht zu enttäuschen, simuliert Ollie gegenüber den Frauen einen Nervenzusammenbruch. Die Frauen kann er dazu überreden, schon einmal vorauszufahren; er und Stan würden am nächsten Morgen nachkommen, sobald er sein Leiden auskuriert habe. Nachdem die Frauen verschwunden sind, schlüpfen die beiden Daheimgebliebenen in ihre Clubuniformen. Beim Anziehen der zugehörigen Stiefel hat Ollie jedoch erhebliche Probleme, so daß sich der Aufbruch zum Club erheblich verzögert. Unangenehmerweise kehren plötzlich auch noch die beiden Gattinnen zurück, die den Zug verpaßt haben. Als sie sehen, daß Ollie alles andere als einen geschwächten Eindruck macht, greifen sie zu den stets bereitstehenden Gewehren.

"Sei stark" lautet die freie Übersetzung des Spruches "Be big", der quasi als running gag durch diesen Film geistert. Während dieser Spruch auf der Leinwand immer wieder auf Ollie gemünzt ist (die Gattin ermuntert ihn, gegen die Kopfschmerzen anzukämpfen, der Anrufer aus dem Nachtclub legt ihm eine selbstbewußte Haltung gegenüber der Ehefrau nahe), ließe sich diese Aufforderung im vorliegenden Fall durchaus auch an die Zuschauer des Streifens richten. Denn ähnlich wie THE LAUREL AND HARDY MURDER CASE bietet auch BE BIG fast über die gesamte Distanz eine insgesamt nervtötende Darbietung. So sind Stan und Ollie alleine rund 20 Minuten damit beschäftigt, die Stiefel anzuziehen - in keinem anderen Film wurde ein einzelnen Gag derart überstrapaziert wie hier. Mit Einschränkungen zu genießen ist immerhin das erste Drittel, in dem Stan und Ollie ihre Reisevorbereitungen treffen und anschließend darum bemüht sind, die Ehefrauen loszuwerden. Doch auch diese Exposition wirkt insgesamt zu sehr in die Länge gestreckt, als daß sie beim Betrachter durchgehend Heiterkeit auslösen könnte.

Offenbar hatten sogar die Mitarbeiter der deutschen MGM-Niederlassung ein Einsehen mit dem deutschen Kinopublikum, als sie BE BIG unter dem Titel SEI EIN MANN zur Zensur einreichten. Denn der Film umfaßte insgesamt nur zwei statt der original gedrehten drei Akte. Aus der Zensurkarte läßt sich ersehen, daß diese Kürzungen nicht auf die Einwirkung der Filmprüfstelle zurückgehen, sondern bereits zuvor ausgeführt worden sein müssen. In der Fassung, die am 14.02.33 mit einem Jugendverbot

Die Tonfilme

Be big

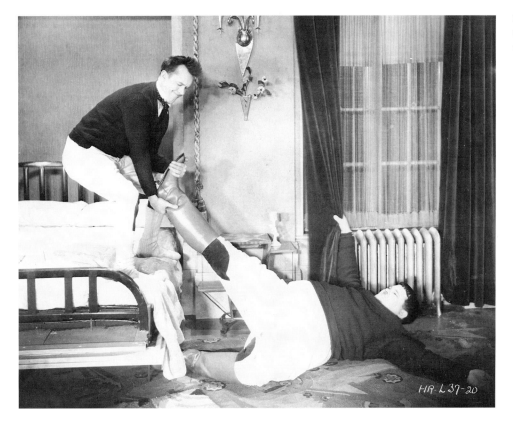

Nicht nur für Ollie war BE BIG eine wahre Qualerei

belegt und zur öffentlichen Aufführung freigegeben wurde (also erst drei Jahre nach der Veröffentlichung im Ursprungsland), fehlte somit fast die Hälfte der langwierigen Stiefel-Ankleideprozedur. Während BE BIG in Deutschland in der mit Untertiteln versehenen englischen Originalversion zu sehen war, drehten Laurel und Hardy darüberhinaus jeweils eine separate französische und spanische Fassung.

Nach dem Krieg war BE BIG zunächst als Teil der Kompilation DICK UND DOOF – JUBEL, TRUBEL, HEITERKEIT in deutschen Kinos zu sehen (Premiere: 28.01.64), außerdem als selbständiger Kurzfilm unter dem Titel DICK UND DOOF, DIE SCHWERENÖTER. Mit dem passenden Titel DIE QUAL MIT DEN STIEFELN versahen die ZDF-Verantwortlichen schließlich die synchronisierte Version des Films, die am 08.01.71 innerhalb der Reihe »Dick und Doof« ihre deutsche Fernsehpremiere feierte.

Chickens come home

Die Tonfilme

US-Veröffentlichung: 21.02.31
Originallänge: Drei Akte
Produzent: Hal Roach/MGM
Regie: James W. Horne
Kamera: Art Lloyd/ George Stevens
Schnitt: Richard Currier
Ton: Elmer Raguse
Darsteller: Stan Laurel, Oliver Hardy, Mae Busch, Thelma Todd, James Finlayson, Norma Drew u.a.

Angesichts seines Schweifes versucht Ollie, einen kühlen Kopf zu bewahren

Geschäftsmann Oliver Hardy erhält im Büro überraschend Besuch von einer alten "Flamme". Mit Hilfe eines komprimittierenden Fotos aus der Vergangenheit versucht der ungebetene Gast, Ollie zu erpressen. Um die Dame zu beruhigen und eine Klärung herbeizuführen, verabredet sich Ollie mit ihr für den Abend. Doch seine eigene Gattin hat den Feierabend bereits anderweitig geplant: Sie erwartet zum Essen wichtige Gäste, die Ollie bei seiner Kandidatur zum Amt des Bürgermeisters unterstützen sollen. So muß Stan für seinen Chef einspringen. Als er in der Wohnung der Erpresserin erscheint, ist diese jedoch nicht zu bändigen. In Stans Begleitung begibt sie sich zur Hardy'schen Villa, wo die Ereignisse kulminieren. Zunächst scheinen die beiden Männer die wahre Identität von Ollies Jugendliebe verbergen zu können, da taucht zu allem Überfluß auch noch Stans Gattin auf. Mit dem Beil in der Hand sorgt sie rasch für klare Verhältnisse.

Bis auf winzige Details handelt es sich bei diesem Film um eine exakte Neuauflage des Streifens LOVE 'EM AND WEEP. So verzichteten die Verantwortlichen lediglich auf die aufwendige Kulisse eines Restaurants, in dem sich der Geschäftsmann und seine Erpresserin in der Originalfassung für den Abend verabredet hatten (in CHICKENS COME HOME spielt sich die Begegnung zwischen Stan und der Frau in deren Appartement ab). Und auch die Rollenverteilung wurde ge-

Die Tonfilme

Chickens come home

Eine Szene aus der spanischsprachigen Version mit Linda Loredo

Wie bereits der Vorgänger BE BIG wurde auch dieser Film (von dem nur eine fremdsprachige, spanische Version gedreht wurde) für die deutsche Kinoauswertung in den 30er Jahren von den MGM-Verantwortlichen eigenhändig gekürzt. Der Schere zum Opfer fielen unter anderem zwei Telefonate. In dem einen bittet Ollie seine Gesprächspartnerin (Mrs. Laurel) um Verständnis, daß deren Gatte wegen der anfallenden Arbeit erst spät nach Hause kommen kann (in Wirklichkeit braucht er Stan, um ihn als "Ersatz" zu der Erpresserin zu schicken). Das zweite, in der deutschen Kinofassung fehlende Gespräch zeigt ihn dagegen, wie er selbst von der Erpresserin zu Hause angerufen wird und dabei versucht, diese - in Gegenwart der eigenen Ehefrau - möglichst unauffällig abzuwimmeln. Die Zensurbehörde gab den mit einem Jugendverbot versehenen Film am 24.11.32 zur Aufführung frei, die Premiere von SOWAS KOMMT VON SOWAS (in der Originalfassung mit deutschen Untertiteln) erfolgte am 09.01.33.

Für die Fernseh-Erstauswertung wurden von den ZDF-Mitarbeitern die obligaten Kürzungen vorgenommen (insgesamt knapp fünf Minuten), bevor der Film unter dem Titel DIE DAME AUF DER SCHULTER am 30.03.73 innerhalb der Reihe "Dick und Doof" erstmals über deutsche Bildschirme flimmerte.

ringfügig verändert: Statt James Finlayson spielt jetzt Ollie den unter Druck geratenen Geschäftsmann (dafür fungiert Fin als Ollies Butler). In der ersten Fassung, die ja noch kein "richtiger" Laurel und Hardy-Film war, mußte sich Babe noch mit einer kleinen Nebenrolle (als Gast auf Finlaysons Abendparty) zufrieden geben.

Leider schöpft der Film die Möglichkeiten der Tontechnik, die beim "Vorbild" noch nicht zur Verfügung ge-standen hatten, kaum aus. Es gibt weder erwähnenswerte Geräuscheffekte noch besonders gelungene Dialoge zu hören, so daß CHICKENS COME HOME das Original aus der Stummfilmzeit keineswegs überragt und insgesamt eher zum soliden Durchschnitt unter den Kurzfilmen des Duos zählt (zumal die Ausdehnung der in der ersten Auflage ursprünglich nur zwanzig-minütigen Story auf drei Akte dem Werk nicht gerade zusätzliches Tempo verleiht).

The stolen jools

Die Tonfilme

US-Veröffentlichung: April 1931
Originallänge: Zwei Akte
Produzent: Pat Casey
Regie: William McGann
Darsteller: Stan Laurel,
Oliver Hardy,
Buster Keaton,
Joan Crawford,
Edward G. Robinson,
Our Gang
u.a.

Liebe Leut´, Ihr glaubt es nicht, der Wagen gleich zusammenbricht!

Stan und Ollie geben eine kurze Gasteinlage als Gehilfen eines Privatdetektivs. Dieser wird beauftragt, nach den gestohlenen Juwelen einer wohlhabenden Dame zu suchen. Der Auftritt der beiden Komiker erschöpft sich darin, daß ihr Wagen im Anschluß an eine kurze Fahrt beim Einparken vor dem Haus der Bestohlenen in sich zusammenbricht.

Kaum einer der zahllosen Akteure, die in THE STOLEN JOOLS auftreten, ist in diesem Film länger als eine Minute zu sehen. Der Streifen war von der nationalen Künstlervereinigung in Zusammenarbeit mit einer Zigarettenfirma produziert worden, dessen Erlöse einem Krankenhaus für tuberkolosegeplagte Künstler zugute kommen sollten.

Die Tonfilme **Laughing Gravy**

US-Veröffentlichung: 04.04.31
Originallänge: Zwei Akte
Produzent: Hal Roach/MGM
Regie: James W. Horne
Kamera: Art Lloyd
Schnitt: Richard Currier
Ton: Elmer Raguse
Darsteller: Stan Laurel,
Oliver Hardy,
Charles Hall,
Harry Bernard,
Charles Dorety

Eine lausig kalte Winternacht verbringen Stan und Ollie gemeinsam mit ihrem Hündchen Laughing Gravy in ihrem Hotelzimmer. Mit der Nachtruhe ist es allerdings nicht weit her: Durch Stans Schluckauf fängt Laughing Gravy laut an zu bellen, was den eine Etage tiefer schlafenden Pensionswirt alarmiert. Hundehaltung ist in seinem ehrenwerten Haus nämlich verboten, und so wirft er das Tier hinaus auf die Straße. Doch Stan und Ollie wollen ihren kleinen Kameraden nicht erfrieren lassen. Insofern sind sie in der Folgezeit darum bemüht, Laughing Gravy an ihrem Gastgeber vorbei zurück ins warme Zimmer zu schmuggeln. Im Verlauf dieser Aktion wird nicht nur die Inneneinrichtung, sondern auch das Nervenkostüm des Hotelinhabers einer intensiven Belastungsprobe unterzogen. Als der Leidgeplagte die beiden Partner schließlich wutschnaubend vor die Türe setzen will, verhängt ein Polizist eine zweimonatige Quarantänefrist über die Herberge: Niemand darf in den nächsten acht Wochen das Haus verlassen. Daraufhin greift der Pensionswirt, endgültig entnervt, zur Waffe und setzt seinem Leben ein abruptes Ende.

Wenn auch der Schluß des Films recht morbide ausfällt, handelt es sich bei LAUGHING GRAVY insgesamt doch um eine herrliche Komödie mit zahlreichen gelungenen Slapstick-Einlagen.

Dabei ist die Geschichte an sich keinesfalls neu, es handelt sich hier um ein Remake des Stummfilms ANGORA LOVE. Im Vergleich zum Vorgänger wirkt der Film jedoch besser strukturiert, da die einzelnen Gags nahtlos ineinander übergreifen und so keinerlei Leerlauf aufkommt. Positiv macht sich in diesem Zusammenhang auch das winterliche Ambiente bemerkbar, aus dem heraus sich überhaupt erst ein Großteil der Pointen ergibt. Der Leidtragende ist in erster Linie Ollie (und keineswegs das Hündchen, welches vom Hotelbesitzer vor die Tür gesetzt wird), wobei das zwerchfellerschütternde Geschehen wie schon so oft erst durch eine zugeschlagene Haustür ins Rollen kommt. Eigentlich wollte Ollie ja nur den Hund hereinholen - jetzt steht er, nur mit dem Nachthemd bekleidet, draußen in der Kälte. Stans Angebot, herunterzukommen und ihn und Laughing Gravy ins Haus zu lassen, lehnt er in weiser Voraussicht ab: "Der Besitzer könnte uns hören!" So bietet sich als Alternative nur das Hinaufklettern an zusammengeknoteten Bettlaken an. Im Falle des kleinen Hündchens ist dies natürlich kein Problem - bei einem Schwergewicht wie Ollie wird`s ebenso natürlich schon etwas komplizierter. Und während das geflügelte Wort vom "geplatzten Knoten" normalerweise durchaus positiv gemeint ist, ist das Bild diesmal leider wörtlich zu nehmen: Zielgenau landet der "Em-

Laughing Gravy

porkömmling" in einer bis zum Rande mit eiskaltem Wasser gefüllten Regentonne. Angesichts Stans etwas unpassend erscheinender Frage, was denn passiert sei, ein trefflich geeigneter Moment, um wieder einmal den bekannten, hilfeheischenden Blick an uns zu richten (den er übrigens selten derart häufig und wirkungsvoll eingesetzt hat wie in LAUGHING GRAVY).

Von dem Film wurden außer der Originalfassung weitere Exemplare in französischer und spanischer Sprache gedreht. Diese enthielten jeweils eine zehnminütige Sequenz, die den amerikanischen Zuschauern durch eine (aus unbekanntem Grund getroffene) Entscheidung der Verantwortlichen vorenthalten blieb. In dieser erhält Stan von dem bereits am Rande eines Nervenzusammenbruchs wandelnden Hotelbesitzer (Charles Hall) ein Schreiben ausgehändigt, in dem ihm eine Erbschaft mitgeteilt wird. Das beträchtliche Vermögen seines verstorbenen Onkels soll er jedoch nur dann erhalten, wenn er sich zuvor von Ollie trennt. Sein Freund will natürlich wissen, was in dem Brief steht, doch Stan möchte ihm diese bittere Nachricht verständlicherweise vorenthalten. "Ich habe noch nie etwas vor dir verborgen", zeigt sich Ollie daraufhin ebenso beleidigt wie menschlich enttäuscht - er kann ja nicht ahnen, daß ihm der Partner die Wahrheit lediglich aus purem Mitgefühl vorenthalten will.

Mr. Laurel und Mr. Hardy - auf den Hund gekommen

Doch dann kann er seine Neugierde nicht mehr bändigen und entreißt Stan das Papier. Nachdem er die niederschmetternde Botschaft zur Kenntnis genommen hat, wendet er sich an den tränenerstickten Freund: "Du solltest jetzt wohl gehen. Vielleicht denkst du ja mal an mich, wenn du in schicken Autos herumfährst und in einer stattlichen Villa wohnst."

Stan nickt traurig, packt das Hündchen und verabschiedet sich. Auf Ollies Bitte hin muß er Laughing Gravy jedoch zurücklassen, denn außer dem besten Freund auch noch das Haustier zu verlieren - das verkraftet Mr. Hardy auf keinen Fall. Noch einmal wirft Stan daraufhin seinem Partner einen letzten, sehnsuchtsvollen Blick zu. Doch dann hält er plötzlich inne, überlegt kurz und zerreißt schließlich mit theatralischer Geste den Brief, der ihn zum Millionär hätte machen können. "Mein Freund!" ruft Ollie, zutiefst gerührt angesichts soviel

Die Tonfilme / **Laughing Gravy**

Der Knoten ist geplatzt

menschlicher Zuneigung – bis ihm Stan unmißverständlich klarmacht, daß er eher an dem gemeinsamen Hündchen hängt.

Ob von dem Film auch eine deutsche Version angefertig wurde, ist in Fachkreisen umstritten. Die Zensurkarte, die anläßlich der Prüfung des Streifens am 08.02.33 durch die Filmprüfstelle Berlin angefertigt wurde, läßt es zumindest als zweifelhaft erscheinen. Denn vorgelegt worden war die mit deutschen Untertiteln versehene amerikanische Originalfassung (wobei der Hund übrigens mit dem Namen »Nero« versehen wurde). Sicher ist zumindest, daß LAUGHING GRAVY nach seiner Zulassung unter dem Titel EIN HUNDEWETTER am 16.05.33 zur deutschen Uraufführung gelangte. Eine Wiederaufführung erlebte er nach dem Krieg als Bestandteil der Kompilation DICK UND DOOF IN 1000 NÖTEN. Die Fernsehpremiere schließlich fand, passend zur winterlichen Szenerie des Films, am 22.12.72 innerhalb der ZDF-Reihe »Dick und Doof« statt. Der Titel der ungekürzt ausgestrahlten Episode lautete ALLE HUNDE LIEBEN STAN.

Our wife

Die Tonfilme

US-Veröffentlichung: 16.05.31
Originallänge: Zwei Akte
Produzent: Hal Roach/MGM
Regie: James W. Horne
Kamera: Art Lloyd
Schnitt: Richard Currier
Ton: Elmer Raguse
Darsteller: Stan Laurel,
Oliver Hardy,
Babe London,
James Finlayson,
Ben Turpin,
Charles Rogers,
Blanche Payson

"Bist du sicher, daß die Torte genau in mein Gesicht passen wird?"

Ollie will die Tochter des wohlhabenden James Finlayson heiraten. Doch leider zeigt die Braut ihrem Vater kurz vor der Trauung ein Bild des zukünftigen Schwiegersohnes, so daß dessen Vorfreude beim Anblick von Ollies Konterfei in blankes Entsetzen umschlägt und er die Tochter kurzerhand in deren Zimmer einschließt. Die Eingesperrte telefoniert ihren Liebling herbei, der daraufhin gemeinsam mit Stan die Frau seines Herzens entführen und anschließend bei einem Friedensrichter sogleich die Eheschließung vollziehen will. Mit Mühe und Not gelingt den dreien tatsächlich die Flucht. Alles scheint somit auf ein happy end zuzusteuern - hätte der stark schielende Richter aufgrund seiner getrübten Optik nicht Stan und Ollie miteinander vermählt.

Auch wenn der Film kaum mehr bietet als einige Standard-Gags, ist OUR WIFE doch durchweg gut gelungen. Vor allem Stan zeigt wieder einmal, daß er mit einem Minimum an darstellerischem Aufwand ein Maximum an erheiternder Wirkung zu erzielen vermag. So nimmt er auf ganz persönliche Art den Kampf mit einer Stubenfliege auf, die sich auf der Hochzeitstorte niedergelassen hat. Zunächst versucht er es mit einem energischen Fingerschnippen. Doch statt der Fliege segelt eine Sahneportion durchs Zimmer, und die landet selbstverständlich zielgenau auf dem Zylinder, den Ollie gerade voller Inbrunst mit einer Bürste bearbeitet. Als nächstes entsinnt sich Stan eines Staubwedels. Auch dieser hinterläßt seine Spuren jedoch lediglich auf der Torte - erst recht, als Stan sich nicht länger aufs Wedeln beschränkt, sondern kräftig mit dem Stiel zuschlägt. Im Kampf gegen das resistente Insekt bleibt schließlich keine andere Wahl als die chemische Keule. Zum Glück verfügt Ollie über einen Flacon, aus

Our wife

Stan weist höflich darauf hin, daß eine Entführung ins Haus steht

dem er sich normalerweise ein Mundwässerchen in den Rachen sprüht, um die rauhe Kehle etwas aufzufrischen. Durch das Auffüllen mit einem Fliegen-Killer führt Stan den Flacon einer neuen Bestimmung zu und schleicht (wie ein Indianer zur Büffelherde) in Richtung Torte. Sprüh, sprüh, sprüh - im Nu ist nicht nur die Fliege, sondern gleich die gesamte Torte kontaminiert. Gleiches widerfährt kurze Zeit später auch Ollie, der erneut ein leichtes Kratzen in der Kehle verspürt und zum Sprühfläschchen greift. Mit brennendem Gaumen und wild gestikulierend rotiert Ollie daraufhin durch die Wohnung, um sich in letzter Not am Eisblock aus dem Tiefkühlfach etwas Linderung zu verschaffen. Und um die Herstellungskosten der leckeren Sahnetorte zu rechtfertigen, darf er nach einem anschließenden Ausgleiten auf einem Eisstückchen sein Gesicht tief in die cremige Masse tauchen.

Ähnlich verheerende Wirkung zieht Stans Auftritt am Hause James Finlaysons nach sich, als er und Ollie mitten in der Nacht die Braut entführen möchten. Wer glaubt, er bekäme einen jener hektischen Fluchtversuche geboten, die es bei solchen Anlässen normalerweise auf der Leinwand zu bewundern gibt, sieht sich wieder einmal getäuscht. Als Fluchtwagen hat Stan nämlich ein Automobil aufgetrieben, das die Maße eines Spielzeugautos mit Müh und Not übertrifft. Insofern werden wir im folgenden Zeugen des wohl langsamsten Fluchtversuches der Filmgeschichte. Mehrere Minuten zieht sich das frustrierende, tempoarme Schauspiel hin, bis es den drei Flüchtenden endlich gelingt, mitsamt mehreren Koffern in dem Kleinstwagen Platz zu nehmen. Daß dies zur Überraschung eines wohl jeden Zuschauers letztlich tatsächlich klappt, liegt dann auch ganz einfach daran, daß zum Drehen der entscheidenden Aufnahmen in Wirklichkeit ein größeres Modell Verwendung fand, als es dem Zuschauer zunächst suggeriert wurde.

Unter dem Titel VERKEHRT VERHEIRATET wurde OUR WIFE am 21.10.32 von der Filmprüfstelle Berlin ungekürzt zur Aufführung genehmigt (allerdings für Jugendliche verboten) bevor er ungekürzt am 09.10.70 unter dem Titel DIE BRAUT WIRD GEKLAUT innerhalb der Reihe "Dick und Doof" erstmals auch über deutsche Bildschirme flimmerte.

Come clean

US-Veröffentlichung: 19.09.31
Originallänge: Zwei Akte
Produzent: Hal Roach/MGM
Regie: James W. Horne
Kamera: Art Lloyd
Schnitt: Richard Currier
Ton: Elmer Raguse
Darsteller: Stan Laurel,
Oliver Hardy,
Mae Busch,
Gertrude Astor,
Linda Loredo,
Charles Hall,
Eddie Baker,
Stanley Sandford
u.a.

Das Ehepaar Hardy freut sich auf einen gemütlichen Abend in trauter Zweisamkeit, als die Laurels plötzlich vor der Tür stehen. Genervt ergeben sich Ollie und seine Gattin ihrer Rolle als zuvorkommende Gastgeber. Und während die Frauen schließlich eifrig small talk miteinander treiben, holen Stan und sein Partner zur Erfrischung eine Portion Eis. Auf dem Rückweg von der Eisdiele fischen sie eine Frau aus dem Wasser, die ihrem Leben ein abruptes Ende bereiten wollte. Doch statt sich bei ihren Rettern zu bedanken, fordert sie Stan und Ollie auf, auch weiterhin für sie zu sorgen. Andernfalls, so droht sie, werde sie der Polizei gegenüber behaupten, von ihnen ins Wasser gestoßen worden zu sein. So bleibt Stan und Ollie letztlich nichts anderes übrig, als die Dame vorübergehend in Ollies Schlafzimmer zu verstecken. Ein Umstand, der den zu Hause wartenden Ehefrauen nicht allzu lange verborgen bleibt - erst recht nicht, als plötzlich auch noch die Polizei auftaucht und die weibliche Erpresserin abführt.

Unerfahrene Laurel und Hardy-Konsumenten werden nach dem Betrachten dieses Films wahrscheinlich einwenden, die Episode mit der undankbaren, erpresserischen und lebensmüden Frau sei völlig an den Haaren herbeigezogen. Tatsächlich scheinen zunächst Zweifel angebracht, ob sich zwei erwachsene Männer alleine durch eine wildfremde, hysterisch um sich schreiende Frau derart terrorisiert fühlen könnten, daß sie diese vor ihren eigenen Gattinen verstecken müßten. Wer jedoch die hierarchischen Strukturen der ehelichen Lebensgemeinschaften in den Laurel und Hardy-Filmen genauer kennt, weiß, daß die von Stan und Ollie in COME CLEAN an den Tag gelegte Panik durchaus angebracht ist. Letzte Zweifel an dieser These werden durch jene Szene beseitigt, in der Ollie kurz davor steht, den Gattinnen die Anwesenheit der Erpresserin zu beichten. Während diese gemeinsam mit Stan (noch) draußen auf dem Flur wartet, reißt Ollie schwungvoll die Tür auf, um den gespannt wartenden Frauen den Grund ihrer verspäteten Rückkehr mitzuteilen. Doch läßt in diesem Moment bereits ein einziger Blick in die Augen der eigenen Gattin erkennen, daß jeder Versuch scheitern wird, die Anwesenheit der ominösen Dame ihr gegenüber auch nur ansatzweise zu rechtfertigen. Ollies postwendend angetretener Rückzug fällt derart unterwürfig aus, daß selbst so manche Verfechterin radikaler feministischer Thesen zu Tränen des Mitleids gerührt sein dürfte.

Neben dieser äußerst eindrucksvollen psychologischen Studie wartet der Film mit ein paar weiteren hübschen Einfällen auf, wobei die Anfangsszene lediglich die Neuauflage eines Gags aus SHOULD MARRIED MEN GO HOME? darstellt: Um sich den vor der Tür stehenden, ungebetenen Besuch vom Leibe zu halten, tun Mr. und Mrs. Hardy so, als seien sie nicht zu Hause. Doch als Ollie eine von Stan geschriebene Botschaft erst (etwas zu voreilig) unter der Tür hindurchzieht und dann (nachdem ihm sein Fehler bewußt geworden ist) flugs wieder zurückschiebt, ist es mit dem gemütlichen Abend zu zweit vorbei.

Zu den eigentlichen Höhepunkten des Films zählen jedoch erfreulicherweise zwei Szenen, die eigens für COME CLEAN geschrieben wurden. Eine von ihnen zeigt uns Stan und Ollie beim

Die Tonfilme # Come clean

Husch, husch – ins Körbchen!

Eiskauf. Eigentlich hätte Stan gerne eine Portion Schokoladeneis, doch diese Sorte ist leider ausverkauft. Entgegen aller menschlichen Verhaltensnormen möchte er daraufhin vom Verkäufer erst einmal wissen, welche Eissorten außer Schokolade denn noch vergriffen seien, um zu guter Letzt "einmal Schokolade ohne Schokogeschmack" zu ordern. Wie sich zeigt, eine todsichere Methode, nicht nur den Eisverkäufer (Charlie Hall), sondern auch Ollie zur Raserei zu bringen – und somit viel zu schade, um innerhalb des Films nur einmal ins Spiel gebracht zu werden. So nimmt Stan den "Schokoladen"-Faden wieder auf, nachdem die Polizei die offensichtlich geistesgestörte Frau abgeführt hat, die den beiden Freunden zuvor soviel Kummer verursachte. "Für die Ergreifung der Dame erhalten Sie 1000 Dollars Belohnung", erfährt Stan, nachdem Ollie (in Erwartung einer Strafe) jeglichen Bezug zur Festgenommenen abgestritten und die Polizei auf seinen Freund als Verantwortlichen für den Zwischenfall verwiesen hat. "Was wirst du mit dem vielen Geld denn anfangen?" möchte Ollie, angesichts seiner gegenüber der Polizei geäußerten, ungeschickten Bemerkung noch sichtlich um Fassung ringend, wissen. Stan, in voller Montur in der gefüllten Badewanne sitzend (in der er sich vor der Ehefrau verstekken wollte), überlegt nur kurz, grinst dann und kratzt sich zufrieden am steil aufragenden Haarschopf: "Ich denke, ich werde mir für 1000 Dollars Schokoladeneis kaufen." Für Ollie ist dies die Gelegenheit, es dem Partner einmal so richtig heimzuzahlen: Er zieht den Stöpsel aus der Wanne, so daß Stan – zu erkennen lediglich an einem lauten, gurgelnden Geräusch – zumindest bis zum nächsten Film rückstandslos im Abfluß verschwindet.

IN DIE FALLE GELOCKT lautete der Titel der "Dick und Doof"-Episode, unter der COME CLEAN am 06.08.71 erstmals im deutschen Fernsehen zu sehen war.

One good turn

Die Tonfilme

US-Veröffentlichung: 31.10.31
Originallänge: Zwei Akte
Produzent: Hal Roach/MGM
Regie: James W. Horne
Kamera: Art Lloyd
Schnitt: Richard Currier
Ton: Elmer Raguse
Darsteller: Stan Laurel,
Oliver Hardy,
Mary Carr,
James Finlayson,
Billy Gilbert
u.a.

Nachdem durch Stans Ungeschicklichkeit nicht nur das Zelt unserer beiden Freunde, sondern auch deren letzte Lebensmittelvorräte vernichtet sind, betteln sie bei einer netten alten Dame an der Haustür um etwas Eßbares. Während sie bei ihr in der Küche sitzen, werden sie Zeugen eines scheinbar dramatischen Gesprächs: Der skrupellose Hausbesitzer droht der alten Dame, sie wegen ausstehender Hypothekenzahlungen vor die Tür zu setzen. Daß es sich dabei lediglich um die Probe einer Amateurtheater-Gruppe handelt, ahnen Stan und Ollie natürlich nicht. So beschließen sie, in einem Akt aufkeimender Solidarität auch noch ihren letzten Besitz für die freundliche Gastgeberin zu opfern: den Ford T, Baujahr 1911. Ollies Versuch, das Auto öffentlich zu versteigern, mißlingt jedoch, und durch ein Mißverständnis spitzt sich die Lage weiter zu. Ein Betrunkener hat nämlich aus Versehen seine prall gefüllte Geldbörse in Stans Jackentasche gesteckt, so daß Ollie seinen Partner plötzlich des Diebstahls an der alten Frau bezichtigt. Wütend zerrt er den Freund zurück zum Haus des vermeintlichen Opfers, wo sich alles aufklärt. Stan gerät nun seinerseits völlig außer Kontrolle und revanchiert sich bei Ollie mit einem noch nie dagewesenen Gewaltausbruch.

ONE GOOD TURN ist ein in mehrfacher Hinsicht bemerkenswerter Laurel und Hardy-Film. Nicht nur, daß er wie kaum ein weiterer Zweiakter des Duos über eine "richtige" Handlung verfügt - er gibt zudem einzelnen Charakteren die Möglichkeit, sich auf eine bis dahin völlig unbekannte Art und Weise zu präsentieren. So tritt Stan gegen Ende des Streifens Ollie gegenüber gewalttätig auf wie nie zuvor. Sogar ein Holzschuppen, in den Ollie geflüchtet ist, fällt seinem Aggressionsschub zum Opfer, als Stan ihn mit ein paar Axthieben zum Einsturz bringt. Die Idee zu diesem völlig untypischen Wutausbruch führte Stan im übrigen auf seine Tochter Lois zurück, die nach dem Betrachten einiger Filme ihres Vaters den Eindruck gewonnen hatte, dieser werde von "Onkel Ollie" immer schwer mißhandelt. Mit der entsprechenden Szene wollte er somit nicht zuletzt der Tochter verdeutlichen, daß er sich durchaus gegenüber den rüden Attacken seines Partners zur Wehr zu setzen wußte.

Doch auch das eindeutig geprägte Frauenbild, welches zuvor in über 50 Filmen sorgsam gepflegt worden war, erhält in ONE GOOD TURN einen starken Kratzer. Als müsse sie für sämtliche Repressalien geradestehen, denen Stan und Ollie bis dahin durch Angehörige des weiblichem Geschlechts ausgesetzt haben, kümmert sich Mary Carr auf geradezu rührende Weise um die beiden Bettler an ihrer Haustür. Stan und Ollie mit einer Frau gemeinsam in einem Raum, ohne daß es zwischen den Geschlechtern zu Handgreiflichkeiten kommt - ein wahrlich historischer Moment.

Keineswegs ungewöhnlich, dafür jedoch äußerst amüsant, fallen hingegen die vielen Gags aus, mit denen der Film aufwartet. Gleich zu Beginn erleben wir eine weitere Variante der "doppelten Wiederholung", die Stan und Ollie mit Vorliebe zelebrieren: Während Ollie am Fluß ein Kleidungsstück wäscht, bereitet Stan am Lagerfeuer eine Suppe zu. Durch ei-

Die Tonfilme **One good turn**

Die Freundlichkeit der alten Dame ist wirklich umwerfend

den Kameraden, während er abermals einen mitleidsheischenden Blick in Richtung Publikum schickt. Die Antwort folgt sogleich durch einen Bildschnitt auf die Wäscheleine: In der Nähe des Feuers sind die dort zum Trocknen aufgehängten Kleidungsstücke auf das Format von Liliputanertextilien geschrumpft.

Neben derartigen visuellen Gags brilliert der Film jedoch auch mit einigen gelungenen Dialogen. So zum Beispiel, als Ollie sich und seinen Partner gegenüber der alten Dame an der Haustür als »Opfer der Depression« vorstellt und eindringlich darauf hinweist, seit drei Tagen nichts gegessen zu haben. »Ja«, ergänzt Stan eilig, »seit gestern, heute und morgen.« Während zumindest diese Äußerung in der vom ZDF gezeigten, deutsch synchronisierten Fassung einigermaßen korrekt wiedergegeben wurde (dort hieß es: »Gestern, vorgestern und morgen«), waren andere sprachliche Glanzlichter des Films im Zuge der Synchronbearbeitung leider völlig unter den Tisch gefallen. Insofern konnte auch die »Dick und Doof«-Folge mit dem Titel VON GEFAHREN UMLAUERT, unter dem ONE GOOD TURN am 04.09.70 erstmals im deutschen Fernsehen zur Ausstrahlung gelangte, für echte Laurel und Hardy-Fans (im Vergleich zur amerikanischen Originalfassung) nur ein eingeschränktes Vergnügen darstellen.

nen Fehltritt hat er jedoch im Nu das Zelt in Brand gesetzt, und so versucht er in aller Hast, die auflodernden Flammen zu bändigen. Als Behältnis für das Löschwasser dient ihm ein Becher. Und obwohl das Vorhaben somit von Vorneherein zum Scheitern verurteilt ist, eilt Stan an Ollie (und dem Fluß) vorbei zu einer Wasserpumpe. Mit drei raschen Hebelbewegungen hat er den Becher gefüllt und rennt - unter den verdutzten Blicken des unwissenden Partners - zurück zum Feuer, wo er den Flächenbrand mit ein paar Tropfen Wasser anfeuchtet. Diese Aktion wiederholt sich noch zweimal, bis selbst Stan klar wird, daß sich das Zelt so nicht mehr retten läßt. Doch sogar dann, als er auch noch den gesamten Inhalt des Suppenkessels den Flammen geopfert hat, ist der Gipfel des Fiaskos noch nicht erklommen. »Kein Zelt mehr, nichts zu essen - was kann schlimmer sein?« lautet Ollies gleichermaßen resignierende wie rhetorische Frage an

Beau hunks

Die Tonfilme

US-Veröffentlichung: 12.12.31
Originallänge: Vier Akte
Produzent: Hal Roach/MGM
Regie: James W. Horne
Kamera: Art Lloyd/ George Stevens
Schnitt: Richard Currier
Ton: Elmer Raguse
Darsteller: Stan Laurel, Oliver Hardy, Charles Middleton, Broderick O' Farrell, Harry Schultz, Abdul Kasim K'Horne (James W. Horne) u.a.

Im Film ist die "Klappe" auf dem Schreibtisch zum Glück nicht zu sehen

Da er von seiner Angebeteten einen Korb erhalten hat, meldet sich Ollie aus Liebeskummer bei der Fremdenlegion. Stan schließt sich ihm an. Doch schon nach kurzer Zeit muß Ollie feststellen, daß bis hinauf zum Kommandanten nahezu die gesamte Legion dieselbe Frau verehrt wie er. Für ihn und Stan Grund genug, den Dienst zu quittieren. Doch selbstverständlich ist der Kommandant anderer Meinung. So werden die beiden Freunde schon kurze Zeit später, gemeinsam mit den übrigen Neuankömmlingen, zur Verstärkung in ein anderes Fort geschickt, das durch eine Horde Araber bedroht wird. Dort gelingt es ihnen, die barfüßigen Angreifer mit mehreren Fässern Nägeln außer Gefecht zu setzen. Die Freunde über den Sieg währt jedoch nur so lange, bis Ollie beim Anführer der Araber erneut auf ein Foto seiner Verflossenen stößt.

BEAU HUNKS stellt unter allen Laurel und Hardy-Filmen hinsichtlich seiner Länge von vier Akten ein einmaliges Experiment dar - und das ist kräftig in die Hose gegangen. Denn bei einer Laufzeit von 40 Minuten bleibt einerseits kaum Zeit, eine gehaltvolle Handlung zu entwickeln, andererseits reichen die üblichen Slapstickeinlagen nicht aus, eine derartige Zeitspanne auszufüllen. So macht sich die Überlänge des Films ähnlich unangenehm bemerkbar wie bereits zuvor bei den mißlungenen Dreiaktern THE LAUREL AND HARDY MURDER CASE oder BE BIG. Selbst die Qualität der einzelnen, recht dünn gestreuten Gags erreicht durchweg kaum Durchschnitt. Anerkennung gebührt den beiden Komikern immerhin dafür, daß sie im Film äußerst professionell mit ihren Gewehren und dem Marschgepäck umzugehen wissen (Hal Roach hatte

Die Tonfilme

Beau hunks

Dem Herren mit dem Messer werden gleich die Nägel unter den Füßen brennen

als Lehrer für Stan und Ollie extra einen ehemaligen Fremdenlegionär angeheuert).

Besonders erwähnenswert erscheinen insofern lediglich zwei Begebenheiten, die sich in Zusammenhang mit der Produktion des Films zutrugen. So ist Ollies Angebetete im Film nie in Fleisch und Blut, sondern ausschließlich auf einem Foto zu bewundern. Jean Harlow, um die es sich hier handelt, hatte dem Produzenten nämlich bei ihrem Abschied von den Roach-Studios erlaubt, ihre Fotografie kostenlos in einem Film verwenden zu dürfen, wann immer er es wollte. Hal Roach sparte sich somit auf recht einfache Art und Weise die Gage für eine "Hauptdarstellerin". Und auch ein anderer Protagonist fällt aus dem Rahmen: Der Darsteller des Araberführers, der von Stan und Ollie am Ende verhaftet wird. Regisseur James W. Horne hatte die Rolle zunächst nacheinander durch drei verschiedene Schauspieler besetzen lassen, war jedoch mit keinem der Auserwählten zufrieden. So schlüpfte er letztlich selbst ins Kostüm, klebte sich einen Vollbart an - und spielte den Araberführer, als sei er in der Wüste geboren worden.

Einige Jahre später drehten Stan und Ollie einen Streifen, der ebenfalls in der Fremdenlegion spielt, aber wesentlich besser geriet: THE FLYING DEUCES. In diesem übernahm Charles Middleton, der mit seiner grimmigen Visage bereits in BEAU HUNKS zu überzeugen wußte, erneut die Rolle des Lagerkommandanten. Nicht zuletzt aufgrund dieser Umstände werden beide Filme von Unkundigen bisweilen miteinander verwechselt.

Unter dem Titel DUELL MIT DEN WÜSTENSÖHNEN erlebte der Film am 05.03.71 innerhalb der "Dick und Doof"-Reihe seine deutsche Fernsehpremiere. Um ihn auf die übliche Sendelänge von 25 Minuten zurechtzustutzen, mußte der Film verständlicherweise erheblich gekürzt werden. Der Schere zum Opfer fiel unter anderem die Eingangsszene, in der Ollie von Jean Harlow einen "Ablehnungsbescheid" erhält (dieser Teil des Films wurde am 11.05.73 als Schnipsel innerhalb der "Dick und Doof"-Episode DAS FEUCHTE HOTELBETT "nachgereicht"), sowie jene Sequenzen aus dem Lager der Fremdenlegion, in denen Ollie erfährt, daß er nicht der einzige Verehrer dieser Dame ist.

On the loose

Die Tonfilme

US-Veröffentlichung: 26.12.31
Originallänge: Zwei Akte
Produzent: Hal Roach/MGM
Buch: Hal Roach
Regie: Hal Roach
Dialoge: H. M. Walker
Kamera: Len Powers
Schnitt: Richard Currier
Darsteller: Thelma Todd,
ZaSu Pitts,
Claud Allison,
John Loder,
Billy Gilbert,
Stan Laurel,
Oliver Hardy
u.a.

Kaum zu glauben, aber Thelma und ZaSu legen auf die Gesellschaft dieser beiden netten Herren keinen Wert!

Thelma Todd und ZaSu Pitts sind darüber genervt, daß alle ihrer Verehrer sie ausschließlich in den Vergnügungspark auf Coney Island einladen. Eines Tages werden sie von einem Autofahrer, der durch eine Schlammpfütze gefahren ist und dabei ihre Kleider ruiniert hat, gemeinsam mit dessen Freund zum Trost an einen "außergewöhnlichen, originellen Ort" entführt: Coney Island. Dort verleben die vier einen mehr oder weniger amüsanten Nachmittag. Froh, von dem neuerlichen Ausflug nach Coney Island endlich nach Hause zurückgekehrt zu sein, klingelt es an der Tür. Es sind Stan und Ollie, die die beiden Damen gerne nach Coney Island einladen möchten. Unter einem Hagel von Wurfgeschossen werden sie daraufhin von Thelma und ZaSu davongejagt.

Ganze 30 Sekunden dauert der Gastauftritt von Laurel und Hardy in diesem Film, mit dem sie Regisseur Hal Roach einen Gefallen tun wollten (in exakt denselben Kulissen waren Teile aus SUGAR DADDIES gedreht worden).

Die Tonfilme

Helpmates

US-Veröffentlichung: 23.01.32
Originallänge: Zwei Akte
Produzent: Hal Roach/MGM
Buch: H.M. Walker
Regie: James Parrott
Dialoge: H. M. Walker
Kamera: Art Lloyd
Schnitt: Richard Currier
Musik: LeRoy Shield/ Marvin Hatley
Darsteller: Stan Laurel, Oliver Hardy, Blanche Payson, Robert Burns, Robert Callahan

Zuviel Ruß
bringt schnell Verdruß

Am Morgen nach einer durchzechten Nacht sieht Ollies Heim aus, als habe eine Bombe eingeschlagen. Noch völlig mit sich selbst und dem eigenen Brummschädel beschäftigt, wird der Hausherr plötzlich mit einer äußerst unangenehmen Nachricht konfrontiert: Per Telegramm kündigt die Gattin für die Mittagsstunden ihre vorzeitige Rückkehr aus dem Urlaub an. Um das Chaos bis dahin beseitigen zu können, telefoniert Ollie seinen besten Freund herbei. Mit vereinten Kräften gelingt es ihnen, das Zuhause im Laufe des Vormittags endgültig unbewohnbar zu machen. Als Resultat bleibt nicht nur ein bis auf die Grundmauern niedergebranntes Bauwerk, sondern eine gleichsam ruinierte Ehe.

Ohne Zweifel zählt HELPMATES mit Abstand zu den besten Kurzfilmen des Duos. Geradezu meisterhaft demonstrieren Laurel und Hardy hier, daß sie ein bereits vorhandenes Chaos ohne allzu viel Aufwand in den Rang einer Katastrophe zu erheben vermögen.

Helpmates

Bewundernswert ist dabei vor allem, daß jeder einzelne Akt der Zerstörung mit geradezu spielerischer Leichtigkeit in die Handlung integriert wird. Kein einziger Gag wirkt konstruiert - alles was geschieht, offenbart sich dem Zuschauer quasi als zwingende Abfolge zwar unglücklicher, aber irgendwie auch durchaus begründbarer Aktionen. Witzigerweise ist es in diesem Zusammenhang fast ausschließlich Ollie, der konsequent die Zerstörung des Eigenheims vorantreibt. Während er nacheinander Geschirr, Kommodenschublade sowie Fensterscheiben ruiniert und später sogar die gesamte Küche in Schutt und Asche legt, kann Stan seine Hände stets in Unschuld waschen. Einen umso nachhaltigeren Eindruck hinterläßt dadurch das Ende des Films: Wie durch ein Wunder ist es den beiden tatsächlich gelungen, trotz aller Widrigkeiten sämtliche Spuren des abendlichen Gelages zu beseitigen. Während sich Ollie (wenn auch stark verspätet) zufrieden zum Bahnhof begibt, um die Gattin abzuholen, will Stan im Kamin nur noch schnell ein kleines Feuer entfachen - damit es die Hardys bei ihrer Rückkehr schön gemütlich haben. Als Ollie eine Stunde später alleine zu Hause eintrifft, ist allerdings nicht nur er, sondern auch sein Haus - im wahrsten Sinne des Wortes - am Boden zerstört. In seinem Eifer hatte der gute Stan nämlich leider nicht bemerkt, daß es sich beim Kamin der Hardys um eine gasbetriebene Attrappe handelt. Insofern war das Petroleum, mit dem er beim Anzünden etwas nachhelfen wollte, reichlich fehl am Platze. Mit dem Gartenschlauch die verkohlten Überreste des Hauses wässernd, gesteht er dem zuvor von der Gattin am Bahnhof offenbar schwer mißhandelten Freund sein Mißgeschick. Völlig entnervt bittet Ollie nur noch darum, alleine gelassen zu werden und nimmt inmitten der Ruine Platz. Ein plötzlich einsetzender Regenschauer macht sein Waterloo komplett.

Doch auch die Anhänger der leisen Töne kommen in diesem Film voll auf ihre Kosten. Herrlich sind zum Beispiel Stans zaghafte Versuche, mit bloßer Hand den Ruß aus Ollies pechschwarzem Anzug herauszuklopfen oder die Episode, in der der Hausherr beim Händewaschen zur Butter statt zur Seife greift. Selten hat Babe seine hilfesuchenden Blicke in die Kamera so wirkungsvoll eingesetzt wie hier. Als äußerst gelungen erweist sich auch die kurze Einblendung eines Porträtfotos von Ollies Gattin. Obwohl die Ehefrau später nur noch einmal kurz während eines Telefonats mit ihrem Angetrauten zu sehen ist, läßt alleine das erwähnte Bild keinen Zweifel daran aufkommen, wer im Hause Hardy die Hosen anhat. Das gemeine Grinsen des "Hausdrachens" auf dem Foto genügt völlig, um das wahre Ausmaß der drohenden Gefahr zu verdeutlichen, welcher die beiden während des gesamten Films ausgesetzt sind.

Der Titel, unter dem HELPMATES erstmals in deutschen Kinos zu sehen war, mutet zunächst etwas merkwürdig an: WENN DIE MAUS AUS DEM HAUS IST bezieht sich indirekt auf eine Texttafel, die im Original zu Beginn des Films eingeblendet wird. Dort heißt es: "Wenn die Katze aus dem Haus ist, tanzen die Mäuse" (was natürlich auf Mrs. Hardy beziehungsweise deren Gatten gemünzt ist). In der für ihn eigenen Art gibt Stan diese Lebensweisheit beim Eintreffen in Ollies Wohnung zum besten, woraus sich letztlich der deutsche Titel ergibt: "Wenn die Maus aus dem Haus ist, spielt die Katze". Ungekürzt und mit deutschen Untertiteln versehen, wurde der Film am 05.06.35 von der Filmprüfstelle - auch zur Vorführung vor Jugendlichen - genehmigt.

Der Witz der englischen Originaldialoge blieb in der deutsch synchronisierten Fassung, die unter dem Titel WIR SITZEN IN DER KLEMME am 22.10.71 innerhalb der "Dick und Doof"-Reihe ihre Fernsehpremiere erlebte, leider zum Großteil auf der Strecke. So beispielsweise, als Stan angesichts der von Ollie gegen ihn erhobenen Vorwürfe völlig untypisch die Fassung verliert und verzweifelt fragt: "What do you think I am: Cinderella?" - als

Helpmates

"Warum willst du wissen, ob ich haftpflicht-versichert bin?"

würde sein Freund beim Aufräumen des Hauses Wunder von ihm erwarten. Während dieser Satz im Original, richtig betont und in Verbindung mit Stans Spiel, an Komik kaum zu überbieten ist, heißt es in der deutschen Fernsehfassung lediglich: "Du glaubst wohl, ich bin dein Diener!" Noch viel ärgerlicher ist jedoch die Art und Weise, wie die Synchronisation den Hauptgag gegen Ende des Films zunichte macht. So ist im englischen Original außer dem Reiben des Streichholzkopfes an der Schachtel ganz bewußt keinerlei zusätzliches Geräusch zu vernehmen, als Stan mit Hilfe einer größeren Menge Petroleum versucht, das Feuer im Kamin zu entfachen. Da das Bild in diesem Augenblick von der Regie dezent ausgeblendet wird, kann der Zuschauer bestenfalls erahnen, was passieren wird. Daß dadurch das gesamte Haus abbrennt, zeigt sich endgültig jedoch erst in der nächsten Szene, als Ollie vom Bahnhof zurückkehrt. In der Synchronfassung dagegen ist die Abblende völlig unverständlicherweise mit den Geräuschen einer ohrenbetäubenden Explosion unterlegt - jeder weiß in diesem Moment, was passiert. Der eigentlich sorgfältig inszenierte Witz ist damit völlig hinüber.

Any old port

Die Tonfilme

US-Veröffentlichung: 05.03.32
Originallänge: Zwei Akte
Produzent: Hal Roach/MGM
Regie: James W. Horne
Kamera: Art Lloyd
Schnitt: Richard Currier
Ton: Elmer Raguse
Darsteller: Stan Laurel,
Oliver Hardy,
Walter Long,
Jacqueline Wells,
Harry Bernard,
Charles Hall,
Robert Burns
u.a.

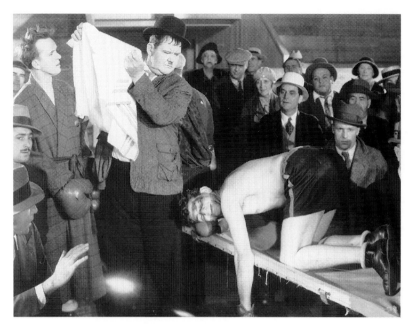

Bald wird auch Ollie das Handtuch werfen

Als Matrosen auf Heimaturlaub nisten sich Stan und Ollie in einem Hotel ein. Der äußerst unsympathische Besitzer des Etablissements (Walter Long) ist gerade dabei, seine Putzhilfe gegen deren Willen zu ehelichen und wartet nur noch auf den Pfarrer. Zwar gelingt es den beiden Freunden, die Braut aus den Klauen des Hotelinhabers zu befreien, doch stehen sie anschließend ohne Hab und Gut da. Die Rettung naht in Form eines Boxmanagers, der ihnen Geld leiht - unter der Bedingung, daß Stan am Abend in den Boxring steigt. Gegner ist ausgerechnet der bärbeißige Walter Long. Durch einen Zufall geht Stan aus dem Kampf als Sieger hervor - sehr zum Unwillen Ollies, der ihre gesamte Barschaft zuvor auf den Triumph des Kontrahenten gesetzt hat.

Wäre da nicht Walter Long, gäbe es zwischen dem ersten und zweiten Akt des Films praktisch kaum einen Zusammenhang. Und auch so wirken die

Die Tonfilme

Any old port

Wenig erhebend:
Stan mit Walter Long im Ring

beiden Teile eher wie selbständige Einheiten und weniger wie eine durchgehend strukturierte Geschichte. Nicht nur dadurch zählt ANY OLD PORT zu den schwächeren Laurel und Hardy-Filmen, denn selbst die (wenigen) Gags entpuppen sich überwiegend als Neuauflagen bereits in früheren Streifen gezeigter Szenen. So etwa das Ritual des Eintragens ins Hotel-Gästebuch, welches wir bereits in DOUBLE WHOOPEE bewundern durften. Zugegeben: Ollies elegante, kreisende Bewegungen mit dem Federkiel fallen in der Wiederholung genauso würdevoll und komisch aus wie im Original, und auch Stans Bemühungen, es dem Freund gleichzutun, geraten zu einer gleichsam perfekten wie erheiternden pantomimischen Darbietung. Doch das war's dann auch schon. Danach werden wir nur noch Zeugen einer etwas zu lang geratenen Verfolgungsjagd (in welcher Walter Long seinen Gästen einen Schlüssel abzuringen versucht, mit dem er seine Braut eingesperrt hat) sowie eines Boxkampfes, der vom Aufbau her ebenso uninspiriert ausfällt wie das Vorbild in THE BATTTLE OF THE CENTURY. So entpuppt sich ANY OLD PORT insgesamt als wohl der am wenigsten belustigende Landausflug, den Stan und Ollie in ihrer Filmkarriere als Matrosen jemals unternommen haben.

Im Mai 1950 erlebte er seine deutsche Kino-Erstaufführung, als ihn der Prisma-Filmverleih gemeinsam mit PARDON US unter dem Titel HINTER SCHLOSS UND RIEGEL in die Filmtheater brachte. Dabei machten sich die Verantwortlichen den Umstand zunutze, daß ANY OLD PORT aus zwei nahezu völlig separaten Teilen besteht, indem sie die ersten zehn Minuten als Einleitung für den eigentlichen Hauptfilm präsentierten und den zweiten Akt (mit dem Boxkampf) an das Ende von PARDON US anhängten (ebenso verfuhr man übrigens in Frankreich). Nochmals, diesmal jedoch am Stück, wurde er einige Jahre später vom Nordwestdeutschen Filmverleih in deutsche Filmtheatern aufgeführt: am 13.12.63 als einer von vier Kurzfilmen, die die Kompilation DICK UND DOOF - GANZ DOOF bildeten. Rund 20 Jahre später (am 16.10.70) erlebte der Streifen dann seine deutsche Fernsehpremiere, als er innerhalb der ZDF-Reihe "Dick und Doof" mit dem Titel BITTERES SEEMANNSLOS ungekürzt zur Ausstrahlung gelangte.

The music box

US-Veröffentlichung: 16.04.32
Originallänge: Drei Akte
Produzent: Hal Roach/MGM
Regie: James Parrott
Kamera: Walter Lundin/ Len Powers
Schnitt: Richard Currier
Ton: James Greene
Darsteller: Stan Laurel,
Oliver Hardy,
Billy Gilbert,
Lilyan Irene,
Sam Lufkin,
Charles Hall,
William Gillespie,
Gladys Gale

Stan und Ollie werden beauftragt, ein elektrisches Klavier auszuliefern. Das Instrument wurde von einer wohlhabenden Dame geordert, die damit ihren Mann zum Geburtstag überraschen möchte. Das Haus ihrer Kundin befindet sich am Gipfel einer steilen, scheinbar endlosen Treppe, und so entpuppt sich der Transport als äußerst mühselige Angelegenheit. Nach zahllosen Rückschlägen gelingt es den beiden Freunden dann doch noch, das Klavier unbeschädigt in der Villa abzustellen - bis der Beschenkte am Ort des Geschehens eintrifft und das gute Stück mit der Axt zu Kleinholz verarbeitet, da er Pianos grundsätzlich nicht ausstehen kann.

Wohl kein zweiter Laurel und Hardy-Film hat bis heute eine derartige Berühmtheit erlangt wie THE MUSIC BOX. Er war er der einzige Streifen des Duos, der jemals mit einem Oscar ausgezeichnet wurde (am 18.11.32 für die beste Kurzfilm-Komödie der Filmsaison 1931/32). Umso erfreulicher, wenn man bedenkt, daß Stan und Ollie bis dahin mit ihren Dreiaktern nicht eben cineastische Highlights vorgelegt hatten - erst recht, wenn man außerdem berücksichtigt, daß in diesem preisgekrönten Film (wieder einmal) ein einziger Gag "gemolken" wird bis zum Exzeß.

Doch nicht nur die Darbietungen der beiden Hauptdarsteller sind von erlesener Qualität - auch Regie, Schnitt und Ton ergeben in ihrem Zusammenwirken ein einmaliges filmisches Gesamtkunstwerk. Im Gegensatz zu den meisten anderen der "langen Kurzfilme" wußten die Verantwortlichen hier nämlich offenbar genau, wann ein Schnitt erfolgen mußte, um der Handlung den nötigen drive zu verleihen. Meist wird im entscheidenden Moment ganz einfach eine neue Person eingeführt, die den steilen Weg der beiden Klaviertransporteure kreuzt und das Geschehen unauffällig in neue Bahnen lenkt. So stellt sich beim Zuschauer schließlich selbst dann keinerlei Langeweile ein, als das Klavier durch Stan und Ollies Ungeschicklichkeit zum dritten Mal die insgesamt 131 Treppenstufen hinabgesaust ist. Selbst dann nicht, als der bereits bis zur Neige ausgekostete Gag nach 20 Minuten nochmals eine absurde Übersteigerung erfährt, nachdem Stan und Ollie das Klavier endlich bis vor die Haustüre ihres Kunden bugsiert haben. Ein Postbote kommt vorbei und wundert sich, warum sie den komplizierten Fußweg über die steile Treppe gewählt haben: "Sie hätten doch nur mit der Pferdekutsche die Straße weiterfahren müssen, dann wären Sie auch hierher gelangt." Statt diese erschütternde Botschaft lediglich resignierend zur Kenntnis zu nehmen, fügen sich Stan und Ollie dem Schicksal auf ihre ganz persönliche Art und Weise: Sie tragen das gute Stück wieder die Treppe hinab und laden es zurück auf die am Fuße des Hügels wartende Kutsche - um es anschließend "ordnungsgemäß" erneut auszuliefern (Die Treppe findet sich übrigens, im Gegensatz zu der im Film genannten Adresse, zwischen den Häusern Nummer 923 und 935 in der Vendome Street, Los Angeles).

Erwähnenswert an THE MUSIC BOX sind auch die hervorragenden Toneffekte, die dem "heimlichen dritten Hauptdarsteller" des Films (dem Klavier) gewissermaßen eine eigene Seele einhauchen. Zwar zeugen bereits die Bilder von einem äußerst selbstsicheren Innenleben der Holzkiste (das derart

Die Tonfilme   **The music box**

Reif für den »Oscar«:
Stan und Ollie als Klaviertransporteure

verpackte Piano bahnt sich den wiederholten Weg die Treppen hinab jeweils ebenso konsequent wie zielgenau), doch verleiht erst Marvin Hatleys »Soundtrack« dem Instrument geradezu menschliche Züge. Mal vor Schmerzen scheppernd, mal voller Triumph und Getöse über den am Boden liegenden Ollie hinwegrollend, können wir dem Quälgeist im Laufe des Films ein gewisses Maß an Zuneigung doch nicht völlig absprechen. Erst recht dann nicht, als er sich - angesichts der Torturen, die er bis dahin durch Stan und Ollie hat erleiden müssen – auch noch vor laufender Kamera übergeben muß (freilich nur in übertragenem Sinne: Als Stan die Kiste öffnet, ergießen sich mehrere Liter Wasser ins Zimmer, nachdem das Klavier kurz zuvor in einer Art Goldfischbecken gelandet ist). Doch auch unsere beiden Freunde hatten es während der Dreharbeiten keinesfalls einfach – in der Holzkiste, die sie transportierten, steckte nämlich tatsächlich ein echtes Klavier (während das Exemplar, welches am Schluß von Billy Gilbert zertrümmert wird, eine Attrappe aus Balsaholz war)!

Unter dem Titel DIE MUSIKALISCHE KISTE bekamen deutsche Laurel und Hardy-Fans den Film erstmals am 19.08.32 im Kino zu sehen, nachdem er erst am selben Tag die Zensur passiert hatte. Der Streifen war von der Filmprüfstelle um rund ein Drittel gekürzt worden. Welche Szenen dabei der Schere zum Opfer fielen, läßt sich im Nachhinein leider nicht mehr feststellen. Bekannt hingegen ist, welche Sequenz im Zuge der erstmaligen deutschen Fernsehaufführung von den ZDF-Verantwortlichen herausgenommen wurde (nachdem der Film nach dem Krieg als DAS VERRÜCKTE KLAVIER in die Kinos gebracht worden war): Stan und Ollies Aufeinandertreffen mit einem Polizisten, nachdem sie das Klavier bereits den halben Hügel hinauf geschafft haben. Am Fuße der Treppe stehend, zitiert der Gesetzeshüter die beiden Partner zu sich hinunter - für das Piano eine willkommene Gelegenheit, sich solidarisch zu erklären und ihnen die Stufen hinab nachzurollen. Der Sendetitel der am 17.07.70 ausgestrahlten »Dick und Doof«-Folge lautete DER ZERMÜRBENDE KLAVIERTRANSPORT. Einzelne Kurzsequenzen des Streifens dienten dem ZDF darüberhinaus als Vorspann aller ausgestrahlten »Dick und Doof«-Episoden.

The chimp

US-Veröffentlichung: 21.05.32
Originallänge: Drei Akte
Produzent: Hal Roach/MGM
Regie: James Parrott
Kamera: Walter Lundin
Schnitt: Richard Currier
Ton: Elmer Raguse
Darsteller: Stan Laurel,
Oliver Hardy,
Billy Gilbert,
James Finlayson,
Charles Gemora,
Stanley Sandford
u.a.

Stan und Ollie arbeiten in einem Zirkus, der Pleite geht. Um seinen Angestellten zumindest etwas auszuzahlen zu können, verlost der Direktor unter den Mitarbeitern seine Tiere. Stan gewinnt den Flohzirkus, Ollie erhält Ethel, die Schimpansendame. Auf der Suche nach einem Nachtquartier landet das Trio in einem Hotel, dessen Besitzer jedoch verständlicherweise keine Affen duldet. Unter Mühen gelingt es Stan und Ollie schließlich dennoch, das Tier unbemerkt in ihr Zimmer zu schleusen. Doch als sich die drei Leidensgenossen endlich in Sicherheit wiegen, fängt das Drama erst richtig an. Der Hotelbesitzer wartet nämlich händeringend darauf, daß seine Ehefrau (die pikanterweise ebenfalls auf den Namen Ethel hört) endlich nach Hause kommt. Als er aus Stan und Ollies Schlafzimmer wiederholt die Aufforderung vernimmt "Ethel, komm' endlich ins Bett!", greift er im Zuge plötzlich aufkeimender Eifersucht zur Pistole. Durch seine im selben Augenblick am Tatort eintreffende Ehefrau klärt sich der wahre Sachverhalt um Ethels Doppel-Identität jedoch rasch auf.

Nach ANGORA LOVE und LAUGHING GRAVY ist THE CHIMP der dritte Film, in dem Stan und Ollie ein Tier in ihr Hotelzimmer schmuggeln - und leider auch der schwächste in dieser Reihe. Außer dem hysterischen Billy Gilbert (der hier als Hotelbesitzer fungiert) und der Länge von knapp 30 Minuten haben sie leider so gut wie gar nichts aus ihrem brillanten Vorgänger THE MUSIC BOX hinüberretten können. Bereits die Anfangsszenen im Zirkus enttäuschen in ihrer Ideenlosigkeit auf der ganzen Linie. Über Slapstickeinlagen auf der untersten Niveaustufe kommt das Ganze nicht hinaus (dabei hatte Charlie Chaplin bereits ein paar Jahre zuvor in seinem Oscar-preisgekrönten Film THE CIRCUS eindrucksvoll gezeigt, welch komödiantisches Potential in einer Zirkusarena steckt). Mit am amüsantesten wirkt somit noch eine Szene, in der Stan demonstriert, daß ihn eine Art Seelenverwandtschaft mit der sehr menschlich wirkenden Schimpansendame verbindet (sie wurde von einem Mann, Charles Gemora, verkörpert). Während es Ollie den gesamten Film über nicht gelingen will, sich mit dem Tier halbwegs friedlich zu verständigen, genügt Stan und Ethel bereits der Austausch einzelner und verständnisvoller Blicke, um eine gemeinsame Gesprächsebene herzustellen. Der Rest des Streifens erschöpft sich, wie bereits der Beginn im Zirkus, auf eine Aneinanderreihung bloßer Klaumaukeinlagen.

Diese Schwächen erkannten wohl auch die Verantwortlichen der deutschen MGM-Niederlassung, als sie THE CHIMP bei der Filmprüfstelle in Berlin zur Freigabe vorlegten. Noch bevor die

The chimp

"Ob wir ihr besser verraten,
daß sich in dem Koffer
gar keine Bananen befinden?"

Zensoren irgendwelche Schnitte anbringen konnten, hatten sie den Film bereits um knapp ein Drittel gekürzt. Am 28.10.32 erhielt DIE SCHIMPANSEN-DAME (versehen mit deutschen Untertiteln und dem Prädikat "jugendfrei") dann auch anstandslos die Genehmigung zur Aufführung in deutschen Kinos, wo sie am 07.12.32 erstmals zu sehen war. Nicht ganz so stark gekürzt war schließlich die Fassung, die als DER GORILLA UNTER DER BETTDECKE am 11.12.70 innerhalb der "Dick und Doof"-Reihe des ZDF ihre deutsche Bildschirmpremiere erlebte.

County hospital

US-Veröffentlichung: 25.06.32
Originallänge: Zwei Akte
Produzent: Hal Roach/MGM
Regie: James Parrott
Kamera: Art Lloyd
Schnitt: Richard Currier
Ton: James Greene
Darsteller: Stan Laurel,
Oliver Hardy,
Billy Gilbert,
William Austin,
May Wallace,
Sam Lufkin
u.a.

Ollie hat sich das Bein gebrochen und erhält im Krankenhaus Besuch von seinem Freund Stan. Diesem gelingt es ohne großen Aufwand und innerhalb kürzester Zeit, das Zimmer völlig in Trümmer zu legen. Dabei entgeht auch der Chefarzt nur knapp dem Tode. Dieser erteilt seinen (eigentlich völlig unschuldigen) Patienten daraufhin erbost Hospitalverbot. Um das Unglück zu komplettieren, setzt sich Stan kurz vor Verlassen des Krankenhauses auf eine mit einem Schlafmittel gefüllte Spritze, bevor er versucht, Ollie nach Hause zu chauffieren. Die rasante Fahrt endet zwischen zwei Straßenbahnwagen, die Stans Wagen zu einem einzigen Schrottklumpen zusammenpressen.

Sadisten dürften beim Betrachten dieses Films voll auf ihre Kosten kommen, denn selten haben wir den armen Ollie derart wehrlos erlebt wie hier. Geschmückt mit einem überdimensionalen Gipsbein, muß er die furchtbarsten Quälereien wehrlos über sich ergehen lassen, die Stan quasi als zusätzliches, aber unbeabsichtigtes Mitbringsel ins Krankenzimmer einschleust. Bevor es allerdings zu physischen Peinigungen kommt, versetzt Mr. Laurel seinem Partner erst einmal ein paar psychologische Tiefschläge. "Ich hatte gerade nichts besseres zu tun", rechtfertigt er beispielsweise sein plötzliches Erscheinen, als Ollie ihm leicht geschmeichelt bedeutet, überhaupt nicht mit einem Besuch gerechnet zu haben. Und auch sein Präsent, das er in einer braunen Packpapiertüte auf den Nachttisch stellt, trägt nicht gerade zu Ollies Wohlbefinden bei. Es handelt sich dabei nämlich um harte Eier und Nüsse (die, wie wir bereits aus anderen Filmen erfahren haben, zu Stans Lieblingsspeisen zählen). Völlig entgeistert über eine derartige Mißachtung der Etikette möchte der Patient natürlich wissen, warum Stan ihm nicht - wie es sich gehört - eine Schachtel Bonbons mitgebracht habe, sondern eine derartige kulinarische Entgleisung präsentiert. "Du hast mir die letzte Schachtel ja noch nicht bezahlt", weist der Freund ihn zurecht und macht sich genüßlich ans Verspeisen der Eier.

Was dann folgt, ist sorgfältig getimter Slapstick, der langsam beginnt, im weiteren Verlauf der Zerstörungsorgie aus HELPMATES jedoch in kaum etwas nachsteht. Besonders beeindruckend fällt dabei der Anblick des im achten Stock an der Krankenhausfassade baumelnden Billy Gilberts aus. Er hält sich lediglich an dem bleiernen Gegengewicht zu Ollies Riesen-Gipsbein fest, welches Stan kurz zuvor zum Knacken einer Nußschale vom Boden aufgehoben hat. Doch auch Ollie als dicht unter der Zimmerdecke schwebender, eingegipster Koloß wirkt über

Die Tonfilme # County Hospital

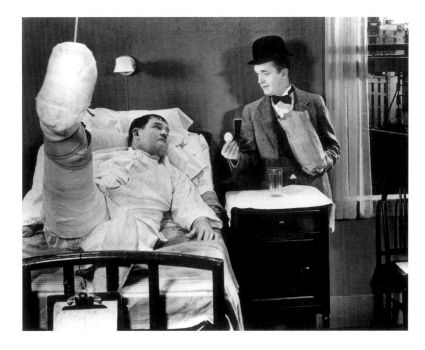

Harte Eier und Nüsse:
ein verhängnisvoller Besuch im Krankenhaus

alle Maße mitleiderregend – erst recht, als Stan die prekäre Situation auf seine eigene Art in den Griff bekommt und das Bettgestell unter Ollies Gewicht in sich zusammenstürzt.

Während auf diese Art und Weise drei Viertel des Films wie im Fluge vergehen, macht die abschließende Fahrt in Stans Wagen den bis dahin glänzenden Gesamteindruck von COUNTY HOSPITAL auf schmerzliche Weise zunichte. Die Sequenz, in der die beiden Partner in wildem Tempo durch die Stadt rasen (Stan am Steuer schlafend, Ollie hilflos auf dem Rücksitz), ist geradezu erbärmlich ins Bild gesetzt. Selten hat man eine derart schlampige Rückprojektion gesehen, in der noch nicht einmal auf die korrekten Proportionen der einzelnen Fahrzeuge zueinander, geschweige denn auf eine ordentliche Schnittfolge geachtet wurde. Ein fast identisches Ende war zuvor bereits in HOG WILD zu sehen – und von der Perfektion der dort gezeigten Einstellungen hätten sich die Tricktechniker für ihre Arbeit an COUNTY HOSPITAL getrost eine Scheibe abschneiden sollen.

In deutschen Kinos wurde der Film erstmals und ungekürzt am 27.01.33 unter dem Titel HARTE EIER UND NÜSSE gezeigt, nachdem er am 15.12.32 von der Filmprüfstelle Berlin freigegeben worden war (jedoch nicht zur Aufführung vor Jugendlichen). Zu sehen bekamen die Laurel und Hardy-Fans damals die mit deutschen Untertiteln versehene Originalversion des Streifens. Synchronisiert hingegen war jene Fassung, die die Deutsche Commerz Film GmbH aus München nach dem Krieg unter dem Titel HALS- UND BEINBRUCH den Kinos anbot. Gleiches gilt für die deutsche Fernseh-Erstausstrahlung am 19.02.71. Diesmal lautete der Titel (ausgestrahlt innerhalb der Reihe »Dick und Doof«) IM TAUMEL DES RAUSCHGIFTS.

Pack up your troubles

Die Tonfilme

US-Veröffentlichung: 17.09.32
Originallänge: Sieben Akte (68 Min.)
Produzent: Hal Roach/MGM
Regie: George Marshall/ Raymond McCarey
Kamera: Art Lloyd
Schnitt: Richard Currier
Ton: James Greene
Darsteller: Stan Laurel,
Oliver Hardy,
Jacquie Lyn,
Donald Dillaway,
James Finlayson,
Billy Gilbert,
Richard Tucker,
George Marshall
u.a.

Im Ersten Weltkrieg freunden sich die Rekruten Stan und Ollie mit ihrem Kollegen Eddie an, der ein kleines Töchterchen besitzt. Da die Mutter des Kindes von ihrem Mann getrennt lebt und Eddie mit seinen eigenen Eltern im Streit liegt, hat er die Kleine notgedrungen bei Pflegeeltern untergebracht. Nachdem ihr Freund im Krieg umgekommen ist und Stan und Ollie nach Amerika zurückgekehrt sind, beschließen sie, sich des Kindes anzunehmen. Sie entführen das Mädchen aus der Obhut der unsympathischen Pflegeeltern und begeben sich auf die Suche nach Eddies Eltern. Von diesen wissen sie lediglich den Nachnamen (Smith) und den Wohnort (New York). Insofern gestaltet sich die Suche recht beschwerlich. Trotz zahlreicher Komplikationen und Mißverständnisse gelingt es ihnen schließlich doch noch, das Kind vor einem Aufenthalt im Waisenhaus zu bewahren und seinen Großeltern auszuhändigen.

Der zweite Laurel und Hardy-Langfilm zeigt wieder einmal, wie schwierig es war, für die beiden Komiker eine tragfähige Geschichte zu entwickeln, die über das übliche Maß von 20 Minuten hinausgeht. So stellt auch PACK UP YOUR TROUBLES eher eine Abfolge mehrerer Kurzepisoden dar, die alleine durch das Motiv der "Suche nach Mr. Smith" zusammengehalten werden. Trotz dieses Mankos bleibt der Film durchaus sehenswert und bietet hin und wieder recht witzige Szenen. Vor allem die erste halbe Stunde gewährt uns einige intime Einblicke in den rauhen militärischen Alltag, die Normalsterblichen gewöhnlich vorenthalten werden. So sind Stan und Ollie bereits nach kurzer Zeit zum Küchendienst degradiert worden - eine Tätigkeit, die sie (ungeachtet deren geringer gesellschaftlichen Akzeptanz) ähnlich gewissenhaft ausführen wie zuvor noch den Dienst an der Waffe. Als Leidtragender fungiert wie so oft James Finlayson, dem sie aufgrund eines Mißverständnisses mehrere Tonnen mit Abfall ins Wohnzimmer kippen (dies hatte ihnen in einem Anflug von Sarkasmus der Koch des Militärlagers empfohlen). Mag Finlaysons Auftritt als General in der entsprechenden Szene auch reichlich kurz ausfallen, kann man sich an seiner Stelle doch nur schwer einen zweiten Schauspieler vorstellen, der diese Sequenz derart brillant absolviert hätte. Während Stan und Ollie nebenan die Mülltonnen stapeln, setzt sich Finlayson an den üppig gedeckten Frühstückstisch. Da ein Vorhang das äußerst unappetitliche Geschehen hinter seinem Rücken verdeckt, nimmt zunächst nur seine Nase die Witterung von Stan und Ollies Treiben auf. Indigniert sein gepeinigtes Organ rümpfend, wendet er sich daraufhin hilfesuchend an den Butler: "Riechen Sie nicht auch etwas?" Doch der hat leider Schnupfen, und so konzentriert sich des Generals mißtrauischer Blick im folgenden auf das soeben servierte Frühstücksei. Erst als er dessen erlesene Qualität zweifelsfrei festgestellt hat, kommt er der wahren Quelle des Gestanks auf die Spur. Dies bringt nicht nur Stan und Ollie hinter Gitter, sondern als unfreiwilligen Anstifter des peinlichen Zwischenfalls auch den Koch (der kurzerhand von Regisseur George Marshall dargestellt wurde, nachdem der ursprünglich für diese Rolle auserwählte Schauspieler am entscheidenden Drehtag nicht erschienen war).

Wenn PACK UP YOUR TROUBLES aufgrund der traurigen Story insgesamt

Die Tonfilme

Pack up your troubles

Zwei Musketiere ziehen in den Krieg

einen vielleicht etwas zu sentimentalen Eindruck hinterläßt, enthält er doch zumindest zwei bemerkenswerte "menschliche" Momente, deren (komischer) Faszination sich wohl niemand entziehen kann. Dabei widerlegt das erste Beispiel auf äußerst eindrucksvolle Art und Weise die Theorien all jener Filmkritiker, die in ihren Schmähschriften Laurel und Hardy homosexuelle Neigungen oder gar ein völlig asexuelles Verhalten unterstellen. In der betreffenden Szene erfährt Stan durch eine Frau nämlich den bis dahin intensivsten Kuß seiner Filmkarriere, was ihn in einen kurzzeitigen Trancezustand versetzt - bevor er, einmal auf den Geschmack gekommen, mehr dieser intensiven weiblichen Zuneigung zu erhaschen versucht (wovon Ollie ihn jedoch abhält). Diese wird ihm in einer späteren Szene des Films auf eine ganz andere, aber mindestens ebenso erheiternde Weise zuteil: Auf Ollies Anweisung hin soll er das kleine Mädchen zu Bett bringen. Doch plötzlich ist er es selbst, der sich eine Gutenachtgeschichte erzählen läßt und, eingelullt von der zarten Stimme des Kindes, sanft entschlummert.

Einen Tag vor der Kinopremiere am 12.12.33 im Berliner "Marmorhaus" entschlossen sich die Zensoren der Filmprüfstelle kurzerhand, PACK UP YOUR TROUBLES für die Aufführung im "Deutschen Reich" um rund zehn Minuten zu kürzen, nachdem der Streifen (deutscher Titel: ZWEI MUSKETIERE) knapp drei Monate zuvor eine erste Prüfung noch ohne Einschränkungen überstanden hatte. Im zweiten Anlauf glaubten die Verantwortlichen offenbar, es sei besser, dem Publikum eine aus deutscher Sicht etwas prekäre Sequenz vorzuenthalten. Sie zeigt Stan und Ollie sowie ihren Freund Eddie im Schützengraben sowie dessen anschließende Festnahme durch den Feind. Daß es sich bei den Bösewichtern ausgerechnet um deutsche Soldaten handelte, wollte man dann doch lieber verschweigen (ebenso die Szenen, in denen Stan und Ollie durch pure Tölpelhaftigkeit die gesamte deutsche Armee schlagen). So setzte ZWEI MUSKETIERE (aufgeführt in der Origi-

Pack up your troubles

Die Tonfilme

Auch das Fernsehen erklärte den beiden (am Schneidetisch) den Krieg

nalfassung mit deutschen Untertiteln) erst wieder an jener Stelle ein, an der sich Stan und Ollie auf die Suche nach Eddies Eltern begeben. Trotz des damit verbundenen Fehlens einiger wirklich gelungener Gags registrierte das Fachblatt "Der Film" anläßlich der Premiere beim Publikum "viel Lachen auf offener Szene und starken Beifall zum Schluß".

Nach dem Krieg erlebten zwei weitere, unterschiedlich synchronisierte Fassungen des Films ihre Deutschland-Premieren. Gekoppelt mit dem Kurzfilm THE CHIMP, brachte der Döring-Filmverleih PACK UP YOUR TROUBLES zunächst 1952 unter dem Titel DICK UND DOOF ALS REKRUTEN heraus. 15 Jahre später, am 12.05.67, startete dann der Duisburger atlas-Filmverleih einen weiteren Versuch. Diesmal lautete der Titel DIE TEUFELSBRÜDER. Als Beiprogramm, um den Film auf abendfüllendes Format zu bringen, diente hier THE MUSIC BOX.

Anläßlich seiner deutschen Fernsehpremiere erfuhr der Film eine recht außergewöhnliche Art der "Mißhandlung". Damit er sich von der Länge her für die erstmalige Ausstrahlung innerhalb der "Dick und Doof"-Reihe eignete, schnitten ihn die Verantwortlichen nämlich zunächst auf weniger als die Hälfte (knapp 25 Minuten) zusammen (Sendung am 25.08.72, Titel: OPA, KIND UND HEISSE WÜRSTCHEN). Doch damit nicht genug: Die Szene, in der sie James Finlayson den Abfall in die Wohnung kippen, wurde etwa vier Monate später erneut für eine "Dick und Doof"-Episode "verbraten" - diesmal als Ergänzung zu einem Ausschnitt aus ihrem Spielfilm A CHUMP AT OXFORD, in dem sie als Butlerehepaar auftreten. Der Titel dieser am 05.01.73 ausgestrahlten Folge lautete DAS PEINLICHE GASTMAHL. Bis deutsche Fernsehzuschauer PACK UP YOUR TROUBLES endlich ungekürzt bewundern konnten, vergingen weitere sechs Jahre. Am 10.03.79 war es dann soweit: Innerhalb der von Theo Lingen präsentierten ZDF-Reihe "Lachen Sie mit Stan und Ollie" flimmerte er unter dem Titel VERGISS DEINE SORGEN über die Bildschirme.

Die Tonfilme

Scram

US-Veröffentlichung: 10.09.1932
Originallänge: Zwei Akte
Produzent: Hal Roach/MGM
Buch: H. M. Walker
Regie: Raymond McCarey
Dialoge: H. M. Walker
Kamera: Art Lloyd
Schnitt: Richard Currier
Musik: LeRoy Shield
Darsteller: Stan Laurel,
Oliver Hardy,
Arthur Housman,
Rychard Cramer,
Vivien Oakland,
Sam Lufkin,
Baldwin Cooke
u.a.

Innerhalb weniger Augenblicke ...

Ein Schnellrichter verurteilt Stan und Ollie wegen Herumlungerei dazu, die Stadt binnen einer Stunde zu verlassen. Ziellos streifen die beiden daraufhin am Abend im Regen umher und begegnen einem offenbar wohlhabenden Betrunkenen, der sie zu sich nach Hause einlädt, um dort die Nacht im Trockenen zu verbringen. Im Suff verwechselt der Wohltäter sein eigenes Haus jedoch ausgerechnet mit der Villa des Richters. Während ihr Gastgeber nur noch schnell den Wagen in die Garage bringen will, bereiten sich Stan und Ollie schon einmal auf die Nachtruhe vor. Dabei geraten sie an die Ehefrau des Richters, der sie sich als "Freunde Ihres Gatten" vorstellen. Nicht ahnend, daß sie in die Höhle des Löwen geraten sind, lassen sich die beiden Freunde gemeinsam mit jener Dame in deren Schlafzimmer auf einen Umtrunk ein, der innerhalb kürzester Zeit zu einer ausgelassenen Lachorgie ausartet. Inmitten dieses eindeutig zweideutigen Beisammenseins kehrt der tatsächliche Hausherr zurück. Seine Reaktion beim Anblick des feucht-fröhlichen Trios fällt alles andere als herzlich aus.

Wenn SCRAM auch nicht durch geniale Gags oder besonders ausgefeilte Dialoge glänzen kann, zählt er in der umfangreichen Riege der Laurel und Hardy-Kurzfilme doch immerhin zum soliden Durchschnitt. Höhepunkt ist zweifellos die Schlußsequenz, als Stan und Ollie gemeinsam mit der Frau des Richters auf dem Bett sitzen und, durch übermäßigen Alkoholgenuß völlig enthemmt, in unkontrolliertes Gelächter ausbrechen. Die Mimik der Darsteller, exaktes Timing sowie perfekte Schnitte sorgen dafür, daß beim Betrachten dieser Szene auch beim

Scram

... ist die Stimmung dahin

neugierig an und harrt geduldig der Befehle, die da kommen mögen.

Rychard Cramer, überzeugender Darsteller des gewalttätigen Richters, und Arthur Housman, der im Film den Betrunkenen spielt, kommen in SCRAM jeweils zu ihrem ersten Auftritt in einem Laurel und Hardy-Film. Ersterer sollte beiden später auf ähnlich unangenehme Weise nochmals begegnen (als entflohener Sträfling in SAPS AT SEA), während Housman in mehreren weiteren Streifen des Komiker-Duos (u.a. THE LIVE GHOST, OUR RELATIONS) auf die Rolle des Trunkenboldes abonniert war (wobei sich Stan einmal die Bemerkung erlaubt, er habe den Kollegen auch außerhalb der Dreharbeiten niemals in nüchternem Zustand gesehen).

letzten Zuschauer quasi alle Dämme brechen dürften. Die Veränderung in Stans Gesichtsausdruck, als er inmitten seines Lachkrampfes des zorngeladenen Richters gewahr wird, besitzt mehr Ausdruckskraft als tausend Worte.

Routiniert gespielt, aber ebenfalls witzig anzusehen, sind bereits zuvor Stan und Ollies Versuche geraten, in das (vermeintliche) Heim ihres betrunkenen Gastgebers zu gelangen. Nachdem der freundliche Trunkenbold den Türschlüssel nicht finden kann und das Betätigen der Klingel nicht in Frage kommt ("Dann wird meine Frau wach!"), suchen Stan und Ollie nach einem Fenster als Einstiegsmöglichkeit. Tatsächlich finden sie eines, doch plötzlich ist ihr Gastgeber verschwunden. "Laß' uns nachschauen, ob er vielleicht doch schon im Haus ist", schlägt Ollie vor und kniet auf allen Vieren nieder, um Stan auf seinen Rücken steigen und einen Blick durchs Fenster werfen zu lassen. Doch der begibt sich ebenfalls auf die Knie, schaut Ollie gleichermaßen ratlos wie

In Deutschland wurde der Film erstmals in der ungekürzten Originalversion, versehen mit deutschen Untertiteln, in den Kinos gezeigt. Der am 07.01.33 von der Filmprüfstelle mit einem Jugendverbot belegte Streifen trug den Titel VOM REGEN IN DIE TRAUFE. Die deutsche Fernsehpremiere erfolgte schließlich am 07.07.72 innerhalb der ZDF-Reihe "Dick und Doof". Der Titel der ungekürzten Folge lautete GELÄCHTER IN DER NACHT, wobei die Verantwortlichen dem Film einen Ausschnitt aus dem Laurel-Solofilm KILL OR CURE von 1924 voranstellten.

Die Tonfilme

Their first mistake

US-Veröffentlichung: 05.11.32
Originallänge: Zwei Akte
Produzent: Hal Roach/MGM
Regie: George Marshall
Schnitt: Richard Currier
Ton: James Greene
Darsteller: Stan Laurel,
Oliver Hardy,
Mae Busch,
Billy Gilbert,
George Marshall

Nachdem Ollie aufgrund seiner intensiven Beziehung zu Stan wieder einmal mit der eigenen Ehefrau in Streit geraten ist, rät ihm der Freund, sich Nachwuchs anzuschaffen: "Dann ist deine Frau beschäftigt, und wir beide können in Ruhe abends ausgehen." Tatsächlich adoptiert Ollie daraufhin ein Baby. Doch leider hat die Gattin inzwischen ihre Koffer gepackt und die Scheidung eingereicht. So bleibt den beiden Freunden nichts anderes übrig, sich selbst um das Kind zu kümmern, was natürlich zu einigen Komplikationen führt.

THEIR FIRST MISTAKE zählt zu Laurel und Hardys besten Kurzkomödien und ist ein in jeder Hinsicht sehr abwechslungsreicher Film. So enthält die erste Hälfte mehrere brillante Dialoge, während der zweite Teil fast ausschließlich auf pantomimischen Gags aufbaut. Am meisten beeindruckt jedoch Stans chämaleonartige Verwandlung, die er im Laufe der 20 Minuten vollzieht: vom einfachen Freund über die Figur des Vaters und der Rolle als Mutter bis hin zu dem, was seinem Charakter zweifellos am nächsten kommt - einem Baby. Bis es soweit ist und Stan hingebungsvoll an der Milchflasche nuckelt, ist es jedoch ein beschwerlicher Weg. Als größter Stolperstein dorthin entpuppt sich wieder einmal Ollies Ehefrau, die ihrem Mann den Umgang mit dessen bestem Freund am liebsten gänzlich verbieten möchte. "Du solltest dich schämen, dich mit diesem Kerl überhaupt gemeinsam auf der Straße zu zeigen", bellt sie ihn herrisch an. In diesem Augenblick klingelt das Telefon, und wir alle wissen natürlich, wer da anruft. Stan hat zwei Freikarten für eine Festivität der Zement-Facharbeiter ergattert, und selbstverständlich möchte er Ollie an diesem gesellschaftlichen Großereignis teilhaben lassen. Der, durch die Tirade der Gattin noch völlig eingeschüchtert, beschränkt sich in Gegenwart der Ehefrau notgedrungen auf ein hastig in den Hörer gehauchtes "Vielen Dank für die Einladung, Mr. Jones" und schwindelt seiner Frau anschließend vor, sein neuer Chef habe ihn soeben zu einem wichtigen geschäftlichen Termin eingeladen. "Dort werde ich endlich all jene Leute treffen, von denen du dir so sehr wünschst, daß ich Umgang mit ihnen habe", flötet er. Tatsächlich gelingt es ihm, den "Hausdrachen" mit dieser Erklärung zufrieden zu stellen. Doch wieder einmal hat er nicht mit Stans Hartnäckigkeit gerechnet. Nachdem dieser sich im Anflug einer Identitätskrise durch einen Blick in den Spiegel vergewissert hat, nicht Mr. Jones zu sein, klopft er selbstbewußt an die Tür seiner Nachbarn: "Ich wollte nur sagen, daß das eben am Telefon nicht Mr. Jones war, sondern ich!"

Was folgt, ist nicht nur der übliche Gewaltausbruch einer betrogenen Gattin, sondern daran anschließend ein Dialog zwischen Laurel und Hardy, der an Deutlichkeit kaum etwas zu wünschen übrig läßt. "Was ist denn mit deiner Frau los?", will Stan wissen, nachdem ihm und Ollie die Flucht geglückt ist. "Sie glaubt, daß ich für dich mehr übrig habe als für sie", kommt die Antwort. "Na ja, das stimmt doch auch, oder?" - "Laß' uns das jetzt besser nicht vertiefen!" Wie intensiv die Beziehung der beiden Freunde tatsächlich ist, erfahren wir wenig später dann doch noch: als Stan und Ollie mit dem Baby im Arm nach

Their first mistake

Im Film blieb es bei einem Kind

Hause kommen. Plötzlich erfahren sie, daß Mrs. Hardy die Scheidung eingereicht hat, und so läßt sich Stan – trotz heftiger Gegenwehr – notgedrungen auf eine »Zwangsvermählung« mit Ollie ein.

In dieser schlüpft er ebenso rasch in die Rolle der Mutter, wie er kurz zuvor noch vom Freund zum Ehebrecher mutierte: Als es darum geht, das Baby mit Milch zu versorgen, knöpft Stan unter Ollies ungläubigen Blicken zärtlich sein Schlafanzug-Oberteil auf. Ein kurzes Fummeln – und zum Vorschein kommt nicht etwa ein praller Busen, sondern ein von ihm dort sorgfältig warmgehaltenes Milchfläschchen. Zum Höhepunkt seiner ausgedehnten Persönlichkeitsspaltung wird schließlich die Schlußsequenz des Films, als er gemeinsam mit Ollie im Bett eingeschlummert ist. Plötzlich beginnt das neben ihnen liegende Baby zu schreien. Ollie greift mit geschlossenen Augen instinktiv zur Flasche, um diese dem Kind an den Mund zu halten. Zwischen beiden liegt jedoch Stan, und der läßt sich das leckere Angebot nicht entgehen. Mit geschlossenen Augen und voller Inbrunst saugt er insgesamt eineinhalb Flaschen leer (und verschluckt auch noch einen der Gummipropfen), bevor sein Partner angesichts des enormen Appetits mißtrauisch wird und das Mißverständnis aufklärt. Exakt an dieser Stelle endet THEIR FIRST MISTAKE leider unvermittelt, so daß beim Zuschauer letztlich ein etwas unbefriedigendes Gefühl zurückbleibt. Doch bei genauerer Überlegung wird wohl jeder zugeben müssen, daß es kaum einen passenderen Schlußgag geben konnte.

Nach dem Krieg war THEIR FIRST MISTAKE in deutschen Kinos erstmals am 23.08.57 unter dem Titel DICK UND DOOF WERDEN PAPA zu sehen. Dabei fungierte der Zweiakter als Rahmenhandlung für den Spielfilm THE BOHEMIAN GIRL, in dem ebenfalls ein Kleinkind eine wichtige Rolle spielt (dabei wird die Geschichte aus BOHEMIAN GIRL als Traum hingestellt, den der friedlich im Bett schlummernde Ollie erlebt). Gleichzeitig brachte ihn der Nordwestdeutsche Filmverleih allerdings auch als selbständigen Kurzfilm in die Lichtspieltheater, diesmal unter dem Titel DICK UND DOOF ALS KINDERMÄDCHEN. Als GETRÜBTE VATERFREUDEN erlebte er in einer neu synchronisierten Version am 18.09.70 innerhalb der Reihe »Dick und Doof« schließlich seine (ungekürzte) deutsche Fernsehpremiere.

Die Tonfilme **Towed in a hole**

US-Veröffentlichung: 31.12.32
Originallänge: Zwei Akte
Produzent: Hal Roach/MGM
Regie: George Marshall
Kamera: Art Lloyd
Schnitt: Richard Currier
Ton: James Greene
Darsteller: Stan Laurel,
Oliver Hardy,
Billy Gilbert

Nach dem Mast- und Schot- folgt der Nervenzusammenbruch

Eigentlich sind Stan und Ollie als fahrende Fischhändler recht zufrieden mit ihrem Geschäft. Doch Stan hat eine Idee: warum nicht ein Boot kaufen und die Fische selbst fangen? So läßt sich der teure Zwischenhandel ausschalten und der eigene Gewinn kräftig erhöhen. Also erwerben sie bei einem Schrotthändler einen Kutter, der "nur noch" renoviert werden muß. Nachdem Ollie den Partner aufgrund diverser Rückschläge kompromißlos an ein Faß gefesselt hat, gelingt es ihm schließlich tatsächlich, das Boot seetüchtig zu machen. Allerdings läßt sich der Anhänger, auf dem der Kahn ruht, keinen Meter bewegen. Auf Stans Vorschlag hin hißt Ollie das Segel, und der Trailer setzt sich daraufhin auch wirklich in Bewegung. Dabei geht jedoch nicht nur das frisch hergerichtete Schiff, sondern auch das Auto der beiden Geschäftsleute völlig zu Bruch.

Towed in a hole

Die Tonfilme

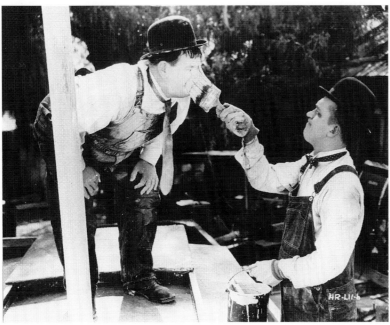

Ein "tit for tat" mit zahlreichen Streicheleinheiten

Trotz des ohrenbetäubenden Lärms am Ende, der die Zerstörung von Stan und Ollies Tagwerk sowie von deren Auto signalisiert, ist TOWED IN A HOLE insgesamt ein sehr ruhiger, bisweilen sogar subtiler Film. Und dies nicht nur, weil sich die Handlung - ohne dabei langweilig zu wirken - insgesamt äußerst bedächtig hinzieht (kein Wunder, wird doch auch hier wieder einmal lediglich ein einzelner Gag auf das Ausführlichste "gemolken"). Selbst die "tit for tat"-Sequenzen strahlen nicht das übliche Maß physischer Gewalt aus, sondern gehen - im Vergleich zu anderen Filmen - schon fast zurückhaltend und geradezu gesittet über die Bühne. Die entsprechenden Reaktionen erschöpfen sich nämlich bereits im gegenseitigen Wasser-über-den-Kopf-gießen. "Hier stehen wir: zwei erwachsene Männer - verhalten tun wir uns aber wie zwei kleine Kinder", resümiert Ollie denn auch im Anschluß an die Wasserschlacht resignierend.

Eingefleischte Anhänger ausgedehnter Zerstörungsorgien mögen einwenden, daß das "tit for tat" seine wahre visuelle Kraft erst dann entfalten kann, wenn Stan und Ollie sich miteinander verbünden und gemeinsam gegen einen Dritten antreten - dennoch bleibt auch dieses relativ harmlose Duell der beiden auf seine eigene, ungewöhnliche Art der Präsentation durchaus sehenswert. Immerhin scheint es darüberhinaus zumindest auf Ollies Seite dennoch zu ein paar äußerst rabiaten Entgleisungen gekommen zu sein, die uns die Kamera (wahrscheinlich aus Rücksicht auf das mitfühlende Publikum) vorenthalten hat. Dies beweisen zwei kurze, dezente Einstellungen von Stans Gesicht: Jeweils im Anschluß an zwei seiner Mißgeschicke, bei denen Ollie erheblich in Mitleidenschaft gezogen worden ist, wird zunächst das eine, anschließend auch das andere Auge von einem kräftigen "Veilchen" umrahmt.

Der Film, George Marshalls letzte Regiearbeit für Stan und Ollie (er war von Henry Ginsberg, dem neuen Studiomanager, aus Kostengründen vor die Tür gesetzt worden), war in deutschen Kinos nach dem Krieg unter dem Titel SEGLER, AHOI! zu sehen, bevor ihn das ZDF für die ungekürzte Fernsehpremiere innerhalb der "Dick und Doof"-Reihe unter dem Titel SCHIFF MIT KLEINEN LÖCHERN ausstrahlte (Sendedatum: 03.09.71).

Die Tonfilme # Twice two

US-Veröffentlichung: 25.02.33
Originallänge: Zwei Akte
Produzent: Hal Roach/MGM
Regie: James Parrott
Kamera: Art Lloyd
Schnitt: Bert Jordan
Ton: James Greene
Darsteller: Stan Laurel,
Oliver Hardy,
Baldwin Cooke,
Charles Hall
u.a.

Etwas Warmes braucht der Mensch -
zum Nachtisch gibt´s dann "heiße Ohren"

Genau ein Jahr ist seit jenem Tag vergangen, an dem Stan Ollies Schwester und Ollie die Schwester von Stan geheiratet hat. Für die beiden offenbar glücklich vermählten Paare ein Anlaß zum Feiern, und so hat Mrs. Laurel ein leckeres Abendessen vorbereitet. In dessen Verlauf geraten sich die beiden weiblichen Hälften aufgrund einer Nichtigkeit allerdings derart in die Haare, daß Mrs. Laurel ihre Gäste schließlich aufgebracht hinauswirft.

Als Zeichen der Dankbarkeit hinterläßt die Kontrahentin zuvor jedoch noch rasch eine Torte in deren Gesicht.

In insgesamt dreien ihrer Filme haben Laurel und Hardy Doppelrollen übernommen (BRATS, TWICE TWO und im Spielfilm OUR RELATIONS), wobei der vorliegende sicherlich den schwächsten Streifen dieses Trios darstellt. Zurückzuführen ist die begrenzte Ko-

Twice two

Die Tonfilme

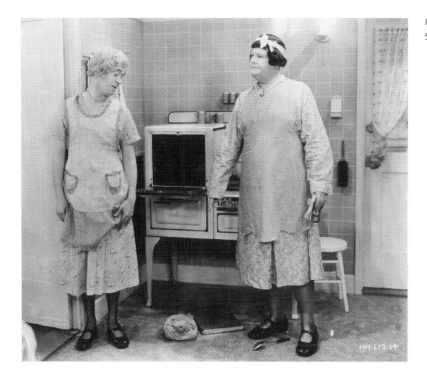

In jeder Hinsicht schwachbrüstig:
Stan und Ollie als ihre eigenen Ehefrauen

mik dieses Films vor allem auf seine Dialoglastigkeit, die in ihrer Fülle keinerlei besonders ausgefeilten Stellen aufweist und den Betrachter mit der Zeit ganz einfach nervt. Wobei sicherlich auch berücksichtigt werden muß, daß Stan und Ollie in ihren Frauenrollen von zwei realen weiblichen Wesen (Carol Tevis und May Wallace) nachträglich »synchronisiert« wurden, was zumindest Stan eine schrecklich piepsige Stimme verleiht. Da wir ihn in einigen anderen Filmen bereits in wesentlich witzigeren Frauenverkleidungen haben agieren sehen, bleibt Ollie als Mrs. Laurel in TWICE TWO der einzig ergötzliche Anblick. Doch auch er vermag die dürftige Handlung und die durchweg lauen Gags auf Dauer freilich nicht zu kaschieren. Zumindest technisch ist das Problem, Stan und Ollie in einzelnen Einstellungen jeweils doppelt auf die Leinwand bringen zu müssen, recht ordentlich gelöst worden. Lediglich in einer Szene, in der Stan - beim gleichzeitigen Vorbeilaufen seiner »Schwester« - im Bruchteil einer Sekunde hinter der Küchentür verschwindet, erkennt man (dank den Möglichkeiten moderner Videotechnik), daß es sich hier in Wahrheit um ein männliches Double handelt.

Unter dem Titel GLÜCKLICHE FRAUENHERZEN war der Film am 04.02.72 erstmals innerhalb der Reihe »Dick und Doof« ungekürzt im deutschen Fernsehen zu sehen.

Die Tonfilme

The devil's brother

US-Veröffentlichung: 05.05.33
Originallänge: Neun Akte (90 Min.)
Produzent: Hal Roach/MGM
Buch: Jeanie MacPherson
(nach der Oper
"Fra Diavolo"
von Daniel F. Auber)
Regie: Hal Roach/
Charles Rogers
Kamera: Art Lloyd/
Hap Depew
Schnitt: Bert Jordan/
William Terhune
Ton: James Greene
Musikalische
Leitung: LeRoy Shield
Darsteller: Stan Laurel,
Oliver Hardy,
Dennis King,
James Finlayson,
Thelma Todd,
Henry Armetta,
Lane Chandler,
Arthur Pierson,
Lucile Browne,
Stanley Sandford,
u.a.

Nachdem ihnen ihr gesamtes Vermögen von Straßenräubern gestohlen worden ist, beschließen auch Stanlio und Ollio, aktiv in dieses zwielichtige Gewerbe einzusteigen. Dummerweise geraten sie dabei ausgerechnet an den berüchtigten Räuberhauptmann Fra Diavolo (Dennis King). Dieser läßt jedoch Gnade vor Selbstjustiz ergehen und stellt die beiden Anfänger als seine Kammerdiener ein. Gemeinsam mit ihnen steigt er - getarnt als Marquis de San Marco - in einem Hotel ab, in dem auch Lord Rocberg (James Finlayson) mit Gemahlin weilt. Fra Diavolos Ziel ist es, eine große Summe Bargeld zu erbeuten, die die Gräfin in ihren Unterrock hat einnähen lassen. Doch Stanlio stellt sich im Verlauf mehrerer Versuche, das Geld zu rauben, derart ungeschickt an, daß die wahre Identität des Oberganoven bald ans Licht kommt. Mit Mühe und Not gelingt dem Gaunertrio am Ende die Flucht.

Laurel und Hardys dritter Spielfilm war der Auftakt einer ganzen Reihe von Opern-Parodien, die die beiden Komiker in den folgenden Jahren noch produzieren sollten. Viele Fans und Kritiker setzen THE DEVIL'S BROTHER dabei auf den ersten Rang, und für manch einen stellt der Streifen sogar das Beste überhaupt dar, was Stan und Ollie in ihrer langen Karriere jemals abgeliefert haben. In der Tat beinhaltet der Film eine derartige Fülle hervorragender Gags, daß alleine die Aufzählung derselben Seiten füllen würde. Positiv bemerkbar macht sich in diesem Zusammenhang vor allem auch der Umstand, daß die Verantwortlichen diesmal nicht krampfhaft damit beschäftigt waren, einzelne Szenen ihrer beiden Starkomiker mittels eines mühsam konstruierten Plots zu einer abendfüllenden Handlung auszudehnen. Der mutige Versuch, auf eine bereits existierende Geschichte zurückzugreifen (immer-

Hände Hoch - oder nicht:
Stan und Ollie auf der Lauer

The devil's brother

"Eure Kreditkarten dürft ihr aber behalten!"

hin handelte es sich um eine 100 Jahre alte Oper!) und diese für die Leinwand nur geringfügig umzuschreiben, machte sich in jeder Hinsicht bezahlt. In der präsentierten Form sind die zahllosen witzigen Einfälle nahtlos in das Handlungsgerüst integriert, so daß sich Stan und Ollie jeweils voll und ganz auf sich und ihre eigenen komischen Talente konzentrieren können.

Zwar fällt es schwer, aus der Menge brillanter Szenen einzelne Beispiele herauszugreifen, doch haben insbesondere Stans Darbietungen seiner grotesken körperlichen Fähigkeiten bis heute nichts von ihrem Zauber eingebüßt. Wer ihn einmal bei der Vorführung des "Kniechen-Näschen-Öhrchen"-Spiels oder dem "Fingerwinken" beobachtet hat, wird ihn solange nachzuahmen versuchen, bis er es endlich tatsächlich selbst geschafft hat oder (wie Henry Armetta als Wirtshausbesitzer im Film) einen Nervenzusammenbruch erleidet. Darüberhinaus einzelne Szenen gesondert hervorzuheben, hieße, zahlreiche andere, ebenso gelungene Sequenzen völlig ungerechtfertigterweise zu unterschlagen.

So sind selbst jene Teile, in denen unsere beiden Freunde überhaupt nicht in Erscheinung treten, durchweg unterhaltsam geraten, und nur völlige "Kulturbanausen" werden es wagen, über die immer wieder "eingestreuten" Gesangseinlagen des Opernstars Dennis King zu lästern (nicht zuletzt, weil diese den Zuschauern die einzigen Gelegenheiten bieten, sich von den Lachkrämpfen zu erholen). Ohne jeden Zweifel läßt sich THE DEVIL'S BROTHER auch aus heutiger Sicht als komödiantisches Meisterwerk bezeichnen.

Kein Wunder, daß auch die deutsche Presse aus Anlaß der Premiere am 05.09.33 im Berliner "Marmorhaus" begeistert war: "Wir lachen, bis uns die Tränen rollen", hieß es beispielsweise in der Berliner "Morgenpost". "Worüber? Über nichts. Aber das ist die größte Kunst dieses köstlichen Komikerpaares wie jedes echten Humoristen: uns grundlos heiter zu stimmen." Das Fachblatt "Der Film" registrierte dementsprechend beim Publikum auch "stürmischen Beifall bei offenen Szenen" und konstatierte mit geschäftsmäßigem Unterton, "daß die MGM wieder einmal das Richtige auf den Markt gebracht hat". Dies bewies auch die Laufzeit des Films, der unter dem Titel DIE TEUFELSBRÜDER in der Originalversion mit deutschen Untertiteln gezeigt wurde: Mit 28 Tagen rangierte er in der deutschen

Die Tonfilme

The devil's brother

"Hitliste" der erfolgreichsten Uraufführungsfilme des Jahres 1933 immerhin auf dem 6. Platz (Spitzenreiter war die Ufa-Produktion "Ein Lied für Dich" mit 62 Tagen Laufzeit). Mit ein Grund für den Erfolg dürfte der gewaltige Werbeaufwand gewesen sein, den sich die deutschen MGM-Vertreter für DIE TEUFELSBRÜDER hatten einfallen lassen. So baumelten an der Fassade des Premierenkinos zwei überdimensionale Hampelmänner, die Stan und Ollie in ihren Kostümen als Räuber zeigten (und die sich tatsächlich per Hand bewegen ließen). Außerdem wurden vor dem Filmtheater Handzettel verteilt, auf denen ebenfalls die beiden Hauptdarsteller zu sehen waren. Sorgfältig ausgeschnitten und auf Pappe geklebt, ließen sich auch diese Figuren von jugendlichen Laurel und Hardy-Fans später zu Hampelmännern umfunktionieren.

Fra Diavolo erläutert den Freunden seinen Plan

Nicht ganz so erheiternd wie der Inhalt des Films und die entsprechenden Werbeeinfälle in den 30er Jahren war das, was diverse "Bearbeiter" anläßlich der unterschiedlichen (Wieder-)Aufführungen von THE DEVIL'S BROTHER in Deutschland mit ihm anstellten. So wirken die Eingriffe, die die Zensoren der Filmprüfstelle in Berlin am 09.08.33 vornahmen, aus heutiger Sicht geradezu grotesk (wenn man bedenkt, was den Konsumenten inzwischen alles per Fernsehen oder Video zugemutet wird). Für die Aufführung in deutschen Kinos fielen zwei winzige Stellen der Schere zum Opfer. Die eine zeigt Ollio, wie er (auf Befehl Fra Diavolos) von Stanlio an einem Baum aufgeknüpft wird, die andere betrifft eine Unterhaltung, die der Ganovenhauptmann mit der Gräfin führt. Dabei zeigt die Gräfin dem Marquis de San Marco ihre Dessous, bis ihre Beine sichtbar werden. Ebenfalls herausgeschnitten werden mußte in diesem Zusammenhang der dem Marquis in den Mund gelegte Untertitel: "Noch näher Ihrer blütenweißen Haut!" (der sich auf das im Unterrock eingenähte Geld bezog).

Weitaus gravierender fielen die Eingriffe aus, die der Film anläßlich seiner deutschen Fernseh-Erstausstrahlung erfuhr (nachdem er in den 50er und 60er Jahren im Kino unter den Titeln DICK UND DOOF - HÄNDE HOCH, ODER NICHT beziehungsweise DICK UND DOOF, DIE SITTENSTROLCHE zweimal wiederaufgeführt worden war): Um das neunzigminütige Werk auf das für die "Dick und Doof"-

The devil's brother

Die Tonfilme

In Kürze wird Ollies Weltbild erheblich ins Wanken geraten

Vorabendserie vorgegebene Format von knapp 25 Minuten zurechtzustutzen, wurde THE DEVIL'S BROTHER dreigeteilt. Der Obertitel der einzelnen "Dick und Doof"-Folgen lautete jeweils BRUDER DES TEUFELS. Sendedaten waren der 15.09.72, der 29.09.72 sowie der 05.10.72, wobei der Schere der ZDF-Verantwortlichen insgesamt immer noch rund eine Viertelstunde Filmmaterial zum Opfer fiel.

Wenig besser erging es dem Film im DDR-Fernsehen, das ihn am 12.04.87 erstmals für die ostdeutschen Zuschauer zur Ausstrahlung brachte. "Durch eine geschickte Bearbeitung kann dieser Film zu einem Lustspiel werden mit dem beliebten Duo, das einige recht lustige Szenen besitzt in der Erfindung von Gags", hatte der verantwortliche Dramaturg bei einer ersten Begutachtung noch mit ebenso zurückhaltenden wie gestelzten Worten geurteilt. Was schließlich dabei herauskam, war eine Opern-Parodie, aus der ein Großteil der musikalischen Einlagen herausgeschnitten worden war (bis auf den Gesang, der als Fra Diavolos Erkennungsmelodie fungiert). Immerhin hatte zumindestens das ZDF zwischenzeitlich dafür gesorgt, daß THE DEVIL'S BROTHER auch einmal an einem Stück und ungekürzt über deutschen Fernsehbildschirme flimmern konnte: am 27.01.79 unter dem Titel FRA DIAVOLO innerhalb der Reihe "Lachen Sie mit Stan und Ollie".

Die Tonfilme # Me and my pal

US-Veröffentlichung: 22.04.33
Originallänge: Zwei Akte
Produzent: Hal Roach/MGM
Regie: Charles Rogers/ Lloyd French
Kamera: Art Lloyd
Schnitt: Bert Jordan
Ton: James Greene
Darsteller: Stan Laurel, Oliver Hardy, James Finlayson, Eddie Dunn, Bobby Dunn, James C. Morton u.a.

Statt "2 Stunden Arbeitszeit" bleibt's im Film zum Glück bei 20 Minuten

Ollie, ein erfolgreicher Geschäftsmann, möchte gerade zu seiner Hochzeit aufbrechen, als ihn Stan mit einem Puzzle als Hochzeitsgeschenk überrascht. Da das Taxi noch auf sich warten läßt, breitet der Freund das Spiel zum Zeitvertreib auf dem Wohnzimmertisch aus. Innerhalb kürzester Zeit sind nicht nur sie, sondern auch der inzwischen eingetroffene Taxichauffeur,

Me and my pal

Für die Zuschauer nicht gerade aufregend: zwei scheinbar Erwachsene beim Puzzeln

Ollies Butler, ein Polizist sowie ein Telegrammbote dermaßen von dem Puzzle gefangen, daß sie die Hochzeit völlig vergessen. Am Schluß ist nicht nur die Vermählung geplatzt, sondern nach der Ankunft des erzürnten Brautvaters (James Finlayson) auch die Inneneinrichtung von Ollies Zuhause völlig demoliert. Und um die Katastrophe komplett zu machen, erfährt Ollie aus dem Radio, daß sein gesamtes, in Aktien angelegtes Vermögen durch einen Kurssturz an der Börse "den Bach 'runtergegangen" ist.

Als ME AND MY PAL gedreht wurde, war Stan noch voll und ganz mit den Schnittarbeiten an THE DEVIL'S BROTHER beschäftigt. Die vorrangige Hinwendung zu dem abendfüllenden Spielfilm mag mit ein Grund dafür sein, daß dieser Zweiakter nicht so recht in die Gänge kommt. Wieder einmal muß eine einzelne Idee die gesamten 20 Minuten tragen, was sich leider auch im Falle von ME AND MY PAL negativ bemerkbar macht. Das Zusammensetzen eines Puzzles gehört nun einmal nicht gerade zu den aufregendsten Handlungen, die sich auf der Leinwand darstellen lassen - selbst dann, wenn zwei geniale Komiker darin verwickelt sind. So bleibt das Ganze insgesamt doch recht statisch, und die wüste Schlägerei, die der herbeigeeilte James Finlayson gegen Ende des Films unter den Anwesenden anzettelt, wirkt eher aufgesetzt (zumal hier keineswegs ein ausgefeiltes "tit for tat", sondern größtenteils einfallslose Rohheiten geboten werden).

Unter dem Titel VERSPIELTE MILLIONEN war der Film erstmals innerhalb der "Dick und Doof"-Reihe am 18.02.72 ungekürzt auch im deutschen Fernsehen zu sehen (gekoppelt war er dabei mit einem kurzen Ausschnitt aus dem Laurel-Solofilm COLLARS AND CUFFS von 1923).

Die Tonfilme   **The midnight patrol**

US-Veröffentlichung: 03.08.33
Originallänge: Zwei Akte
Produzent: Hal Roach/MGM
Regie: Lloyd French
Kamera: Art Lloyd
Schnitt: Bert Jordan
Ton: James Greene
Darsteller: Stan Laurel,
Oliver Hardy,
Frank Brownlee,
Eddie Dunn,
James C. Morton
u.a.

Die Streifenpolizisten Laurel und Hardy werden von der Zentrale zu einem Haus beordert, in das angeblich gerade jemand eingestiegen ist. In Wirklichkeit handelt es sich bei dem vermeintlichen Einbrecher jedoch um den Polizeipräsidenten persönlich, der seinen Wohnungsschlüssel vergessen hat. Stan und Ollie dringen mit Gewalt in die Villa ein, ruinieren die Eingangstür sowie das Treppenhaus, setzen den Hausbesitzer außer Gefecht und verfrachten ihn aufs Revier. Dort klärt sich der Sachverhalt rasch auf, und der Polizeichef greift zum Revolver, um Stan und Ollies Treiben ein Ende zu setzen.

Die Grundidee des Films stammt aus NIGHT OWLS, wo Stan und Ollie ebenfalls versuchten, in ein verschlossenes Haus einzudringen. Daß sie es diesmal ausnahmsweise als Vertreter des Gesetzes tun, ist sicherlich nicht der Hauptgrund, warum die Neuauflage wesentlich amüsanter ausfällt als das Original. Klugerweise erstreckt sich der "Einbruchsversuch" diesmal nämlich nicht auf nahezu die gesamten 20 Minuten, sondern läßt ausreichend Platz für weitere, witzige Nebenepisoden. Besonders gut gelungen ist jene Szene zu Beginn des Films, in der Stan nach einem intakten Telefon sucht (das Polizeitelefon hat er kurz zuvor unbrauchbar gemacht). Dabei stößt er auf einen Ganoven, der sich in einem Laden in eindeutiger Weise am Tresor zu schaffen macht. Doch Stan ist tatsächlich dümmer, als es die Polizei erlaubt, und so bedankt er sich höflich bei dem Ertappten, daß dieser "seinen Laden" zu solch später Stunde noch geöffnet hält. "Lassen Sie sich bei Ihrer Arbeit nicht stören", beruhigt er den erschrockenen Gegenüber, "ich will nur mal schnell telefonieren." Erst der hinzugeeilte Ollie erkennt schließlich den wahren Sachverhalt, zerrt den Panzerknacker vom Tresor weg und schlägt ihm kompromißlos die Pistole aus der Hand. Was folgt, ist ein reichlich fragwürdiges Musterbeispiel einer "bürgernahen" Polizeiarbeit. Getreu dem Motto: "Die Polizei, dein Freund und Helfer" nehmen Stan und Ollie den Verhafteten nämlich nicht etwa auf der Stelle fest, sondern bitten ihn lediglich, einen Formularvordruck zu unterschreiben. Als gehe es um den Liefertermin für ein soeben gekauftes Möbelstück, versuchen sich die drei Gesprächspartner in der Folge auf ein Datum zu einigen, an dem sie gemeinsam vor dem Haftrichter erscheinen wollen. "Wie wäre es am Dienstag?", fragt Ollie höflich, woraufhin der Einbrecher geschäftsmäßig seinen Terminkalender zückt. "Tut mir leid, da muß ich zum Friseur", entschuldigt er sich. An den beiden darauffolgenden Tagen ginge es zu seinem Bedauern auch nicht. Dies belegt eine kurze Einblendung seines Notizbuches: "Natio-

The midnight patrol

Die Tonfilme

Dümmer als die Polizei erlaubt:
die Wachtmeister Laurel und Hardy

nalbank, Kellergeschoß" und "Treffen mit Jim in Sing Sing", ist dort fein säuberlich vermerkt. Als die beiden Polizisten daraufhin streitenderweise zu klären versuchen, ob sie zugunsten des Haftermins auf ihren freien Tag verzichten sollen, wird es dem Ganoven schließlich zu bunt. "Hört auf, herumzustreiten", herrscht er sie an wie zwei kleine Schulbuben, "sonst können wir das Ganze gleich völlig vergessen!"

Versehen mit deutschen Untertiteln, wurde der Film am 23.10.36 als MITTERNACHTS-PATROUILLE ungekürzt zur Vorführung in deutschen Kinos freigegeben. Nach dem Krieg wurde er vom Münchener Gloria-Filmverleih erneut in die Kinos gebracht (DICK UND DOOF - DIE HÜTER DES GESETZES), bevor er am 05.02.71 seine deutsche Fernseh-Uraufführung erlebte. Die ungekürzt im ZDF ausgestrahlte "Dick und Doof"-Episode trug den Titel BESTELLEN SIE ZWEI SÄRGE (dieser bezog sich auf den "finalen Rettungsschuß", den der Polizeichef in der letzten Szene bei Stan und Ollies Anblick anwendet).

Busy bodies

US-Veröffentlichung: 07.10.33
Originallänge: Zwei Akte
Produzent: Hal Roach/MGM
Regie: Lloyd French
Kamera: Art Lloyd
Schnitt: Bert Jordan
Ton: James Greene
Darsteller: Stan Laurel,
Oliver Hardy,
Charles Hall,
Stanley Sandford,
Dick Gilbert,
Jack Hill

Stan und Ollie arbeiten als Zimmerleute in einem Sägewerk. Im Laufe eines einzigen Vormittags ruinieren sie nahezu die gesamte Inneneinrichtung ihrer Werkstatt, legen einen Schuppen in Schutt und Asche und lassen sich darüberhinaus von einer überdimensionalen Elektrosäge auch noch ihr Auto fein säuberlich in zwei Teile schneiden.

In diesem Film zeigen Stan und Ollie wieder einmal auf höchst unterhaltsame Art und Weise, daß sie selbst aus einem quasi nicht vorhandenen Plot und nur unter äußerst spärlichem Dialogeinsatz ein komödiantisches Meisterwerk zu entwickeln wissen. Nie wird dem Zuschauer so richtig klar, was die beiden eigentlich in der Werkstatt verloren haben: Während Ollie unmotiviert an einem selbstgebastelten Fensterrahmen herumfummelt (in welchem er sich auch prompt verklemmt, so daß ihn der Freund nur im Zuge einer völligen Zerstörung desselben daraus befreien kann), bearbeitet Stan gedankenverloren eine Holzplanke mit dem Hobel, ohne sich auch nur annähernd über das Ziel seiner Tätigkeit im klaren zu sein. Insofern kann es kaum verwundern, daß er dabei einmal versehentlich über Ollies Hosenboden schrappt, womit der Ausgangspunkt für die anschließende, recht rabiate Auseinandersetzung der beiden Partner gefunden ist. Dieses vollständig pantomimisch dargebotene Gefecht, untermalt lediglich mit einigen gelungenen Geräuscheffekten, wirkt wie eine wehmütige Reminiszenz an ihre erfolgreichen Stummfilmtage. Denn spätestens mit dem überwältigenden Erfolg von THE DEVIL'S BROTHER begann sich abzuzeichnen, daß Produzent Hal Roach sein Starduo aus ökonomischen Erwägungen in Zukunft ausschließlich in abendfüllenden Spielfilmen zum Einsatz bringen wollte (anstatt sie weiter "nur" in ihrem eigentlichen Element, den Zweiaktern, agieren zu lassen).

Darstellerischer Höhepunkt in BUSY BODIES ist sicherlich eine recht ungewöhnliche "Naßrasur", die Ollie über sich ergehen lassen muß. Im Zuge des erwähnten Schlagabtausches hat ihm Stan nämlich einen leimtriefenden Pinsel ins Gesicht gedrückt, der sich selbst unter Zuhilfenahme eines Schraubstockes nicht mehr lösen läßt. In einem plötzlichen Anflug kumpelhafter Solidarität erklärt sich Stan daraufhin bereit, die borstige Zierde nach Hausmannsart vom Kinn des Freundes zu entfernen: Ganz der erfahrene Barbier, schärft er am Schleifstein den Hobel, seift den Pinselbart des Freundes gekonnt ein und läßt das Werkzeug über Ollies Wangen gleiten wie einen Schlitten über eine vereiste Buckelpiste. Wie durch ein Wunder bleibt sein "Kunde" dennoch unverletzt - um sich anschließend sogleich von

Busy bodies

Die Tonfilme

"Unter einem Anti-Schuppenmittel hatte ich mir eigentlich etwas anderes vorgestellt!"

einer Seilwinde in das verzweigte Röhrennetz des Sägewerks katapultieren zu lassen. Verzweifelt gegen den gewaltigen Sog und ein unnachgiebiges Schaufelrad ankämpfend, saust der frisch Rasierte wie ein Rohrpostpaket durch die engen Schächte, bis er in einer Öffnung an der Außenwand der Werkstatt stecken bleibt. Der flugs mit einer Leiter herbeigeeilte Stan schafft es gerade noch, ihm den Bowler aufzusetzen ("Den hast du fallen lassen"), da saust das Paar auch schon zielsicher aufs Dach des benachbarten Schuppens, der - wie von einer Kanonenkugel getroffen - unter ihnen zusammenbricht. Ähnlich ungefährlich wie diese spektakuläre Szene, in der an Stelle der beiden Komiker zwei Stuntmen einsprangen, gestaltete sich für Stan und Ollie übrigens auch das Drehen der abschließenden Einstellung, in der sie mit ihrem Wagen mitten durch eine senkrecht im Raum stehende Säge fahren. Um das Risiko zu umgehen, das gefährliche Werkzeug tatsächlich in ihrer Mitte haarscharf an sich entlang rotieren zu lassen, behalfen sich die Tricktechniker mit einer Doppelbelichtung: Stan und Ollie wurden in ihrer jeweiligen Wagenhälfte zunächst getrennt voneinander aufgenommen, bevor man die dabei entstandenen Bilder in einem weiteren Arbeitsschritt zu dem zusammenkopierte, was wir heute auf der Leinwand oder auf dem Fernsehbildschirm zu sehen bekommen.

DICK UND DOOF IN: DIE WUNDERSÄGE nannte der Münchener Gloria-Filmverleih seine Version des Films, die er nach dem Krieg synchronisiert in deutsche Kinos brachte. Der Titel, unter dem BUSY BODIES dann erstmals im deutschen Fernsehen ausgestrahlt wurde, lautete AM RANDE DER KREISSÄGE. Sendedatum der entsprechenden "Dick und Doof"-Episode war der 23.04.71.

Die Tonfilme　　　　　　　　　　　　　　　　　　　　　　**Wild poses**

US-Veröffentlichung: 28.10.33
Originallänge: Zwei Akte
Produzent: Robert F. McGowan/
Hal Roach/MGM
Regie: Robert F. McGowan
Kamera: Francis Corby
Schnitt: William Terhune
Darsteller: Our gang (George
»Spanky« McFarland,
Matthews »Stymie« Beard,
Tommy Bond,
George »Darby« Billings,
Jerry Tucker),
Franklin Pangborn,
Emerson Treacy,
Gay Seabrook,
Stan Laurel,
Oliver Hardy

»Spanky« und seine Eltern begeben sich in das Studio eines Fotografen, um ein Familienfoto anfertigen zu lassen. Doch der kleine Junge denkt nicht daran, sich brav zu verhalten, und bringt die Erwachsenen mit diversen Albernheiten zum Verzweifeln.

Stan und Ollies kurzer Gastauftritt präsentiert uns die beiden Komiker sprichwörtlich in den kleinsten Rollen, die sie jemals auf der Leinwand gespielt haben. Für nur wenige Sekunden sind sie hier, adrett verpackt in Nachthemd und Häubchen, als Babies in einem Kinderwagen zu sehen. Sie lächeln und winken in die Kamera, bevor zwischen ihnen ein kurzer Streit um eine Milchflasche entbrennt.

Dirty work

US-Veröffentlichung: 25.11.33
Originallänge: Zwei Akte
Produzent: Hal Roach/MGM
Regie: Lloyd French
Kamera: Kenneth Peach
Schnitt: Bert Jordan
Ton: William B. Delaplain
Darsteller: Stan Laurel,
Oliver Hardy,
Lucien Littlefield,
Sam Adams

Professor Noodle, ein genialer Erfinder, ist die Entwicklung eines Wundermittels gelungen. Mit dessen Hilfe läßt sich jedes beliebige Lebewesen, je nach Stärke der verabreichten Dosis, um Jahre verjüngen. Während er im Kellerlabor sein Meisterwerk vollendet, klingeln im Erdgeschoß Stan und Ollie an der Haustür. Sie sind gekommen, um Schornstein und Kamin zu reinigen. Nachdem es ihnen gelungen ist, die Wohnung mit einer gleichmäßigen Rußschicht zu überziehen, werden sie vom Professor eine Etage tiefer gebeten. Dort führt ihnen der Wissenschaftler am Beispiel einer Ente die Wirkung seines Wundermittels vor, indem er das Tier in ein Ei zurückverwandelt. Als sich Noodle daraufhin nach oben begibt, um den Butler als menschliches Versuchsobjekt zu gewinnen, wagen Stan und Ollie mit Hilfe eines Fisches einen eigenen Versuch. Dabei gerät Ollie allerdings unfreiwillig selbst mit einer Überdosis des Mittels in Kontakt, so daß Stan den Partner letztlich in Gestalt eines Schimpansen vor sich sieht.

Der Sommer 1933 muß eine für Laurel und Hardy äußerst kreative Phase gewesen sein, denn nach MIDNIGHT PATROL (gedreht Ende Juni/Anfang Juli) und BUSY BODIES (Mitte bis Ende Juli) gelang ihnen mit DIRTY WORK (Anfang bis Mitte August) innerhalb kürzester Zeit erneut ein absolutes Meisterstück. Dabei zeigt sich wieder einmal, welch wichtige Rolle beim "Melken" eines einzelnen Gags ein sorgfältiger Schnitt sowie ein exaktes Timing spielen. Auch in dieser Hinsicht ist der Film perfekt gelungen. Positiv bemerkbar macht sich zudem, daß die Verantwortlichen von der eigentlich verlockenden Grundidee mit dem Verjüngungsmittel nur sehr zurückhaltend und erst gegen Ende des Films Gebrauch machen. Indem sich Stan und Ollie bis dahin ausgiebig auf ihre eigenen, zerstörerischen Fähigkeiten konzentrieren, zündet die abschließende Pointe mit Ollie als bowlertragendem Schimpansen umso wirkungsvoller.

Die routinemäßig durchgeführte Demontage einer zuvor behaglichen Behausung steht dabei jener aus HELPMATES in nichts nach. "Ich gehe aufs Dach und du bleibst hier unten am Kamin - so bin ich möglichst weit von dir weg", weist Ollie seinen Partner zurecht, nachdem er soeben im Wohnzimmer noch eine erste, schmerzhafte physische Attacke über sich hat ergehen lassen müssen. Doch diese voreilig geäußerte Sicherheitstheorie entpuppt sich, wie könnte es anders sein, rasch als frommer Wunsch. Denn kaum ist er auf dem Dach angelangt, rammt ihm Stan den durch den Schornstein nach oben geschobenen Besen ins Gesicht, so daß Ollie hinterrücks durch die Dachluke

Die Tonfilme # Dirty work

ins Treppenhaus segelt. Rasch entwickelt sich aus diesem Zwischenfall ein köstlicher "running gag", zu dessen Abschluß Ollie - nach einem zwischenzeitlichen Sturz in das sich im Garten befindende Gewächshaus - kopfüber den Schornstein hinabsegelt. Inmitten einer einzigen Rußwolke und zahlreicher auf ihn hinabregnender Schornsteinziegel kommt er schließlich dort zum Sitzen, wo normalerweise ein dezentes Kaminfeuer lodert. Angesichts des rußgeschwängerten Raumes von einem behaglichen Ambiente zu sprechen, wäre sicherlich übertrieben, und so wird nicht nur dem herbeigeeilten Butler im wahrsten Sinne des Wortes schwarz vor Augen. "Irgendwann werden Sie auf dem elektrischen Stuhl landen", zischt er noch rasch, bevor er sich zum Zwecke der Ganzkörperreinigung in Richtung Badezimmer davonmacht.

Stan ganz in seinem Element

Ursprünglich war für DIRTY WORK ein anderer Schluß geplant als jener, den wir im fertigen Film zu sehen bekommen. Nicht nur Ollie, sondern auch Stan und der Professor hätten demnach in das mit dem Verjüngungsmittel angereicherte Wasserbassin im Keller fallen sollen. Anschließend wären drei Schimpansen aus dem Becken geklettert: einer mit Ollies Bowler auf dem Kopf, der zweite mit der für Stan typischen, kopfkratzenden Handbewegung, und der dritte mit der Brille des Professors im Gesicht. Daß diese Idee letztlich doch nicht in die Tat umgesetzt wurde, hat durchaus etwas für sich. So kann Ollie nämlich, nachdem er in Affengestalt auf dem Beckenrand Platz genommen hat, zum krönenden Abschluß eine Standardfloskel loswerden, die sich zuvor (jeweils im Anschluß an diverse Peinigungen, die Stan ihm zugefügt hat) wie ein roter Faden durch den gesamten Film gezogen hat. "Ich habe nichts zu sagen!", lautet auch diesmal seine Selbstbeherrschung vortäuschende Devise, als ihn der verzweifelte Stan nach einer logischen Erklärung für dieses Malheur befragt.

Unter dem Titel MÄNNER IM SCHORNSTEIN erlebte der Film am 01.12.72 innerhalb der ZDF-Reihe "Dick und Doof" seine ungekürzte deutsche Fernsehpremiere (gekoppelt mit einem Ausschnitt aus dem Laurel-Solofilm PICK AND SHOVEL). Zuvor war er als DICK UND DOOF ALS SCHORNSTEINFEGER vom Viktoria Filmverleih erstmals in synchronisierter Fassung in deutsche Kinos gebracht worden.

Sons of the desert

US-Veröffentlichung: 29.12.33
Originallänge: Sieben Akte (68 Min.)
Produzent: Hal Roach/MGM
Buch: Frank Craven
Regie: William A. Seiter/
Lloyd French
Kamera: Kenneth Peach
Schnitt: Bert Jordan
Ton: Harry Baker
Musik
("Honolulu Baby"): Marvin Hatley
Darsteller: Stan Laurel,
Oliver Hardy,
Mae Busch,
Dorothy Christie,
Charley Chase,
Lucien Littlefield,
John Elliott
u.a.

Stan und Ollie haben feierlich geschworen, am Jahrestreffen der "Sons of the desert" in Chicago teilzunehmen. Doch im Gegensatz zu Stans Gattin hat Mrs. Hardy sehr wohl etwas dagegen einzuwenden. Sie beharrt auf einem gemeinsamen Urlaub im Gebirge. Um dennoch auf der Convention erscheinen zu können, simuliert Ollie daraufhin einen Nervenzusammenbruch und läßt sich von einem zuvor eingeweihten Arzt eine Erholungsreise nach Honolulu verschreiben - wohl wissend, daß seine Frau keine Fahrt mit dem Schiff verträgt. So wird Stan flugs als Ersatz-Begleitperson auserkoren, und die beiden Freunde können sich unbehelligt nach Chicago absetzen. Das Schicksal will es jedoch, daß ausgerechnet der Ozeanriese, mit dem sie angeblich in Richtung Hawai unterwegs sind, Schiffbruch erleidet. Während die beiden Ehefrauen voller Panik versuchen, näheres über den Verbleib ihrer scheinbar verunglückten Gatten in Erfahrung zu bringen, kehren Stan und Ollie gutgelaunt vom Jahrestreffen der "Wüstensöhne" zurück. Aus der Zeitung erfahren jedoch auch sie von der Schiffskatastrophe, und so flüchten sie in aller Hast auf den Dachboden. Dort wollen sie eine Nacht ausharren, um ihren Frauen am folgenden Tag in aller Ausführlichkeit etwas von ihrer dramatischen Rettung aus Seenot vorzuschwindeln. Doch die betrogenen Gattinen haben inzwischen durch einen im Kino gezeigten Wochenschaubeitrag erfahren, daß Stan und Ollie sehr wohl am Treffen der "Sons of the desert" teilgenommen haben. Wutentbrannt kehren sie nach Hause zurück, um sich von den ahnungslosen Männern eine völlig an den Haaren herbeigezogene Geschichte auftischen zu lassen.

Obwohl von der Idee her lediglich eine verlängerte Zusammenfassung ihrer fünf beziehungsweise drei Jahre zuvor entstandenen Kurzfilme WE FAW DOWN und BE BIG, zählt SONS OF THE DESERT unbestreitbar zu Laurel und Hardys besten Spielfilmen. Dies war sicherlich auch ein Verdienst des von Roach erst kurz zuvor verpflichteten Regisseurs William A. Seiter, der seinen beiden Stars zwar einerseits genügend Raum für eigene Kreativität gestattete, andererseits jedoch auch darauf achtete, daß die eigentliche Geschichte des Films zügig voranschritt. So fügen sich die komödiantischen Einlagen durchgängig nahtlos in den Handlungsrahmen ein - wie bereits bei THE DEVIL'S BROTHER zu sehen, ein deutlicher Fortschritt gegenüber ihren ersten beiden Spielfilmen PARDON US und PACK UP YOUR TROUBLES.

Dabei bietet das Jahrestreffen der "Wüstensöhne" einen willkommenen Anlaß, die wahren Verhältnisse hinter Stan und Ollies Ehekulissen detailliert auszuleuchten. So läßt Ollie von Beginn an keinerlei Zweifel aufkommen, wer im Hause Hardy die Hosen anhat, Stan hingegen scheint sich seiner Sache nicht ganz so sicher zu sein. "Ich muß doch erst einmal meine Frau fragen, ob ich nach Chicago fahren darf", beichtet er seinem Freund mit weinerlicher Stimme, nachdem er im Kreise der übrigen "Wüstensöhne" nur unter psychologischem Druck feierlich geschworen hat, am Jahrestreffen teilzunehmen. Kaum sind beide nach Hause zurückgekehrt (sie wohnen praktischerweise direkt ne-

Die Tonfilme **Sons of the desert**

beneinander), müssen wir für Stan tatsächlich das Schlimmste befürchten. Mrs. Laurel, so richtet Ollies Gattin nämlich aus, ist mit der Schrotflinte noch auf Entenjagd - ein dezentes Indiz dafür, wie die Kräfteverhältnisse im Haushalt der Nachbarn verteilt sind. Daß in diesem Punkte gewisse Parallelen zur eigenen Ehe nicht zu verbergen sind, muß jedoch gleich darauf auch der zuvor noch so selbstbewußt auftretende Ollie erfahren. "Was gibt's denn neues?" will Mrs. Hardy unverfänglich wissen, als die beiden Männer im Wohnzimmer Platz genommen haben. "Nichts besonderes", antwortet ihr Mustergatte - wohl wissend, daß bei der Erwähnung der Vokabel "Wüstensöhne" der Haussegen im Nu schiefhängen wird. "Doch, natürlich", schaltet sich Stan daraufhin wenig taktvoll ein, "erzähle ihr doch von unserem Jahrestreffen!" Konsterniert fügt sich Ollie seinem Schicksal, dem Freund einen giftigen Blick zuwerfend. "Ach ja, natürlich", zischt er, "ich bin dir sehr dankbar, daß du mich daran erinnerst!" Krampfhaft um Worte ringend und mit kreisenden Fingerbewegungen versucht er im folgenden, der Ehefrau die wichtige geschäftliche Bedeutung zu vermitteln, die das anstehende Besäufnis in Chicago für ihn haben wird. Es bleibt allerdings beim Bemühen, und mit Hilfe des umfangreich sortierten Kaffeegeschirrs verleiht die hysterisch keifende Mrs. Hardy ihrem eigenen

Eine verschworene Gemeinschaft: die "Wüstensöhne"

Ansinnen nach einem kulturell angehauchten Urlaub im Gebirge deutlichen Nachdruck. Ollies persönliches Waterloo erfährt kurz darauf eine weitere, pikante Steigerung: als er nämlich erfährt, daß ausgerechnet die dominante Mrs. Laurel ihrem Gatten auf dessen Antrag hin die Teilnahme an der Convention großzügig gestattet hat!

Daß ehrlich am längsten währt, beweist auf mindestens ebenso komische Art und Weise die Schlußsequenz des Films, als Stan und Ollie ihren gespannten Ehefrauen die Geschichte von ihrer dramatischen Rettung aus den Tiefen des Ozeans berichten. Per Anhalter seien sie mitgenommen worden, beteuern sie, nur so hätten sie überhaupt die Rettungsboote überholen können, die eigentlich erst für den nächsten Tag im Heimathafen erwartet werden. Selbstverständlich können sie nicht ahnen, daß die beiden Damen untereinander eine interne Wette darüber abgeschlossen haben, welcher Ehemann der ehrlichere ist,

Sons of the desert

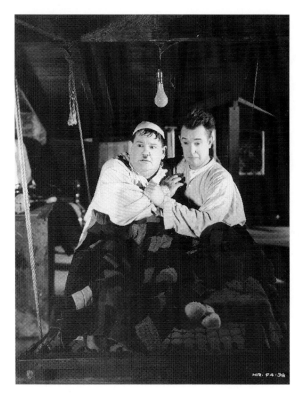

Vor den Frauen auf den Dachboden geflüchtet, wird's auch dort rasch ungemütlich

und so bleibt Ollie selbst auf hartnäckiges Nachfragen seiner Angetrauten standhaft. "Glaubst du etwa, ich könnte mir eine solch absurde Geschichte ausdenken?", wirft er ein und durchmißt den Raum mit energischen Schritten, gleichzeitig mit einem nachdrücklichen Blick um Stans Solidarität heischend. Doch Mrs. Laurel macht ihm einen kräftigen Strich durch die Rechnung. "Stan, sagt Oliver wirklich die Wahrheit?", will sie von ihrem Mann wissen, diesem unnachgiebig in die Augen blickend. Im Nu hat sie Stans Widerstand gebrochen, und so folgt ihr der Beichtende, von Weinkrämpfen geschüttelt, zurück in die eigene Wohnung, um sich der anscheinend unmittelbar bevorstehenden Exekution zu fügen. Wider Erwarten kommt er dort jedoch kurz darauf in den Genuß einer selten zuvor erlebten weiblichen Zuneigung, so sehr hat er die Gattin mit seinem Geständnis beeindruckt. Mrs. Hardy hingegen sieht keinerlei Anlaß, die phantasievolle Fabulierkunst ihres Mannes auf ähnliche Weise zu honorieren und entscheidet sich stattdessen leichten Herzens, auch das restliche Geschirr ihres Haushaltes einer intensiven Belastungsprobe zu unterziehen.

Auch über diese sorgfältig inszenierten Ehekräche hinaus bietet SONS OF THE DESERT zahlreiche amüsante Szenen, wobei das Geschehen anläßlich des in aufwendigen Kulissen gestalteten Jahrestreffens zweifellos einen weiteren Höhepunkt darstellt. Neben Stan und Ollie agiert hier Charley Chase auf brillante Weise in einer Rolle als nervtötender Convention-Teilnehmer, der vor allem Ollie mit diversen kindischen Scherzen an den Rand des Wahnsinns treibt. Während er sich dabei im Film ironischerweise als Ollies Schwiegerbruder entpuppt, handelte es sich bei ihm wirklichen Leben um den Bruder von James Parrott, der bei zahlreichen früheren Laurel und Hardy-Filmen Regie geführt hatte.

Nachdem der Film in den USA sowohl bei Kritik wie beim Publikum durchschlagende Erfolge verbuchen konnte (er zählte zu den zehn erfolgreichsten Streifen des Jahres 1934), fiel die

Die Tonfilme — **Sons of the desert**

Resonanz anläßlich der Deutschland-Premiere kaum minder euphorisch aus. DIE WÜSTENSÖHNE, am 07.08.34 von den Berliner Zensurbehörden mit einem Jugendverbot belegt und mit Untertiteln versehen, erlebte bereits am nächsten Tag im Berliner "Ufa-Pavillon" vor Kinobesitzern seine erste öffentliche Vorführung. Offizieller Starttermin war dann der 30.08.34. "Eine Kinovorstellung, wie wir sie schon öfters von diesen beiden amerikanischen Helden der Komik erlebten, die aber mit diesem Film den Vogel ihres Könnens abgeschossen haben", urteilte ein Kritiker tags darauf. Und das Berliner "8-Uhr-Abendblatt" konstatierte: "Es wurde so stürmisch gelacht, daß die Besucher sich noch auf der Treppe die Lachtränen aus den Augen wischten."

Die hohe Qualität des Streifens erkannten auch nach dem Krieg manche Filmverleiher. So brachte Erich Pietrek in seinem Nordwestdeutschen Filmverleih SONS OF THE DESERT unter dem Titel DICK UND DOOF - HILFE, WIR SIND ERTRUNKEN 1952 erneut in die Kinos. Und dies mit Erfolg, wie die Kritik aus einer südhessischen Tageszeitung vom 21.03.52 belegt: "Daß bei der Groteskkomik der beiden das Publikum Tränen lacht und minutenlang vor Vergnügen tobt, ist das Kennzeichnende für diesen Film, der unterhalten und eine Gymnastik für die Lachmuskeln sein will. Selbst der

"Seid ihr wirklich per Schiffsanhalter hierher gekommen?"

ernsteste Zuschauer muß lachen, lachen, lachen." Dies durften die Fans dann nochmals in den 60er Jahren, als der Duisburger atlas-Filmverleih den Film (gemeinsam mit dem als VATERFREUDEN präsentierten Kurzfilm BRATS) mit einer neuen Synchronisation versah und ihm als DIE WÜSTENSÖHNE zu einer weiteren deutschen Wiederaufführung verhalf. Die Fernseh-Uraufführung schließlich fand 1971 innerhalb der "Dick und Doof"-Reihe statt, wobei der Film von den ZDF-Verantwortlichen zunächst auf das Grausamste verstümmelt wurde. Unter der Überschrift KUR AUF HONOLULU servierten sie am 16.07. die erste Hälfte des Streifens, der zweite Teil folgte eine Woche später als EHRLICH WÄHRT AM LÄNGSTEN. Insgesamt wurden dabei jedoch rund 15 Minuten herausgeschnitten.

Komplett war erst jene Version, die am 07.09.75 innerhalb der Reihe "Lachen Sie mit Stan und Ollie" unter dem Titel WÜSTENSÖHNE zur Aufführung gelangte.

Hollywood Party

Die Tonfilme

US-Veröffentlichung: 01.06.34
Originallänge: Sieben Akte (68 Min.)
Produzent: Harry Rapf/ Howard Dietz/MGM
Buch: Howard Dietz/ Arthur Kober
Kamera: James Wong Howe
Schnitt: George Boemler
Darsteller: Stan Laurel, Oliver Hardy, Jimmy Durante, Lupe Velez, Charles Butterworth, Tom Kennedy, Eddie Quillan u.a.

"Ich glaube, ich weiß jetzt, warum sie hohe Absätze trägt!"

Schmarzan veranstaltet im Hause des Barons von Münchhausen eine Party. Dort erscheinen auch Laurel und Hardy, die zuvor an den Baron ein paar Löwen verkauft haben und nach wie vor auf das Begleichen der Rechnung warten.

So konfus wie die Handlung dieses Revuefilms war seine Entstehungsgeschichte. Von MGM ursprünglich als eine Art Neuauflage des vier Jahre zuvor produzierten Erfolgsstreifens HOLLYWOOD REVUE OF 1929 geplant, zogen sich die Dreharbeiten aufgrund zahlreicher Streitigkeiten über rund zwölf Monate hin. Dabei wurde unter anderem ein rundes halbes Dutzend Regisseure verschlissen. So verwundert es kaum, daß letztlich keiner von diesen bereit war, als verantwortlicher Regisseur genannt zu werden. Stan und Ollies Auftritt wurde von George Stevens inszeniert, der zuvor bei zahlreichen Laurel und Hardy-Filmen als Kameramann fungiert hatte. Dabei liefern sich die beiden mit Lupe Velez eine kurze "tit for tat"-Auseinandersetzung, in deren Verlauf mehrere rohe Eier verschlissen werden. Die deutschen Zensurbehörden untersagten dem Film mit Beschluß vom 01.08.34 eine Aufführung in deutschen Filmtheatern, so daß die deutsche Uraufführung (unter dem Originaltitel) erst am 27.05.89 in der ARD erfolgte. Stan und Ollies Eier-Szene war darüberhinaus auch Bestandteil der Kompilation MGM'S BIG PARADE OF COMEDY (METROS GROSSE LACHPARADE) aus dem Jahre 1964.

Die Tonfilme

The private life of Oliver VIII.

US-Veröffentlichung: 13.02.34
Originallänge: Drei Akte
Produzent: Hal Roach/MGM
Regie: Lloyd French
Kamera: Art Lloyd
Schnitt: Bert Jordan
Ton: William B. Delaplain
Darsteller: Stan Laurel,
Oliver Hardy,
Mae Busch,
Jack Barty

Ollie zeigt seinem Freund die Einladung zu seiner "Hinrichtung"

Stan und Ollie besitzen einen Friseurladen. Eines Tages antworten sie auf ein Zeitungsinserat, in dem eine reiche Witwe einen neuen Ehemann sucht. Tatsächlich erhält Ollie daraufhin eine Einladung in das Haus der Heiratswilligen. Ohne etwas zu ahnen, begibt er sich am Abend gemeinsam mit Stan in die Höhle des Löwen. Bei der Dame handelt es sich nämlich um eine offensichtlich geistesgestörte Rächerin, der vor einiger Zeit ein anderer Mann namens Oliver kurz vor der Hochzeit durchgebrannt ist. Seitdem rächt sie sich an sämtlichen Olivers, die ihr in die Quere kommen - Oliver Hardy ist der achte in der Reihe ihrer Opfer. Kurz bevor sie ihm in der Nacht mit dem Messer die Gurgel durchschneiden kann, stellt sich die gesamte Handlung allerdings als Traum heraus: Ollie ist lediglich im Stuhl eingeschlafen, als er sich von Stan rasieren lassen wollte.

Einer der wenigen absoluten Tiefpunkte in Stan und Ollies Kurzfilmschaffen. Insgesamt wirkt er wie eine mißratene Neuauflage ihres bereits im Original mißlungenen Films THE LAUREL AND HARDY MURDER CASE, denn abermals müssen billige "Gruseleffekte" dafür herhalten, über das dünne Handlungsgerüst hinwegzutäuschen. So wirkt die gesamte Sequenz, in der Stan und Ollie knieschlotternd in ihrem Zimmer auf die rachsüchtige Gastgeberin warten, eher äußerst kindisch und albern denn belustigend. Und auch der pantomimische Mittelteil, in welchem der Butler ein imaginäres Kartenspiel mischt und eine gleichfalls unsichtbare Suppe auftischt, wirkt in seiner ausgedehnten Darstellung auf Dauer alles andere als erheiternd. Als DICK UND DOOF AUF FREIERSFÜSSEN war der Film nach dem Krieg im Kino zu sehen. Seine Fernsehpremiere erlebte der Film, leicht gekürzt, am 15.01.71 unter dem Titel DIE GATTENMÖRDERIN innerhalb der ZDF-Reihe "Dick und Doof".

Going bye-bye

US-Veröffentlichung: 23.06.34
Originallänge: Zwei Akte
Produzent: Hal Roach/MGM
Regie: Charles Rogers
Kamera: Francis Corby
Schnitt: Bert Jordan
Ton: Harry Baker
Darsteller: Stan Laurel,
Oliver Hardy,
Walter Long,
Mae Busch,
Harry Dunkinson,
Sam Lufkin
u.a.

Durch Stan und Ollies Zeugenaussage wird der Schwerverbrecher Walter Long hinter Gitter geschickt. Noch im Gerichtssaal schwört der Ganove den beiden fürchterliche Rache, werde er jemals freikommen. Ängstlich beschließen die beiden Freunde daraufhin, aus der Stadt zu verschwinden. Um die Reisekosten niedrig zu halten, bieten sie in der Abendzeitung eine Mitfahrgelegenheit an, auf die sich schon wenig später tatsächlich eine Interessentin meldet. Bei dieser handelt es sich jedoch ausgerechnet um Walter Longs Freundin. Kurz bevor Stan und Ollie bei ihr eintreffen, erhält sie von eben jenem überraschend Besuch: Er ist aus der Haft entflohen und sucht einen Unterschlupf. Als es klingelt, versteckt er sich rasch in einer großen Truhe, deren Deckel sich anschließend jedoch nicht mehr öffnen läßt. Doch es sind nur Stan und Ollie, die von ihrer gleichfalls ahnungslosen Mitfahrerin auch prompt gebeten werden, den in der Truhe eingeschlossenen Walter Long aus seiner mißlichen Lage zu erlösen. Unter erheblichen Mühen gelingt es ihnen schließlich, den Gauner zu befreien. Doch als sie erkennen, mit wem sie es zu tun haben, ist es für eine Flucht zu spät.

GOING BYE-BYE zählt zu jenen Laurel und Hardy-Filmen, über die sich selbst nach mehrmaligem Betrachten jedesmal noch herzhaft lachen läßt. Und dies nicht einmal aufgrund der durchweg soliden, zahlreich vorhandenen Slapstickeinlagen, sondern vor allem wegen seiner brillanten Dialoge. Eine derartige Anhäufung grandioser Wortbeiträge findet sich wohl in kaum einem zweiten Film des Duos. Dies beginnt bereits in der Eingangsszene vor Gericht, als Stan nach Verkündung einer lebenslangen Freiheitsstrafe für Walter Long ebenso entrüstet wie lautstark nachfragt, ob denn der Strang nicht die gerechtere Strafe für den Massenmörder darstelle (was ihm den grausamen Racheschwur des Verurteilten einbringt).

Doch in der Folge ist es vor allem Ollie, der mit wirklich einzigartigen Wortbeiträgen glänzen darf. So zum Beispiel, nachdem er das von Stan aufgegebene und in der Zeitung veröffentlichte Inserat vorgetragen hat. "An alle, die es angehen könnte", hieß es da, "zwei junge Gentlemen unternehmen eine Fahrt in Richtung Osten und suchen einen Mitfahrer, der mit ihnen die Kosten teilt - genauso wie bei unserer Fahrt hierher. Mit freundlichen Grüßen, Mr. Laurel und Mr. Hardy. P.S.: Wer sich nicht dafür interessiert, braucht uns nicht zu antworten." Auf Stans Frage, was er von diesem (von purer Laurel´scher Logik durchdrungenen) Text halte, kann Ollie nur mühsam die Ruhe bewahren. "Sehr nett", ringt er sich zunächst in väterlicher Nachsicht ab, bevor seine Stimme plötzlich und unkontrolliert doch noch zu kollabieren beginnt. "Außerdem kurz und sofort auf den Punkt gebracht!" schnaubt er aufgebracht, zerknüllt die Zeitung und schleudert sie dem Partner entnervt an den Kopf. Wenig später nimmt dieser auf seine eigene Art Revanche, als das Telefon klingelt und er Ollie anstelle des von ihm abgenommenen Telefonhörers versehentlich eine Büchse Kondensmilch (!) aushändigt. Prompt überflutet Ollie nicht nur seine Ohrmuschel, sondern auch die Anzugjacke mit der entsprechenden Flüssigkeit, was ihn gegenüber seiner Gesprächspartnerin zu einer ebenso schlichten wie genialen Dialogzeile veranlaßt: "Entschuldigen Sie bitte - mein Ohr ist voll mit Milch!"

Wenig später stehen er und sein Freund Mae Busch dann leibhaftig gegenüber - Anlaß für ein weiteres sprachliches Meisterstück. Natürlich ahnt keiner der drei Beteiligten, auf welch dramatische Art und Weise ihre Schicksale miteinander verwoben sind, so daß sich für den (klügeren) Zuschauer ein subtiler, bedeutungsschwerer Dialog voll umwerfender Komik entfaltet. "Ich wollte fragen, ob es Ihnen etwas ausmachen würde, einen zusätzlichen Mitfahrer mitzunehmen", leitet die Gangsterbraut das nach außen völlig unverfängliche Gespräch ein. Natürlich haben Stan und Ollie nichts dagegen einzuwenden, aber: "Machen Sie bitte schnell", gibt Stan zu bedenken.

Eine bedeutungsschwere Begrüßung

"Wir müssen uns nämlich beeilen, die Stadt zu verlassen. Ein Mann hat geschworen, uns Arme und Beine zu brechen und um den Hals zu knoten, wenn er uns jemals erwischt." Wenig beeindruckt von dieser unappetitlichen Vorstellung, die Stan mit einer eindrucksvollen Pantomime untermalt hat, versucht Mae Busch Stan und Ollie zu beruhigen: "Keine Angst: Mit meinem Freund als Beifahrer wird kein Mensch es wagen, Ihnen auch nur ein Haar zu krümmen!" - "Aber Sie kennen den Kerl nicht, der es auf uns abgesehen hat!" beeilt sich Ollie hinzuzufügen, bevor Mae Busch den köstlichen Dialog mit einem ebenso ultimativen wie verhängnisvollen Fehlurteil beendet: "Und Sie kennen meinen Freund nicht!"

Am 21.01.72 flimmerte GOING BYE-BYE innerhalb der Reihe "Dick und Doof" unter dem Titel DER GROSSE FANG erstmals über deutsche Mattscheiben.

Them thar hills

Die Tonfilme

US-Veröffentlichung: 21.07.34
Originallänge: Zwei Akte
Produzent: Hal Roach/MGM
Regie: Charles Rogers
Kamera: Art Lloyd
Schnitt: Bert Jordan
Ton: James Greene
Darsteller: Stan Laurel,
Oliver Hardy,
Mae Busch,
Charles Hall,
Billy Gilbert
u.a.

Auf Anraten seines Hausarztes begibt sich der gichtgeplagte Ollie gemeinsam mit Stan zur Erholung in die Berge. Dabei parken die beiden ihren Wohnwagen ausgerechnet an jenem Brunnen, in den Schwarzbrenner kurz zuvor auf der Flucht vor der Polizei ihren hochprozentigen Stoff gekippt haben. In der Annahme, es mit besonders leckerem, eisenhaltigem Quellwasser zu tun zu haben, bereiten sich die Freunde ein deftiges Abendmahl. Plötzlich erhalten sie unerwarteten Besuch von Mae Busch und Charles Hall, deren Auto unterwegs ohne Sprit liegen geblieben ist. Während sich der Mann mit einem Ersatzkanister zurück zum Wagen begibt, laden Stan und Ollie ihren weiblichen Gast zum Essen ein und spendieren der Dame außerdem einen ausgiebigen Schluck von ihrem speziellen Quellwasser. Im Nu artet der zunächst gemütliche Plausch in ein wildes Gegröle aus, was den mittlerweile eingetroffenen Charlie Hall derart in Rage bringt, daß er sich mit Stan und Ollie spontan eine äußerst rabiate körperliche Auseinandersetzung liefert.

Der Film ist ein Musterbeispiel für Stan und Ollies geniales Improvisationsvermögen. Denn einen Großteil der Gags, die in THEM THAR HILLS zu sehen sind, entwickelten beide spontan am Drehort. So entstanden aus den recht knappen Vorgaben des Skripts einige überaus witzigs Szenen, die zweifellos zu den Höhepunkten innerhalb von Laurel und Hardys filmischem Schaffen zählen. Hervorzuheben ist dabei vor allem eine geradezu ballettartig inszenierte Sequenz, in der die beiden ihr Abendessen vorbereiten (eingeleitet durch einen ebenso kurzen wie genialen Dialog: "Wie wäre es mit einem Teller Bohnen und einer Kanne heißen Kaffee?" fragt Ollie, woraufhin Stan antwortet: "Prima. Du verstehst wirklich, wie man ein leckeres Essen plant!"). Während Stan sich daran macht, ein paar Scheiben Brot zu schmieren (erst bestreicht er das jeweilige Ende des Brotlaibs, bevor er die entsprechende Scheibe abschneidet), widmet sich Ollie dem Öffnen der Bohnenkonserve. Obwohl ihm der Freund zunächst statt des Dosenöffners einen Quirl aushändigt und anschließend auch noch die Kaffee- mit der Bohnenbüchse vertauscht, bewahrt Ollie einen kühlen Kopf. Schließlich sind sie zur Erholung ins Gebirge gefahren, und inmitten der idyllischen Naturumgebung sind unkontrollierte Wutausbrüche angesichts einer ruinierten Kaffeedose ganz einfach fehl am Platze. Untermalt wird dieses kleine Scharmützel im Wohnwagen durch Ollies entspanntes Summen der Melodie "The old spinning wheel", deren Charme sich auch Stan auf Dauer nicht entziehen kann. Immer dann, wenn sein Partner gerade einen weiteren Abschnitt des Liedes fröhlich beendet hat, konterkariert er die heitere Tonfolge mit einem energischen "Pom pom!", was Ollie nach mehrmaliger Wiederholung schließlich zur Weißglut treibt. "Ich singe dieses Lied!" weist er Stan, über alle Maßen beleidigt, zurecht und verleiht seiner Behauptung mit einem kräftigen Kutterschaufel-Schlag auf den Kopf des Partners Nachdruck, nachdem dieser abermals das Ende einer wohl intonierten Strophe mit seinem "Pom pom!" verunstaltet hat (was wiederum ein Geräusch verursacht,

Die Tonfilme

Them thar hills

das verblüffend an den Glockenschlag von Big Ben erinnert).

Ähnlich zwerchfellerschütternd verläuft schließlich das "tit for tat", welches sie sich unter Zuhilfenahme aller erdenklichen Campingküchenutensilien mit dem erbosten Charlie Hall liefern. Nachdem er bereits den Inhalt der Butterdose weiträumig auf dem Haupte des Kontrahenten verteilt hat, greift Stan zum Messer und schneidet diesem mit einer energischen Handbewegung ein Büschel Haare ab, das sich vom Umfang her bereits nicht mehr als Tolle bezeichnen läßt. Rasch ein klebriges Sirup-Make-up aufs Kinn aufgetragen - und fertig ist ein Ziegenbart, dessen grotesker Anblick Ollie in einen markerschütternden Lachkrampf verfallen läßt.

Was folgt, ist eine sorgfältig strukturierte Abfolge der übelsten Erniedrigungen, die jemals ein Protagonist in einem Laurel und Hardy-Film hat über sich ergehen lassen müssen (was die Zuschauer dennoch nicht davon abhält, sich auf die Schenkel zu klopfen). Während Charlie Hall letztlich quasi "geteert und gefedert" von dannen zieht, landet Ollie im Anschluß an eine heftige Explosion kopfüber im Erdboden. Nur ein halbes Jahr später sollten exakt dieselben Kontrahenten erneut aufeinander treffen und die Auseinandersetzung auf die Spitze treiben: in

Dr. Gilbert empfiehlt frische Bergluft

dem Film TIT FOR TAT, der - als Ausnahme unter allen anderen Filmen des Duos - eine direkte Fortsetzung zu einem anderen Streifen darstellte.

LAUREL UND HARDY AUF DER WALZE betitelten die MGM-Verantwortlichen den Film für die Aufführung in deutschen Kinos, der - in der amerikanischen Originalfassung und mit Untertiteln versehen - am 15.04.35 von der Filmprüfstelle ohne Schnitte und sonstige Auflagen freigegeben wurde. Nach dem Krieg titelte ihn der Münchener Gloria-Filmverleih zu DER

ZAUBERBRUNNEN um und stellte ihn deutschen Kinos in einer synchronisierten Fassung zur Verfügung.

Im deutschen Fernsehen gelangte er erstmals und ungekürzt am 07.05.71 zur Aufführung. Der Titel der "Dick und Doof"-Episode lautete SELIGE CAMPINGFREUDEN (wobei die ZDF-Verantwortlichen immerhin soviel Fingerspitzengefühl zeigten, daß sie die Fortsetzung TIT FOR TAT tatsächlich bereits innerhalb der darauffolgenden "Dick und Doof"-Folge ins Programm nahmen).

Babes in toyland

US-Veröffentlichung:	30.11.34
Originallänge:	Acht Akte (79 Min.)
Produzent:	Hal Roach/MGM
Buch:	Hal Roach (nach der gleichnamigen musikalischen Komödie von Victor Herbert und Glen Mac Donough)
Regie:	Charles Rogers/ Gus Meins
Kamera:	Art Lloyd/ Francis Corby
Schnitt:	William Terhune/ Bert Jordan
Ton:	Elmer Raguse
Musikalische Leitung:	Harry Jackson
Darsteller:	Stan Laurel, Oliver Hardy, Charlotte Henry, Felix Knight, Henry Brandon, Florence Roberts, William Burress u.a.

Ollie Dee und Stannie Dum, Angestellte in der Spielzeugfabrik im Spielzeugland, unterstützen Mutter Peep in ihrem Kampf gegen den geldgierigen Silas Barnaby. Diesem gehört der große Schuh, in dem die ältere Dame gemeinsam mit den beiden Freunden wohnt. Falls Mutter Peep die ausstehende Hypothek nicht bezahle, so droht Barnaby, werde er sie auf die Straße setzen - es sei denn, sie verspricht ihm ihre Tochter Bo-Peep zur Braut. Ollie Dee und Stannie Dum gelingt es, das belastende Dokument durch einen Trick an sich zu bringen und zu vernichten. Daraufhin rächt sich der Unhold, indem er - ebenfalls mit Hilfe einer List - die Verbannung von Bo-Peeps Freund Tom-Tom in das unheimliche Reich der "Bogeys" durchsetzt. Als allerdings auch dieses Vorhaben scheitert, versucht Barnaby, mit einer Horde griesgrämiger "Bogeys" Spielzeugland unter seine Herrschaft zu bringen. Erst eine Armee überdimensionaler Holz-Spielzeugsoldaten kann die Invasoren in die Flucht schlagen und die Handlung so zu einem glücklichen Ende bringen.

BABES IN TOYLAND ist von der Machart und den Kulissen her mit Sicherheit der ungewöhnlichste unter allen Laurel und Hardy-Filmen. Zwar handelt es sich auch bei ihm um eine Opern- beziehungsweise Operetten-Parodie, doch im Gegensatz zu ihren übrigen Streifen dieses Genres verfügt BABES IN TOYLAND über eine völlig unrealistische, märchenhafte Handlung. Unter anderem begegnen uns hier die düsteren "Bogeys", die bekannten drei kleinen Schweinchen und sogar eine Mini-Mickymaus, so daß wohl die meisten Fans beim erstmaligen Betrachten dieses Films eine Weile brauchen werden, bis sie eine derart unrealistische Umgebung für ihre Leinwandlieblinge akzeptieren können. Doch wer sich darauf einstellt, daß es sich hier um ein Märchen handelt, das in erster Linie kindliche Gemüter anspricht, wird auch an diesem Streifen seinen Spaß haben. Sicherlich nicht ohne Grund wünschte sich ein amerikanischer Kritiker nach der Premiere des Films Ende 1934, jedem Kind solle von seinen Eltern zu Weihnachten eine Eintrittskarte für BABES IN TOYLAND geschenkt werden.

Stan hingegen war von der Geschichte, die sich Hal Roach ausgedacht hatte, ganz und gar nicht einverstanden und geriet mit diesem im Laufe der Dreharbeiten aufgrund inhaltlicher Meinungsverschiedenheiten wiederholt aneinander. Auf sein Drängen hin wurden wesentliche Stellen von Roachs Originalbuch umgeschrieben, was den dadurch erzürnten Produzenten in späteren Jahren zu der Bemerkung verleitete, von da an habe ihm die Arbeit mit Laurel und Hardy (auch an den noch folgenden Spielfil-

Die Tonfilme # Babes in toyland

men) keinerlei Spaß mehr bereitet. Abgesehen von den persönlichen Differenzen der beiden Starrköpfe Roach und Laurel, erfuhren die Dreharbeiten an diesem Film zwischenzeitlich auch noch aus einem anderen Grund eine mehrwöchige Verzögerung: Stan riß sich beim Fall von einer Plattform ein paar Sehnen seines rechten Beins, so daß er unfreiwillig für mehrere Tage Gips tragen mußte. Einen Tag später passierte dem Regieassistenten Gordon Douglas mit dem linken Bein exakt das gleiche Mißgeschick! Doch damit nicht genug - wenig später "erwischte" es auch noch Henry Brandon, den 21jährigen (!) Darsteller des Schurken Barnaby. Er hatte sich im Anschluß an eine private Zechtour eine Keilerei mit einer Gruppe Kellner geliefert und wurde mit lädierter Nase in Polizeigewahrsam gebracht. Und zu guter Letzt mußte sich Ollie auch noch an den Mandeln operieren lassen.

So umfangreich die durch Stans Einlenken vorgenommenen Änderungen letztlich auch gewesen sein mögen, ändern sie doch nichts an der Tatsache, daß sich die Komik des Films insgesamt in Grenzen hält. Wenn er somit in punkto Gags an keine andere Opern-Parodie (geschweige denn, einen der übrigen Langfilme der Roach-Ära) auch nur annähernd heranreicht, besitzt er aufgrund seiner außergewöhnlichen Kulissen und Figuren

Nicht nur für Ollie verliefen die Dreharbeiten recht schmerzhaft

immerhin doch einen ganz eigenen, kindlichen Charme. Passend dazu kann Stan auch in diesem Film wieder einmal mit einer präpubertären Fähigkeit glänzen, die ihm in der gezeigten Perfektion so leicht keiner nachmacht: dem "Pee Wee"-Spiel. Dabei wird mit einem Stock ein kleines Holzstückchen zunächst vom Boden aus in die Luft geschleudert, bevor es - ähnlich wie beim modenen Baseballspiel - weggeschlagen wird. Im anglo-amerikanischen Sprachraum zählt "Pee wee"

auch heute noch zur Standardausrüstung eines jeden Spielzeugladens, während es hierzulande nahezu völlig unbekannt ist. Anläßlich der entsprechenden Szene im Film hat Stan für alle "echten" Fans einen zusätzlichen, netten Gag eingebaut. Als Ollie ihm argwöhnisch beim "Pee Wee" zuschaut und dann abfällig behauptet: "Das, was du kannst, kann ich schon lange!", schüttelt Stan energisch den Kopf und kontert mit einer spontanen "Kniechen-Näschen-Öhren"- und

Babes in toyland

»Fingerwinken«-Darbietung (bekannt aus THE DEVIL'S BROTHER)!

Nachdem er am 25.02.35 von der Filmprüfstelle Berlin ohne Auflagen zur Aufführung freigegeben worden war, erlebte BABES IN TOYLAND in der Originalversion und mit deutschen Untertiteln als BÖSE BUBEN IM WUNDERLAND einen Tag darauf im Berliner »Mozartsaal« seine Deutschlandpremiere. Wie bereits in den USA, fielen die Kritiken auch hierzulande überwiegend positiv aus. »Die Einfälle hageln, die Technik kann alles und löst die schwierigsten Einspiegelungen mit flüssiger Hand«, kommentierte beispielsweise die »B.Z.« fachmännisch, und der Kritiker der »Nachtausgabe« ergänzte: »Stan und Ollie sind wunderbar dumm und bringen in ihrer naiven Offenheit, ohne es zu wollen, das Gute immer ein Stück vorwärts. Um dieser komischen Jungen willen lohnt sich ein Besuch.« Doch auch die negativen Stimmen sollen an dieser Stelle nicht verschwiegen werden. So sprach das »8-Uhr-Blatt« von einem »mäßigen Atelierscherz«, das »Berliner Tageblatt« sah in dem Film lediglich »eine Gelegenheitsarbeit für Weihnachten«, mit der Laurel und Hardy »zum Bedauern ihrer Freunde eine Panne erlitten« hätten. Das Publikum aber ließ sich auch von solchen Rezensionen nicht erschüttern und brach laut »Film-Journal« in »ein Jubel und eine Freude wie selten« aus. Der Beifall sei am Schluß so stark gewesen, »wie mancher deutscher Film bei Anwesenheit der Hauptdarsteller ihn nicht aufzuweisen hat.«

Ausnahmsweise gute Stimmung am Set
(in der Mitte: Regisseur Gus Meins)

Als DICK UND DOOF – RACHE IST SÜSS brachte der Nordwestdeutsche Filmverleih den Streifen nach dem Krieg erneut (diesmal in einer synchronisierten Fassung) in deutsche Filmtheater (Premiere: 13.01.61), während ihn das ZDF im Rahmen seiner Spielfilm-Reihe »Lachen Sie mit Stan und Ollie« unverständlicherweise aussparte. Stattdessen wurde er für die Ausstrahlung innerhalb der »Dick und Doof«-Reihe zweigeteilt. Als 25 Minuten-Häppchen flimmerte unter dem Obertitel ABENTEUER IM SPIELZEUGLAND am 03.12.71 zunächst die Episode ES WEIHNACHTET SEHR über die Mattscheibe, eine Woche später (10.12.71) folgte dann DER BÖSE WIRD BESTRAFT. Da die Originallänge des Films fast achtzig Minuten betrug, läßt sich leicht ausrechnen, daß das ZDF anläßlich der erwähnten Fernsehpremiere eine runde halbe Stunde herausgeschnitten hatte.

Die Tonfilme

The live ghost

US-Veröffentlichung: 08.12.34
Originallänge: Zwei Akte
Produzent: Hal Roach/MGM
Regie: Charles Rogers
Kamera: Art Lloyd
Schnitt: Louis MacManus
Ton: Elmer Raguse
Darsteller: Stan Laurel,
Oliver Hardy,
Walter Long,
Arthur Housman,
Mae Busch,
Charles Hall
u.a.

Ein Kapitän, dessen Schiff der Ruf eines "Gespensterschiffes" anhaftet, hat Probleme beim Anheuern seiner Mannschaft. So beauftragt er Stan und Ollie, ihm gegen eine Belohnung die dringend benötigten Matrosen zu besorgen. Tatsächlich gelingt es den beiden durch einen Trick, eine recht umfangreiche Mannschaft zu rekrutieren. Dadurch ziehen sie sich aber verständlicherweise den Unmut der gesamten Besatzung zu, und so bleiben sie jedesmal an Bord, wenn das Schiff in einem Hafen vor Anker geht. Denn nur dort, so hat es ihnen der Kapitän zuvor versprochen, kann er für ihre Sicherheit garantieren. Bei einem jener Aufenthalte bleibt eines Abends außer Stan und Ollie ein weiterer, sturzbetrunkener Matrose an Bord zurück. Durch ein Mißverständnis glauben die beiden Freunde kurz darauf, ihren Kollegen im Dunkeln erschossen zu haben. Verängstigt werfen sie die vermeintliche Leiche, in einen Sack gehüllt, ins Wasser. Doch der Betrunkene kann sich befreien, kehrt quicklebendig an Bord des Schiffes zurück und jagt als "Gespenst" Stan und Ollie einen gehörigen Schrecken ein. Als diese ihrem Kapitän von dem Spuk erzählen, dreht der ("Das Wort Gespenst in Zusammenhang mit meinem Schiff will ich nicht mehr hören!") den beiden Freunden in der letzten Einstellung des Films im wahrsten Sinne des Wortes den Hals um.

Nach ihren mäßigen Filmen THE LAUREL AND HARDY MURDER CASE und THE PRIVATE LIFE OF OLIVER VIII. ist dies endlich einmal eine Laurel und Hardy-Gruselkomödie, die diesen Titel auch wirklich verdient. Denn THE LIVE GHOST konzentriert sich beileibe nicht ausschließlich auf die gruseligen Effekte, sondern bietet darüberhinaus puren, aber sorgfältig getimten Slapstick. Nicht zuletzt aufgrund seiner realistischen, düsteren Kulissen stellt der Streifen somit eine äußerst gelungene Parodie auf die typischen Gespensterschiff-Filme dar.

Abgesehen von der perfekt geschnittenen und inszenierten Schlußszene, in der Stan und Ollie dem "Schiffsgeist" begegnen (Arthur Housman als Betrunkener ist zuvor in eine Wanne mit weißer Farbe gefallen und sieht insofern tatsächlich aus wie ein Gespenst), bietet THE LIVE GHOST einen weiteren komödiantischen Höhepunkt. Er zeigt uns Stan und Ollie, wie sie auf unnachahmliche Art und Weise Matrosen rekrutieren, die sich zuvor noch standhaft geweigert haben, auch nur einen Fuß auf das berüchtigte "Gespensterschiff" zu setzen. Stan, mit einer Tüte Eier ausgerüstet, betritt die verräucherte Hafenkneipe und setzt sich zu zwei Seeleuten an einen Tisch. Unter deren argwöhnischen Blicken holt er ein rohes Ei hervor und fordert einen der beiden Matrosen auf: "Ich wette mit Ihnen um einen Dollar, daß

The live ghost

Die Tonfilme

Sie es nicht schaffen, das Ei in den Mund zu nehmen, ohne es zu zerbrechen." Verächtlich grinsend, nimmt der Angesprochene daraufhin das Ei, schiebt es vorsichtig zwischen seinen Zähnen hindurch, schließt die Lippen und blickt Stan schließlich (in Vorfreude auf die ihm zustehende Belohnung) erwartungsvoll an. Doch Stan fackelt nicht lange und haut dem Wettpartner von unten kräftig gegen das Kinn - eine Prozedur, die kein rohes Hühnerprodukt schadlos überstehen kann. Unter dem brüllenden Gelächter seines Seemannskollegen folgt der Gepeinigte Stan wutentbrannt vor das Lokal, wo bereits Ollie wartet, der das Opfer mit einer Bratpfanne ins Land der Träume schickt. Für den Käpt'n ist es nun kein Problem mehr, die derart angeheuerten Seeleute auf sein Schiff zu verfrachten. Eine Steigerung erfährt dieser brillante Gag schließlich durch Ollies Vorschlag, nach mehreren erfolgreichen Versuchen mit Stan einmal die Rollen zu tauschen. "Dich kennen sie da drin inzwischen schon", glaubt er zu wissen, händigt dem Partner die Pfanne aus und schickt sich seinerseits an, mit rohen Eiern auf Matrosenfang zu gehen. Dabei nimmt er jedoch ausgerechnet bei jenem Halbstarken Platz, der mit Stan und dessem ersten Opfer gemeinsam am Tisch gesessen hatte. "Ich wette, Sie schaffen es nicht, dieses Ei in den Mund zu nehmen, ohne es zu zerbrechen", betet Ollie seinen

Im Clinch mit dem Kapitän des "Geisterschiffes"

Vers herunter, das Ei gekonnt zwischen drei Fingern balancierend. "Machen Sie es mal vor", antwortet Charlie Hall, der natürlich ganz genau weiß, was er gleich zu tun hat. "Wenn es Ihnen gelingt, mache ich es gerne nach!"

SPUK AN BORD betitelten die MGM-Verantwortlichen den Film für die Aufführung in deutschen Lichtspieltheatern. Versehen mit deutschen Untertiteln, wurde die amerikanische Originalversion (trotz ihres teilweise morbiden Inhalts) von den Zensurbehörden am 05.01.37 ohne Schnitte auch zur Vorführung vor Jugendlichen freigegeben. Nach dem Krieg erhielt er für eine erneute Kinoauswertung (diesmal in einer synchronisierten Version) vom Gloria-Filmverleih den Titel DAS GESPENSTERSCHIFF verpaßt, bevor am 30.06.72 als "Dick und Doof"-Episode GESPENST AN BORD die deutsche Fernseh-Uraufführung erfolgte.

Die Tonfilme **Tit for tat**

US-Veröffentlichung: 05.01.35
Originallänge: Zwei Akte
Produzent: Hal Roach/MGM
Regie: Charles Rogers
Kamera: Art Lloyd
Schnitt: Bert Jordan
Ton: William Randall
Darsteller: Stan Laurel,
Oliver Hardy,
Mae Busch,
Charles Hall,
James C. Morton,
Bobby Dunn
u.a.

Letzte taktische Besprechungen
vor dem Austausch von Grobheiten

Stan und Ollie, stolze Besitzer eines neueröffneten Elektrofachgeschäftes, statten ihrem Nachbarn, dem Gemischtwarenladenbesitzer Charlie Hall, einen Höflichkeitsbesuch ab. Beim Anblick ihres jeweiligen Gegenübers erinnern sich alle Beteiligten plötzlich an eine unangenehme Begegnung, die sie erst kürzlich in einem Campingwagen zusammengeführt hatte. Doch während Stan und Ollie durchaus Bereitschaft zeigen, das damals gegeneinander erhobene Kriegsbeil zu begraben, legt Charles Hall auf gutnachbarschaftliche Beziehungen keinen Wert. Aufgrund eines Mißverständnisses entbrennt wenig später erneut ein Streit, der in einer nahezu völligen Zerstörung der beiden Läden endet.

Der Film stellt inhaltlich eine direkte Fortsetzung ihres kurz zuvor entstandenen Films THEM THAR HILLS dar, wobei er das bereits dort zelebrierte "tit for tat" lediglich in eine andere Umgebung verlagert, ansonsten aber nichts wesentlich neues bietet. Immerhin wurde er von der Academy of Motion Picture Arts and Sciences 1936 für den Oscar in der Rubrik "beste Kurzfilmkomödie des Jahres" nominiert (wobei er schließlich jedoch hinter dem Robert Benchley-Streifen HOW TO SLEEP auf dem zweiten Rang landete). Wenn TIT FOR TAT insgesamt auch nicht gerade originell wirken mag, kommen Anhänger entsprechender

Tit for tat

Die Tonfilme

Konfrontationen dennoch voll auf ihre Kosten. So beeindruckt vor allem die Phantasie, mit der die drei Kontrahenten den unterschiedlichsten Gegenständen und Lebensmitteln völlig neue Gebrauchseigenschaften verleihen. Beispielsweise wird die Schublade von Charlie Halls Ladenkasse von Ollie quasi als "verlängerte Faust" eingesetzt, um dem Gegenüber einen kräftigen Kinnhaken zu versetzen. Dieser wiederum rächt sich, indem er mit Hilfe einer elektrische Zange Ollies Nase solange "brandmarkt", bis aufsteigende Rauchschwaden eindrucksvoll vom Erfolg der Mission zeugen. Und in einem running gag werden sogar ein paar eigentlich völlig harmlose Marshmallows zur Geheimwaffe: Nachdem Stan und Ollie im Anschluß an ihre jeweiligen Gegenschläge beim Verlassen von Halls Laden sich bereits zum wiederholten Male an der Kiste mit den klebrigen Süßigkeiten schadlos gehalten haben, kippt der erboste Ladenbesitzer kurzerhand eine Ladung Alaun in den Marshmallowbehälter. Wie nicht anders zu erwarten, greifen Stan und Ollie auch beim nächsten Angriff, ohne lange zu fackeln, nach ihrem obligaten Gratisexemplar. Doch diesmal geht der Schuß nach hinten los: Das Alaun verklebt die Gaumen derart, daß erst ein paar kräftige Wasserstrahlen die gepeinigten Partner von ihrem Leid befreien. Ebenfalls sehenswert ist die Geschicklichkeit, mit der Charlie Hall

Charlie Hall setzt ein deutliches Brand-Zeichen

in einer anderen Szene einer Kollektion Taschenuhren den Garaus bereitet, die Stan und Ollie am Eröffnungstag eigentlich ihren Kunden zum Niedrigpreis offerieren wollen. Den Begriff "Sonderangebot" allzu wörtlich nehmend, greift der Rivale beherzt zu, wirft die Chronometer in einen Becher und püriert den sensiblen Inhalt daraufhin - der Routine eines erfahrenen Barmixers gleich - mit Hilfe eines Elektrobohrers zu einem (im wörtlichen Sinne) äußerst geschmacklosen "Shake".

Für sich alleine mag der Film (der fast ausschließlich aus rundum improvisierten Szenen besteht) insgesamt einen etwas uninspirierten Eindruck hinterlassen, in einer gemeinsamen Vorstellung mit THEM THAR HILLS genossen, stellt er jedoch eine durchaus gelungene Ergänzung dar. Umso trauriger, daß deutsche Filmverleiher bis heute offenbar nicht in der Lage waren, die beiden Streifen innerhalb eines entsprechenden Programms gemeinsam zu präsentieren. Auch an-

Die Tonfilme

Tit for tat

Ollies Ausflug vor Mae Buschs
Schlafzimmerfenster – Auslöser
weiterer tit for tat-Szenen

läßlich seiner Kinopremiere hierzulande wurde TIT FOR TAT (unter dem Titel WIE DU MIR, SO ICH DIR am 05.01.37 von der Zensurbehörde in der Originalversion genehmigt und mit deutschen Untertiteln versehen) »solo« gezeigt.

Auf andere Weise ärgerlich war schließlich das, was anläßlich der deutschen Fernseh-Erstausstrahlung des Films am 14.05.71 unter dem Titel DIE BESUDELTE EHRE im ZDF zu sehen bzw. zu hören war. Die Synchronisation fiel nämlich ausgerechnet an der entscheidenden Stelle selten dämlich aus: Als Stan und Ollie dem Ehepaar Hall/Busch zum ersten Male in deren Laden gegenüberstehen und es allen Beteiligten dämmert, daß sie ihre jeweiligen Gegenüber irgendwann schon einmal gesehen haben, flüstert Stan seinem Freund in der amerikanischen Originalfassung naheliegenderweise zu: »Erinnerst du dich an den Zwischenfall in unserem Campinganhänger?« (Prompt stimmt Mae Busch im Hintergrund die aus THEM THAR HILLS bekannte Melodie »The old spinning wheel« an). Statt diesen Satz zumindest sinngemäß zu übersetzen, um eine inhaltliche Brücke zu der »Dick und Doof«-Episode der Vorwoche zu schlagen, heißt es plötzlich in der deutschen Fassung: »Ich glaube, den haben wir 'mal im Schwimmbad getroffen. Seine Frau war auch dabei, und du hast mit ihr geflirtet.«

The fixer-uppers

Die Tonfilme

US-Veröffentlichung: 09.02.35
Originallänge: Zwei Akte
Produzent: Hal Roach/MGM
Regie: Charles Rogers
Kamera: Art Lloyd
Schnitt: Bert Jordan
Ton: James Greene
Darsteller: Stan Laurel,
Oliver Hardy,
Mae Busch,
Charles Middleton,
Arthur Housman,
Noah Young
u.a.

Stan Laurel genießt eine heftige Mund-zu Mund-Beatmung

Stan und Ollie verdingen sich im verschneiten Paris als Weihnachtskarten-Verkäufer. Dabei klopfen sie auch an die Wohnungstür der unglücklichen Madame Gustave (Mae Busch). Diese ist nämlich in starkem Zweifel begriffen, ob ihr Ehemann sie noch liebt. Auf Anraten der beiden Freunde entscheidet sie sich zu einem Eifersuchtstest: Ollie soll als ihr Liebhaber auftreten und den Gatten eifersüchtig machen. Tatsächlich gerät Pierre Gustave außer sich vor Wut, als er die Seine in den Armen Ollies antrifft. Eigentlich wäre der Fall damit gelöst, doch der scheinbar Betrogene will diese Schmach nicht auf sich sitzen lassen. Er fordert Ollie zum Pistolenduell heraus. Durch den Gebrauch von Platzpatronen gelingt Stan und Ollie am Ende mit knapper Not die Flucht.

Bei diesem Film handelt es sich um das Remake eines sehr frühen Laurel und Hardy-Streifens, SLIPPING WIVES.

Die Tonfilme | **The fixer-uppers**

Dabei kann die Neuauflage jedoch nur wenig mehr überzeugen als das bereits sehr schwache Original. Denn die Handlung kommt nur sehr langsam in Gang (so dauert es geradezu eine Ewigkeit, bis man endlich weiß, um was es eigentlich geht) und schleppt sich auch im weiteren Verlauf nur äußerst zäh voran.

Bis auf vereinzelte Dialogteile hat der Film somit wirklich kaum etwas Lustiges zu bieten – gäbe es da nicht eine einzige, wirklich grandios gelungene Ausnahme. In der entsprechenden Szene möchte Mae Busch dem verunsicherten Ollie demonstrieren, wie er als ihr vermeintlicher Liebhaber auftreten soll. »Ich zeige Ihnen ganz einfach, wie es war, als mein Mann und ich uns das erste Mal geküßt haben«, sagt sie und preßt den völlig verdatterten Stan heftig an sich. Dann drückt sie ihre Lippen in einem schier nicht enden wollenden Kuß auf die ihres wehrlosen Gegenübers. Stan, zunächst mit einem Gesichtsausdruck, als habe er es mit einer feuchten Nilpferdschnauze zu tun, schließt daraufhin mit einem wohligen Gesichtsausdruck die Augen und verzichtet auf jeglichen weiteren Widerstand. Und als Mae Busch die Mund-zu-Mund-Beatmung schließlich nach knapp einer Minute beendet, kippt er ohnmächtig aus dem Bild. Unterstützt wird diese köstliche Einlage durch wiederholte Zwischen-

Mit Charles Middleton ist nicht so leicht zu spaßen

schnitte auf Ollie, der sich – jeweils nach einem ungläubigen Blick auf das innig vereinte Paar – jedes Mal mit einem ebenso fassungslosen wie neidvollen Gesichtsausdruck an das vor der Leinwand versammelte Publikum wendet. Nachdem er sich (durch Horchen) vergewissert hat, daß zumindest seine Uhr noch richtig tickt, sieht er sich letztlich genötigt, den Freund gewaltsam von der Dame zu trennen – was allerdings nur dazu führt, daß dieser (nach dem Erwachen aus der Ohnmacht) nun seinerseits Mae Busch einen heftigen Kuß verabreicht!

Innerhalb der Kompilation DICK UND DOOF IN 1000 NÖTEN war THE FIXER UPPERS nach dem Krieg auch in deutschen Kinos zu sehen. Das ZDF zeigte ihn erstmals im Rahmen seiner »Dick und Doof«-Reihe. Am 15.12.72 flimmerte er ausgerechnet mit einem fünfminütigen Schnipsel aus SLIPPING WIVES ungekürzt in der Episode mit dem Titel VERLORENE LIEBE über den Bildschirm.

Bonnie Scotland

US-Veröffentlichung: 23.08.35
Originallänge: Acht Akte (80 Min.)
Produzent: Hal Roach/MGM
Buch: Frank Butler/
Jeff Moffitt
Regie: James W. Horne
Kamera: Art Lloyd/
Walter Lundin
Schnitt: Bert Jordan
Ton: Elmer Raguse
Darsteller: Stan Laurel,
Oliver Hardy,
June Lang,
William Janney,
James Finlayson,
Anne Grey,
David Torrence,
Daphne Pollard
u.a.

Stan und Ollie begeben sich nach Schottland, um das Erbe von Stans verstorbenem Onkel anzutreten. Doch das vermeintliche Vermögen besteht lediglich aus einem Dudelsack sowie einer Schnupftabaksdose. Den Hauptteil der Erbschaft fällt an die junge Lorna McLaurel. Bedingung dafür ist jedoch, daß Lorna nach Indien reist, um sich bis zur Vollendung des 21. Lebensjahres unter die Fittiche ihres Vormundes zu begeben, der dort als Oberst in der schottischen Armee seinen Dienst verrichtet. Schweren Herzens folgt sie diesem Wunsch, denn so muß sie ihren Geliebten, Alan Douglas, in der Heimat zurücklassen.

Durch ein Mißverständnis verpflichten sich kurz darauf Stan und Ollie zum Dienst in der Armee - und zwar just in jenem Regiment, in dem auch Lornas Vormund dient. Alan Douglas schließt sich ihnen kurzentschlossen an. In Indien eingetroffen, stiften Stan und Ollie unter den Militärangehörigen die übliche Unruhe, bevor sie in die Gefangenschaft indischer Rebellen geraten. Aus dieser können sie sich jedoch letztlich befreien, und auch für Alan und seine geliebte Lorna gibt es ein Happy End.

Der Film - als Parodie auf den Henry Hathaway-Streifen BENGALI aus dem Jahre 1935 gedacht - beweist einmal mehr, wie schwer es ist, um Laurel und Hardy herum eine abendfüllende Geschichte zu erzählen. So zerfällt BONNIE SCOTLAND in zwei Hauptstränge, die nur äußerst mühsam miteinander verknüpft sind, wodurch des öfteren der Eindruck erweckt wird, hier liefen zwei völlig verschiedene Streifen parallel nebeneinander ab. So nimmt die Liebesgeschichte zwischen Alan Douglas und der jungen Lorna McLaurel einen derart breiten Raum ein, daß manchmal fast in Vergessenheit gerät, wer die eigentlichen Hauptdarsteller dieses Streifens sind (obwohl im Anschluß an eine Voraufführung vor Publikum bereits rund 20 Minuten mit "romantischen" Szenen herausgeschnitten worden waren). Normalerweise ließe sich dies vielleicht sogar noch ertragen - agierte in der Rolle des männlichen Liebhabers mit William Janney nicht eine absolute Knallcharge. Wie sich Lorna McLaurel in einen derartigen, gelackten Jammerlappen vergucken konnte, wird wohl für immer ihr Geheimnis bleiben.

Doch auch Stan und Ollie haben während der mitunter recht zähen 80 Minuten nur wenige wirklich bemerkenswerte Auftritte. Im wesentlichen beschränken sich diese auf den ersten Teil des Films, als sie wegen der Erbschaft in Schottland weilen. So stehen sie, nachdem sich das erhoffte Vermögen als recht kläglische Hinterlassenschaft entpuppt hat, plötzlich und unerwartet völlig mittellos da. Ollie ist nach dem Genuß einer etwas zu großen Prise Schnupftabak zwischendurch in einem Bach gelandet und hat sich schrecklich erkältet. Während er verschnupft im Hotelbett ruht, organisiert sein Partner etwas zu essen, indem er ihre Mäntel gegen einen rohen Fisch eintauscht. Was folgt, ist eine nette kleine Szene, die ein wenig an die Campingepisode aus THEM THAR HILLS erinnert und gleichzeitig ein beliebtes Laurel und Hardy-Motiv aufgreift: das Bemühen, hinter dem Rücken des Vermieters (in diesem Falle ausnahmsweise eine Frau) im Zimmer irgendeinen Unfug anzustellen. Galt es bis dahin zumeist, ein lebendiges Tier zu verstecken, dreht sich der Slapstick diesmal um den toten Fisch. In Ermangelung einer professionellen Kochgelegenheit brutzelt Stan nämlich das Schuppentier entgegen jeglicher Brandschutzbestimmungen ganz einfach auf dem Bettenrost, unter den er zuvor eine Kerze gestellt hat. Zur Verfeinerung der Geschmacksnote behilft er sich dabei einer Würzflüssigkeit, die bei gewöhnlichen Konsumenten wohl unweigerlich zum Darmverschluß führen würde: einer Mischung aus Bratensaft und Kerzenwachs!

Der im Anschluß an diese Episode (und einige weitere nette Gags) erfolgte Kulissenwechsel wirkte sich auf die Drehbuchschreiber jedoch offenbar ebenso unfruchtbar aus wie die indische Wüste, in der die letzten beiden Drittel des Films spielen. Sogar James Finlayson als gewohnt enervierter Sergeant bleibt in den gemeinsamen Szenen mit seinen Lieblingsfeinden hinter den Erwartungen zurück. So gerät selbst eine zunächst recht witzig anmutende Szene, in der Stan und Ollie beim Müllsammeln im Kasernenhof zu tanzen beginnen, lediglich zu einem routinierten und zu sehr in die Länge gezogenen Aufguß ihres Tanzes aus THE MUSIC BOX. Kein Wunder also, daß die US-Kritiker anläßlich der Premiere des Films nicht gerade in Begeisterungsstürme ausbrachen. Geradezu überschwenglich

Ein Soldat fragt nicht – er salutiert

fielen hingegen die Reaktionen in Übersee aus. Während der Streifen beispielsweise in Lissabon sämtliche Einspielrekorde brach, waren auch hierzulande die Kritiker im Zuge der deutschen Erstaufführung voll des Lobes. Als »eine Lachstürme entfesselnde Angelegenheit«, die im Zuschauerraum »Zwerchfellerschütterungen entstehen« ließ, bezeichnete beispielsweise das Fachblatt »Licht Bild Bühne« den Film. Dieser hatte unter dem Titel WIR SIND VOM SCHOTTISCHEN INFANTERIE-REGIMENT am 07.04.36 ohne Auf-

lagen die Zensurbehörde passiert und war am 08.05.36 im Berliner »Gloria-Palast« (als erster Laurel und Hardy-Film überhaupt in einer synchronisierten Fassung) zur deutschen Uraufführung gelangt. Allein in Berlin war BONNIE SCOTLAND während der darauffolgenden Wochen in rund einem Dutzend Lichtspieltheater zu sehen. Erst der Sieg von Max Schmeling in einem Weltmeisterschaftskampf versetzte nicht nur dessen Gegner Joe Louis, sondern auch dem Aufführungserfolg des SCHOTTISCHEN INFANTERIE-

Bonnie Scotland

Die Tonfilme

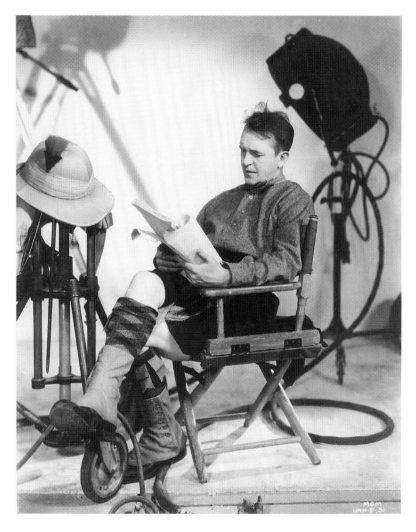

Mit skeptischer Miene studiert Stan das etwas zäh geratene Drehbuch

REGIMENTS ein recht jähes k.o.: Bereits im Juli hatte der Dokumentarfilm MAX SCHMELINGS SIEG - EIN DEUTSCHER SIEG die Leinwandherrschaft zwischen Görlitz und Bremerhaven übernommen.

Unter demselben Titel kam BONNIE SCOTLAND nach dem Krieg erneut in die Kinos, bevor er als Dreiteiler erstmals auch ans Licht der Fernseh-Öffentlichkeit trat. Unter der Überschrift SCHOTTISCHE MILLIONEN präsentierte ihn das ZDF innerhalb seiner "Dick und Doof"-Reihe in den üblichen Episoden zu je 25 Minuten. Am 10.11.72 zeigte die Folge DAS FISCHESSEN AUF DER MATRATZE das erste Drittel des Films, der SONNENSTICH IM SCHOTTENROCK widmete sich am 17.11.72 dem Mittelteil, bevor DER SULTAN UND DIE BIENEN am 24.11.72 die "Verhackstückung" beendete. Komplett gezeigt wurde er dann erstmals am 14.01.79 als DIE TAPFEREN SCHOTTEN innerhalb der Reihe "Lachen Sie mit Stan und Ollie". Und auch dies sei noch erwähnt: Für die Erstausstrahlung im Fernsehen der DDR (28.12.88) wurde der Moderatorin, die WIR SIND VOM SCHOTTISCHEN INFANTERIEREGIMENT ankündigen sollte, vom verantwortlichen Dramaturgen ein wichtiger Ratschlag mit auf den Weg gegeben: "Erwähnen Sie unbedingt das Produktionsjahr des Films und auch den Umstand, daß Indien zu dieser Zeit noch Kolonie war!"

Die Tonfilme   **Thicker than water**

US-Veröffentlichung: 06.08.35
Originallänge: Zwei Akte
Produzent: Hal Roach/MGM
Regie: James W. Horne
Kamera: Art Lloyd
Schnitt: Ray Snyder
Darsteller: Stan Laurel,
Oliver Hardy,
Daphne Pollard,
James Finlayson,
Charles Hall,
Bess Flowers
u.a.

Ollie gerät mit seiner Ehefrau wegen einer noch ausstehenden Möbelzahlung in Streit. Stan, der sich als Untermieter bei den Hardys eingenistet hat, rät seinem Freund daraufhin, die familiären Geldangelegenheiten endlich in die eigenen Hände zu nehmen. Tatsächlich kann er Ollie dazu überreden, dessen gesamten Ersparnisse vom gemeinsamen Ehekonto abzuheben, um Möbel zu kaufen. Auf dem Rückweg von der Bank kommen sie an einem Auktionshaus vorbei, wo sie durch ein Mißverständnis eine alte Standuhr erwerben. Doch schon wenig später ist nach dem Ersparten auch der kostbare Chronometer futsch. Natürlich gelingt es Ollie nicht, diesen verheerenden Sachverhalt vor der Gattin zu verbergen. Nachdem diese sich mit einem Bratpfannenschlag auf seinen Kopf gerächt hat, wird er bewußtlos ins Krankenhaus eingeliefert. Dort muß er sich einer Bluttransfusion unterziehen, bei der Stan als Spender fungiert. Doch diese medizinische Maßnahme scheitert: Das Blut der beiden Partner wird kräftig miteinander vermischt - was zur Folge hat, daß Stan und Ollie plötzlich ihre jeweils typischen Grimassen und Gesten ebenfalls miteinander getauscht haben.

Einen etwas besseren Abschied vom Kurzfilm-Geschäft hätte man Stan und Ollie schon wünschen können. Doch indem sie dem letzten Zweiakter des Duos nur eine durchschnittliche Qualität zubilligten, wollten es die Verantwortlichen den Laurel und Hardy-Fans vielleicht etwas einfacher machen. Wie bereits einige ihrer frühen Werke zerfällt auch THICKER THAN WATER eher in drei kurze Episoden, als daß er eine stringente Handlung aufweist. In der ersten bekommen wir noch einmal die üblichen Routinegags geboten, die unweigerlich mit einem Frühstück im Beisein einer Ehefrau verknüpft sind. Dabei gelingt es Daphne Pollard als Mrs. Hardy erstaunlicherweise, ihre oft aggressiven Vorgängerinnen in dieser Rolle noch zu übertreffen. Wie eine kleine Königin im Giftzwergkostüm schwingt sie das häusliche Zepter, so daß einem der arme Ollie wirklich leid tun kann. Als er ihr beispielsweise zum Abschied zärtlich den Zeigefinger auf die Lippen pressen will, schnappt sie zu wie ein Raubtier im Zoo bei der längst überfälligen Fütterung. "Erst wäschst du das Geschirr ab", faucht sie ihn an, "dann dürft ihr gehen!"

Nachdem die beiden Freunde im Anschluß auf diese unmißverständliche Aufforderung hin die Spülschränke auf gewohnte Art und Weise von unnötigem Ballast befreit haben, folgt mit der Episode im Auktionshaus ein weiteres kleines Glanzlicht. Eigentlich haben sie dort nur aus Neugierde Platz genommen. Eine ältere Dame bittet Ollie jedoch unvermittelt, an ihrer Stelle "um jeden Preis" die antike

Thicker than water — Die Tonfilme

Doch nicht so standhaft –
Stan und Ollies jüngste Errungenschaft

Standuhr zu ersteigern. Sie selbst wolle sich nur schnell nach Hause begeben, um das nötige Geld zu besorgen. Im Nu sehen sich beide Partner in ein heftiges Bieterduell mit einem weiteren Auktionsgast verwickelt, so daß der Preis für die Uhr rasch schwindelerregende Höhen erreicht. Was Ollie allerdings zunächst nicht sehen kann: Nachdem der Konkurrent schon längst aufgegeben hat, ist es ausgerechnet Stan, der hinter seinem Rücken das Gebot lauthals weiter in die Höhe treibt. Als Ollie seinen wahren Gegner endlich erkennt, versuchen sich die Freunde in einem Anflug kindischen Eifers mit ihren gleichsam absurden wie ruinösen Geboten gegenseitig zu übertreffen. Schließlich erhält Ollie den Zuschlag, doch da ist es bereits zu spät. Denn selbstverständlich kehrt die ältere Dame, in deren Auftrag sie gehandelt haben, nicht mehr zurück, und das gesamte Bargeld geht für die standhafte Uhr drauf (die kurz darauf unter die Räder eines Lkw gerät).

Das surreale Ende mit dem unfreiwilligen Blutaustausch erinnert dann an einige ihrer besseren Zweiakter (wie zum Beispiel BELOW ZERO oder DIRTY WORK), die ähnlich phantastische Schlußeinstellungen aufweisen. Erschreckend in diesem Zusammenhang ist übrigens das Bild, welches THICKER THAN WATER von den »Göttern in weiß« verbreitet. So hat das kurz zuvor im Bild gezeigte, explodierende Transfusionsgerät eine Krankenschwester verständlicherweise in einen hysterischen Anfall ausbrechen lassen. »Herr Doktor«, fleht sie den an seinem Schreibtisch sitzenden Chefarzt daraufhin an, »kommen Sie schnell! Mr. Laurel hat zuviel Blut an Mr. Hardy abgegeben!« Als hätte er es mit einer lästigen Stubenfliege zu tun, schickt der Mediziner seine Kollegin genervt aus dem Zimmer: »Dann pumpen Sie ganz einfach etwas Blut aus Mr. Hardys Körper zurück zu Mr. Laurel«, brummt er, um abschließend in sich hineinzumurmeln: »Dauernd kommen sie wegen derartiger Kleinigkeiten zu mir!«

In deutschen Kinos lief der Film nach dem Krieg unter dem Titel DICK UND DOOF MIT DER KUCKUCKSUHR. ALS NACHTISCH WEICHE BIRNE lautete schließlich der Titel jener »Dick und Doof«-Folge, innerhalb welcher er am 09.07.71 erstmals auch im deutschen Fernsehen (ungekürzt) zur Ausstrahlung gelangte.

Die Tonfilme

The bohemian girl

US-Veröffentlichung: 14.02.36
Originallänge: Sieben Akte (70 Min.)
Produzent: Hal Roach/MGM
Regie: James W. Horne/
Charles Rogers
Kamera: Art Lloyd/
Francis Corby
Schnitt: Bert Jordan/
Louis McManus
Ton: Elmer Raguse
Musikalische
Leitung: Nathaniel Shilkret
Darsteller: Stan Laurel,
Oliver Hardy,
Mae Busch,
Antonia Moreno,
Jacqueline Wells,
Darla Hood,
James Finlayson
u.a.

Gemeinsam mit einer Gruppe anderer Zigeuner campieren Stan sowie Ollie und dessen Gattin im Wald vor dem Schloß des Grafen Arnheim. Nachdem Mrs. Hardys Geliebter(!) beim Eindringen in den Schloßhof von Arnheims Soldaten gefaßt worden ist, müssen die Zigeuner den Wald umgehend verlassen. Dabei stößt die kleine Tochter des Grafen zu ihnen, die sich beim Spielen verlaufen hat. Mrs. Hardy stellt Ollie diese daraufhin als ihre gemeinsame Tochter vor, die sie ihm bis dahin angeblich aus pädagogischen Gründen verheimlicht hat. Wenig später läßt sie den vermeintlichen Vater allerdings sitzen, als sie mit dessem gesamtem Barvermögen sowie ihrem Geliebten die Zigeunersippe für immer verläßt. Zwölf Jahre später: Zufällig kehren Stan und Ollie mit der inzwischen erwachsenen "Tochter" in den Wald vor Arnheims Schloß zurück. Als das Mädchen sich aus Neugierde ins Innere des Schloßhofes begibt, wird sie von den Wachen festgenommen. Ollie und Stan versuchen daraufhin, sie zu befreien. Dabei klärt sich die wahre Herkunft der jungen Frau auf, Stan und Ollie werden - zuvor in der Folterkammer malträtiert - in die Freiheit entlassen.

Für den mittlerweile fünften Spielfilm seines Erfolgsduos besann sich Hal Roach eines bewährten Rezeptes. Wie bereits zweimal zuvor, griff er auch diesmal auf einen bereits vorhandenen Stoff zurück, nämlich auf Michael Balfes Oper THE BOHEMIAN GIRL aus dem Jahre 1843. Zwar kann der Streifen dem Meisterwerk THE DEVIL'S BROTHER keinesfalls das Wasser reichen, aber dennoch bleibt THE BOHEMIAN GIRL insgesamt eine durchaus witzige Komödie. Lediglich die musikalischen Sequenzen wollen nicht so ganz ins Geschehen passen, was den Rhythmus des Films auf Dauer unnötig beeinträchtigt. Ganz abgesehen davon, wurden sie darüberhinaus - sowohl vom Bild wie auch vom Ton her - auch noch reichlich lieblos in Szene gesetzt (die Chorgesänge beispielsweise wurden bereits vor den Dreharbeiten aufgenommen, so daß die Protagonisten später vor der Kamera nur noch ihre Lippen synchron zum eingespielten Gesang bewegen mußten). Glücklicherweise agieren Stan und Ollie in einer Fülle köstlicher Szenen, die die negativen Aspekte dieses Werkes rasch vergessen machen.

Vor allem Stan glänzt wieder einmal mit diversen Soloeinlagen. So verblüfft er seinen Freund an einer Stelle beispielsweise mit einer erneuten, sprichwörtlichen Fingerfertigkeit, indem er ein Glied seines Zeigefingers scheinbar mühelos von der Hand abzutrennen (und ebenso leicht wieder anzusetzen) vermag. Als absoluter Höhepunkt des Films entpuppt sich jedoch sein Versuch, den gesamten Inhalt eines bis zum Rand gefüllten Weinfasses unter Zuhilfenahme eines Schlauches in Flaschen abzufüllen. Den Alkohol vorsichtig ansaugend, gelingt es ihm zunächst tatsächlich, die Flüssigkeit in die leeren Flaschen zu transferieren. Doch immer dann, wenn eine Flasche voll ist und er die nächste erst heranziehen muß, wird es schwierig. Zur einfacheren Handhabung steckt sich Stan daher das entsprechende Schlauchende jeweils in den Mund (erst nur kurz, später dann

The bohemian girl

Die Tonfilme

Von einer Sekunde zur nächsten Vater eines dreijährigen Kindes – für Ollie ein Grund, erstmal eine zu rauchen

Krankheitsgründen für mehrere Wochen aus.

Dabei war gerade Mae Busch aus einem noch viel tragischeren Grund überhaupt erst als eine der Hauptdarstellerinnen verpflichtet worden. Ihre Rolle der Mrs. Hardy war nämlich zunächst von Thelma Todd gespielt worden, die am 16.12.35, fünf Tage nach einer ersten Vorauführung des komplett fertiggestellten Films, unter mysteriösen Umständen in der Garage ihres Hauses zu Tode kam (ob Unfall, Mord oder Selbsttötung, konnte bis heute nicht endgültig geklärt werden). Um jeglichen Ruch von ihrem Film zu nehmen, der diesem aufgrund der mysteriösen Todesumstände womöglich angehaftet hätte, entschlossen sich die Verantwortlichen, sämtliche mit Thelma Todd als Mrs. Hardy gedrehten Szenen herauszuschneiden und mit Mae Busch neu aufzunehmen.

immer länger), bis die leere Flasche bereitsteht. Kein Wunder, daß im Zuge dieses Vorgehens rasch ein gehöriger Anteil des Weins statt in den dafür vorgesehenen Behältnissen in seinem Magen landet, bis das Faß völlig geleert ist. Und obwohl sich diese Prozedur über circa fünf Minuten hinzieht, stellen sich beim Zuschauer keinesfalls etwa Ermüdungserscheinungen ein. Im Gegenteil: Stan Laurel liefert

hier eine pantomimische Höchstleistung, die dieser Szene einen absoluten Spitzenplatz in jeder imaginären "Best of Laurel und Hardy"-Szenen-Hitparade garantieren würde.

Wie zuvor schon bei BABES IN TOYLAND, standen auch die Dreharbeiten zu THE BOHEMIAN GIRL unter keinem allzu glücklichen Stern: Stan und auch Mae Busch fielen zwischendurch aus

Während der Film in den USA recht akzeptable Einspielergebnisse erzielte und bei seiner Frankreich-Premiere in Paris einen überwältigenden Erfolg verbuchen konnte, wurde dem deutschen Publikum THE BOHEMIAN GIRL von den Nationalsozialisten vorenthalten. Nachdem die Filmprüfstelle in Berlin dem Film bereits eine Woche zuvor die Aufführung im "Deutschen Reich" untersagt hatte, schloß sich die Filmoberprüfstelle nach einer Be-

Die Tonfilme   The bohemian girl

schwerde der deutschen MGM-Verantwortlichen als letzte Instanz dieser Auffassung an. Laut Urteil vom 13.06.36 stellte die Filmoberprüfstelle dabei fest, "daß sie bei der Verlogenheit des Films, der im wesentlichen ein falsches Bild eines abzulehnenden Zigeunerlebens in kitschiger Form gibt, weit davon entfernt ist, ein Kunstwerk in ihm zu sehen. Der Film erschöpft sich in einer Darstellung, die - wie die Filmprüfstelle zutreffend ausführt - vom Beschauer nicht als Parodie gewertet wird, und die ihrer inneren Gesamthaltung nach in unserem Staat keinen Platz hat."

So dauerte es bis zum 23.08.57, bis der Film endlich in Berlin seine deutsche Kino-Erstaufführung erleben durfte. Unter dem Titel DICK UND DOOF WERDEN PAPA war er mit dem Laurel und Hardy-Kurzfilm THEIR FIRST MISTAKE gekoppelt worden (wobei THE BOHEMIAN GIRL als 80minütiger "Traum" zwischen die erste und zweite Rolle des Zweiakters "gepreßt" wurde). "Das ist in einem wunderschönen Aufwand an tiefgefühlter (nicht tiefgekühlter) Parodie inszeniert, und wer, als Erwachsener, es nachzukosten vermag, hat seine ungetrübte Freude dran", urteilte der Düsseldorfer "Film-Dienst" anläßlich der Premiere.."Für alle anderen", so hieß es weiter, "bleibt es immerhin ein typischer Kreisch-Film, gottlob ohne Anzüglichkeiten." Ohne Anzüglichkeiten? Na, ja - dies mag

Auch Stan gegenüber verhält sich Ollies Gattin nicht gerade zärtlich

wohl vor allem darauf zurückzuführen gewesen sein, daß die dämliche Synchronisation aus Mrs. Hardy ganz einfach Ollies Schwester gemacht hatte. Insofern mußten die Szenen, in denen sie mit ihrem Liebhaber herumturtelt, selbstverständlich "unanzüglich" wirken! Welche Frau für Ollie als vermeintlichem Vater dann allerdings das kleine Mädchen zur Welt gebracht haben soll, bleibt dem Zuschauer in dieser Version natürlich völlig schleierhaft.

Stark beschnitten, präsentierte das ZDF den Film anläßlich der deutschen Fernseh-Uraufführung innerhalb seiner "Dick und Doof"-Reihe. Unter dem Titel DIE ENTLAUFENE PRINZESSIN flimmerten am 19.01.73 und 26.01.73 zwei 25minütige Episoden über die Mattscheibe. Komplett war dann DAS MÄDEL AUS DEM BÖHMERWALD in einer völlig neu synchronisierten Version, ausgestrahlt am 04.08.76 innerhalb der Sendereihe "Lachen Sie mit Stan und Ollie".

Our relations

US-Veröffentlichung: 30.10.36
Originallänge: Acht Akte (74 Min.)
Produzent: Stan Laurel/
Hal Roach/MGM
Buch: Richard Connell/
Felix Adler
(nach der
Kurzgeschichte
"The money box"
von William
Wymark Jacobs)
Regie: Harry Lachman
Kamera: Rudolph Maté
Schnitt: Bert Jordan
Ton: William Randall
Musik: LeRoy Shield
Darsteller: Stan Laurel,
Oliver Hardy,
Daphne Pollard,
Betty Healy,
James Finlayson,
Alan Hale,
Sidney Toler,
Iris Adrian,
Lona Andre,
Arthur Housman
u.a.

Die in Familienkreisen seit Jahren verschollen geglaubten Matrosen Alfie Laurel und Bert Hardy laufen mit ihrem Schiff just im Hafen jener Stadt ein, in der ihre verheirateten Zwillingsbrüder Stan und Ollie leben. Der Kapitän bittet Alfie und Bert, mit dem Landgang noch zu warten, um für ihn ein Päckchen in Empfang nehmen zu können. Dieses sollen sie ihm dann am Nachmittag in einem Biergarten überbringen. Nachdem sie das Präsent entgegengenommen haben, aber bereits vor dem vereinbarten Termin im Biergarten eingetroffen sind, laden die beiden Matrosen großherzig zwei Mädchen zum Essen ein. Allerdings haben sie zuvor bis auf einen einzigen Dollar ihr gesamtes Vermögen dem Chefmechaniker ihres Schiffes zur treuhänderischen Verwahrung ausgehändigt, so daß sie die Rechnung nicht bezahlen können. Als Sicherheit hinterlassen sie daher beim Kellner einen Ring, der sich in dem für den Kapitän bestimmten Päckchen befunden hat. Während sie sich danach auf den Weg machen, um von ihrem Kollegen Bargeld zu holen, treffen ihre Zwillingsbrüder Stan und Ollie mit den Ehefrauen am Ort des Geschehens ein. Im folgenden kommt es zwischen allen Beteiligten wiederholt zu Verwechslungen, in die schließlich auch ein paar Gauner verwickelt werden und die in eine wilde Verfolgungsjagd münden. Zu guter Letzt klärt sich jedoch alles auf, und Stan und Ollie stehen ihren Brüdern endlich leibhaftig gegenüber.

OUR RELATIONS, basierend auf Shakespeares "Komödie der Irrungen", ist eine durchweg gelungene Verwechslungskomödie, die dem Zuschauer über die gesamten knapp 80 Minuten hinweg kaum Zeit zum Atemholen läßt. Daß der Film über ein Tempo verfügt wie kaum ein zweiter Streifen des Duos, ist im wesentlichen auf seine Dramaturgie zurückzuführen, die konsequenterweise der eines typischen Boulevardtheater-Verwechslungsstückes angepaßt wurde. So haben Laurel und Hardy in ihren Doppelrollen gar keine Gelegenheit, die üblichen Gags quasi als Zugabe zum Haupthandlungsstrang zu präsentieren, sondern können sich von Beginn an auf das Wesentliche konzentrieren. Mit Hilfe des Regisseurs Harry Lachman (nomen est omen!) und der wirklich hervorragenden Kameraarbeit Rudolf Matés ist den Verantwortlichen so insgesamt ein äußerst kompaktes Werk gelungen, das im positiven Sinne auf jeglichen Schnickschnack verzichtet. Der positive Eindruck wird durch die beeindruckenden Dekorationen abgerundet, so daß OUR RELATIONS auch aus heutiger Sicht keinen Vergleich mit anderen Komödien der 30er und 40er Jahre zu scheuen braucht.

Während die abschließende Viertelstunde mit ihrem turbulenten Gesche-

Die Tonfilme

Our relations

hen in einem Nachtclub für den sensiblen Publikumsgeschmack vielleicht etwas zu sehr ins Klamaukhafte abdriftet, bieten die vorherigen Szenen im Biergarten typische Laurel und Hardy-Komik im besten Sinne. Höhepunkt ist hier zweifellos das Eintreffen von Stan und Ollie mit ihren Frauen. Nicht ahnend, daß ihre Zwillingsbrüder erst kürzlich von hier aus aufgebrochen sind, um Geld zu besorgen, nehmen sie an einem der Tische Platz, um in gemütlicher Atmosphäre gepflegt zu speisen. Mr. Laurel und Mr. Hardy samt Gattinnen in friedvoller Eintracht - ein Anblick, der freilich nicht lange währt. Denn schon treten die beiden Frauen auf den Plan, die kurz zuvor von Alfie und Bert so nett zum Essen eingeladen worden sind (und die nur darauf gewartet haben, daß die beiden Matrosen zurückkehren, um die ausstehende Rechnung zu bezahlen und sich weiterhin mit ihnen zu vergnügen). "Wollt ihr etwa wegen dieser beiden alten Schachteln plötzlich nichts mehr von uns wissen?" fragt eines der beiden Frauenzimmer verächtlich, auf Stan und Ollies Gattinnen deutend. Im Nu hat sie damit das Mißtrauen der beiden Ehefrauen geweckt, zumal auch der Kellner beim Aufnehmen der Bestellung Stan und Ollie als Stammgäste begrüßt: "Was ihr wollt, kann ich mir schon denken!" (gemeint sind ein Glas Bier und zwei Strohhalme, die Alfie und Bert kurz zuvor in einer aufsehenerregenden Aktion geordert hatten). Natürlich helfen den beiden unschuldigen Ehemännern angesichts der zahlreichen Belastungszeugen selbst die inbrünstigsten Ehrenbeteuerungen nichts, und so ist der eheliche Friede im Nu dahin. Später wird diese köstlich gespielte Konfrontation erneut aufgegriffen, als die beiden Ehepaare wieder glücklich vereint zu sein scheinen: Die Frauen haben ihren Männern verziehen und lassen sich von ihnen in den Nachtclub ausführen - ohne zu bemerken, daß sie es

Wenn Stan und Ollie die Köpfe zusammenstecken, gibt es meist einen lauten Knall

diesmal mit den Matrosen Alfie und Bert zu tun haben (ein weiteres erschreckendes Indiz dafür, daß es in den jeweiligen Ehen nicht gerade zum besten bestellt sein kann). Selbstverständlich begegnen sie dabei auch wieder den beiden jungen Damen aus dem Biergarten, so daß sich Bert in Gegenwart seiner "Ehefrau" zu der taktisch etwas ungeschickten Bemerkung hinreißen läßt: "Wartet nur, bis wir die beiden Weibsbilder hier losgeworden sind - dann kümmern wir uns wieder um euch!"

Our relations

Die Tonfilme

Alfie und Bert streiten sich mit James Finlayson über ihre Ersparnisse

In den USA wurde OUR RELATIONS zum Teil mit enthusiastischen Kritiken bedacht - für den damals amtierenden Präsidenten Roosevelt offenbar Anlaß genug, sich den Streifen in einer extra arrangierten Sondervorführung anzuschauen. Und auch König Edward VIII. von England kam auf seinem Schloß in den Genuß einer Privatvorstellung, bevor der Film überhaupt offiziell in Großbritannien angelaufen war. Deutsche Laurel und Hardy-Fans hingegen mußten noch rund 15 Jahre warten, denn erst im Februar 1952 war er unter dem Titel 2 X DICK UND 2 X DOOF - SPUK AUS DEM JENSEITS erstmals auch in Deutschland im Kino zu sehen. "Zweimal Dick und zweimal Doof, das ist eine richtige Klamotte, die nichts anderes als Unsinn will und einen herrlichen Spaß versucht", schrieb die "Lüneburger Landeszeitung" am 13.02.52. "Das reinigt die Gemüter. Voraussetzung ist natürlich, daß (...) die Einfälle originell sind. Die kleinen Torheiten werden zu groben aufgepumpt wie ein Luftballon. Bis er platzt. Dann schallt das ganze Haus wider vom herzhaften Gelächter über gelungene Gags, die am laufenden Band geboten werden."

Nachdem der Duisburger atlas-Filmverleih den Film in den 60er Jahren neu synchronisiert ins Kino gebracht hatte (Titel: DIE DOPPELGÄNGER VON SACRAMENTO, gekoppelt mit dem Kurzfilm OUR WIFE), geriet er anläßlich seiner deutschen Fernsehpremiere unter das scharf gewetzte Messer der ZDF-Bearbeiter. So wurde er innerhalb der Reihe "Dick und Doof" und unter der gemeinsamen Überschrift SCHWARZE SCHAFE in drei Teilen präsentiert: am 05.11.71 zunächst die Folge DIE MISSGLÜCKTE EINLADUNG, am 12.11.71 folgte die Episode MATROSEN IM HEMD und am 19.11.71 WIEDERSEHEN IM WASSER (jeweils 25 Minuten). Am Stück und ungekürzt war dann erst jene Version, die das ZDF am 18.02.76 in der Reihe "Lachen Sie mit Stan und Ollie" zur Ausstrahlung brachte (Titel: DIE LIEBEN VERWANDTEN). Bei der Synchronisation dieser deutschen Fassung wurden die Bearbeiter übrigens ein Opfer von Stan und Ollies gelungenen Doppelrollen-Verwirrspiel im Film. In einer Szene spricht Stan in seiner Rolle als Alfie seinen Matrosen-Kollegen nämlich nicht etwa (wie es korrekt wäre) mit "Bert", sondern verblüffenderweise mit "Ollie" an!

Die Tonfilme

On the wrong treck

US-Veröffentlichung: Mitte Juni 1936
Originallänge: Zwei Akte
Produzent: Hal Roach
Regie: Charles Parrott/Harold Law
Darsteller: Charley Chase,
Rosina Lawrence,
Stan Laurel,
Oliver Hardy
u.a.

Ein paar Pferdediebe, getarnt als Anhalter

Charley Chase, seine Ehefrau und die Schwiegermutter fahren mit dem Auto ins Wochenende. Unterwegs kommt es zu einigen unliebsamen Zwischenfällen.

In einem der letzten Charley Chase-Kurzfilme für Hal Roach absolvieren Stan und Ollie einen sehr kurzen Gastauftritt als Anhalter. Als Chases Auto an ihnen vorbeibraust, stehen sie beide mit ausgestreckten Daumen am Straßenrand – in entgegengesetzte Richtungen winkend. »Die sehen aus wie ein paar Pferdediebe!« meint Chase, bevor er, laurel-like, dümmlich zu grinsen beginnt und sich am Kopf kratzt.

Deutsche Fernsehzuschauer bekamen Stan und Ollies Kurzauftritt erstmals am 11.10.74 im Rahmen der ZDF-Reihe »Es darf gelacht werden« zu sehen. Dabei bezog sich der Titel »Zwei Herren im Dreivierteltakt« auf den Charlie Chase-Kurzfilm FAST WORK, der im Mittelpunkt dieser Folge stand und mit zwei (insgesamt zwölfminütigen) Ausschnitten aus ON THE WRONG TRECK »garniert« wurde.

Way out west

Die Tonfilme

US-Veröffentlichung: 16.04.37
Originallänge: Sieben Akte (65 Min.)
Produzent: Stan Laurel/ Hal Roach/MGM
Buch: Jack Jevne/ Charles Rogers
Regie: James W. Horne
Kamera: Art Lloyd/ Walter Lundin
Schnitt: Bert Jordan
Ton: William Randall
Musikalische Leitung: Marvin Hatley
Darsteller: Stan Laurel, Oliver Hardy, Rosina Lawrence, James Finlayson, Sharon Lynne, Stanley Fields, Vivien Oakland u.a.

Mit Musik geht alles besser

Stan und Ollie begeben sich in den Wilden Westen, um der Tochter eines verstorbenen Freundes als Erbstück die Besitzurkunde für eine Goldmine zu überbringen. Diese arbeitet als Küchenhilfe in einem Saloon, dessen Besitzer der geldgierige James Finlayson ist. Als er den Grund für Stan und Ollies Mission kennenlernt und gleichzeitig erfährt, daß die zwei Glücksboten die Erbin noch nie persönlich gesehen haben, haut er die beiden Freunde kurzentschlossen übers Ohr. Als Erbin präsentiert er ihnen seine Lebensgefährtin, die als Tänzerin im Saloon arbeitet. Durch einen Zufall durchschauen Stan und Ollie den Trick und versuchen, die Urkunde wieder in ihren Besitz zu bringen, um sie der wahren Erbin auszuhändigen. Trotz einiger Rückschläge wird ihr Vorhaben schließlich von Erfolg gekrönt, so daß sie sich in Begleitung der rechtmäßigen Urkunden-Inhaberin auf den Rückweg nach Hause begeben.

"323 durchschlagende Witze" versprach die Werbeabteilung der Berliner Metro Goldwyn Mayer-Nieder-

Die Tonfilme **Way out west**

"An was ist mein Vater denn gestorben?" –
"An einem Dienstag!"

lassung anläßlich der deutschen Premiere des Films ihren Zuschauern. Doch selbst, wenn diese Zahl hoffnungslos übertrieben sein sollte (nachgezählt habe ich nicht), ist und bleibt WAY OUT WEST nach Meinung wohl aller Kritiker (und erst recht der der Fans) unbestritten eines von Stan und Ollies absoluten Meisterwerken. In dieser Westernparodie landen sie auch ohne Revolver einen Treffer nach dem anderen, derart gehäuft treten hier wilde Slapstickeinlagen, geniale running gags und köstliche Dialoge auf. Was ihn vom Gesamteindruck letztlich sogar noch über THE DEVIL'S BROTHER hebt, sind die vereinzelt eingestreuten Tanz- und Gesangseinlagen. Diesmal bleiben derartige künstlerische Darbietungen nämlich nicht, wie sonst häufig üblich, irgendwelchen professionellen Opernsängern vorbehalten: Stan und Ollie dürfen "selbst ran" und präsentieren uns eine unvergessene Soft-Shoe-Tanznummer (deutschen Zuschauern vor allem bekannt als Vorspann der ZDF-Reihe "Zwei Herren dick und doof") sowie in einer weiteren herrlichen Szene im Duett den Song "The trail of the lonesome pine" (der als Schallplattenaufnahme 1975 in England kurzzeitig sogar den zweiten Platz der Verkaufscharts erreichte!). Dies alles ist umso erstaunlicher, als beide Hauptdarsteller während der Dreharbeiten in heftige (Scheidungs-)Auseinandersetzungen mit ihren jeweiligen Ehefrauen verwickelt waren.

Wie bereits bei THE DEVIL'S BROTHER fällt es auch für WAY OUT WEST schwer, einzelne Perlen der Komik herauszugreifen. Insofern sei hier stellvertretend nur eine Szene erwähnt, wegen der alleine sich jeder Interessent unbedingt darum bemühen sollte, den Film inmitten einer größeren Zuschauermenge auf einer großen Leinwand zu betrachten. Sie zeigt den Versuch der beiden Freunde, die Besitzurkunde für die Goldmine wieder an sich zu bringen, nachdem sie erfahren haben, daß sie von James Finlayson hereingelegt worden sind. Geistesgegenwärtig haben sie dem Schurken das begehrte Papier aus der Hand gerissen, woraufhin ein turbulenter Kampf ausbricht, der einer Partie Rugby nicht unähnlich ist. Zum Teil auf allen Vieren kriechend, bemühen sich die Kontrahenten um das Dokument, welches zunächst am Boden liegt, dann in einer Vase landet und letztlich in Stans Obhut gerät. Panisch um sich schreiend, flüchtet er ins Schlafzimmer, verfolgt von Finlaysons geldgieriger Lebens-

Way out west

Gemeinsam mit Rosina Lawrence auf der Suche nach der "Untiefe"

gefährtin. Was folgt, ist eine Schlafzimmerszene, die in ihrer Intimität alles bis dahin auf der Leinwand Präsentierte sprengt. Denn anstatt ihr Opfer nach dem Verschließen der Tür mit weiblichen Waffen zu schlagen, stürzt sich Sharon Lynne auf Stan, um ihn durch kräftiges Durchkitzeln zur Herausgabe des wertvollen Papiers zu bewegen. Dabei gerät Stan derart in Ekstase, daß nicht nur er, sondern wohl auch der humorloseste Zuschauer vor Lachen in Tränen ausbrechen muß. Waren seine Lachkrämpfe in LEAVE 'EM LAUGHING, BLOTTO oder THE DEVIL'S BROTHER bereits zwerchfellerschütternd, so gerät hier jeder Betrachter unweigerlich in die Nähe eines Zwerchfelldurchbruchs - erst recht dann, als Stan auch im folgenden (nachdem ihm die Urkunde schon längst abgenommen worden ist) keinerlei Anstalten mehr unternimmt, sich zu beruhigen.

Obwohl die oben erwähnte Soft-Shoe-Tanzeinlage recht ungeniert vor einer relativ billig gemachten Rückprojektion aufgenommen wurde, sparten die Verantwortlichen an anderen Stellen doch nicht mit optischen Tricks oder gar organisatorischem Aufwand. So wird Ollies Hals durch Stans energisches Ziehen einmal derart gedehnt, als handele es sich bei ihm um ein Gummiband, in mehreren anderen Szenen benutzt Stan dann seinen Daumen als Feuerzeug (ein Schnippen genügt, und schon züngelt scheinbar aus dem Nichts eine Flamme empor). Für einen weiteren running gag, bei dem Ollie (zu Beginn und am Ende des Films) an einer "untiefen" Stelle eines Flusses versinkt, reichten jedoch die Künste der Tricktechniker nicht mehr aus: Die Gegend um den Sherwood Forest (Robin Hood läßt grüßen), in der die entsprechenden Bilder gedreht werden sollten, war völlig ausgedörrt. So blieb den Verantwortlichen nichts anders übrig, als ein künstliches Flußbett zu graben und unter Zuhilfenahme riesiger Tanks von einem nahegelegenen Fluß rund 2500 Tonnen Wasser "umzufüllen" (wie der Film beweist, hat sich der Aufwand gelohnt).

Am 31.08.37 erlebte RITTER OHNE FURCHT UND TADEL (wie WAY OUT WEST in der deutsch synchronisierten Fassung hieß) im Rahmen einer öffentlichen Sondervorführung, die hauptsächlich für Filmfachleute gedacht war, seine deutsche Kinopremiere. Im Gegensatz zu THE BOHEMIAN GIRL hatten die Nationalsozialisten diesmal nichts an Stan und Ollies Künsten auszusetzen, so daß der Streifen am 20.07.37 die Zensur ohne Beanstandungen passiert hatte. Anläßlich der offiziellen Deutschland-Premiere (am 21.10.37 im Berliner "Marmorhaus") überschlugen sich nicht nur die Kritiker, sondern vor allem auch die Zuschauer vor Begeisterung. "Ein Groteskfilm, geschaffen für solche Augenblicke im Leben, in denen man bedingungslos lachen möchte", hieß es beispielsweise in einer Zeitungskritik, und die "Nachtausgabe" berichtete von "würdigen Männern", die "so unbändig lachten, daß man um ihre Gesundheit bangen konnte", während die "Berliner Börsenzeitung" sogar "sich unter den Explosionen des Gelächters" biegende Parkettreihen notierte. Insofern war es kein Wunder, daß RITTER OHNE FURCHT UND TADEL im "Marmorhaus" (vor dem zur werbenden Unterstützung eine Westernkutsche mit Laurel und Hardy-Motiven geparkt worden war) immerhin 22 Tage lang über die Leinwand flimmerte - fast jede Vorführung ausverkauft, und das bei einer Kapazität von 600 Plätzen!

Ende 1952 feierte der Film als DICK UND DOOF IM WILDEN WESTEN (gekoppelt mit einer deutschen Version von TIT FOR TAT) eine deutsche Wiederaufführung, bevor ihn der atlas-Filmverleih 1965 erneut (mit neuer

In der Nacht dringen Stan und Ollie in James Finlaysons Haus ein

Synchronisation versehen) gemeinsam mit TIT FOR TAT in die Kinos brachte. Diesmal lief der Hauptfilm allerdings unter dem Titel ZWEI RITTEN NACH TEXAS.

Im Gegensatz zu dieser Fassung war jene, die erstmals im deutschen Fernsehen zur Ausstrahlung gelangte, auf üblich brutale Weise verstümmelt worden. Heruntergeschnitten auf insgesamt knapp 50 Minuten, präsentierte das ZDF am 10.09.71 und 17.09.71 zwei "Dick und Doof"-Episoden mit den Titeln LOLA UND IHR WIRT beziehungsweise DER WIRT AM KRONLEUCHTER.

Die Wiedergutmachung erfolgte schließlich, wie in fast allen Fällen, erst Jahre später im Rahmen der von Theo Lingen präsentierten Sendereihe "Lachen Sie mit Stan und Ollie". Komplett und in einem Stück flimmerte WAY OUT WEST insofern erstmals am 12.05.76 über deutsche Mattscheiben. Der Sendetitel des Films lautete diesmal IM FERNEN WESTEN.

Pick a star

US-Veröffentlichung: 21.05.37
Originallänge: Sieben Akte (70 Min.)
Produzent: Hal Roach/MGM
Buch: Richard Flournoy/
Arthur Vernon Jones/
Thomas J. Dugan
Regie: Edward Sedgwick
Kamera: Norbert Brodine/
Art Lloyd
Schnitt: William Terhune
Ton: William Randall
Musik: Marvin Hatley/
Arthur Morton
Darsteller: Patsy Kelly,
Jack Haley,
Rosina Lawrence,
Stan Laurel,
Oliver Hardy,
James Finlayson,
Walter Long,
Lyda Roberti,
Mischa Auer
u.a.

Ruhe Sanft: zwei Schauspieler während einer Drehpause

Die junge Sängerin Cecilia Moore kommt in Begleitung ihrer Schwester Nellie nach Hollywood. Dort avanciert sie schon bald zum Filmstar.

Stan und Ollie treten hier in zwei Sequenzen auf, die jeweils rund fünf Minuten dauern. In der ersten spielen sie zwei Filmschauspieler, die sich - als Banditen verkleidet - in einer Kneipe eine Schlägerei mit Walter Long liefern. Im Anschluß fordern sie Nellie (die die Dreharbeiten gespannt verfolgt hat) auf, ihnen mit einer der zahlreichen Glasflaschen-Attrappen auf den Kopf zu hauen - natürlich greift diese versehentlich zu einer echten Flasche! Die zweite Episode zeigt beide beim Mundharmonikaspielen; als Ollie das Miniaturinstrument versehentlich verschluckt, entlockt ihm der Partner durch Drücken der Bauchdecke einige interessante Tonfolgen. Wie bereits bei ROGUE SONG, HOLLYWOOD PARTY und einigen anderen Filmen dienten Stan und Ollies Kurzauftritte auch hier lediglich dazu, PICK A STAR mit Hilfe ihrer berühmten Namen zu einem größeren Erfolg an der Kinokasse zu verhelfen. Seine deutsche Fernsehpremiere erlebte der Film unter dem Titel STERNSCHNUPPEN am 03.06.89 in der ARD.

Die Tonfilme # Swiss miss

US-Veröffentlichung: 20.05.38
Originallänge: Acht Akte (72 Min.)
Produzent: Hal Roach/MGM
Buch: Jean Negulesco/ Charles Rogers
Regie: John G. Blystone
Kamera: Norbert Brodine/ Art Lloyd
Schnitt: Bert Jordan
Ton: William Randall
Musikalische Leitung: Marvin Hatley
Darsteller: Stan Laurel,
Oliver Hardy,
Walter Woolf King,
Della Lind,
Eric Blore,
Charles Judels,
Ludovico Tomarchio,
Charles Gemora
u.a.

Stan und Ollie sind als fahrende Mausefallen-Verkäufer in der Schweiz unterwegs. Dabei werden sie ihre gesamte Ladung an einen Käsehändler los, der ihnen Falschgeld andreht. Nachdem sie den scheinbar gelungenen Geschäftsabschluß mit einem opulenten Mahl in einem feinen Hotel gefeiert haben, werden sie aufgrund ihrer Zahlungsunfähigkeit zum Küchendienst zwangsverpflichtet. Im Zuge dieser Tätigkeit begegnen sie dem Operetten-Komponisten Victor Albert, der im Hotel abgestiegen ist, um dort in Ruhe sein neuestes Werk zu erarbeiten. Allerdings wird die Idylle plötzlich gestört, als Alberts Frau, eine berühmte Operettensängerin, auftaucht. Nachdem ihr Mann sie hinausgeworfen hat, um in Ruhe arbeiten zu können, versucht sie, ihn durch offenes Flirten mit dem Hotelkoch sowie mit Ollie eifersüchtig zu machen. Am Ende sind sie und ihr Gatte wieder versöhnt, Stan und Ollie ziehen mittellos davon.

SWISS MISS war mit einem Etat von 700 000 Dollars der bis dahin mit Abstand teuerste Laurel und Hardy-Film - um so bedauerlicher ist das, was letztlich dabei herauskam. Angesichts der erschreckend primitiven Kulissen (die Schweizer Berge sind, selbst für Laien unverkennbar, auf Leinwand gepinselt, mit Hilfe armseliger Rückprojektionen wurde der gesamte Film in Studiodekorationen abgedreht) fragt man sich unweigerlich, wo diese gewaltige Summe wohl hingeflossen sein mag. Darüberhinaus krankt SWISS MISS an dem "BONNIE SCOTLAND-Syndrom": Viel zu viel Gewicht wurde auf die internen Auseinandersetzungen der beiden Ehepartner gelegt, so daß der Film eher den Eindruck einer schnulzigen Liebesromanze als den eines "echten" Laurel und Hardy-Spielfilms erweckt. Dadurch laufen letztlich auch hier zwei voneinander nahezu völlig unabhängige Handlungsfäden nebeneinander her, und die ausufernde Präsentation ausgedehnter Sing- und Tanzeinlagen treibt die Qualität des ohnehin recht zweifelhaften "Filmgenusses" noch weiter in den Keller (beziehungsweise in die Schluchten der Schweizer Gebirgsketten).

So hat es der Streifen wohl lediglich zwei Szenen zu verdanken, daß er trotz allem bei weiten Teilen des Publikums über Jahre hinweg in guter Erinnerung geblieben ist. Eine von ihnen zeigt Stans Bemühungen, einem für alpine Rettungseinsätze ausgerüsteten Bernhardiner ein Rumfaß abzuluchsen. Vom Alkoholdurst geplagt, versucht er es mal mit freundlichem Pfotenschütteln, mal mit einem zärtlichen Kraulen des stattlichen Fells. Doch was immer er auch anstellt: Der Bernhardiner weiß, wem ein Schluck aus dem Fäßchen zusteht (nämlich ausschließlich verunglückten Personen), und wem nicht. Die rettende Idee kommt Stan dann beim Anblick eines großen Korbes voller Hühnerfedern, die er den toten Tieren soeben noch eigenhändig vom Leibe gerupft hat. Sich auf den Boden legend und die Federn als Schneeflokken in die Luft streuend, fleht Stan den Hund verzweifelt um Hilfe an. Und siehe da: Tatsächlich fällt der Bernhardiner auf den künstlichen Schneesturm herein, legt sich als lebende Wärmflasche auf das vermeintliche Lawinenopfer und gewährt die-

Swiss miss

Ob Stan hier seinem Partner erzählt, daß Hal Roach eine wesentliche Szene des Films herausgeschnitten hat?

sem freien Zugang zum begehrten Naß.

Auch in der zweiten berühmten Sequenz spielt ein Tier eine Hauptrolle - wenn auch keines, das man in den Schweizer Bergen auf Anhieb vermuten würde: ein Gorilla. Dieser begegnet Stan und Ollie auf einer Hängebrücke, als die beiden Freunde im Auftrag des Operettenkomponisten ein Klavier in eine entlegene Hütte transportieren wollen. In scheinbar schwindelerregender Höhe beginnt das ohnehin recht wackelige Brückengestell auf die Initiative des Gorillas hin kräftig zu schaukeln, so daß das Tier (im Kostüm steckte Charles Gemora, der als Affe bereits sechs Jahre zuvor in THE CHIMP zum Einsatz gekommen war) am Ende mitsamt dem Piano kopfüber in die Schlucht hinabsaust (Tatsächlich betrug der Abstand der Brücke zum Studiofußboden knapp drei Meter - was unter Anwendung einiger "special effects", wie einer Miniatur-Nachbildung der Brücke, geschickt überdeckt wurde). Trotz des enormen Bekanntheitsgrades, den vor allem diese Szene bis heute erlangt hat, muß man ehrlicherweise konstatieren, daß sie äußerst dürftig (weil zäh) inszeniert und miserabel geschnitten wurde. Während den entsprechenden Bildern bereits dadurch nahezu jegliche Dramatik fehlt, wird dieser Effekt durch einen rabiaten Eingriff des Produzenten kurz vor der Veröffentlichung des Films noch verstärkt. Ursprünglich geplant war, daß in dem Klavier eine Bombe versteckt sein sollte, die beim Anschlagen einer bestimmten Klaviertaste explodieren würde (sie war vom musikhassenden Hotelbesitzer dort deponiert worden). Durch dieses Detail erhielten Stans wiederholte Stürze auf die Klaviertastatur erst einen dramaturgischen Sinn: Sie hätten der gesamten Szene ein suspense verliehen, der in der veröffentlichten Endfassung völlig fehlt. Hal Roach hatte nämlich (ohne Stan zu informieren) jenen Teil herausschneiden lassen, in dem der Hotelbesitzer die Bombe im Klavier versteckt.

Kurz nach der deutschen Uraufführung des Films, die unter dem Titel DICK UND DOOF ALS SALONTIROLER am 28.02.52 im Gelsenkirchener "Union"-Filmtheater stattfand, brachte die

Swiss miss

Werbeabteilung des verantwortlichen Döring-Filmverleihs eine Pressemitteilung heraus, die jegliche Kritik an SWISS MISS ad absurdum führt: "Der Start des Films (...) war schon seit Tagen das Hauptgesprächsthema der Gelsenkirchener Bevölkerung. 'Dick und Doof' (gemeint sind selbstverständlich zwei Doubles, d.Verf.), die in Begleitung eines echten Schweizer Jodlers eingetroffen waren, entboten zuerst einmal auf dem Bahnhofsvorplatz den Gelsenkirchenern einen herzlichen Gruß. Dann bestiegen sie, einen Schlager aus dem Film singend, die schon bereitstehende Kutsche des Ruhr-Zoos, mit der sie zum Rathaus gebracht wurden. Vorher verteilten sie eine größere Anzahl von Mausefallen, um die sich die Jugend regelrecht riß. (...) Im Anschluß an den Besuch beim Oberbürgermeister fuhren die beiden Doubles und der Jodler zum Ruhr-Zoo (...). 'Dick und Doof' konnten es kaum fassen, daß auch 'Bimbo', der Dickhäuter, sehr musikalisch war und ihnen einige lustige Liedchen auf einer Orgel vorspielte. Es kam zu Stürmen der Begeisterung, als sich 'Dick und Doof' mit 'Bimbo' und dem Jodler zu einem Quartett zusammenschlossen und gemeinsam musizierten." Doch nicht nur die Zoobewohner, sondern auch das gemeine Publikum hatte offensichtlich tierischen Spaß an der Promotionaktion des Filmverleihs, glaubt man den Angaben des Pressetextes: "Die erste

Trotz des hohen Etats reicht es noch nicht einmal zu lebensnahen Schnauzbärten

Nachmittagsvorstellung, die vorwiegend von jugendlichen Filmfreunden besucht war, gestaltete sich zu einem großen Erfolg (...) Die Besucher lachten, quikten und schrien vor Vergnügen. Beachtlich ist noch die Feststellung, daß Publikum, Presse und die Leute 'vom Fach' übereinstimmend den Film DICK UND DOOF ALS SALONTIROLER als den besten Dick und Doof-Film bezeichneten." Nachdem der Film zwischenzeitlich unter dem Titel SCHWEIZERMÄDEL eine Wiederaufführung in deutschen Kinos erlebt hatte, wurde er für die Fernsehpremiere vom ZDF, wie gewohnt, völlig verstümmelt. Als KRACH IM ALPENHOTEL flimmerte er in drei 25minütigen Episoden innerhalb der "Dick und Doof"-Reihe über deutsche Bildschirme (Sendedaten: 03.03.72, 10.03.72, 17.03.72). DAS SCHWEIZER MÄDEL hieß dann jene Fassung, in der SWISS MISS am Neujahrstag des Jahres 1979 im deutschen Fernsehen erstmals ungekürzt zu sehen war.

Blockheads

Die Tonfilme

US-Veröffentlichung:	19.08.38
Originallänge:	Sechs Akte (58 Min.)
Produzent:	Hal Roach/MGM
Buch:	James Parrott/
	Charles Rogers,
	Felix Adler/
	Harry Langdon/
	Arnold Belgard
Regie:	John G. Blystone
Kamera:	Art Lloyd
Schnitt:	Bert Jordan
Darsteller:	Stan Laurel,
	Oliver Hardy,
	Minna Gombell,
	Patricia Ellis,
	Billy Gilbert,
	James Finlayson
	u.a.

1938 kehrt der Soldat Stan Laurel, der das Ende des Ersten Weltkrieges verschlafen hat, aus dem Schützengraben in die USA zurück. Ollie, der davon aus der Zeitung erfahren hat, holt ihn zu sich nach Hause, damit ihm seine Ehefrau ein leckeres Begrüßungsmahl zubereitet. Doch die packt wutschnaubend ihre Koffer, und als sich die beiden Freunde daraufhin eigenhändig an die Zubereitung eines Essens machen wollen, fliegt die gesamte Küche in die Luft. Die Nachbarin, Mrs. Gilbert, erklärt sich spontan zum Aufräumen bereit, als bereits das nächste Mißgeschick passiert: ihr Kleid wird vollgekleckert. Da sie sich aus der eigenen Wohnung ausgesperrt hat, hilft Ollie ihr vorübergehend mit einem seiner Pyjamas aus. Doch plötzlich kehrt die reumütige Mrs. Hardy nach Hause zurück, und so verstecken Stan und Ollie ihren weiblichen Gast vorsichtshalber in einer großen Truhe, um aufgrund der zweideutigen Bekleidung ihrer Nachbarin jegliche Konfrontation mit Ollies Gattin zu vermeiden. Beim Versuch, die Truhe aus der Wohnung zu schmuggeln, trifft zu allem Überfluß auch noch Mr. Gilbert persönlich am Ort des Geschehens ein. Nachdem der erfahrene Großwildjäger sieht, wen die beiden Partner in der Kiste versteckt haben, jagt er sie mit dem Gewehr davon.

Hal Roach hatte Stan Laurel gebeten, sich nach dem teuren Vorgänger SWISS MISS gemeinsam mit den übrigen Schreiberlingen doch bitte eine Story auszudenken, die etwas billiger zu verfilmen sei. Daraufhin erinnerte sich Stan an den ersten Tonfilm, den er gemeinsam mit Ollie gedreht hatte: UNACCUSTOMED AS WE ARE. Neun Jahre waren seitdem vergangen - lange genug, so schien es, um den Inhalt dieses Streifens beim Publikum in Vergessenheit geraten zu lassen. So wurde BLOCKHEADS zu einem verlängerten Remake von UNACCUSTOMED AS WE ARE, das sich aufgrund seiner Dekorationen (etwa drei Viertel des Films spielen in Ollies Wohnung beziehungsweise deren näherer Umgebung) recht preiswert in Szene setzen ließ. Was ihn dabei wohltuend von Vorgängern wie BONNIE SCOTLAND oder SWISS MISS unterscheidet, ist der völlige Verzicht auf enervierende Gesangseinlagen sowie mühsam gesponnene Handlungsfäden. BLOCKHEADS konzentriert sich auf sorgfältig entwickelte Gags, und das in einer Hülle und Fülle, daß trotz der im Vergleich zum Vorbild dreifachen Länge des Films an keiner Stelle Langeweile aufkommt. Angenehm bemerkbar macht sich in diesem Zusammenhang zudem das Mitwirken zweier erfahrener Protagonisten, die in früheren Jahren zur Standardbesetzung vieler Laurel und Hardy-Kurzfilme zählten: James Finlayson und Billy Gilbert. Nach wie vor geben sie wesentlich bessere Filmpartner ab als die meisten der zuvor in einigen Filmen chargenhaft agierenden "Sangeskünstler".

Wer keinen allzu großen Wert auf eine gewissenhaft konstruierte, 60 Minuten tragende Handlung legt, wird insofern bestens bedient. Neben den routinemäßig präsentierten Akten der Zerstörung (Ollies Wagen, die Garage sowie die Küche sind unter Stans Mithilfe innerhalb kürzester Zeit in Trümmer gelegt) zählt vor allem jene Szene zu den Glanzlichtern des Strei-

Die Tonfilme **Blockheads**

fens, in der Ollie seinen Freund nach 20jähriger Trennung aus dem Soldatenheim abholt. Stan hat zum Zeitunglesen in einem Rollstuhl Platz genommen, nachdem ihm eine Parkbank als zu hart erschien. Dabei schiebt er das rechte Bein aus Gründen der Bequemlichkeit unter sein Hinterteil - für den in diesem Augenblick eintreffenden Ollie eindeutiger Beleg dafür, daß Stan im Krieg den Unterschenkel zurückgelassen hat. Nach einem kurzen, betroffenen Blick zu Boden nimmt er allen Mut zusammen und begrüßt Stan überschwenglich, taktvoll über die vermeintliche Teilinvalidität des Kameraden hinwegsehend. Gerührt schiebt er seinen Kameraden im Rollstuhl vor sich her, und nachdem ein aufgebrachter Heimwärter ihnen das Gefährt weggenommen hat, trägt er seinen Freund gottergeben sogar auf seinen Händen zum Wagen. Stan, zunächst verwirrt angesichts soviel menschlicher Fürsorge, läßt dies alles kommentarlos über sich ergehen - bis Ollie stürzt, sich mühsam aufrappelt und ihm gewahr wird, daß er einer optischen Täuschung erlegen ist.

Gleichfalls nett anzuschauen sind ein paar surreale Gags, deren Entwicklung schon immer zu Stans Spezialitäten gehört hatte. So zieht er beim Eintreffen vor Ollies Wohnungstür, als sei es das Selbstverständlichste der Welt, ein mit Wasser gefülltes Trinkglas

"Laß´mich das machen – du verschüttest es nur!"

aus der Jackentasche. Ollie, für einen Moment völlig fassungslos, hat sich rasch gefangen: "Wie wäre es denn noch mit ein bißchen Eis?" fragt er geringschätzig - im sicheren Bewußtsein, daß Stan dieser rhetorischen Frage nichts mehr hinzuzusetzen hat. Doch weit gefehlt: Ein weiterer Griff in Stans Jackett, und schon klingeln ein paar erfrischende Eiswürfel im Glas. Noch übertroffen wird diese Szene kurz darauf von Stans Fähigkeit, seine bloße Hand als Tabakpfeife zu benutzen. Seelenruhig den Tabak irgendwo zwischen den Daumen und die übri-

gen Finger schiebend, entzündet er (wie bereits in WAY OUT WEST zelebriert) mit dem Daumen der anderen Hand eine Flamme, um sich ganz gemächlich die improvisierte Pfeife anzustecken. In einer Mischung aus Daumenlutschen und -saugen produziert er im folgenden eindrucksvolle Rauchkringel, bei denen es Ollie im doppelten Wortsinne den Atem verschlägt. Bekannt vorkommen dürfte Laurel und Hardy-Experten die Schlußeinstellung des Films, in der der erzürnte Billy Gilbert die beiden Freunde mit dem Gewehr in die Flucht

Blockheads

Die Tonfilme

Noch hat Mr. Gilbert gut lachen – bis er erfährt, daß seine Gattin in der Kiste steckt!

schlägt. Als er, zwischen zwei benachbarten Mietshäusern stehend, seine Schrotflinte aktiviert, springen plötzlich aus diversen Wohnungsfenstern unzählige »Fremdgänger« hervor, die gleichfalls voller Panik das Weite suchen. Statt dieses Schlußbildes, das wir schon aus WE FAW DOWN kennen, war ursprünglich ein ganz anderes vorgesehen: Stan und Ollies Köpfe, auf Schmuckplatten aufgezogen, prangen als neue Trophäen an Billy Gilberts Wohnzimmerwand. Hal Roach persönlich sprach sich jedoch gegen diese etwas morbide Lösung aus. Wenn die Szene somit auf den ersten Blick auch völlig identisch mit der des »Vorbildes« zu sein scheint, gibt es doch einen bemerkenswerten Unterschied: in WE FAW DOWN liefen tatsächlich Stan und Ollie zwischen den Häuserfronten entlang; in der Spielfilmversion hingegen handelte es sich um ihre Doubles (Ham Kinsey für Stan, Charlie Phillips für Ollie), und auch der flintenschwingende Billy Gilbert wurde durch einen »Doppelgänger« (Ben Heidelmann) ersetzt.

Unter dem Titel LANGE LEITUNG war der Film 1950 erstmals auch in Deutschland im Kino zu sehen, in den 60er Jahren brachte der atlas-Filmverleih eine neu synchronisierte Version auf den Markt. Um das 60minütige Werk auf abendfüllendes Format zu bringen, wurde DIE KLOTZKÖPFE (so diesmal der Titel) mit dem Kurzfilm DIE ANTENNE (HOG WILD) gekoppelt. Einige Jahre später war BLOCKHEADS erstmals auch im deutschen Fernsehen zu bewundern, allerdings in verstümmelter Form: TAG DER TRÜMMER betitelten die ZDF-Macher zwei ihrer »Dick und Doof«-Folgen, die am 01.10. und 08.10.71 zur Ausstrahlung gelangten (insgesamt waren rund zehn Minuten der Originalfassung herausgeschnitten worden). Wie üblich, folgte die »Wiedergutmachung« im Rahmen der Reihe »Lachen Sie mit Stan und Ollie«, als der Streifen unter dem Titel KLOTZKÖPFE erstmals komplett ausgestrahlt wurde (Sendetermin: 01.09.76).

Die Tonfilme

A chump at Oxford

US-Veröffentlichung: 16.02.40
Originallänge: Sechs/vier Akte (63/42 Min.)
Produzent: Hal Roach/ United Artists
Buch: Charles Rogers/ Felix Adler/ Harry Langdon
Regie: Alfred Goulding
Kamera: Art Lloyd
Schnitt: Bert Jordan
Ton: William Randall
Musik: Marvin Hatley
Darsteller: Stan Laurel, Oliver Hardy, Forrester Harvey, Wilfried Lucas, Forbes Murray, Eddie Borden, Peter Cushing, Charles Hall u.a.

Im Bette des Dekans ist es halt am gemütlichsten - finden zumindest Stan und Ollie

Stan und Ollie vereiteln zufällig einen Banküberfall. Als Belohnung wünschen sie sich ein Gratisstudium an der Universität Oxford, um ihren Mangel an Bildung auszugleichen. In England eingetroffen, werden sie von den dortigen Studenten kräftig an der Nase herumgeführt. So werden sie beispielsweise im Haus des Dekans einquartiert. Nachdem der tragische Irrtum ans Licht gekommen ist, wird Stan wenig später Opfer einer ominösen Persönlichkeitsspaltung: Durch einen Schlag auf den Kopf verwandelt er sich plötzlich in Lord Paddington, der früher als der sportlichste und intelligenteste Student der gesamten Universität galt und in Folge eines Gedächtnisschwundes vor Jahren verschwunden war. Großherzig stellt Stan alias Lord Paddington seinen Freund als Butler ein, doch schon bald bringt ihn ein weiterer Schlag aufs Haupt in die Realität zurück.

Der Film konfrontierte Stan in gewisser Weise gleich dreifach mit seiner eigenen Vergangenheit. So führt ihn die Handlung des Films nicht nur zurück in seine Heimat England (obwohl der Film nicht an Originalschauplätzen, sondern in Studiokulissen gedreht wurde), sondern nimmt auch direkten Bezug auf Stans mangelnde Schulbildung, die er im Laufe der Jahre mehrmals persönlich beklagt hat. Und zu guter Letzt war es Regisseur Alfred Goulding, der ihn im Jahre 1918 erstmals mit Hal Roach in Kontakt gebracht hatte (obwohl er von da an mit Goulding über rund 20 Jahre hinweg recht freundschaftlich

A chump at Oxford

Lord Paddington bei der Durchsicht seines Terminkalenders

verbunden gewesen war, blieb A CHUMP AT OXFORD doch gleichzeitig ihr erster und einziger gemeinsamer Film).

Das Resultat dieser "Vergangenheitsbewältigung" kann sich durchaus sehen lassen. Zwar bietet der Film alles in allem keineswegs besonders überragende oder gar originelle Gags, doch besitzt er aus der Konfrontation des ungebildeten Freundespaares mit der intellektuell angehauchten, feinen britischen Lebensart einen ganz eigenen Charme. Unumstrittener Höhepunkt ist dabei die Schlußsequenz, in der sich Stan abrupt in den seit Jahren verschollenen Lord Paddington verwandelt. Zuvor hat uns Meredith, der Butler, ausführlich erläutert, was es mit dem Schicksal des Musterstudenten im einzelnen auf sich hat: "Er war der beste Sportler und intelligenteste Student, den Oxford jemals gesehen hat", schwärmt er voller Wehmut über seinen ehemaligen Dienstherrn, den er aufgrund der verblüffenden Ähnlichkeit mit dem verschollenen Genie in Stan wiederzuerkennen glaubt. Und fast wie im richtigen Leben wiederholt sich Geschichte prompt auch in Oxford: Auf der Flucht vor den aufgebrachten Studenten landet nämlich ein Fenster auf Stans Kopf - exakt jenes Ereignis, das dem berühmten Lord einst zum Gedächtnisschwund verhalf. So kann sich Meredith urplötzlich über die Rückkehr des "verlorenen Sohnes" freuen, während Ollie in der Folge zu Stans Diener degradiert wird, der die erniedrigensten Tätigkeiten und Anweisungen auszuführen hat. Stans darstellerische Leistung als snobistisches Genie stellt nicht nur eine gelungene Abwechslung zu seiner Standardrolle als trotteliger Naivling dar, sondern zählt zu den absoluten Glanzleistungen seiner gesamten Karriere überhaupt. So tituliert er Ollie auf unnachahmliche, herablassend-liebevolle Art mehrmals als "Fatty" und gewährt dem Dekan großzügig Audienz, damit dieser wegen eines Termins für einen gewissen Albert Einstein vorsprechen kann. Daß Ollie ihn nach der ebenso plötzlichen Rückverwandlung in Stan Laurel überglücklich in die Arme schließt, ist insofern nur allzu verständlich (wenn auch das Ende an dieser Stelle arg abrupt wirkt; eine bessere Idee scheint den Verantwortlichen aber nicht eingefallen zu sein).

1950 war A CHUMP AT OXFORD erstmals unter dem Titel WISSEN IST MACHT in

Die Tonfilme   A chump at Oxford

deutschen Kinos zu sehen, gekoppelt mit SCHIFF AHOI! (TOWED IN A HOLE). Im Dezember 1959 erfolgte als DICK UND DOOF ALS STUDENTEN eine Wiederaufführung. In beiden Versionen war eine Sequenz enthalten, die in der in den USA veröffentlichten Fassung gefehlt hatte. Ursprünglich nur als Vierakter geplant, hatte sich Hal Roach nämlich kurzfristig entschieden, den Film zumindest für die Auswertung in Europa auf eine Stunde »aufzublasen«. Zu diesem Zwecke ließ er 20 Minuten nachdrehen, die außerhalb der USA dem eigentlich bereits fertiggestellten Streifen als neuer Anfang hinzugefügt wurden. Dabei handelt es sich um ein fast originalgetreues Remake ihres frühen Kurzfilmes FROM SOUP TO NUTS, in dem Stan (in Frauenkleidern) und Ollie auf einer Party als Butlerehepaar ihren Dienst verrichten. Erst als dieses Unterfangen in einem Fiasko endet, so suggeriert diese zusätzliche Episode, nehmen die beiden Freunde ihre Tätigkeit als Straßenkehrer auf (an dieser Stelle startet dann die in den USA veröffentlichte Fassung). Anläßlich der deutschen Wiederaufführung sprach der Kritiker des »Evangelischen Filmbeobachters« ein vernichtendes Urteil: »Es ist ein trauriges Zeichen, daß Filme solcher Art, wenn sie sonntagsnachmittags in Jugendvorstellungen laufen, überbesucht sind und beim Publikum schreiendes Gelächter hervorrufen, an dem man das Fehlen jeglicher Wertungsmöglichkeit ablesen kann.

Gruselige Scherze der Kommilitonen im Irrgarten von Oxford

Verantwortungsbewußte Eltern sollten ihre Kinder der Gefahr nicht aussetzen, die vom häufigen Konsum derart erniedrigender Blödigkeit ausgehen muß.«

Gleichfalls kein Pardon kannten die Verantwortlichen des ZDF anläßlich der erstmaligen Ausstrahlung im deutschen Fernsehen. In der »Dick und Doof«-Folge DAS FENSTER IM NACKEN (Sendetermin: 06.04.73) fehlte nicht nur das Remake von FROM SOUP TO NUTS (dieses wurde separat in der Folge DAS PEINLICHE GASTMAHL am 05.01.73 »verbraten«), sondern auch der von Stan und Ollie vereitelte Banküberfall (zu sehen in DER LÜMMEL IM KINDERWAGEN, Folge vom 9.2.73). Und selbst in der als Bestandteil der Reihe »Lachen Sie mit Stan und Ollie« am 23.06.76 unter dem Titel GENIES IN OXFORD ausgestrahlten Version fehlte das FROM SOUP TO NUTS-Remake ebenfalls. Wirklich vollständig war insofern erst jene (colorierte und greulich synchronisierte) Fernsehfassung, die auf SAT 1 am 05.01.92 als WISSEN IST MACHT zu sehen war.

The flying deuces

US-Veröffentlichung: 20.10.39
Originallänge: Sieben Akte (69 Min.)
Produzent: Boris Morros/RKO
Buch: Ralph Spence/
Alfred Schiller/
Charles Rogers/
Harry Langdon
Regie: A. Edward Sutherland
Kamera: Art Lloyd
Schnitt: Jack Dennis
Ton: William Willmarth
Musik: John Leipold/
Leo Shuker
Darsteller: Stan Laurel,
Oliver Hardy,
Jean Parker,
Reginald Gardiner,
Charles Middleton,
James Finlayson
u.a.

Während eines Aufenthaltes in Paris verliebt sich Ollie in Georgette, eine junge Französin. Diese hat sich jedoch bereits einem anderen Mann verschrieben, und so treten Stan und Ollie der Fremdenlegion bei, damit der Abgewiesene seinen Liebesschmerz vergessen kann. Im Legionärscamp eingetroffen, machen sie sich beim Kommandanten rasch unbeliebt, werden zum Wäschereidienst verpflichtet und nach einem mißlungenen Fluchtversuch schließlich zum Tode verurteilt. Unter dramatischen Umständen können sie entkommen. Dabei geraten sie allerdings in ein Flugzeug, das sich durch eine von Stans zahlreichen Ungeschicklichkeiten sogleich in die Lüfte erhebt. Der turbulente Flug endet mit einer Bruchlandung. Während Stan überlebt, schwebt Ollie zunächst als Engel in den Himmel, um wenig später als Pferd wiedergeboren zu werden.

THE FLYING DEUCES ist ein verlängertes Remake des Laurel und Hardy-Films BEAU HUNKS aus dem Jahre 1931. Und obwohl die Story jener des Vorbildes über weite Strecken fast bis ins Detail gleicht, ist der Nachfolger doch wesentlich besser geraten (wobei er sich jedoch keinesfalls mit Meisterwerken wie THE DEVIL'S BROTHER, WAY OUT WEST oder SONS OF THE DESERT zu messen vermag). Daß es in diesem Fall zu keiner originelleren Geschichte langte, lag wohl vor allem an Alfred Schiller, der ursprünglich als Drehbuchschreiber vorgesehen gewesen war. Da er zuvor nie einen Laurel und Hardy-Film gesehen hatte und ihm die typische Komik dieses Duos somit völlig unbekannt war, legte er ein Buch vor, das nicht nur Stan die Haare zu Berge stehen ließ. Stan setzte sich daraufhin beim Produzenten Boris Morros (der nicht nur Stan und Ollie, sondern auch Regisseur Eddie Sutherland und Kameramann Art Lloyd extra für diesen Film bei Hal Roach ausgeliehen hatte) dafür ein, erfahrene Kräfte wie Charles Rogers und Harry Langdon zum Überarbeiten des Schiller-Entwurfs zu verpflichten. Angesichts eines knappen Etats sowie eines eng gesteckten Zeitplans reichte es somit lediglich für die polierte Version eines bereits existierenden, erwähnten Stoffes.

Dabei erhält Ollie - im Gegensatz zu BEAU HUNKS - ausreichend Gelegenheit, seine Zuneigung zu der von ihm Angebeteten zu demonstrieren, wodurch sein Engagement in Sachen Selbsttötung letztlich auch wesentlich glaubhafter wirkt. Jene Szene, in der er und Stan in einer einsamen Ecke des Hafens am Wasser stehen, zählt denn auch mit zu den köstlichsten Passagen des gesamten Films. "Viel Glück", meint Stan darin, sich kurz (und für ihn selbst schmerzlos) vom Partner verabschiedend. Doch Ollie denkt keinesfalls daran, sich al-

Die Tonfilme

The flying deuces

Augen zu und durch - Stan "assistiert" seinen Freund beim Selbsttötungs-Versuch

leine die Lungen mit Meerwasser zu füllen. "So einer bist du also!" platzt es aus ihm heraus, während er das dicke Tau, welches er sich bereits um den eigenen Bauch geschlungen hat, kompromißlos auch um Stans Hüfte knotet. "Nach all dem, was ich für dich getan habe, läßt du mich alleine ins Wasser springen?" Wie ein kleiner Junge, den man beim Äpfelstehlen erwischt hat, blickt Stan daraufhin betreten zu Boden, um auch noch den Rest von Ollies Standpauke über sich ergehen zu lassen: "Wenn ich nicht mehr sein werde, was wird dann aus dir? Alle Leute werden dich anstarren und sich fragen, wer du wohl bist und was du überhaupt alleine auf der Welt zu suchen hast! Es wäre keiner mehr da, der dich beschützen könnte!" Selten zuvor ist die innige Verbundenheit der beiden Männer derart offen zutage getreten wie in diesem Moment. Denn mit seinem bewegenden Plädoyer hat Ollie den Freund nicht etwa nur überredet, sondern zweifellos sogar überzeugt. "Entschuldige bitte", schluchzt Stan, als ihm die gegenseitige Abhängigkeit so richtig bewußt wird, "ich wollte nicht unhöflich sein. Ich hoffe, ich habe deine Gefühle nicht verletzt."

Die sich anschließenden Szenen im Lager der Fremdenlegionäre beinhalten ebenfalls ein paar nette Episoden - darunter einen hübschen Soft-Shoe-Tanz, der an eine ähnliche Darbietung

The flying deuces

Runter kommen sie immer

aus WAY OUT WEST erinnert und uns einmal mehr Ollie als begnadeten Sänger (des Liedes »Harvest moon«) zeigt. Eine amüsante Szene scheint sogar als Vorbild für manche Waschmittel-Werbespots gedient zu haben, die vielen deutschen Fernsehzuschauern bekannt sein dürften: Nachdem es Stan und Ollie nicht gelungen ist, den Lagerkommandanten (wie bereits in BEAU HUNKS auch diesmal von Charles Middleton verkörpert) zur Zahlung eines höheren Soldes als der in Aussicht gestellten drei Cents pro Tag zu bewegen, werden sie zum Waschen und Bügeln der Garnisonstextilien zwangsverpflichtet. Wie ein General schreitet Stan im Zuge dieser Sisyphus-Mission die schier endlosen Wäscheleinen ab (an denen bereits tausende von Einzelteilen hängen), um einen freien Platz für das soeben von ihm gereinigte Hemd zu erhaschen. Endgültig in Mitleid verfällt der Zuschauer dann in der nächsten Einstellung, wenn Stan den Schmutz-Wäscheberg vom Ausmaß einer Mittelgebirgskette erklimmt, um aus diesem nach sorgfältiger Inspektion den nächsten Kandidaten fürs Waschbrett auszuwählen.

THE FLYING DEUCES erlebte unter dem Titel DICK UND DOOF IN DER FREMDENLEGION am 30.01.51 seine deutsche Kinopremiere, in den darauffolgenden Jahren fanden (meist unter dem selben Titel, aber von verschiedenen Verleihfirmen herausgebracht) mehrere Wiederaufführungen statt. Die Presse- und Publikumsreaktionen anläßlich der deutschen Premiere fielen nahezu durchweg positiv aus: Von einer »tollen Zwerchfellmassage« schrieben die »Nürnberger Nachrichten«, »schon lange wurde im Kino nicht mehr so gelacht«, bestätigte die »Süddeutsche Zeitung«. Und der Kritiker der »Filmwoche« schloß seinen euphorischen Artikel mit den Worten: »Der Rezensent, Besucher aller bisher auf den Markt gelangten ›Dick und Doof‹-Filme, erlaubt sich mit Fug und Recht die Bemerkung: Dies ist zweifellos der lustigste!«

Das ZDF verzichtete auf die übliche Verstümmelung des Films, ließ ihn somit für die Ausstrahlung innerhalb der Reihe »Dick und Doof« unberücksichtigt, und sendete anläßlich der deutschen Fernseherstausstrahlung ad hoc eine komplette Version. Der Titel des am 10.06.78 ausgestrahlten Streifens lautete FLIEGENDE TEUFELSBRÜDER.

Die Tonfilme

Saps at sea

US-Veröffentlichung: 03.05.40
Originallänge: Sechs Akte (57 Min.)
Produzent: Hal Roach/ United Artists
Buch: Charles Rogers/ Felix Adler/ Gil Pratt/ Harry Langdon
Regie: Gordon Douglas
Kamera: Art Lloyd
Schnitt: William Ziegler
Ton: W. B. Delaplain
Musik: Marvin Hatley
Darsteller: Stan Laurel, Oliver Hardy, James Finlayson, Rychard Cramer, Eddie Conrad, Robert McKenzie, Harry Bernard u.a.

Stan und Ollie arbeiten in einer Hupenfabrik. Nachdem Ollie im Rahmen dieser lärmintensiven Tätigkeit einen Nervenzusammenbruch erlitten hat, verschreibt ihm der Hausarzt frische Seeluft. Also mieten die beiden Freunde einen kleinen Kutter, der im Hafen vor Anker liegt, um an Bord dieses "Hausbootes" Ollies Nervenkostüm mit den notwendigen, frischen Brisen zu versehen. Doch in der Nacht gesellt sich ein entflohener Schwerverbrecher zu ihnen - um so tragischer, als das Schiff plötzlich ins offene Meer hinaustreibt. Nachdem sie ihrem blinden Passagier mangels verfügbarer Lebensmittel ein ungenießbares Mahl aus Angelschnüren und ähnlichen Utensilien zubereitet haben, kommt es zur Eskalation. Stan gelingt es, seinen Freund durch das Blasen einer Posaune derart in Rage zu versetzen, daß dieser ungeahnte Kräfte frei- und den Gauner außer Gefecht setzt. Doch als Stan einem neugierigen Polizisten das Erfolgsrezept mit dem Blasinstrument hautnah erläutert, verliert Ollie abermals die Kontrolle, so daß beide Partner im Gefängnis landen.

Laurel und Hardys letzter Film für Hal Roach weckt noch einmal Erinnerungen an die guten, alten Zeiten ihrer Kurzfilmära. Denn SAPS AT SEA ist keineswegs ein geradlinig konzipierter Spielfilm, sondern eher eine Verknüpfung zweier Dreiakter. Diese werden lediglich durch das zentrale Motiv von Ollies Hupenleiden zusammengehalten. Dabei wirkt der erste Teil, der in Ollies Appartement spielt, wie eine Zusammenfassung bekannter Gags aus ihren Kurzfilmen HELPMATES, THEM THAR HILLS und COUNTY HOSPITAL: Das meiste, was uns hier präsentiert wird, haben wir in ähnlicher Form schon einmal gesehen. Dennoch wirkt diese geballte Ladung typisch Laurel- und Hardy´scher Komik durchaus wie eine willkommene Abwechslung gegenüber ihren vorigen längeren Werken, in denen sich mitunter doch etwas Langeweile breit gemacht hatte. Keine Spur davon in der ersten halben Stunde des vorliegenden Streifens: Anhänger ungezwungener Slapstickeinlagen kommen voll auf ihre Kosten. In gewohnter Manier werden nacheinander Ollies Wohnzimmer und Küche in Trümmer gelegt, bevor auch noch die Eingangshalle des Appartement-Hochhauses dran glauben muß. Dabei ist Stan das entstandene Fiasko diesmal keineswegs alleine anzulasten. Schuld ist vielmehr der Klempner des Hauses, der aufgrund seiner extremen Fehlsichtigkeit (Ben Turpin schielt hier - in seiner letzten Leinwandrolle - auf gewohnt beeindruckende Weise) nicht nur Wasser- und Gasleitungen verkehrt angeschlossen, sondern durch eine technische Meisterleistung auch einen Kühlschrank in ein Radio (und

Saps at sea

umgekehrt) verwandelt hat. "Für mich sah es so aus, als sei alles in Ordnung", entschuldigt er sich, während des Telefongesprächs mit dem aufgebrachten Mr. Hardy verständnisheischend in die Kamera schielend.

Ebenso unterhaltsam wie die erste halbe Stunde plätschert auch der zweite Teil des Films dahin, wobei sich die Originalität der Einfälle jedoch erneut in Grenzen hält. Die Probleme, sich gemeinsam mit einem Tier (diesmal ein Ziegenbock, den Stan und Ollie als vermeintliche Frischmilchquelle mitgenommen haben) das Bett zu teilen, das plötzliche Ge-wahrwerden eines übermächtigen Gegners: All dies ist zwar im Verlauf von Stan und Ollies Karriere auch schon (mindestens) einmal dagewesen, doch wird es hier zumindest derart routiniert aufgewärmt, daß man durchaus nochmal darüber lachen kann. Lediglich die Szene, in der Stan und Ollie ihrem ungebetenen Gast notgedrungen ein improvisiertes Mahl zubereiten, wirkt als Abklatsch des legendären Vorbildes (aus Chaplins THE GOLD RUSH) eher fehl am Platze. Bei einem berühmten Kollegen einfach abzukupfern, haben Stan und Ollie nun wirklich nicht nötig. Zumal ihre Version in keiner Weise an das Original heranreicht, dazu ist die entsprechende Episode viel zu einfallslos inszeniert. Trotzdem bleibt SAPS AT SEA insgesamt ein sehenswerter Film.

Auch an Bord will Stan auf sein geliebtes Instrument nicht verzichten

Seine deutsche Erstaufführung erlebte er als ABENTEUER AUF HOHER SEE am 22.12.49 im Münchener "Regina"-Filmtheater, wobei das Publikum laut einer Pressekritik wieder einmal "quietschte vor Vergnügen". Für die Fernseh-Erstausstrahlung hierzulande wurde der ohnehin recht kurze SAPS AT SEA dann vom ZDF nochmals um zehn Minuten beschnitten. IMMER, WENN ER HUPEN HÖRTE waren die beiden "Dick und Doof"-Folgen betitelt, die am 13.10. und 20.10.72 zur Ausstrahlung gelangten, wobei der erste Teil naheliegenderweise die Geschehnisse in Ollies Appartement enthielt, während die zweite Folge die dramatische Auseinandersetzung auf See zeigte. AUF HOHER SEE war schließlich jene Fernsehversion betitelt, die das Werk innerhalb der ZDF-Reihe "Lachen Sie mit Stan und Ollie" (ausgestrahlt am 22.10.75) erstmals komplett zeigte.

Die späten Filme

Great guns

US-Veröffentlichung: 10.10.41
Originallänge: Acht Akte (74 Min.)
Produzent: Sol M. Wurtzel/ 20th Century Fox
Buch: Lou Breslow
Regie: Monty Banks
Kamera: Glen MacWilliams
Schnitt: Ali de Gaetano
Ton: W. D. Flick/ Harry M. Leonard
Musikalische Leitung: Emil Newman
Darsteller: Stan Laurel, Oliver Hardy, Dick Nelson, Sheila Ryan, Edmund MacDonald, Russell Hicks, Ludwig Stossed u.a.

Zwei "Bomben-Kerle" in einem alles andere als bombigen Film

Stan und Ollie sind bei dem wohlhabenden Dan Forrester als Gärtner und Chauffeur angestellt. Zu gerne würde der junge Mann für die Vereinigten Staaten in den Zweiten Weltkrieg ziehen, doch scheint er körperlich zu schwach. Erst ein resoluter Armeearzt erklärt ihn schließlich doch noch für tauglich, und so tritt Dan voller Begeisterung die Ausbildung in einem Soldatencamp an. Um sicherzugehen, daß ihrem Herrn und Meister dort nichts geschieht, erklären sich auch Stan und Ollie zum Dienst an der Waffe bereit. Während ihres dortigen Aufenthaltes entspinnt sich zwischen Dan und einer jungen Soldatin eine heftige Liebelei, die Stan und Ollie vergeblich zu vereiteln versuchen, da sie um die labile Gesundheit des jungen Millionärs fürchten. Zum Schluß hat der übrige Teil der Kompanie den Gastaufenthalt der beiden Freunde relativ schadlos überstanden, und unter den Blicken von Dans Geliebter dürfen Stan, Ollie und Dan in den Krieg ziehen.

GREAT GUNS war das erste Projekt, das Laurel und Hardy unter den Fittichen

Great guns

Die späten Filme

Dick Nelson als Dan Forrester
wäre besser im Bett geblieben

der 20th Century Fox Company fertigstellten. Gleichzeitig läutete es den Beginn ihres filmischen Abstiegs ein. Denn anders als in all den Jahren zuvor bei Hal Roach, hatte Stan hier so gut wie keine Möglichkeiten mehr, persönlich auf Drehbuch oder Regie Einfluß zu nehmen. Außerdem war das Improvisieren vor laufender Kamera bei den kostenbewußten Studiobossen verpönt. So blieb für spontan entwickelte Gags, die bis dahin jedem Laurel und Hardy-Film erst die nötige Würze verliehen hatten, kein Platz. Zu allem Überfluß wurden Stan und Ollies Charaktere in GREAT GUNS auch noch erstmals denen relativ normaler Erwachsener angeglichen. In Verbindung mit einem veränderten Make up trat an die Stelle der gewohnten kindlichen Unbekümmertheit bei dem populären Komikerduo plötzlich eine Art altersbedingter Senilität. Während Fans schon alleine dadurch beim ersten Betrachten dieses Films Schwierigkeiten haben, sich an Stan und Ollies verändertes Auftreten zu gewöhnen, tut die schwer-

fällige Liebesgeschichte des Films ein übriges. Wie bereits in BONNIE SCOTLAND sind die Auftritte des Komikerduos nämlich auch hier um eine genauso schnulzig wie breit angelegte Story herum drapiert worden, die GREAT GUNS eigentlich zu alles anderem als einem "echten" Laurel und Hardy-Film macht. Stan und Ollie treten insofern eher als zwei erheiternde Zugaben in Erscheinung, auf die man auch getrost hätte verzichten können - derart dünn und primitiv sind die von ihnen zelebrierten Gags gesät. Daß diese zum Großteil auch noch einigen ihrer früheren Kurzfilme (THE FINISHING TOUCH, LIBERTY) entlehnt sind, fällt da schon gar nicht mehr ins Gewicht. Alles in allem handelt es sich hier um ein äußerst dürftiges Machwerk.

"Billige Zwerchfellmassage durch anspruchs- und tendenzlosen Kasernenhofklamauk", urteilte dann auch folgerichtig der Kritiker des "Evangelischen Filmbeobachters" anläßlich der Deutschland-Premiere des Films, die unter dem Titel DICK UND DOOF - SCHRECKEN DER KOMPANIE am 07.06.57 in zwei Münchener Kinos stattfand. Zur Fernsehuraufführung innerhalb der Reihe "Lachen Sie mit Stan und Ollie" flimmerte im ZDF am 27.03.78 eine neu synchronisierte und ungekürzte Version über die Bildschirme, diesmal unter dem Titel GROSSE KALIBER.

Die späten Filme

A-haunting we will go

US-Veröffentlichung: 07.08.42
Originallänge: Sieben Akte (67 Min.)
Produzent: Sol M. Wurtzel/
20th Century Fox
Buch: Lou Breslow/
Stanley Raub
Regie: Alfred L. Werker
Kamera: Glen MacWilliams
Schnitt: Alfred Day
Ton: Arthur von Kirbach/
Harry M. Leonard
Musikalische
Leitung: Emil Newman
Darsteller: Stan Laurel,
Oliver Hardy,
Harry A. Jansen,
John Shelton,
Sheila Ryan,
Don Costello,
Elisha Cook Jr.
u.a.

Stan und Ollie kommen unter der Auflage aus dem Gefängnis, die Stadt binnen 24 Stunden zu verlassen. In einem Zeitungsinserat entdecken sie das Angebot für eine kostenlose Zugfahrt nach Dayton. Die Offerte stammt von einer Gruppe Ganoven, die einen der ihren, in einem Sarg versteckt, per Zug dorthin verfrachten will. Am Zielort soll der von der Polizei Gesuchte von einem Anwalt 250 000 Dollars in Empfang nehmen, die ihm sein verstorbener Onkel angeblich hinterlassen hat. Vom wahren Hintergrund ihrer Reise nichts ahnend, treten Stan und Ollie als Aufpasser für den Sarg die Fahrt nach Dayton an. Doch das gehaltvolle Stück wird versehentlich mit einem Sarg des berühmten Zauberers Dante vertauscht, der sich mit seinen Requisiten ebenfalls auf dem Weg nach Dayton befindet. Nachdem Stan und Ollie unterwegs von ein paar Trickbetrügern eine wertlose Geldvermehrungsmaschine erworben haben, zahlt Dante ihre im Speisewagen angefallene Zeche und verpflichtet sie schließlich sogar als Gehilfen für seine Zaubershow. Hinter den dortigen Kulissen finden sich während der ersten Vorstellung auch Stan und Ollies Auftraggeber ein, die inzwischen die Verwechslung der Särge bemerkt haben. Doch auch die Polizei ist rechtzeitig zur Stelle, so daß das Komplott am Ende auffliegt, alle Ganoven verhaftet werden und die Story doch noch ein happy end erreicht.

Für immerhin rund 20 Minuten bietet der Film akzeptable Unterhaltung, obwohl auch er keinesfalls auch nur an einen der von Hal Roach produzierten Spielfilme heranreicht. Dabei variiert die Eröffnungsszene auf recht amüsante Weise eine Exposition, die schon immer zu Laurel und Hardys Standardrepertoire zählte: Überraschend zuvorkommend werden die beiden Freunde nach ihrem Kurzaufenthalt in der Zelle von zwei Polizisten vor das Gebäude der Polizeiwache geleitet, die Verabschiedung fällt geradezu herzlich aus. "Wir hoffen, Sie haben eine angenehme Nacht bei uns verbracht", erkundigt sich einer der Gesetzeshüter höflich. Als befänden sie sich an der Rezeption eines Fünf-Sterne-Hotels, erlauben sich die beiden Haftentlassenen daraufhin, die Qualität des Frühstücks sowie das Fehlen bequemer Matratzen zu bemängeln. "Wir werden uns aufrichtig bemühen, dies bis zu Ihrem nächsten Besuch zu verbessern", versprechen die Polizisten und lassen Stan und Ollie endlich gehen - allerdings nicht, ohne ihnen angesichts der gebotenen Dreistigkeit noch einen kräftigen Tritt ins Hinterteil mit auf den Weg zu geben. Was folgt, ist ein Gag, den Stan und Ollie in nahezu identischer Form bereits bei ihrem kurzem Gastauftritt in Charley Chases' Kurzfilm ON THE WRONG TRECK zum besten gegeben hatten: Als Anhalter stehen sie am Straßenrand, die Daumen jeweils in

A-haunting we will go

Die späten Filme

Zweimal ein eingesticktes "D" - nicht für "Dick und Doof", sondern für "Dante", den Zauberer

unterschiedliche Richtungen heftig auf- und abbewegend. Doch hier erfährt das Gag-Recycling noch eine nette Fortsetzung. Als der Wagen, der sie schließlich mitnehmen will, plötzlich nicht mehr anspringt, steigen beide nämlich aus, um das Gefährt kurz anzuschieben. Doch ganz so schnell scheint der Motor nicht wieder angesprungen zu sein, wie uns die nächste Szene - im Anschluß an eine dezente Abblende - eindrucksvoll belegt: Stan und Ollie sind mit dem Wagen schiebenderweise bis zur Garageneinfahrt des Autobesitzers vorgedrungen (dieser ist selbstverständlich die gesamte Strecke über sitzen geblieben), der sich bei ihnen daraufhin freundlich "für die angenehme Fahrt" bedankt.

Bis zu der Episode im Zug, als sich Stan und Ollie die ominöse Geldvermehrungsapparatur namens "Inflato" andrehen lassen, plätschert die Handlung recht ansprechend dahin, doch von da an befinden wir uns in einer billigen Gangsterklamotte, die vergeblich ein Gleichgewicht zwischen Komik und Spannung zu halten versucht. Von Drehbuch und Regie völlig im Stich gelassen, stolpern Stan und Ollie ebenso tolpatschig wie die übrigen Hauptdarsteller durchs Geschehen, das sich äußerst zäh dahinzieht und dessen Höhepunkte sich in einigen von Dantes Zaubertricks erschöpfen. Insofern wirkt die abschließende Aufklärung des Gangster-Verwirrspiels wohl nicht nur für die Protagonisten auf der Leinwand, sondern auch für die Zuschauer geradezu erlösend.

Umso erstaunlicher ist es, daß der Film nicht nur in den USA überwiegend glänzende Kritiken erhielt, sondern auch in Deutschland von vielen Seiten gelobt wurde. Erst recht, wenn man weiß, daß A-HAUNTING WE WILL GO bei seiner Premiere im Jahre 1951 hierzulande lediglich als Versatzstück zu sehen war, das der Verleih mit dem (noch viel schlechteren) Laurel und Hardy-Film THE BIG NOISE zu dem Streifen DICK UND DOOF IN GEHEIMER MISSION zusammengemischt hatte. Von A-HAUNTING WE WILL GO übrig geblieben waren in dieser Fassung lediglich die Szenen am Bahnhof und im Zug, als die beiden Särge miteinander verwechselt werden und Stan und Ollie dem Zauberer Dante begegnen (sowie Ausschnitte aus ihrer gemeinsamen Bühnenshow). "Die Aneinanderreihung von komischen

Die späten Filme   # A-haunting we will go

Sheila Ryan – eine der wenigen Frauen, mit denen Stan und Ollie im Film keine Probleme hatten

Gags läßt keine Lücke offen und keine Zeit, einmal nicht zu lachen«, urteilte die »Allgemeine Zeitung Mannheim« damals, um zu dem Fazit zu gelangen: »Man läßt sich gerne einmal von diesem üppig wuchernden Blödsinn erbauen, zu dessen näherer Beschreibung das Wort ›unbeschreiblich‹ gut dienen könnte. Übrigens ein Film, den man mit gutem Gewissen der Jugend empfehlen kann.«

Komplett zu sehen war A-HAUNTING WE WILL GO in Deutschland erstmals im Dezember 1966, als er unter dem Titel DICK UND DOOF ALS GEHEIMAGENTEN BEIM FBI, dem unbegreiflicherweise die »Selbstmord-Szene« aus THE FLYING DEUCES vorangestellt wurde, erneut in die Kinos kam. »(Stan und Ollies) Komik ist naiv, kindlich, wenn man so will, aber niemals dumm, aufdringlich oder geschmacklos: Sie bewegen sich wie zwei außerirdische Wesen inmitten vertrackter Geschehnisse, die sie unter Einsatz hingebungsvollster Gutgläubigkeit und beinahe absurder Unerschütterlichkeit fast nebenbei entwirren«, urteilte die »Süddeutsche Zeitung« anläßlich der Wiederaufführung der vermeintlichen Agentensatire.

Als EIN GEHEIMNISVOLLER SARG war A-HAUNTING WE WILL GO am 02.06.72 innerhalb der Reihe »Dick und Doof« erstmals auch im deutschen Fernsehen zu sehen. An diesem Tag wurden jedoch nur die ersten 25 Minuten ausgestrahlt, die zweite Hälfte des Films folgte eine Woche später (09.06.72), wobei insgesamt rund eine viertel Stunde Filmmaterial der Schere des ZDF zum Opfer fiel. Vollständig war erst jene Version, die auf den Tag genau sieben Jahre später innerhalb der Sendereihe »Lachen Sie mit Stan und Ollie« zur Ausstrahlung gelangte (Sendetitel: FAULER ZAUBER).

Air raid wardens

Die späten Filme

US-Veröffentlichung: 04.04.43
Originallänge: Sieben Akte (67 Min.)
Produzent: B. F. Zeidman/MGM
Buch: Martin Rackin/
Jack Jevne/
Charles Rogers/
Harry Crane
Regie: Edward Sedgwick
Kamera: Walter Lundin
Schnitt: Irvine Warburton
Ton: Douglas Shearer
Musik: Nat Shilkret
Darsteller: Stan Laurel,
Oliver Hardy,
Edgar Kennedy,
Jacqueline White,
Horace McNally,
Nella Walker,
Howard Freeman,
Donald Meek
u.a.

Stan und Ollie melden sich im Krieg freiwillig zum Einsatz in der Armee, doch das Militär verzichtet dankend auf ihre Dienste. So schließen sie sich notgedrungen als Luftschutzwarte den "Truppen an der Heimatfront" an. Aufgrund ihrer Ungeschicklichkeit üben sie aber auch diese Tätigkeit nicht allzu lange aus. Per Zufall erfahren sie kurz darauf von einem geplanten Sabotageakt durch nationalsozialistische Spione auf die örtliche Magnesiumfabrik. Durch Stan und Ollies Eingreifen wird der Anschlag vereitelt.

Auch ihr Wechsel zu einer anderen Filmgesellschaft konnte Laurel und Hardy nicht davor bewahren, nach GREAT GUNS und A-HAUNTING WE WILL GO (in Bezug auf die Qualität) ihren dritten Flop in Folge zu drehen. Zwar agieren sie in AIR RAID WARDENS endlich wieder einmal als "richtige" Hauptdarsteller, doch kann man die Anzahl sogenannter Gags an einer Hand abzählen.

Geradezu ärgerlich ist in diesem Zusammenhang, was Regisseur Edward Sedgwick aus einer Szene gemacht hat, die eigentlich zum Höhepunkt des gesamten Streifens hätte werden können. Sie zeigt ein "tit for tat" zwischen den Luftschutzwarten Stan und Ollie sowie Edgar Kennedy, der ihrem Befehl nicht nachkommen möchte, aufgrund eines Fliegeralarms das Licht in seinem Haus zu löschen (was die beiden nicht mitbekommen haben: die Zentrale hat in der Zwischenzeit bereits Entwarnung gegeben). Anstatt die entsprechende Sequenz mit Bedacht aufzubauen und die drei Protagonisten in Ruhe handeln zu lassen, bietet Sedgwicks "tit for tat"-Inszenierung lediglich eine völlig uninspirierte Abfolge plumper Grobheiten. Weder warten die Kontrahenten die Taten des Gegners jeweils in aller Ruhe ab (um dann, ganz gelassen, zum Gegenschlag auszuholen), noch lassen diese von ihrer Intensität her irgendeine Steigerung erkennen, aus der eine derartige Konfrontation einen wesentlichen Teil ihrer Wirkung bezieht. So werfen und spritzen die drei Männer in aller Hektik mit den unterschiedlichsten Utensilien um sich - das, was früher zu Laurel und Hardys brillantesten Gags zählte, wird hier auf das Primitivste verstümmelt.

Zudem krankt der Film an dem patriotischen Unterton, der ständig präsent ist (und aus heutiger Sicht auf Dauer schlichtweg nervt) sowie an der spärlichen Komik, die die Verantwortlichen dem zentralen Motiv der Luftschutzwart-Tätigkeit zu entlocken vermochten (wobei das Ministerium für zivilen Luftschutz sich ohnehin verboten haben soll, irgendwelche Scherze über diese "ehrenvolle" Tätigkeit auf Zelluloid zu bannen).

Die späten Filme

Air raid wardens

Stan und Ollie auf der Suche nach
Licht am Ende des Qualitäts-Tunnels

Unter dem Titel SCHRECKEN ALLER SPIONE erblickte der Film am 12.09.58 im Aachener "Scala" erstmals auch das Licht der deutschen Kino-Welt. Freigegeben war er damals bereits für die ganz jungen Laurel und Hardy-Fans, wobei an dem Urteil der dafür zuständigen Filmprüfer sicherlich nichts auszusetzen war: "Dieser Lustspielfilm enthält nichts, was ein Verbot für Kinder über sechs Jahren rechtfertigen könnte. An dem Auftreten der beiden (Komiker) können überhaupt nur Kinder ihren Spaß haben." Die deutsche Fernsehpremiere fand innerhalb der ZDF-Reihe "Dick und Doof" im März 1973 statt. Wie bei fast jedem anderen ihrer Langfilme auch, kam es jedoch - im wörtlichen Sinne - zu erheblichen Einschnitten durch die Verantwortlichen. So teilten sie den Streifen in drei Stücke, die am 09.03., 16.03. und 23.03.73 unter dem ominösen Titel DIE SELBSTLOSEN zur Ausstrahlung gelangten. Um das Problem zu lösen, den lediglich 67-minütigen Film auf insgesamt 75 Minuten "aufzublasen" (drei Folgen zu je 25 Minuten), wurde dem ersten Teil noch rasch ein Ausschnitt aus dem Film THE DANCING MASTERS hinzugefügt (ein Remake ihres Zweiakters THICKER THAN WATER, in dem Stan und Ollie ihr gesamtes Geld bei einer Versteigerung verlieren). Wie so oft, folgte auch in diesem Fall erst in der von Theo Lingen präsentierten Reihe "Lachen Sie mit Stan und Ollie" eine Wiedergutmachung, als der Film unter dem Titel BOMBEN-KERLE am 09.09.78 erstmals in einem Stück ausgestrahlt wurde.

Jitterbugs

Die späten Filme

US-Veröffentlichung: 11.06.43
Originallänge: Acht Akte (74 Min.)
Produzent: Sol M. Wurtzel/ 20th Century Fox
Buch: Scott Darling
Regie: Malcolm St. Clair
Kamera: Lucien Andriot
Schnitt: Norman Colbert
Ton: E. Clayton Ward/ Harry M. Leonard
Musik: Charles Newman/ Lew Pollack
Darsteller: Stan Laurel, Oliver Hardy, Vivian Blaine, Robert Bailey, Douglas Fowley, Noel Madison, Anthony Caruso, Lee Patrick u.a.

Stan und Ollie bleiben wegen Benzinmangels auf der Straße mit ihrem Wagen liegen. Zufällig kommt in der Person von Chester Wright ein kleiner Betrüger daher, der ihnen prompt die Wirkung einer angeblichen Wunderpille vorführt: Sie verwandelt reines Wasser in Benzin. Tatsächlich fallen die beiden Freunde auf Wrights Trick herein und erklären sich sogar bereit, ihn beim Verkauf seines Produkts zu unterstützen. Doch der Schwindel fliegt rasch auf, und so ergreift das Trio überstürzt die Flucht. Dabei lernen die drei eine junge Dame namens Susan Cowan kennen, deren Mutter von einer Gruppe Betrüger um 10 000 Dollars gebracht worden ist. Wright, Stan und Ollie spüren die Ganoven in einem Hotel auf und geben sich diesen gegenüber selbst als wohlhabend aus. Im Zuge ihres Täuschungsmanövers und nach zwischenzeitlichen Komplikationen gelingt es ihnen so schließlich, Susan das vermißte Geld wiederzubeschaffen.

Von manchen Kritikern wird der Film als der "beste" unter all jenen bezeichnet, die Stan und Ollie nach ihrem Abschied von Hal Roach gedreht haben, doch ist unter den Blinden der Einäugige bekanntlich König. Insofern hinterläßt auch JITTERBUGS beim Zuschauer nach dem "Genuß" der äußerst konfusen Handlung in mehrfacher Hinsicht einen bitteren Beigeschmack. Beispielsweise bleibt völlig schleierhaft, warum uns die beiden Komiker zu Beginn des Streifens als fahrende Musikanten vorgestellt werden (die mit Hilfe einiger technischer Tricks eine Unzahl von Instrumenten gleichzeitig bedienen können). Stan und Ollies Profession spielt nämlich bereits nach einer viertel Stunde überhaupt keine Rolle mehr (abgesehen davon, daß ihr entsprechender Auftritt ohnehin nicht gerade erheiternd ausfällt)!

Als größtes Manko entpuppt sich jedoch, daß Stan und Ollie zu keiner Zeit quasi als "sie selbst" agieren dürfen, sondern durchgehend in recht alberne Kostüme gesteckt werden. Gelungen sind in diesem Zusammenhang lediglich Stans Maskerade als "Tante Emily", in der er den Gaunern das gestohlene Geld wieder abluchsen will, sowie Ollies Versuche, seinem Partner einen "damenhaften" Gang beizubringen. Voller Wehmut dürften sich wohl die meisten Laurel und Hardy-Anhänger in diesem Moment an ähnliche Szenen aus den erfolgreichen Anfangsjahren des Duos erinnern. Insgesamt können allerdings auch derartige, kleinen Lichtblicke nicht darüber hinwegtäuschen, daß es sich bei JITTERBUGS insgesamt nur um eine recht langweilige und zäh inszenierte Komödie handelt. Unter dem Titel DIE WUNDERPILLE war der Film Anfang Dezember 1965 erstmals auch

Die späten Filme ## Jitterbugs

Stan in Frauenkleidern
weckt wehmütige Erinnerungen

in deutschen Kinos zu sehen (die Premiere fand gleichzeitig in Kiel und Bad Godesberg statt). Der Bonner "General-Anzeiger" schrieb über Stan und Ollies Auftritt damals unter anderem: "Sie sind wieder da! Dick und Doof währen am längsten. Die 1927 von Roach entdeckten Komiker erfreuen sich wie in alten Tagen internationaler Erfolge. Als ein komisches und zugleich realitätsnahes Heldengespann, hat es sich noch immer, wenn auch schön trampelig, aber derb, deutlich und human in jedweder 'Gesellschaft' durchgesetzt. (...) Gelächter auf jeden Fall."

Sechseinhalb Jahre später durfte JITTERBUGS dann als Dreiteiler im ZDF seine Fernsehpremiere hierzulande erleben. GAUNER, BLÜTEN UND BETRÜGER lautete dabei der Obertitel jener drei (jeweils 25minütigen) "Dick und Doof"-Folgen, die am 05.05., 12.05. und 19.05.72 zur Ausstrahlung gelangten. Zwar waren im Zuge dieser Aufführung insgesamt keine Kürzungen zu beklagen, doch fiel das Wiedersehen mit Laurel und Hardy am 17.12.75 für echte Fans sicherlich etwas befriedigender aus (wenn wir von der mangelnden Qualität des Films einmal ganz absehen): "Am Stück" war nämlich erst der Streifen mit dem Kurztitel DIE WUNDERPILLE, den Theo Lingen an diesem Tag in seiner Reihe "Lachen Sie mit Stan und Ollie" präsentierte.

The tree in a test tube

Die späten Filme

US-Veröffentlichung: Anfang 1943
Originallänge: Ein Akt
Produzent: US-Ministerium für Landwirtschaft
Regie: Charles McDonald
Kamera: A. H. C. Sintzenich
Schnitt: Boris Vermont
Ton: Reuben Ford
Musik: Edward Craig
Erzähler: Pete Smith/ Lee Vickers
Darsteller: Stan Laurel, Oliver Hardy

Für das US-Landwirtschaftsministerium auf dem Holzweg

Stan und Ollie erläutern den Zuschauern die unterschiedlichsten Einsatzgebiete für Holzprodukte - im Alltag, aber auch im Krieg. Dabei holen sie aus einem Koffer einzelne Gegenstände, die aus Holz hergestellt sind.

Dieser Kurzfilm, im Auftrag des Landwirtschaftsministeriums hergestellt, ist der einzige Streifen, in dem Stan und Ollie in Farbe zu sehen sind. Ansonsten ist er weder lustig noch aus einem anderen Grunde sehenswert.

Die späten Filme

The dancing masters

US-Veröffentlichung: 19.11.43
Originallänge: Sieben Akte (63 Min.)
Produzent: Lee Marcus/
20th Century Fox
Buch: W. Scott Darling
Regie: Malcolm St. Clair
Kamera: Norbert Brodine
Schnitt: Norman Colbert
Ton: Bernard Fredericks/
Harry M. Leonard
Musik: Arthur Lange
Darsteller: Stan Laurel,
Oliver Hardy,
Trudy Marshall,
Bob Bailey,
Margaret Dumont,
Matt Briggs,
Charles Rogers,
Daphne Pollard
u.a.

Robert Mitchum (2. v. l.) in einer Nebenrolle als Versicherungsvertreter

Stan und Ollie, Betreiber einer Tanzschule, sind mit einer ihrer Schülerinnen befreundet. Diese wiederum liebt einen jungen Mann, der soeben eine neuartige Strahlenwaffe erfunden hat. Doch um der Apparatur zur Serienreife zu verhelfen, fehlt ihm das nötige Geld. Ollie, der kurz zuvor eine hohe Versicherung auf Stans Unversehrtheit abgeschlossen hat, bemüht sich daraufhin, seinen Freund in einen Unfall zu verwickeln. Am Ende einer turbulenten Fahrt mit einem Omnibus landet er allerdings selbst im Krankenhaus. Trotz dieses Mißgeschicks kann der junge Mann seine Erfindung vollenden: Der Vater seiner Freundin besitzt eine Waffenfabrik und ist insofern bereit, das fehlende Geld zur Verfügung zu stellen.

THE DANCING MASTERS ist eine abstruse Ansammlung mehrerer Szenen, die nur mühsam zusammengehalten werden. Eine durchgehende Handlung scheint der Film insofern kaum zu besitzen. Lediglich die Erfindung des jungen Mannes dient dazu, dem Ganzen einen (sehr dünnen) roten Faden zu verleihen, indem sie im Laufe der quälend langen 63 Minuten mehrmals - meist in Form kurzer Dialogfetzen - ins Spiel gebracht wird. Ansonsten geht es kunterbunt durcheinander, und selbst die Tanzschule, die dem Streifen erst den Titel verleiht, gerät bereits nach einer viertel Stunde völlig in Vergessenheit. Die einzigen Szenen, die zumindest ansatzweise so etwas wie Komik verbreiten, sind zudem aus früheren Filmen des Duos

The dancing masters

Die späten Filme

geklaut. So haben wir die Versteigerung, in der Stan und Ollie versehentlich in den Besitz einer teuren Standuhr gelangen, bereits in dem acht Jahre zuvor gedrehten THICKER THAN WATER gesehen. Und auch Ollies Bemühungen, Stan unter Zuhilfenahme einer Bananenschale körperlichen Schaden zuzufügen, stammen ursprünglich aus THE BATTLE OF THE CENTURY. Im Anschluß daran folgt jedoch (glücklicherweise) nicht etwa eine Tortenschlacht, sondern eine gähnend langweilige Abfolge weiterer Versuche, Stan zu verletzen. Um das Faß der Eigen-Abkupferei voll zu machen, endet der Film schließlich mit einer kurzen Reminiszenz an COUNTY HOSPITAL, die uns Ollie – versehen mit einem dekorativen Gipsbein – im Krankenbett liegend zeigt.

Am 05.04.58 fand unter dem Titel DICK UND DOOF, DIE TANZMEISTER die deutsche Uraufführung dieses völlig mißratenen Films statt, bevor das filmische Fiasko 14 Jahre später erstmals auch Fernsehbildschirme hierzulande erreichte. GEHOPST WIE GESPRUNGEN nannte das ZDF die beiden »Dick und Doof«-Folgen, in denen der Film am 07.04. und 14.04.72 als Zweiteiler gesendet wurden. Darin fehlte (neben einigen anderen Einstellungen) die oben erwähnte Sequenz mit der Versteigerung völlig – allerdings nicht mehr in jener Version, die am 29.12.80 in der Reihe »Lachen Sie mit Stan und Ollie« zur Ausstrahlung kam (Sendetitel: DIE TANZMEISTER). Diese rund zehnminütige Episode war übrigens bereits schon einmal zuvor, nämlich im Zuge der Erstausstrahlung des Spielfilms AIR RAID WARDENS, zu sehen gewesen (nähere Angaben siehe dort).

Stan und Ollie tanzen dicht am filmischen Abgrund

Die späten Filme # The big noise

US-Veröffentlichung: September 1944
Originallänge: Acht Akte (74 Min.)
Produzent: Sol M. Wurtzel/ 20th Century Fox
Buch: W. Scott Darling
Regie: Malcolm St. Clair
Kamera: Joe MacDonald
Schnitt: Norman Colbert
Ton: Bernard Fredericks
Musik: Cyril J. Mockridge
Darsteller: Stan Laurel,
Oliver Hardy,
Arthur Space,
Doris Merrick,
Veda Ann Borg,
Esther Howard,
Robert Dudley,
Bobby Blake
u.a.

Stan und Ollie werden von dem verrückten Erfinder Alva Hartley damit beauftragt, dessen neueste Errungenschaft zu bewachen: eine neuartige Superbombe, mit der sich die halbe Welt in die Luft sprengen läßt. In Hartleys Nachbarhaus hat sich eine Gruppe Gangster eingenistet, die es auf die brisante Entwicklung abgesehen haben. Als der Erfinder vom Kriegsministerium nach Washington bestellt wird, um seine Wunderwaffe vorzuführen, sehen sich die Ganoven plötzlich zum Handeln gezwungen: Sie dringen in Hartleys Haus ein, um die Bombe an sich zu bringen. Doch Stan und Ollie wehren den Angriff ab und werden daraufhin von Hartley beauftragt, mit einer Bomben-Attrappe in Richtung Washington aufzubrechen. Damit sollen die zu erwartenden Verfolger auf eine falsche Fährte gelockt werden. Aus Versehen gibt ihnen der Erfinder allerdings die echte Waffe mit, und so setzen Stan und Ollie (von Hartley inzwischen per Telegramm über den wahren Sachverhalt informiert) die Bombe letztlich notgedrungen gegen eine Truppe amerikanischer Militärs ein, von denen sie unterwegs aus Versehen mit scharfer Munition angegriffen worden sind.

Nicht nur die Geschichte um den Erfinder, der eine neuartige Waffe kreiert hat, legt einen Vergleich von THE BIG NOISE mit THE DANCING MASTERS nahe: Auch die übrige Handlung des Films steht dem Vorgänger hinsichtlich ihrer Langeweile, haarsträubenden Dialoge, lauen Gags und dürftigen Darsteller in kaum etwas nach. So ist es THE BIG NOISE (zum Glück als einzigem Laurel und Hardy-Streifen) sogar gelungen, in das Buch "The 50 worst movies of all time" ("Die 50 schlechtesten Filme aller Zeiten") aufgenommen zu werden, das Harry und Michael Medved 1978 herausgebracht haben. Der Ehrlichkeit halber sei an dieser Stelle jedoch angemerkt, daß es ebensogut fast jeden anderen Streifen der beiden aus den 40er Jahren hätte treffen können - ganz so fürchterlich, wie THE BIG NOISE von den Autoren (sowie zahlreichen anderen Kritikern) hingestellt wird, ist es er nämlich auch wieder nicht. So erleben wir immerhin die Neuauflage einiger Laurel und Hardy-Gags, die seinerzeit bereits 15 Jahre und mehr "auf dem Buckel" hatten: Ollies Hinaufklettern am frisch gestrichenen Pfahl eines Straßenschildes (aus HABEAS CORPUS), die Schlafwagenszene aus BERTH MARKS sowie die Werbungsversuche von Hartleys männerverschlingender Schwägerin, die Ollie umschwärmt wie weiland Mae Busch in THE PRIVATE LIFE OF OLIVER VIII. (diesmal dargestellt von Esther Howard). Wenn einen angesichts dieser Szenen auch eher die Wehmut ergreift, läßt sich bei manchen der entsprechenden Bilder doch zumindest ein Lachen nicht unter-

The big noise

Die späten Filme

Alles andere als eine runde Sache:
der Film mit der Super-Bombe

drücken (um es einmal sehr vorsichtig zu formulieren). Geradezu eine Frechheit ist es jedoch, daß die Handlung letzten Endes völlig unvermittelt abbricht: Stan und Ollie sind auf ihrer Flucht vor den Gangstern in ein (ferngesteuertes) Übungsflugzeug der Armee geraten, konnten mit knapper Not dem Abschuß lebend entgehen und treiben in der Schlußeinstellung einsam auf dem Ozean umher. Was aus Hartley, den Ganoven und der Superbombe wird, bleibt hingegen völlig ungeklärt.

Als DICK UND DOOF IN GEHEIMER MISSION war THE BIG NOISE im Jahre 1951 erstmals in deutschen Lichtspieltheatern zu sehen. Dabei hatten die Verantwortlichen des Filmverleihs ihn um einige Szenen aus A-HAUNTING WE WILL GO ergänzt, die Stan und Ollies Zugfahrt (auf der Flucht vor den Gangstern) "künstlich" verlängerten, damit der Streifen abendfüllendes Format erreichte. KENNWORT: GEHEIMAUFTRAG lautete dann der Titel der beiden "Dick und Doof"-Folgen, in denen er (insgesamt um rund 20 Minuten gekürzt) erstmals auch im deutschen Fernsehen zu sehen war (am 27.04. und 04.05.73). Komplett war erst jene Fassung, die als DER GROSSE KNALL innerhalb der Reihe "Lachen Sie mit Stan und Ollie" am 31.03.79 über deutsche Mattscheiben flimmerte.

Die späten Filme **Nothing but trouble**

US-Veröffentlichung: März 1945
Originallänge: Sieben Akte (70 Min.)
Produzent: B. F. Zeidman / MGM
Buch: Russell Rouse / Ray Golden
Regie: Sam Taylor
Kamera: Charles Salerno Jr.
Schnitt: Conrad Nervig
Ton: Douglas Shearer / Thomas Edwards
Musik: Nathaniel Shilkret
Darsteller: Stan Laurel, Oliver Hardy, Henry O'Neill, Mary Boland, David Leland, Philip Merivale u.a.

Stan und Ollie erhalten bei einem reichen Ehepaar eine Anstellung als Butler und Koch. Auf dem Rückweg von einem Einkauf lernen sie zufällig den jungen Exil-König Christopher kennen, der auf der Flucht vor dem majestätischen Alltag seinen Bewachern entkommen ist, um mit anderen Jugendlichen Football zu spielen. Stan und Ollie gegenüber gibt er sich als mittelloser Junge aus, und so verstecken ihn diese bei sich in der Küche. Doch Christopher wird entdeckt, gemeinsam landen alle drei in einer billigen Bahnhofs-Unterkunft. In der Zwischenzeit hat Christophers hinterhältiger Onkel, der seinen weichherzigen Neffen als Herrscher des Staates Orlandia ablösen möchte, eine Vermißtenmeldung in die Zeitung setzen lassen. Stan und Ollie wandern daraufhin zunächst wegen Kidnapping im Gefängnis. Doch wenig später werden sie von Christophers Onkel als Koch und Butler engagiert, um dem Prinzen unwissentlich ein vergiftetes Mahl zu servieren. Das Mordkomplott fliegt allerdings auf, und alle feiern ein fröhliches happy end.

Im Gegensatz zum Vorgänger kann NOTHING BUT TROUBLE immerhin mit einer relativ logischen Handlung aufwarten – doch das ist auch schon fast alles, was an Positivem über diesen Film zu bemerken ist. Ähnlich wie ihr erster MGM-Spielfilm, AIR RAID WARDENS, thematisiert auch das vorliegende Machwerk eine Art Spionagegeschichte, wobei der pathetische Unterton abermals unangenehm auffällt. Auf Dauer wirken die ständigen bewundernden Äußerungen des jungen Königs über die Vorteile der (US-amerikanischen) Demokratie nämlich nur noch peinlich, erst recht, wenn zusätzlich ein einfallslos inszeniertes Footballspiel herhalten muß, um das Bedürfnis des Jungen nach einem »ganz normalen Lebenswandel« zu dokumentieren.

Wieder einmal versuchen Stan und Ollie, das Beste aus den bescheidenen Einfällen der Drehbuchautoren zu machen, doch ihre Darbietung als Koch und Butler erreicht zu keiner Zeit die Klasse vergleichbarer Szenen aus FROM SOUP TO NUTS oder A CHUMP AT OXFORD. Der Versuch, ein zähes Steak mit dem Fuchsschwanz zu zerlegen, ist ebenso unoriginell wie jene Episode, in der sie das Fleischstück einem Löwen aus dem Käfig zu entlocken versuchen. Wer wissen möchte, wie man eine solche Szene wirklich zwerchfellerschütternd auf die Leinwand bringen kann, sollte sich lieber Chaplins Meisterwerk THE CIRCUS anschauen. Einigermaßen erträglich ist lediglich der Schluß des Films gelungen, als der bösartige Onkel des Königs seine drei Widersacher (Stan, Ollie und Christopher) mit der Pistole bedroht und sie auffordert, aus dem

Nothing but trouble
Die späten Filme

Da ist wieder einmal etwas komplett in die Hose gegangen

Küchenfenster in die Tiefe zu springen. Zum Schein gehen Stan und Ollie auf diesen Wunsch ein, nachdem sie im Stockwerk unter sich zwei Holzplanken entdeckt haben, die aus dem dortigen Fenster hervorragen (auf diesen ist der König, der als erster gesprungen ist, bereits sicher gelandet). Als sie sich jedoch endlich zum Sprung entscheiden, haben zwei Anstreicher die Bretter natürlich längst entfernt, so daß die Situation äußerst brenzlig wird. Zumindest ansatzweise flammt hier für ein paar kurze Augenblicke etwas von Stan und Ollies Künsten auf.

DICK UND DOOF - DIE LEIBKÖCHE SEINER MAJESTÄT lautete der Titel des Films, als er 1952 erstmals in deutschen Kinos zu sehen war. Für die Fernsehpremiere wählte das ZDF 20 Jahre später den martialisch klingenden Titel DIE KÖNIGSKILLER. Dabei wurde der Film auf knapp 50 Minuten gekürzt, um innerhalb zweier "Dick und Doof"-Folgen (am 07.01. und 14.01.72) zur Ausstrahlung zu gelangen. Komplett war dann jene Version, die am 10.02.79 innerhalb der Reihe "Lachen Sie mit Stan und Ollie" zu sehen war (Titel: NICHTS ALS ÄRGER). Im Gegensatz dazu hatten die Verantwortlichen des Fernsehens der DDR anläßlich der ostdeutschen Fernsehpremiere (29.10.88) an NOTHING BUT TROUBLE ein paar kleine Änderungen vorgenommen, die aus den "Anregungen" des verantwortlichen Dramaturgen hervorgehen: "Ziel der Bearbeitung sollte eine amüsante Klamotte mit Dick und Doof ohne die politischen Bezüglichkeiten und den historischen Kontext sein. Das erfordert eine starke Schnittbearbeitung des ohnehin schon kurzen Filmes, besonders am Anfang in der Exposition und kleinere Zwischenschnitte auf dem Arbeitsamt in den USA (keine Hakenkreuzplakate!)[1]. Der junge Exilmonarch sollte nicht als solcher betitelt werden - denkbar wäre ein phantasievoller, fiktiver Name der Figur und ihres Herkunftslandes." Tatsächlich finden sich diese Empfehlungen im entsprechenden Synchrondrehbuch von LEIBKÖCHE SEINER MAJESTÄT wieder: Aus König Christopher wird dort plötzlich "Prinz Prentiloff von Dummjanien."

[1] gemeint sind Plakate, die für Kriegsanleihen zum Kampf gegen die Nationalsozialisten werben

Die späten Filme

The bullfighters

US-Veröffentlichung: 18.05.45
Originallänge: Sieben Akte (69 Min.)
Produzent: William Girard / 20th Century Fox
Buch: W. Scott Darling
Regie: Malcom St. Clair
Kamera: Norbert Brodine
Schnitt: Stanley Rabjohn
Ton: Arthur von Kirbach / Harry M. Leonard
Musik: David Buttolph
Darsteller: Stan Laurel,
Oliver Hardy,
Richard Lane,
Ralph Sanford,
Margo Woode,
Carol Andrews,
Diosa Costello,
Edward Gargan
u.a.

Stan und Ollie, diesmal als Detektive unterwegs, steigen in einem Hotel in Mexiko City ab. Dort sollen sie eine flüchtige junge Dame verhaften, die ihnen jedoch nach einer kurzen Auseinandersetzung entkommt. Kaum haben sich die beiden Freunde mit diesem Mißgriff abgefunden, da erwartet sie schon der nächste Schlag. Der berühmte spanische Stierkämpfer Don Sebastian, der aussieht wie Stans Zwillingsbruder, wird nämlich anläßlich eines Stierkampfes in der Stadt erwartet. Organisator dieser Veranstaltung ist ausgerechnet ein Mann, den Stan und Ollie einige Jahre zuvor durch ihre Zeugenaussage unschuldig hinter Gitter gebracht haben. Damals hatte der Betroffene ihnen geschworen, beim Wiedersehen eigenhändig die Haut vom Leibe zu ziehen. Das Schicksal will es, daß Don Sebastian wegen Paßformalitäten an der Grenze zurückgehalten wird. Sein Manager entdeckt Stan und Ollie im Hotel und zwingt Don Sebastians Doppelgänger kurzerhand, anstelle des Originals in die Rolle des Stierkämpfers zu schlüpfen. Andernfalls, so droht er, werde er dem Organisator der Veranstaltung verraten, wer da noch im Hotel abgestiegen ist (von diesem hat er zuvor die Episode mit dem Justizirrtum erfahren). Notgedrungen bereitet sich Stan auf seinen unangenehmen Auftritt vor, doch im letzten Moment taucht doch noch der wahre Don Sebastian auf. Als dem Manager klar wird, was gespielt wird, löst er sein furchtbares Versprechen ein: Stan und Ollie verlassen das Hotel als wandelnde Skelette.

THE BULLFIGHTERS ist nicht nur der letzte Film, den Laurel und Hardy für 20th Century Fox drehten (ihr Fünf-Jahres-Vertrag war abgelaufen), sondern sicherlich auch der beste – was allerdings nicht allzuviel zu bedeuten hat. Immerhin erzählt der Film eine richtige Geschichte, und die Handlung fließt über nahezu die gesamte Distanz auch recht ansprechend dahin. Lediglich die letzten zehn Minuten mit den Szenen in der Stierkampfarena sind derart lieblos zusammengeschnitten, daß das eigentlich vielversprechende Finale völlig verschenkt wird. Zu deutlich handelt es sich dabei um eine krude Mixtur aus Wochenschauaufnahmen früherer Stierkämpfe, primitiven Studiobildern sowie »Abfällen« aus dem Film BLOOD AND SAND von 1941.

Zuvor erhalten Stan und Ollie sogar ein paar mal Gelegenheit, zumindest annähernd zu alter Form aufzulaufen. So liefern sie sich mit unterschiedlichen Kontrahenten zwei »tit for tat«-Einlagen, die – im Vergleich etwa zu jener aus AIR RAID WARDENS – beide recht sauber aufgebaut sind und den Eindruck vermitteln, als handele es sich dabei jeweils um spontan entwickelte Gags – ganz

The bullfighters

Die späten Filme

Ein kleiner Beruhigungsschluck vor dem großen Kampf kann nicht schaden

im Gegensatz zu all den vorherigen Fox-Filmen, in denen sämtliche Einlagen erst sorgfältig geprobt worden waren, bevor die Kameras aufzuzeichnen begannen. Eine der erwähnten Sequenzen ist ein ziemlich originalgetreues Duplikat einer Szene aus HOLLYWOOD PARTY. War es dort Lupe Velez, die den beiden Freunden unter Anwendung zahlreicher roher Eier das Leben schwer machte, tritt diesmal Carol Andrews als ihre Kontrahentin auf. In den unterschiedlichsten Varianten drücken sich die Drei hier die Hühnerprodukte in Taschen, Handschuhe und in den Mund - allerdings unterlegt durch einen aufdringlichen Soundtrack, der beim Zerdrücken eines Eis jedesmal ein mitleidheischendes Kückenquieken ertönen läßt und die Wirkung der gesamten Szene durch zusätzliche, enervierende Musikeinlagen unangenehm beeinträchtigt.

Im November 1950 gelangte der Streifen als STIERKÄMPFER WIDER WILLEN erstmals auch in deutsche Kinos. "Dick und Doof-Filme sind reine Zeitvertreibsfilme", urteilte ein Rezensent damals. "Wer sie mit filmischen oder gar künstlerischen Maßstäben beurteilt, urteilt ungerecht. Hier steht der einfache Gag an erster Stelle, der lustige, listige, umwerfend komische Augenblickseinfall. Spaßmachen ist oftmals schwerer, als man denkt. Dick und Doof leben vom primitiven Ulk (im wertvollen Sinne des Wortes). (...) Nicht zu vergessen: Dick und Doof-Filme haben Herz und Seele. Das macht sie wertvoller, appetitlicher und empfehlenswerter als manchen blutrünstigen Radaufilm." Nicht ganz dieser Auffassung war jedoch ein anderer Kritiker, der sich eine aus heutiger Sicht äußerst verklemmte Bemerkung erlaubte: "Der kleine, anspruchslose Film wäre ohne weiteres auch für Kinder geeignet, wenn Conchitas Tanz im Torero-Café (gemeint ist eine harmlose, folkloristisch angehauchte Tanzeinlage, d. Verf.) sich nicht in den Grenzbezirken kräftiger Erotik bewegte." Seine Fernsehpremiere erlebte THE BULLFIGHTERS schließlich in ungekürzter Fassung am 28.01.78 im Rahmen der ZDF-Reihe "Lachen Sie mit Stan und Ollie". Der Sendetitel lautete schlicht STIERKÄMPFER.

Atoll K

Die späten Filme

Veröffentlichung:	21.11.51 (Frankreich)
Originallänge:	Zehn Akte (98 Min.)
Produzent:	Raymond Eger/
	France London
	Films S.A./
	Films E.G.E./
	Films Sirius/
	Fortezza Film
Buch:	John Klorer/
	Frederick Kohner/
	Rene Wheeler/
	Pierro Tellini
Regie:	Leo Joannon
Kamera:	Louis Nee
Schnitt:	Raymond Isnardon
Ton:	Pierre Calvet
Musik:	Paul Misraki
Darsteller:	Stan Laurel,
	Oliver Hardy,
	Suzy Delair,
	Max Elloy,
	Adriano Rimoldi,
	Luigi Tosi
	u.a.

Stan und Ollie sind nach Frankreich gereist, um das Erbe von Stans verstorbenem Onkel anzutreten. Dieses besteht aus einem kleinen Schiff und einer Insel. Gemeinsam mit einem staatenlosen Flüchtling und einem italienischen blinden Passagier stechen sie in See, doch unterwegs geraten sie in einen fürchterlichen Sturm. Zum Glück taucht in diesem Moment ein Atoll aus den Fluten auf, und die vier Passagiere können sich retten. Im Laufe der Jahre richten sie es sich auf der kleinen Insel behaglich ein, wobei sie Unterstützung durch eine attraktive Sängerin erhalten, die kurz vor der Hochzeit vor ihrem Verlobten geflohen ist. Als bekannt wird, daß auf dem Atoll umfangreiche Uranvorräte existieren, setzt eine Invasion von Neugierigen und Geschäftemachern ein. Eine Gruppe Rebellen erobert die Macht; Stan, Ollie und ihre Freunde werden zum Tode verurteilt. Doch ein erneuter Sturm läßt das Atoll abrupt im Meer versinken. Zu guter Letzt landen Stan und Ollie doch noch auf ihrer eigenen Insel. Die Freude währt allerdings nur kurz, denn das Eiland wird wegen ausstehender Erbschaftssteuern gepfändet.

Anfang 1950 faßte der US-amerikanische Finanzier George Bookbinder den Entschluß, mit den zu dieser Zeit in Europa sehr populären Komikern Laurel und Hardy einen Film zu drehen, um die darniederliegende europäische Filmindustrie auf Vordermann zu bringen. Das Angebot erschien nicht nur den beteiligten Filmfirmen aus Frankreich, Italien und England, sondern auch Stan und Ollie vielversprechend genug, um in einen entsprechenden Vertrag einzuwilligen. Doch bereits beim Erstellen des Drehbuches kam es zu erheblichen Schwierigkeiten - kein Wunder, hatte jeder der drei beteiligten Produzenten doch einen eigenen Schreiberling engagiert. Von diesen arbeitete jeder einzelne zunächst an einer separaten Version, da die Verständigung untereinander aufgrund mangelnder Sprachkenntnisse völlig unmöglich schien. Später wollte man dann daraus ein ansprechendes Buch "zusammenmixen". Nach drei Monaten hatten sie ein Skript zustandegebracht, das Stan beim Lesen die Zornesröte ins Gesicht trieb. Verzweifelt bemühte er sich in den folgenden Wochen, Struktur in das zerfahrene Geschreibsel zu bringen. Doch nicht nur die Autoren, auch der Regisseur (und überhaupt so ziemlich alle Beteiligten) entpuppten sich während der Dreharbeiten als völlig unfähig. Zudem war ein Skriptgirl als einzige Person unter den Anwesenden überhaupt in der Lage, als Dolmetscherin zu fungieren. Und zu allem Überfluß hatten Stan und Ollie auch noch mit schweren gesundheitlichen Problemen zu kämpfen: Ollies machte sein Herz schwer zu

Atoll K

Die späten Filme

Nicht nur mit den Nerven, sondern auch mit den Kräften am Ende: zwei alternde, kranke Schauspieler

schaffen, Stan verlor durch seine Prostatabeschwerden innerhalb weniger Tage erheblich an Gewicht (von rund 82 Kilogramm magerte er auf knapp über 50 Kilogramm ab). Kurzum: die Arbeiten an ATOLL K entpuppten sich als eine einzige Katastrophe.

Insofern kann es kaum verwundern, daß das Betrachten dieses Films wohl für jeden aufrechten Laurel und Hardy-Fan ein äußerst trauriges Erlebnis darstellen wird. Die Handlung steht zwar in angenehmen Kontrast zu den durchschnittlichen, billigen Fox- und MGM-Gangsterklamotten, doch will sie als politische Satire nicht so recht funktionieren. So wird das anspruchsvolle (und eigentlich auch heute noch durchaus aktuelle) Vorhaben des Streifens - die Probleme beim Aufbau eines quasi anarchistischen Staates humorvoll darzustellen - durch oftmals ziemlich primitiven Klamauk, aufdringliche Actionszenen sowie schnulzige Gesangseinlagen leichtvertig verspielt. Ganz abgesehen davon, wirkt Stan und Ollies Auftreten in ATOLL K ohnehin alles andere als erheiternd. Was Ollie an Pfunden zuviel am Leibe trägt, läßt Stan schmerzlich vermissen. Sein in manchen Szenen geradezu furchterregender Anblick erinnert eher an eine wandelnde Leiche denn an den großartigen Komiker, der er eigentlich immer war. Ein traurigeres Ende für das geniale Komikergespann hätte es, berücksichtigt man auch die Begleitumstände, insofern kaum geben können. In deutschen Kinos war der Film als DICK UND DOOF ERBEN EINE INSEL in einer leicht gekürzten Fassung erstmals 1952 zu sehen, die entsprechende Fernsehpremiere hierzulande erfolgte am 8.9.91 auf dem Pay TV-Sender Premiere.

Anhang

Laurel und Hardy in Buch und Kompilationsfilm

Alle »Dick und Doof«-Folgen des ZDF

Laurel und Hardy im Internet

Laurel und Hardy auf DVD

Fanclubs

Fan-Publikationen

Verzeichnis deutscher Aufführungstitel

Index der Original-Filmtitel

Laurel und Hardy in Buch und Kompilationsfilm

Bibliografie

Barr, Charles: Laurel and Hardy, London 1967

Everson, William K.: The films of Laurel and Hardy, 9. Auflage, New York 1976

Lexikon des internationalen Films, 10 Bände, Reinbek 1987

Maltin, Leonard (Hg.): The Laurel and Hardy Book, New York 1973

McCabe, John: Babe – the life of Oliver Hardy, London 1989

McCabe, John: The comedy world of Stan Laurel, Beverly Hills 1974

McCabe, John: Mr. Laurel and Mr. Hardy, London 1976

Nowak, Anneliese: Die amerikanische Filmfarce, München 1991

Skretvedt, Randy: Laurel and Hardy – the magic behind the movies, Beverly Hills 1987

Smith, Leon: Following the comedy trail, Los Angeles 1988

Kompilationsfilme

Zahlreiche Streifen von Laurel und Hardy wurden unter den verschiedensten Titeln für eine (Wieder-)Aufführung im Kino zusammengestellt. Dabei handelt es sich zum Teil nur um relativ unzusammenhängende Kombinationen kurzer Ausschnitte, zum Teil aber auch um Sammlungen kompletter Kurzfilme. Folgende Kompilationen waren bislang in Deutschland und Österreich zu sehen:

3 X DICK UND 3 X DOOF – enthält Towed In A Hole, Busy Bodies und Szenen aus The Flying Deuces

30 JAHRE SPASS (30 YEARS OF FUN) – enthält Szenen aus The Lucky Dog

ÄRGER OHNE ENDE – enthält The Live Ghost, Laughing Gravy, One Good Turn und Hog Wild

ALS LACHEN TRUMPF WAR (WHEN COMEDY WAS KING) – enthält eine gekürzte Fassung von Big Business

ANARCHIE UND CHAOS – enthält Another Fine Mess, The Fixer-Uppers, County Hospital und Thicker Than Water

DICK UND DOOF, DIE UNZERTRENNLICHEN – enthält Szenen aus Putting Pants On Philip und The Flying Deuces

DICK UND DOOF – EINE SUPER-SCHAU DES LACHENS – enthält Szenen aus Babes In Toyland, The Flying Deuces und Atoll K

DICK UND DOOF GANZ DOOF – enthält gekürzte Fassungen von Night Owls, Any Old Port, The Hoose-Gow und Perfect Day

DICK UND DOOF IN TAUSEND NÖTEN – enthält Below Zero, Laughing Gravy und Tit For Tat

DICK UND DOOF – JUBEL, TRUBEL, HEITERKEIT – enthält gekürzte Fassungen von One Good Turn, Our Wife, Blotto und Be Big

DICK UND DOOF – WIE IMMER AUF EIGENE GEFAHR (FURTHER PERILS OF LAUREL AND HARDY) – enthält Szenen aus Do Detectives Think?, Flying Elephants, Sugar Daddies, The Second Hundred Years, Leave 'Em Laughing, You're Darn Tootin', Should Married Men Go Home, Early To Bed, Habeas Corpus, That's My Wife und Angora Love

DICK UND DOOFS LACHPARADE – enthält gekürzte Fassungen von Me And My Pal, Scram, Twice Two und Brats

DIE GROSSE LACHPARADE – enthält gekürzte Fassungen von Twice Two und Scram

Laurel und Hardy in Buch und Kompilationsfilm

DIE GROSSE METRO-LACHPARADE (MGM'S BIG PARADE OF COMEDY) – enthält ihre Szene aus Hollywood Party und Ausschnitte aus Bonnie Scotland

DIE ZWEI VON DER ZANKSTELLE – enthält Scram, The Music Box und County Hospital

DREIMAL DICK UND DOOF – enthält gekürzte Fassungen von Beau Hunks, Helpmates und Going Bye-Bye

HABE DIE EHRE – enthält Tit For Tat, The Live Ghost und Midnight Patrol

HALS- UND BEINBRUCH – enthält Me And My Pal, Busy Bodies und Dirty Work

HOLLYWOOD – HOLLYWOOD (THAT'S ENTERTAINMENT, PART II) – enthält Ausschnitte aus The Battle Of The Century, We Faw Down, The Second Hundred Years, Habeas Corpus und Leave 'Em Laughing

JUBEL, TRUBEL, SENSATIONEN (DAYS OF THRILL AND LAUGHTER) – enthält Szenen aus verschiedenen Solofilmen von Laurel bzw. Hardy

KINTOPPS LACHKABINETT (THE GOLDEN AGE OF COMEDY) – enthält The Second Hundred Years, The Battle Of The Century, We Faw Down und Two Tars

LAUREL UND HARDY IM FLEGELALTER (LAUREL AND HARDY'S LAUGHING TWENTIES) – enthält Ausschnitte, zum Teil auch fast komplette Versionen von 45 Minutes From Hollywood, Sugar Daddies, Putting Pants On Philip, From Soup To Nuts, Wrong Again, The Finishing Touch, Liberty, Double Whoopee, Leave 'Em Laughing, You're Darn Tootin', The Second Hundred Years, Habeas Corpus, Call Of The Cuckoos, The Battle Of The Century und We Faw Down

LAUREL & HARDY AUF DER JAGD NACH DEM MAMMON – enthält Szenen aus Liberty, Habeas Corpus, From Soup To Nuts und Early To Bed

LAUREL & HARDY SUCHEN ANSCHLUSS – enthält Szenen aus Sugar Daddies, You're Darn Tootin', That's My Wife, Two Tars und Unaccustomed As We Are

LAUREL & HARDY UND IHRE LIEBLINGSFEINDE – enthält Any Old Port, Me And My Pal, Going Bye-Bye und Midnight Patrol

LAUREL & HARDY UND DIE KUNST DER ZERSTÖRUNG – enthält The Music Box, Big Business, Tit For Tat und Towed In A Hole

LAUREL & HARDY IN SCHWIERIGKEITEN – enthält Busy Bodies, Dirty Work, Helpmates und Blotto

PAT UND PATACHON JAGEN MIT DICK UND DOOF GESPENSTER – enthält neben dem Pat und Patachon-Film Bleka Greven eine komplette Fassung von The Laurel and Hardy Murder Case

RINDVIECHER UNTER SICH (THE BEST OF LAUREL AND HARDY) – enthält Szenen aus Night Owls, Below Zero, One Good Turn, The Live Ghost, Pardon Us, Laughing Gravy, Be Big, County Hospital, Our Wife, Their First Mistake und Our Relations

TOTAL VERRÜCKT – enthält Towed In A Hole, Their First Mistake und Twice Two

VIER CLOWNS (FOUR CLOWNS) – enthält Ausschnitte aus Putting Pants On Philip, The Second Hundred Years, Their Purple Moment, Big Business, Two Tars und Double Whoopee

Keine echte Laurel und Hardy-Kompilation, aber zumindest für hartgesottene Fans ebenfalls erwähnenswert mag der Film PÜNKTCHEN GEHT NACH HOLLYWOOD (DOT GOES TO HOLLYWOOD) erscheinen. Er enthält einen Ausschnitt aus Pick A Star sowie einge Szenen mit Laurel und Hardy als Zeichentrick-Figuren.

Verzeichnis aller »Dick und Doof«-Folgen des ZDF

mit Datum der Erstausstrahlung, Originaltitel und deutschem Sendetitel

24.04.70	The Laurel & Hardy murder case Die Nacht im Mordhaus	
17.07.70	The music box Der zermürbende Klaviertransport	
07.08.70	Two tars (2, 6) / The second 100 years Dem Henker entronnen	
21.08.70	Roughest Africa (4, 6)/ Sugar daddies Zwischen Bestien und Banditen	
04.09.70	Scorching sands (4, 6) / One good turn Von Gefahren umlauert	
11.09.70	Two tars (1, 6) / Men o' war Blaue Jungs in Schwierigkeiten	
18.09.70	Pie-eyed (4,6) / Their first mistake Getrübte Vaterfreuden	
02.10.70	Leave 'em laughing (3, 6) / Liberty Die Sache mit der Hose	
09.10.70	The battle of the century (6) / Our wife Die Braut wird geklaut	
16.10.70	Half a man (4, 6) / Any old port Bitteres Seemannslos	
30.10.70	Detained (4, 6) / The hoose-gow Unschuldig hinter Gittern	
06.11.70	Flying elephants (6) / Putting pants on Philip Der Mann im Weiberrock	
13.11.70	You`re darn tootin' (1) / Below zero Unterschlagene Noten	
27.11.70	Another fine mess Endstation Villa Bockschuß	
04.12.70	Blotto Skandal im Regenbogenclub	
11.12.70	The chimp Der Gorilla unter der Bettdecke	
08.01.71	Be big Die Qual mit den Stiefeln	
15.01.71	The private life of Oliver VIII. Die Gattenmörderin	
05.02.71	Pie-eyed (4,6) / Midnight patrol Bestellen Sie zwei Särge	
19.02.71	Mandarin mix-up (4, 6) / County hospital Im Taumel des Rauschgifts	
05.03.71	Beau hunks (6) Duell mit den Wüstensöhnen	
12.03.71	Bacon grabbers (2, 6) / Their purple moment Die Geldgierigen	
19.03.71	Leave 'em laughing (2, 6) / Double whoopee Der Prinz im Fahrstuhlschacht	
02.04.71	Sailors, beware (6) / With love and hisses Schicksal in Uniform	
23.04.71	The noon whistle (4, 6) / Busy bodies Am Rande der Kreissäge	
07.05.71	Save the ship (4, 6) / Them thar hills Selige Campingfreuden	
14.05.71	Love 'em and weep (6) / Tit for tat Die besudelte Ehre	
21.05.71	Habeas corpus (6) / Angora love Die Nacht des Grauens	
04.06.71	Do detectives think? (6) / From soup to nuts (2) Die Rache des Raubmörders	
18.06.71	Leave 'em laughing (1, 6) / The finishing touch Das unfertige Fertighaus	
25.06.71	Man about town (4, 6) / Wrong again Blinde Wut	
09.07.71	Postage due (4, 6) / Thicker than water Als Nachtisch weiche Birne	
16.07.71	Sons of the desert (1) Infame Lügner: Kur auf Honolulu	
23.07.71	Sons of the desert (2) Infame Lügner: Ehrlich währt am längsten	
06.08.71	Under two jags (4, 6) / Come clean In die Falle gelockt	
20.08.71	Bacon grabbers (1, 6) / You're darn tootin' (2) / Early to bed Sklaven des Reichtums	
03.09.71	From soup to nuts (1, 6) / Towed in a hole Schiff mit kleinen Löchern	
10.09.71	Way out west (1) Das unterschlagene Testament: Lola und ihr Wirt	
17.09.71	Way out west (2) Das unterschlagene Testament: Der Wirt am Kronleuchter	
01.10.71	Blockheads (1) Tag der Trümmer: Der vergessene Krieger	
08.10.71	Blockheads (2) Tag der Trümmer: Die Nachbarin im Koffer	
22.10.71	Oranges and lemons (4, 6) / Helpmates Wir sitzen in der Klemme	
05.11.71	Our Relations (1) Schwarze Schafe: Die mißglückte Einladung	
12.11.71	Our Relations (2) Schwarze Schafe: Matrosen im Hemd	
19.11.71	Our Relations (3) Schwarze Schafe: Wiedersehen im Wasser	
03.12.71	Babes in Toyland (1, 6) Abenteuer im Spielzeugland: Es weihnachtet sehr	
10.12.71	Babes in Toyland (2, 6) Abenteuer im Spielzeugland: Der Böse wird bestraft	
07.01.72	Nothing but trouble (1, 6) Die Königskiller: Hoheit unter dem Küchentisch	
14.01.72	Nothing but trouble (2, 6) Die Königskiller: Der perfekte Fenstersturz	
21.01.72	Snow hawk (4, 6) / Going bye-bye Der große Fang	
04.02.72	The sleuth (4, 6) / Twice two Glückliche Frauenherzen	
18.02.72	Collars and cuffs (4, 6) / Me and my pal Verspielte Millionen	
03.03.72	Swiss Miss (1) Krach im Alpenhotel: Falschgeld vom Käsehändler	
10.03.72	Swiss Miss (2) Krach im Alpenhotel: Das Klavier über dem Abgrund	
17.03.72	Swiss Miss (3) Krach im Alpenhotel: Nächtliche Serenade	

Verzeichnis aller »Dick und Doof«-Folgen des ZDF

07.04.72	**The dancing masters (1, 6)**
	Gehopst wie gesprungen:
	Das heiße Versteck
14.04.72	**The dancing masters (2, 6)**
	Gehopst wie gesprungen:
	Der ersehnte Beinbruch
05.05.72	**Jitterbugs (1)**
	Gauner, Blüten und Betrüger:
	Das Sonderangebot
12.05.72	**Jitterbugs (2)**
	Gauner, Blüten und Betrüger:
	Besuch unter dem Sofa
19.05.72	**Jitterbugs (3)**
	Gauner, Blüten und Betrüger:
	Der schwebende Heizer
02.06.72	**A-haunting we will go (1, 6)**
	Ein geheimnisvoller Sarg:
	Der Kerl in der Kiste
09.06.72	**A-haunting we will go (2, 6)**
	Ein geheimnisvoller Sarg:
	Der zornige Löwe
30.06.72	**Postage due (4, 6) / The live ghost**
	Gespenst an Bord
07.07.72	**Kill or cure (4, 6) / Scram**
	Gelächter in der Nacht
28.07.72	**Pardon us (1)**
	Meuterei hinter Gittern:
	Eine schlimme Zahnlücke
04.08.72	**Pardon us (2)**
	Meuterei hinter Gittern:
	In der Suppe blaue Bohnen
25.08.72	**Pack up your troubles (6)**
	Opa, Kind und heiße Würstchen
15.09.72	**The devil's brother (1, 6)**
	Bruder des Teufels:
	Die mißglückte Hinrichtung
29.09.72	**The devil's brother (2, 6)**
	Bruder des Teufels:
	Der verhängnisvolle Schlaftrunk
06.10.72	**The devil's brother (3, 6)**
	Bruder des Teufels:
	Der Millionenraub
13.10.72	**Saps at sea (1)**
	Immer, wenn er Hupen hörte:
	Die Nervenkrise
20.10.72	**Saps at sea (2)**
	Immer, wenn er Hupen hörte:
	Der ängstliche Bläser
10.11.72	**Bonnie Scotland (1, 6)**
	Schottische Millionen:
	Das Fischessen auf der Matratze
17.11.72	**Bonnie Scotland (2, 6)**
	Schottische Millionen:
	Sonnenstich im Schottenrock
24.11.72	**Bonnie Scotland (3, 6)**
	Schottische Millionen:
	Der Sultan und die Bienen
01.12.72	**Pick and shovel (4, 6) / Dirty work**
	Männer im Schornstein
15.12.72	**Slipping wives (6) / The fixer-uppers**
	Verlorene Liebe
22.12.72	**Short orders (4, 6) / Laughing gravy**
	Alle Hunde lieben Stan
29.12.72	**Blotto (6, 7)**
	Die Silvesterprobe
05.01.73	**A chump at Oxford (6)/ Pack up your troubles (6)**
	Das peinliche Gastmahl
12.01.73	**White wings (4, 6) / Night owls**
	Gib mir den Hammer
19.01.73	**Bohemian girl (1, 6)**
	Die entlaufene Prinzessin:
	Hände in fremden Taschen
26.01.73	**Bohemian girl (2, 6)**
	Die entlaufene Prinzessin:
	Der glückliche Vater
02.02.73	**Navy blue days (4, 6) / Half a man (4, 6) / Mandarin mix-up (4, 6)**
	Der hungrige Matrose
09.02.73	**Sailors, beware (6) / Pack up your troubles (6) / A chump at Oxford (6)**
	Der Lümmel im Kinderwagen
16.02.73	**Near Dublin (4, 6) / Brats**
	Das Kind in der Wanne
23.02.73	**On the front page (4, 6) / Hog wild**
	Panik auf der Leiter
02.03.73	**Golf (5, 6) / Perfect day**
	Der Sport am Sonntag
09.03.73	**Air raid wardens (1)**
	Die Selbstlosen: Der Hund in der Jacke
16.03.73	**Air raid wardens (2)**
	Die Selbstlosen: Zwei Trillerpfeifen
23.03.73	**Air raid wardens (3)**
	Die Selbstlosen: Der Spion am Strick
30.03.73	**Chickens come home**
	Die Dame auf der Schulter
06.04.73	**A chump at Oxford (6)**
	Das Fenster im Nacken
13.04.73	**You're darn tootin' (3) / Big business**
	Vom Wahnsinn umzingelt
27.04.73	**The big noise (1, 6)**
	Kennwort »Geheimauftrag«:
	Die runde Kugel
04.05.73	**The big noise (2, 6)**
	Kennwort »Geheimauftrag«:
	Drei Herren im Bett
11.05.73	**Beau hunks (6) / They go boom**
	Das feuchte Hotelbett
18.05.73	**Diverse (8)**
	Bitte nicht weinen

Erläuterungen

(1) 1. Hälfte bzw. 1. Drittel des Films
(2) 2. Hälfte bzw. 2. Drittel des Films
(3) 3. Drittel des Films
(4) Stan Laurel-Solofilm
(5) Oliver Hardy-Solofilm
(6) stark gekürzt bzw. kurzer Ausschnitt
(7) mit Ausschnitten aus einigen anderen Kurzfilmen zu einer Silvestersendung zusammengeschnitten
(8) Ausschnitte aus verschiedenen Kurzfilmen wurden mit Aufnahmen von Gert Mechoff und Heinz Caloué (den Bearbeitern der »Dick und Doof«-Reihe) zu einer »Abschiedssendung« zusammengeschnitten, die von einer Charlie Chaplin-Reihe abgelöst wurde und zu dieser überleitete

Laurel und Hardy im Internet

An Informationen über Stan und Ollie heran zu kommen, ist heutzutage mit Hilfe des Internets kein Problem mehr. Egal, welche Suchmaschine man auch bemüht – die Zahl der Internet-Seiten, die sich mit Stan und Ollie beschäftigen, scheint ins Unendliche zu gehen. Für wissensdurstige Websurfer fängt das Problem damit jedoch erst richtig an: Welche Internet-Adresse hält, was sie verspricht, und hinter welcher interessant klingenden URL verbergen sich doch eher dürftige Angaben?

Im folgenden will ich mit Hilfe einer kleinen »Webtour« einmal die wichtigsten Internet-Seiten kommentieren, die sich mit Laurel und Hardy beschäftigen und somit versuchen, die jeweiligen Angebote auf ihren Nachrichten- und Unterhaltungswert hin abzuklopfen. Hauptproblem ist dabei, dass derlei Bewertungen in einem gedruckten Buch selbstverständlich extrem dem Risiko unterliegen, sehr schnell veraltet zu sein. Denn viele Internet-Seiten verschwinden oft ebenso rasch, wie sie gekommen sind. Aus diesem Grund beschäftige ich mich fast ausschließlich mit solchen Adressen, die aufgrund ihres prominenten Domain-Namens quasi automatisch viele Besucher anziehen und die alleine schon dadurch hoffentlich länger online sein werden als nur ein paar Monate. Zwar existierten zum Zeitpunkt der Drucklegung dieses Buches durchaus auch einige private Websites mit zum Teil kryptischen Adressen, doch erschien mir hier das Risiko zu groß, dass es sich dabei schon bald um »olle Kamellen« handeln könnte. Im Internet weiß man eben nie...

Für viele deutsche Fans dürfte als erste Anlaufstelle die prominente Adresse www.laurelundhardy.de dienen. Hinter dieser Bezeichnung verbergen sich (Stand: Sommer 2002) diverse Online-Foren, in denen Fans ihre Meinung zu den unterschiedlichsten Aspekten rund um Stan und Ollie sagen können. Das Angebot soll nach Auskunft der Betreiber in Zukunft noch erweitert werden, insofern scheint ein regelmäßiges Anklicken dieser Adresse durchaus angeraten. Gleiches gilt für die Seite www.slowburn.de, die von Harry Hoppe, dem Betreiber des Laurel und Hardy-Archivs in Düsseldorf, ins Netz gestellt wurde.

Durchaus liebevoll aufbereitet sind jene Seiten, die sich hinter www.laurelhardy.de verbergen. Das Informationsangebot indes ist eher bescheiden – wenn man einmal vom biographischen Teil des vorliegenden Buches absieht, den der Betreiber dieser Internet-Seiten hier komplett ins Netz gestellt hat! Ärgerlich ist, dass es viele Links zu »toten« Seiten gibt, die längst nicht mehr existieren. Positiv: die Möglichkeit, digitale Laurel und Hardy-Postkarten zu versenden und Bildschirmschoner zum Downloaden. Wirklich aktuelle Informationen zu Stan und Ollie sind hier jedoch nicht zu finden – auch wenn ein E-mail-Newsletter, den Interessenten abonnieren können, anderes vorgaukelt.

Noch deutlich weniger zu bieten hat die Seite www.dickunddoof.de. Ernsthafte Fans können sich das Anklicken sparen, stecken hinter diesem mageren Angebot doch lediglich ein paar Fußballer, die sich selbst »Die Dicken und die Doofen« nennen. Immerhin gibt es hier die Satzung des weltweiten Laurel und Hardy-Fanclubs »Sons of the desert« auf Deutsch.

Alles in allem besser dran sind solche Fans, die der englischen Sprache mächtig sind. Denn hier hat das weltweite Datennetz nicht nur mehr, sondern vor allem auch Besseres zu bieten als die wenigen deutschsprachigen Angebote. Ausgangspunkt für eine Schnuppertour könnte www.laurel-and-hardy.com sein, die offizielle Web-Adresse von Laurel und Hardy. Optisch kommt das Ganze eher karg daher, und auch die Breite des Angebots hält sich in Grenzen. Lohnenswert sind hier in erster Linie die zahlreichen Links zu anderen Laurel und Hardy-Webseiten, die das eigene Stöbern im Netz erheblich verkürzen.

Zentrale Anlaufstelle eines jeden echten Stan und Ollie-Fans sollte die

Laurel und Hardy im Internet

Seite www.sotd.org sein. Hinter dem etwas merkwürdig anmutenden Kürzel verbirgt sich nämlich der weltweite Fanclub »Sons of the desert«. Wann und wo das nächste Fan-Treffen (Convention) stattfindet, Artikel aus dem Zentralorgan »Intra Tent Journal« sowie Links zu anderen Laurel und Hardy-Publikationen – all das findet man hier. Kurz und knapp zwar, aber hilfreich.

Die begehrte Adresse www.laurelandhardy.org hat sich das britische »Helpmates«-Tent sichern können. Dieser Fanclub bringt ein eigenes »Laurel and Hardy Magazine« heraus, das inhaltlich und optisch absolut professionell gemacht und unter der genannten Adresse auch online zu lesen ist. Die Informationsfülle ist dicht, der Aktualitätsgrad hoch, die Fotos haben zum Teil Seltenheitswert. Zu loben sind darüber hinaus eine »Jukebox«, in der man sich zahlreiche Audioclips (z. B. Melodien aus Filmen) via Livestream anhören kann, DVD-Besprechungen sowie ein Store, in dem Videos, DVDs und Bücher mit und über Stan und Ollie auf Käufer warten.

Herausragend und daher ebenfalls eine eigene Erwähnung wert ist das Internet-Angebot des »Way out West«-Tents aus Los Angeles, Kalifornien. Unter www.wayoutwest.org (s. Bild) findet sich die Fan-Postille »Brushwood Gulch Gazette« zum Online-Lesen, im »Store« kann man (auch von Europa aus) Fotos, Sticker und Poster ordern, und in der »Town Hall« gibt es nicht nur eine Übersicht über alle weltweit operierenden Fanclubs, sondern auch Listen mit allen auf Video und DVD erhältlichen Filmen, eine Zeittafel mit Daten zu Laurel und Hardys Schaffen und vieles mehr. Insgesamt mit das Beste, was das Internet zum Thema zu bieten hat.

Dass in Holland einige der größten Laurel und Hardy-Anhänger leben, macht sich auch am Internet-Angebot bemerkbar. So bietet das »Jitterbugs«-Tent unter www.jitterbugstent.com nicht nur aktuelle Infos zu weltweiten Conventions, sondern vor allem auch ein multimediales Fan-Magazin auf CD-ROM. Diese Publikation kann online abonniert werden. Dasselbe gilt für »Blotto«, eine der weltweit besten und am professionellsten gemachten Publikationen zu Laurel und Hardy. Zwar sind die aktuellen Nachrichten auf www.blotto.nl leider nur auf holländisch enthalten (ebenso das Fan-Forum), doch auf Englisch findet man hier kompakt und kompetent Informationen zu den »supporting players« der Hal Roach Studios (wie etwa James Finlayson und Mae Bush) sowie Listen mit sämtlichen Solo-Filmen, die Stan und Ollie vor ihrer gemeinsamen Karriere gedreht haben.

Laurel und Hardy auf DVD

Wer die Laurel und Hardy-Filme in bestmöglicher Bild- und Tonqualität sehen möchte und zudem die englischen Originalfassungen mit den deutsch synchronisierten Versionen vergleichen will, der kann auf ein breites Angebot von DVDs zurückgreifen. Neben beiden Sprachfassungen beherbergen die digitalen Datenträger zusätzliches Material wie Textinformationen zu Filmen und Schauspielern, Fotogalerien, Trailer und vieles mehr. Bei der Münchener Firma Kinowelt Home Entertainment sind bis zum Redaktionsschluss des vorliegenden Buches die im folgenden aufgelisteten DVDs erschienen (weitere sind in Vorbereitung).

Sämtliche Filme sind, soweit nicht anders vermerkt, auf den DVDs jeweils sowohl in der englischen Originalfassung, als auch in einer deutsch synchronisierten Fassung vorhanden. Ausnahme: Einzelne Stummfilme sind nur in der Originalfassung mit deutschen Untertiteln (OmU), in einer deutsch synchronisierten Version (DF) oder in der Originalfassung ohne Untertitel (OF) enthalten. Dies ist dann jeweils angegeben. Gleiches gilt für die einzelnen Ausschnitte der »Best of«- bzw. »Highlights«-Zusammenstellungen auf DVD. Zu beachten ist, dass die beiden Kompilationen »Best of II« und »Highlights« als Bonus jeweils einen kompletten Kurzfilm enthalten!

Bestell-Nr. D1647
BEST OF
Ausschnitte aus Big Business (OmU), Blockheads (OmU, DF), Bohemian Girl (OmU, DF), A Chump At Oxford (OmU), Helpmates (OmU), The Music Box (OmU), Our Relations (OmU), Pardon Us (OmU), Their First Mistake (OmU), Towed In A Hole (OmU), Way Out West (OmU), Biographien, Essay, Film-Credits und Inhaltsangaben aus dem Buch »Laurel und Hardy – Ihr Leben, ihre Filme«.

Bestell-Nr. 500204
BEST OF II
Ausschnitte aus Brats (DF), Towed In A Hole (DF), Busy Bodies (DF), Their First Mistake (DF), A Chump At Oxford (DF), Flying Deuces (OF), Pack Up Your Troubles (DF), Swiss Miss (DF), Bohemian Girl (DF), Them Thar Hills (DF), Tit For Tat (DF), Liberty (OmU, komplett); kurze Filminfos zu allen Filmen auf der DVD, Fotogalerie.

Bestell-Nr. 500403
HIGHLIGHTS
Ausschnitte aus Way Out West, Any Old Port, Two Tars (OmU), Thicker Than Water, One Good Turn, Your Darn Tootin' (OF), Laughing Gravy, Our Relations, The Laurel and Hardy Murder Case, Pardon Us, Blockheads, We Faw Down (OF), Babes In Toyland, Saps At Sea, Be Big, Sons Of The Desert, The Finishing Touch (OmU), Hog Wild, Our Wife (komplett), Ausschnitt aus Ein Dankeschön an die Jungs, Filminfos zu allen Ausschnitten, Fotogalerie, Trailer: A Chump At Oxford (DF)

Bestell-Nr. 500019
Be Big
Laughing Gravy
(auch engl. Langfassung)
Los Calaveras
(span. Fassung von Be Big/Laughing Gravy)
Les Carottiers (frz. Fassung von Be Big/ Laughing Gravy)

Laurel und Hardy auf DVD

Bestell-Nr. 500021
Going Bye-Bye
Them Thar Hills
Tit For Tat
Fotogalerie
Ausschnitt:
Ein Dankeschön an
die Jungs (Doku)

Bestell-Nr. 500087
Way Out West
Putting Pants On
Philip (OmU)
Filminfos
Fotogalerie
Ausschnitt:
Ein Dankeschön an
die Jungs (Doku)

Bestell-Nr. 500253
Come Clean
Blotto
Chickens Come
Home
Love 'Em And Weep
(OmU)
Film-, Star- und
Synchron-
informationen
Fotogalerie

Bestell-Nr. 500079
Sons Of The Desert
We Faw Down
(OmU)
Film- und Star-
informationen
Fotogalerie

Bestell-Nr. 500100
Brats
Helpmates
Early To Bed (OmU)
Starinformationen
Fotogalerie

Bestell-Nr. 500258
A Chump At Oxford
(Langfassung)
From Soup To Nuts
(OF)
Einführung von
Theo Lingen
Trailer: Wissen ist
Macht
Ausschnitt aus
Pardon Us: In der
Gefängnisschule (OmU)
Film-, Star- und Synchroninformationen

Bestell-Nr. 500086
Our Relations
Should Married
Men Go Home?
(OF)
Trailer: Die Doppel-
gänger von Sacra-
mento
Film- und Star-
informationen
Fotogalerie

Bestell-Nr 500120
Big Business (OmU)
Below Zero
The Music Box
Gorilla-Sketch aus
Swiss Miss
Starinformationen
Fotogalerie

Bestell-Nr. 500333
Men 'O War
Any Old Port
Towed In A Hole
Why Girls Love
Sailors (OmU)
Film-, Star- und
Synchron-
informationen
Fotogalerie

Laurel und Hardy auf DVD

Bestell-Nr. 500334
Blockheads
Unaccustomed As We Are
Film-, Star- und Synchroninformationen
Fotogalerie

Bestell-Nr. 500335
Their Purple Moment
County Hospital
One Good Turn
Double Whoopee (DF)
Ausschnitt:
A Chump At Oxford (DF)
Film-, Star- und Synchroninformationen
Fotogalerie

Bestell-Nr. 500374
Pack Up Your Troubles
Their First Mistake
Wrong Again
Einführung von Theo Lingen
Film-, Star- und Synchroninformationen
Fotogalerie

Bestell-Nr. 500424
Saps At Sea
The Live Ghost
Sailors Beware
Trailer: Die Doppelgänger von Sacramento
Film-, Star- und Synchroninformationen
Fotogalerie

Bestell-Nr. 500444
Beau Hunks
Me And My Pal
Twice Two
Sugar Daddies (OmU)
Sailors Beware
Crazy Like A Fox (Hardy-Solofilm; OmU)
One Moment Please (Privataufnahmen; stumm)
Film-, Star- und Synchroninformationen
Fotogalerie

Bestell-Nr. 500454
Pardon Us (restaurierte Langfassung)
Trailer: Pardon Us (Stan und Ollie sprechen Deutsch)
Pardon Us: alternatives Ende
The Second Hundred Years (OmU)
Eve's Love Letters (Laurel-Solofilm; OmU)
Einführung von Theo Lingen
Film-, Star- und Synchroninformationen
Fotogalerie

Bestell-Nr. 500487
Swiss Miss
The Chimp
You're Darn Tootin'
Short Kilts (Laurel-Solofilm; OmU)
Film-, Star- und Synchroninformationen
Fotogalerie

Bestell-Nr. 500569
Dirty Work
Busy Bodies
The Finishing Touch
Be Your Age (Hardy-Solofilm; OmU)
Film-, Star- und Synchroninformationen
Fotogalerie

Fanclubs

»Sons of the Desert« (Wüstensöhne) nennt sich die offizielle Dachvereinigung aller Laurel und Hardy-Fanclubs, die über die ganze Welt verstreut sind. Die Ursprünge gehen zurück auf ein Treffen, das Ende 1953 zwischen Stan, Ollie und ihrem Fan John McCabe im britischen Birmingham stattgefunden haben soll. Demnach entstand aus dem spontanen Besuch McCabes im Anschluss an einen Bühnenauftritt der beiden Komiker rasch eine tiefer gehende Freundschaft. Ein paar Jahre nach Oliver Hardys Tod schlug John McCabe (der später mehrere Bücher über das Duo schreiben sollte) Stan Laurel vor, einen Verein zu gründen, der sich näher mit der Komik von Laurel und Hardy beschäftigen und regelmäßig ihre Filme zeigen könnte. Stan Laurel stimmte zu – allerdings nur unter der Bedingung, dass sich der Verein und seine Mitglieder selbst nicht allzu ernst nehmen sollten. Der Spaß sollte im Vordergrund stehen. Gemeinsam mit John McCabe entwarf Stan daraufhin eine mit diversen Albernheiten gespickte Satzung, die dieses Anliegen unterstrich und die heute noch gilt.

Einem Wunsch Stan Laurels folgend, tragen die Wüstensöhne bei den Treffen in der Regel einen Fez oder einen Button mit dem Motto »Two minds without a single thought« (Zwei Hirne ohne einen einzigen Gedanken), ergänzt durch zwei Bowler-Hüte, das typische Erkennungszeichen Laurel und Hardys. Dieser Slogan ist auch in lateinischer Sprache in das von Al Kilgore entworfene Wappen der »Sons of the Desert« übernommen worden.

Das Gründungstreffen der Sons fand am 14. Mai 1965 in New York City statt. In den Folgejahren entstanden in vielen Ländern »Tents« (Zelte) als regionale Fanclubs, die jeweils den selbst gewählten Titel eines Laurel und Hardy-Films trugen. Zusätzlich wurden die Clubs in der Reihenfolge ihrer Gründung als »Oasis« (Oase) durchnummeriert. Mittlerweile existieren weltweit über 230 Tents, davon selbstverständlich auch einige im deutschsprachigen Raum. Interessenten können sich bei den jeweiligen »Großscheichs« melden:

TWO TARS (#63)
Wolfgang Günther
Burger Landstraße 19
42659 Solingen

Das Two Tars Tent ist auch Betreiber des Laurel und Hardy-Museums in Solingen. Dieses ist nach Absprache für Besucher geöffnet und beherbergt zahlreiche Plakate, Fotos und Devotionalien. In einem separaten Kinoraum finden auch Filmvorführungen statt.

BULLFIGHTERS (#147)
Johann Schult
Karkhohnweg 2
21745 Hemmoor

THAT'S MY WIFE (#199)
Harry Hoppe
Herderstraße 3
40237 Düsseldorf

GLÜCKLICHE KINDHEIT (#208)
Mathias Günther
Am Bachgraben 3
66849 Landstuhl

TIT FOR TAT (#211)
Markus Maier
Teckstraße 18
71384 Weinstadt

COUNTY HOSPITAL (#235)
Holger Dörr
Bismarckstraße 11
25524 Itzehoe

Fan-Publikationen

Das Intra Tent Journal (ITJ) ist gewissermaßen Pflichtlektüre aller weltweiten Laurel und Hardy-Fans. Mittlerweile sind bereits über 100 Ausgaben erschienen. Da die Herausgeberschaft in den vergangenen Jahren des öfteren gewechselt hat, kam es zwischenzeitlich immer wieder zu Verzögerungen bezüglich des Erscheinungstermins. Angestrebt wird ein vierteljährliches Erscheinen. Der Schwerpunkt der Berichterstattung liegt auf dem Treiben der US-amerikanischen Fanclubs, aber auch über europäische Aktivitäten ist man als ITJ-Leser stets informiert. Das Heft kann über jeden deutschen Laurel und Hardy-Fanclub abonniert werden.

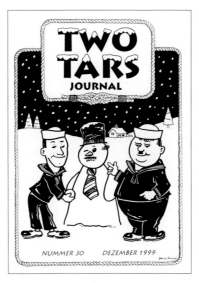

Das Two Tars Journal (TTJ) ist das älteste deutsche Laurel und Hardy-Fanmagazin. Herausgegeben wird es vom ersten deutschen Tent, dem Two Tars Tent. Wer wissen möchte, was sich im deutschsprachigen Raum in Sachen Stan und Ollie tut, ist mit dieser Lektüre gut beraten. Zusätzlich erscheinen sogenannte Journalchen (gedruckte Newsletter). Oft finden sich im TTJ Übersetzungen aus englischsprachigen Büchern zu Laurel und Hardy – für all jene, die des Englischen nicht mächtig sind. Der Bezug ist für Mitglieder des Two Tars Tent kostenlos.
Bestelladresse: Two Tars Tent, Wolfgang Günther, Burger Landstraße 19, 42659 Solingen.

Das deutschsprachige Laurel und Hardy Journal wird herausgegeben von Harry Hoppe, Betreiber des Düsseldorfer Laurel und Hardy-Archivs sowie Gründer des That's My Wife Tents. Neben den obligatorischen Neuigkeiten aus der Welt von Laurel und Hardy enthält das etwa halbjährlich erscheinende Heft in der Regel schwerpunktartige Beiträge (»Dossiers«) zu einzelnen Filmen. Diese enthalten dann oft seltene Fotos, Werbe-

ratschläge und Hintergrundinformationen. Der Bezug ist für Mitglieder des That's My Wife-Tents gratis.
Bestelladresse: Harry Hoppe, Herderstraße 3, 40237 Düsseldorf.

Fan-Publikationen

Nach dem Laurel und Hardy-Film Blotto benannt ist die Publikation des holländischen Perfect Day Tents. Nicht nur in Bezug auf Druck (fester

Kartoneinband, Hochglanzpapier) und Layout, sondern auch inhaltlich setzt das DIN A5-Heft Maßstäbe. Die Beiträge sind stets sorgfältig recherchiert und informativ, zudem finden sich hier oft seltene Fotos in brillanter Qualität. Allerdings sind die Texte in Holländisch verfasst, jedoch immerhin mit englischer Zusammenfassung versehen.
Bestelladresse: Bram Reijnhoudt, Postbus 870, 1200 AW Hilversum, Niederlande, E-mail: bram@blotto.nl

Das englischsprachige Magazin Bowler Dessert kommt ebenfalls im DIN A5-Format daher und erscheint mindestens einmal pro Jahr. Gedruckt auf hochwertigem Papier, lässt die Fotoqualität zwar mitunter zu wünschen übrig. Doch dafür bietet das Heft eine unglaubliche Fülle an Informationen zu wirklich allen Bereichen der Laurel und Hardy-Welt. So sind hier ausführliche Buch-, CD- und DVD-Besprechungen zu finden. Auch die hier veröffentlichten Bilder besitzen oft Seltenheitswert.

Bestelladresse: Willie McIntyre, 39 Bankhouse Avenue, Largs, Ayrshire, Scotland, KA 30 9PF,
E-mail: bowler.dessert@virgin.net

The Laurel and Hardy Magazine ist vom Format her zwar das kleinste unter den hier vorgestellten Fan-Magazinen, doch braucht es sich keineswegs zu verstecken. Im Gegenteil: Vierfarbig gedruckt, lassen sich hier zumindest einige Filmplakate in ihrer

ganzen Farbenpracht bewundern. Aber auch inhaltlich hat das Heft einiges zu bieten: Neben sehr seltenen Fotos gibt es auch interessante Informationen zu Merchandising-Artikeln und raren Sammlerstücken.
Bestelladresse: Joan Robertson, Flat 1, 23 West Cliff, Whitstable, Kent CT5 1 DN, England, E-mail über die Website www.laurelandhardy.org

Verzeichnis deutscher Aufführungstitel

Dieses Verzeichnis listet alle mir bekannten deutschen Titel auf, unter denen die Laurel und Hardy-Filme jemals im deutschsprachigen Raum gelaufen sind – sei es im Kino, im Fernsehen oder auf Video bzw. DVD. Wer wissen will, an welcher Stelle im vorliegenden Buch einzelne Filme erwähnt werden, findet entsprechende Verweise im Index der Originaltitel auf den Seiten 277 und 278.

Abenteuer auf hoher See – Saps at sea
Abenteuer im Spielzeugland – Babes in toyland
Alle Hunde lieben Stan – Laughing gravy
Alles in Schlagsahne – The battle of the century
Am Rande der Kreissäge – Busy bodies
Die Antenne – Hog wild
Auf den Hund gekommen – Laughing gravy
Auf hoher See – Saps at sea

Banditenlied – Rogue song
Der Beamte im Sack – Habeas Corpus
Die beleidigten Bläser – You're darn tootin'
Bestellen Sie zwei Särge – The midnight patrol
Die besudelte Ehre – Tit for tat
Bitteres Seemannslos – Any old port
Blaue Jungs in Schwierigkeiten – Men 'o war
Blinde Wut – Wrong again
Bombenkerle – Air raid wardens
Die Braut wird geklaut – Our wife
Die brennende Nachbarin – Unaccustomed as we are
Bruder des Teufels – The devil's brother

Ein brutaler Hosenkauf – Putting pants on Philip

Die Dame auf der Schulter – Chickens come home
Die Dame mit den langen Fingern – Sailors, beware!
Der Dicke im Brunnen – Early to bed
Dick und Doof...
...adoptieren ein Kind – Bohemian girl/Their first mistake
.. als Ehemänner – Twice two
...als Einbrecher – Night owls
...als Geheimagenten beim FBI – A-haunting we will go
...als Kindermädchen – Their first mistake
...als Landstreicher – Scram
...als Lebensretter – Come clean
...als Matrosen – Men 'o war
...als Mitgiftjäger – Me and my pal
...als Polizisten – The midnight patrol
...als Rekruten – Pack up your troubles
...als Retter in der Not – One good turn
...als Salontiroler – Swiss miss
...als Schornsteinfeger – Dirty work
...als Stierkämpfer – The bullfighters
...als Studenten – A chump at oxford
...auf Abwegen – We faw down
...auf dem Gespensterschiff – The live ghost
...auf Freiersfüßen – The private life of Oliver VIII.
...auf Gespensterjagd – The Laurel and Hardy murder case
...auf Heimaturlaub – Two tars
...bauen ein Geschäft – Tit for tat
...bauen ein Schiff – Towed in a hole
...erben eine Insel – Atoll K
...im Gefängnis – Pardon us

...im Krankenhaus – County hospital
...im Sündenpfuhl – Their purple moment
...im wilden Westen – Way out west
...in Algerien – Beau hunks
...in der Fremdenlegion – The flying deuces
...in der Schule – A chump at Oxford
...in Freiheit dressiert – Liberty
...in geheimer Mission – The big noise/ A-haunting we will go
...jagen den Stier – The bullfighters
...marsch ins Bett – Early to bed
...mit der Kuckucksuhr – Thicker than water
...spielen Golf – Should married men go home?
...werden Papa – Bohemian girl/Their first mistake
Diese Dame ist ein Kerl – 45 Minutes from Hollywood
Die Doppelgänger von Sacramento – Our relations
Die Drahtkommode – The music box
Duell mit den Wüstensöhnen – Beau hunks

Ehrlich währt am längsten – Sons of the desert
Endstation Villa Bockschuß – Another fine mess
Die entlaufene Prinzessin – The bohemian girl
Ein explosives Krankenlager – They go boom

Fauler Zauber – A-haunting we will go
Das Fenster im Nacken – A chump at Oxford
Das feuchte Hotelbett – They go boom
Finanzgenies – Thicker than water
Das Fleischermesser an der Gurgel – Do detectives think?
Fliegende Teufelsbrüder – The flying deuces

Verzeichnis deutscher Aufführungstitel

Fra diavolo – The devil's brother
Fremd wie wir sind – Unaccustomed as we are

Die Gattenmörderin – The private life of Oliver VIII.
Der Gaul auf dem Klavier – Wrong again
Gauner, Blüten und Betrüger – Jitterbugs
Ein geheimnisvoller Sarg – A-haunting we will go
Das Geister-/Gespensterschiff – The live ghost
Gelächter in der Nacht – Scram
Die Geldgierigen – Their purple moment
Genies in Oxford – A chump at Oxford
Der geschändete Oberst – Big business
Gespenst(er) an Bord – The live ghost
Getrübte Vaterfreuden – Their first mistake
Gib' mir den Hammer – Night owls
Glückliche Frauenherzen – Twice two
Golfspieler im Morast – Should married men go home?
Der Gorilla unter der Bettdecke – The chimp
Der große Fang – Going bye-bye
Das große Geschäft – Big business
Große Kaliber – Great guns
Der große Knall – The big noise

Hände hoch, oder nicht! – The devil's brother
Hals- und Beinbruch – County hospital
Harte Eier und Nüsse – County hospital
Das Haus der tausend Freuden – Call of the cuckoos
Heiratskandidaten – The private life of Oliver VIII.
Hilfe, wir sind ertrunken – Sons of the desert

Der hilfsbereite Wachtmeister – Leave 'em laughing
Hinter Schloß und Riegel – Pardon us
Hinter schwedischen Gardinen – The hoose-gow
Die Hüter des Gesetzes – The midnight patrol
Ein Hundewetter – Laughing gravy
Hut ab – Hats off

Das ideale Wochenendhaus – The finishing touch
Ihr könnt mir mal was blasen – You're darn tootin'
Im fernen Westen – Way out west
Immer, wenn er Hupen hörte – Saps at sea
Immer, wenn er Torten trug – From soup to nuts
Im Sägewerk – Busy bodies
Im Strudel der Gosse – We faw down
Im Taumel des Rausches – County hospital
In die Falle gelockt – Come clean
In einem Bett – Berth marks

Der Jüngling aus der Fremde – Putting pants on Philip

Käse mit Knoblauch – With love and hisses
Kavaliere für 24 Stunden – The second hundred years
Das Kind in der Wanne – Brats
Klotzköpfe – Blockheads
Die Königskiller – Nothing but trouble
Krach im Alpenhotel – Swiss miss
Kur auf Honolulu – Sons of the desert

Eine Landpartie – Perfect day

Lange Leitung – Blockheads
Laurel und Hardy als Landstreicher – Scram
Laurel und Hardy auf der Walze – Them thar hills
Leibköche seiner Majestät – Nothing but trouble
Die lieben Verwandten – Our relations
Lola und ihr Wirt – Way out west
Lustgreise – Sugar daddies

Das Mädel aus dem Böhmerwald – Bohemian girl
Männer im Schornstein – Dirty work
Der Mann im Weiberrock – Putting pants on Philip
Das Menü auf dem Frackhemd – Double whoopee
Meuterei hinter Gittern – Pardon us
Der Millionär unterm Rock – Sugar daddies
Mit dem Essen im Gesicht – Their purple moment
Mit dem Pinsel in der Hand – The second hundred years
Die Mitgiftjäger – Me and my pal
Mitternachts-Patrouille – The midnight patrol
Die musikalische Kiste – The music box
Die Mustergatten – Chickens come home

Die Nacht des Grauens – Angora love
Die nächtliche Ziegenwäsche – Angora love
Nichts als Ärger – Nothing but trouble
Nur mit Lachgas – Leave 'em laughing

Panik auf der Leiter – Hog wild
Peggy Pimpernell – Love 'em and weep
Der Prinz im Fahrstuhlschacht – Double whoopee

Verzeichnis deutscher Aufführungstitel

Prompte Bedienung – From soup to nuts

Die Qual mit den Stiefeln – Be big

Die Rache des Raubmörders – Do detectives think?
Rache ist sÅa – Babes in toyland
Die rächende Dampfwalze – Bacon grabbers
Retter in der Not – One good turn
Ritter ohne Furcht und Tadel – Way out west

Die Sache mit der Hose – Liberty
Der Scheidungsgrund – The fxer uppers
Schicksal in Uniform – With love and hisses
Schiff ahoi! – Saps at sea
Schiff mit kleinen Löchern – Towed in a hole
Die Schimpansdendame – The chimp
Der Schmerz läßt nach – Flying elephants
Schottische Millionen – Bonnie scotland
Schrecken aller Spione – Air raid wardens
Schrecken der Kompanie – Great guns
Schwarze Schafe – Our relations
Das Schweizer Mädel – Swiss miss
Die Schwerenöter – Be big
Segler, ahoi! – Towed in a hole
Sei ein Mann – Be big
Die Selbstlosen – Air raid wardens
Die Sittenstrolche – The devil's brother
Skandal im Regenbogenclub – Blotto
Der Sport am Sonntag – Perfect day
Spuk an Bord – The live ghost
Spuk aus dem Jenseits – Our relations
Spuk um Mitternacht – The Laurel and Hardy murder case/Berth marks
Sternschnuppen – Pick a star
Die Stierkämpfer – The bullfighters
Stierkämpfer wider Willen – The bullfighters
Der Sturz auf den Gatten – That's my wife

Tag der Trümmer – Blockheads
Die Tanzmeister – The dancing masters
Die tapferen Schotten – Bonnie scotland
Die Teufelsbrüder – Pack up your troubles/The devil's brother

Das unfertige Fertighaus – The finishing touch
Unschuldig hinter Gittern – The hoose-gow
Unsere Hochzeit – Our wife
Unterschlagene Noten – Below zero
Die Unzertrennlichen – The flying deuces/Putting pants on Philip

Vaterfreuden – Brats
Vergiß deine Sorgen – Pack up your troubles
Verkehrt verheiratet – Our wife
Der verklemmte Verführer – Slipping wives
Verlorene Liebe – The fixer uppers
Das verrückte Klavier – The music box
Die verspeisten Nägel – The finishing touch
Verspielte Millionen – Me and my pal
Die Vollmatrosen – Men 'o war
Vom Regen in die Traufe – Scram
Vom Wahnsinn umzingelt – Big business
Von Gefahren umlauert – One good turn

Warum Mädchen Matrosen lieben – Why girls love sailors
Wenn die Maus aus dem Haus ist – Help-mates
Wie du mir, so ich dir – Tit for tat
Wir bitten um Gnade – Pardon us
Wir schalten um auf Hollywood – The Hollywood review of 1929
Wir sind vom schottischen Infanterieregiment – Bonnie scotland
Wir sitzen in der Klemme – Helpmates

Der Wirt am Kronleuchter – Way out west
Wissen ist Macht – A chump at Oxford
(Die) Wüstensöhne – Sons of the desert
Wunderpille – Jitterbugs
Die Wundersäge – Busy bodies

Der Zauberbrunnen – Them thar hills
Das Zerlegen von Kraftwagen – Two tars
Der zermürbende Klaviertransport – The music box
Zum Nachtisch weiche Birne – Thicker than water
Zweimal Dick und zweimal Doof – Our relations
Zwei Kuckuckseier – Another fine mess
Zwei Musketiere – Pack up your troubles
Zwei ritten nach Texas – Way out west
Zwischen Bestien und Banditen – Sugar daddies

Index der Original-Filmtitel

Bestimmte und unbestimmte Artikel (the, a) sind bei dieser alphabetischen Auflistung nicht berücksichtigt; der Film »The bullfighters« beispielsweise ist daher nicht unter dem Buchstaben »T«, sondern unter »B« zu finden.

A-haunting we will go 39, 243ff., 246, 254
Air raid wardens 40, 246f., 252, 255, 257
Angora love 102f., 143, 162
Another fine mess 16, 32, 46, 135ff.
Any old port 134, 158f.
Atoll K 41, 259f.

Babes in toyland 34, 200ff., 216
Bacon grabbers 77, 100f.
The battle of the century 32, 67f., 96, 115, 159, 252
Beau hunks 152f., 236, 238
Be big 32, 138f., 141, 152, 190
Below zero 77, 125f., 214
Bengali 210
Berth marks 106f., 130, 132, 253
Big business 77, 96f.
The big noise 40, 244, 253f.
Birth of a nation 96
Blockheads 37, 89, 230ff.
Blood and sand 19, 257
Blotto 120ff., 224
The bohemian girl 36, 172, 215ff., 224
Bonnie scotland 35, 51, 210ff., 227, 230, 242
Brats 123f., 175, 193
The bullfighters 41, 257f.
Busy bodies 185f., 188

Call of the cuckoos 63
Chickens come home 32, 49, 140f.

The chimp 102, 162f., 168, 228
A chump at Oxford 30, 37, 53, 168, 233ff., 255
The circus 162, 255
Collars and cuffs 182
Come clean 80, 148f.
County hospital 164f., 239, 252

Dames and dentists 12
The dancing masters 40, 247, 251ff.
Detained 20, 116
The devil's brother 177ff., 182, 185, 190, 202, 215, 223f., 236
Dirty work 128, 188f., 214
Do detectives think? 25, 55ff., 59, 61, 63, 86
Double whoopee 71, 98f., 159
Duck soup 16, 25, 32, 46f., 50, 135

Early to bed 77, 82f.

Fast work 221
The fighting Kentuckian 41
The finishing touch 71ff., 77, 242
The fixer-uppers 35, 47, 208f.
Flips and flops 12
The flying deuces 38, 153, 236ff., 245
Flying elephants 57f.
45 Minutes from Hollywood 46
Fra Diavolo s. The devil's brother
From soup to nuts 29, 62, 74f., 235, 255

Get 'em young 24f.
Going bye-bye 196f.
The golden age of comedy 67f.
The gold rush 240
Golf 112
Great guns 39, 241f., 246

Habeas Corpus 86f., 253
Hats off 64f.
Helpmates 155ff., 164, 188, 239
Hog wild 127f., 165, 232
Hollywood party 194, 226, 258
The Hollywood review of 1929 110, 194
The hoose-gow 115f.
How to sleep 205

Jitterbugs 40, 248f.

Kill or cure 170
The king of wild horses 13
Knight of the plains 36

Laughing gravy 30, 102, 128, 143ff., 162
The Laurel and Hardy murder case 107, 129f., 132, 138, 152, 195, 203
Leave 'em laughing 69ff., 74, 76, 122, 132, 224
Liberty 71, 89ff., 95, 242
The live ghost 170, 203f.
Love 'em and weep 32, 48f., 59, 140
The lucky dog 12, 19, 25, 44

A man about town 93
Me and my pal 181f.
Men 'o war 80f., 85, 108f.
MGM's big parade of comedy 194
The midnight patrol 183f., 188
Mud and sand 19
The music box 43, 64, 87, 160ff., 168, 211

Night owls 33, 118ff., 183
Nothing but trouble 41, 255f.
Now I'll tell one 54
Nuts in may 18

Index der Filmtitel

On the loose 154
On the wrong treck 221, 243
One good turn 150f.
Our relations 36, 170, 175, 218ff.
Our wife 68, 146f., 220
Outwitting dad 10

Pack up your troubles 53, 166ff., 190
Pals and pugs 12
Pardon us 30, 34, 70, 131ff., 159, 190
Perfect day 29, 111f.
Pick a star 226
Pick and shovel 189
The private life of Oliver VIII. 129, 195, 203, 253
Putting pants on Philip 50, 57, 65ff.

The ranger's round up 36
Riding high 41
Rogue song 117, 226

Sailors, beware! 52f.
Saps at sea 38, 170, 239f.
Scram 169f.
The second hundred years 61ff., 74, 85, 116
The seven year itch 50
Should married men go home? 32, 80f., 115, 148
Slipping wives 47, 208f.
Songs and bulletts 36
Sons of the desert 190ff., 236
A special delivery 11
The stolen jools 142
Sugar daddies 49, 59f., 154
Swiss miss 37, 227ff., 230
Switches and sweeties 12

That's my wife 94f.

Their first mistake 171f., 217
Their purple moment 49, 78f., 101, 120
Them thar hills 198f., 205ff., 210, 239
They go boom 113f.
Thicker than water 35, 213f., 247, 252
Thirty years of fun 44
Tit for tat 199, 205ff., 225
Towed in a hole 31, 75, 173f., 235
The tree in a test tube 250
Twice two 175f.
Two tars 32, 62, 84f., 96

Unaccustomed as we are 104f., 108, 230
Utopia s. Atoll K

Wandering papas 24
Way out west 36, 222ff., 231, 236, 238
We faw down 88f., 120, 190, 232
White wings 119
Why girls love sailors 50
Wild poses 187
With love and hisses 51, 52
The wizard of Oz 14
Wrong again 92f.

You're darn tootin' 32, 76f., 96, 115, 132

Zenobia 37

Harry Hoppe
Laurel & Hardy – Life & Magic

Bildband deutsch/englisch, 2., erweiterte Auflage 2001, 30 x 21 cm, Hardcover mit Schutzumschlag, 160 Seiten schwarzweiß, 16 Seiten farbig, 19.95 Euro, 36 SFr,
ISBN 3-928409-27-1

Wohl bei kaum einem anderen Filmkomiker ist es bis heute gelungen, die Leinwandausstrahlung ähnlich beeindruckend auf den Bereich der Fotografie zu übertragen wie bei Stan Laurel und Oliver Hardy.
Ob sorgfältige Studioaufnahme oder kurzlebiges Pressefoto, Laurel & Hardys Komik und ihr Charme nehmen den Betrachter sofort magisch gefangen. Harry Hoppe hat 150 der schönsten Fotos er für diesen Bildband thematisch geordnet. Zusätzlich sorgen 16 farbige Seiten mit Filmplakaten für gute Laune. Außerdem enthält der Band Lebensläufe und eine vollständige Filmographie.

Mehr Informationen unter www.trescherverlag.de.
Dort können Sie dieses Buch auch direkt bestellen.

Trescher Verlag